KB211663

Master Keys to Spiritual Freedom

영적인 자유에 이르는 길 33

(상)

일러두기 / 이 책은 누구나 한번쯤은 궁금해하는 우리는 누구이며, 어디에서 왔고, 어디로 가는가에 대한 해답을 담고 있습니다. 이 우주가 만들어진 목적, 신의 법칙, 에덴 정원의 역할과 타락한 뱀의 정체, 인간과 영적인 스승들 사이의 관계 등 종교와 영성에 대해 새로운 이해를 구하는 분들에게 좋은 지침서가 될 것입니다.

영적인 자유에 이르는 길 33 (상)

킴 마이클즈를 통해 전해진, 한국의 미래를 위한 상승 마스터들의 메시지를 '그리스도 의식을 추구하며' 카페에서 공부하는 상승 마스터 학생들이 번역하고 디자인 및 편집을 해서 직접 이 책을 펴냈습니다. 이 책의 한국어판 저작권은, 저작권자인 킴 마이클즈와 계약을 한 '그리스도 의식을 추구하며' 카페에 있습니다.
아이앰 출판사(cafe.naver.com/iampublish)는 '그리스도 의식을 추구하며' 카페에서 상승 마스터의 가르침들을 널리 알리기 위한 목적으로 설립하였으며, 2015년 9월 4일(제 2015-000075호)에 등록되었습니다. 주소는 서울시 송파구 장지동 송파파인타운 11단지 내에 있으며, 인터넷 카페는 cafe.naver.com/christhood입니다.

번역 및 출판에 도움을 주신 분: 목현 옮김, 아이앰 편집팀 교정, 디자인 및 편집
이 책은 최대한 내용의 명확한 전달에 초점을 맞추어 번역되었음을 알려드립니다.

2021년 5월 5일 처음 발행
ISBN 979-11-974539-0-8 (03200)

이 책의 국립중앙도서관 출판시도서목록(CIP)은 서지정보유통지원시스템 홈페이지(seoji.nl.go.kr)와 국가자료공동목록시스템(seoji.nl.go.kr/kolisnet)에서 이용할 수 있습니다.

Master Keys to Spiritual Freedom

영적인 자유에
이르는 길 33
(상)

킴 마이클즈

I AM

킴 마이클즈(Kim Michaels)

1957년 덴마크 출생. 킴 마이클즈는 50여 권의 책을 펴낸 저자이자 이 시대의 가장 탁월한 메신저 중의 한 사람입니다. 15개국에서 영적인 컨퍼런스와 워크숍을 이끌면서 많은 영적인 탐구자들의 상담자 역할을 해왔으며, 영적인 주제를 다루는 다수의 라디오 프로그램에 출연하기도 했습니다. 그는 다양한 영적 가르침을 광범위하게 연구해 왔으며, 의식을 고양하는 다양한 실천 기법들을 수행했습니다. 2002년 이래로 그는 예수를 비롯한 여러 상승 마스터들의 메신저로 봉사하고 있습니다. 그는 신비주의 여정에 관한 광범위한 가르침을 전해 주었으며, 그 가르침은 그의 웹사이트에서 무료로 제공되고 있습니다.

공식 한국어 번역 사이트 (네이버 카페)

cafe.naver.com/christhood

비영리 단체인 '그리스도 의식을 추구하며' 네이버 카페에서는 킴 마이클즈가 지난 10년 이상 웹사이트에 공개한 상승 마스터들의 메시지 및 기원문을 번역해서 제공합니다. 누구나 가입해서 자유롭게 내용을 볼 수 있으며, 상승 마스터들의 가르침을 따라 스스로 내면의 여정을 걸어갈 수 있는 환경을 만들려고 노력하고 있습니다. 카페에서는 정기적인 온라인/오프라인 모임과 상승 마스터 컨퍼런스, 셀프 마스터의 수행 과정을 진행하고 있습니다. (상세 내용은 책 끝부분 참조)

차례

이 책과 관련된 수행 과정 소개

셀프 마스터 과정

한글 서적 명	시리즈
'영원한 나'를 찾아가는 여정	1
내면의 창조적인 힘 (1광선)	3
'신성한 지혜'를 찾아가는 여정 (2광선)	4
'조건 없는 사랑'을 찾아가는 여정 (3광선)	5
'영적인 순수함'을 찾아가는 여정 (4광선)	6
'초월적인 비전'을 찾아가는 여정 (5광선)	7
'내면의 평화'를 찾아가는 여정 (6광선)	8
'영원한 자유'를 찾아가는 여정 (7광선)	9
생명의 강과 함께 흐르기 (8광선) 생명의 강과 함께 흐르기-실습교재	2

그리스도 신성 과정

한글 서적 명	시리즈
그리스도 신성의 마스터키	1
그리스도 신성의 마스터키 – 기원문	2

힐링 과정

한글 서적 명	시리즈
예수와 함께했던 나의 생애들	1
힐링 트라우마	2
신성한 계획 완성하기	3
최상의 영적인 잠재력 구현하기	4
지구에서 평화롭게 존재하기	5

세계 영성화 과정(Spiritualizing the World)

한글 서적 명	시리즈
상승 마스터들과 함께 전쟁 없는 지구를 만들기	1
한국의 미래를 위한 신성한 선물	2
통일 한국의 황금시대를 위한 신성한 지혜	3
독재를 부르는 우리 안의 심리	4
여성의 영적인 자유	5
광신주의 시대를 끝내기	6
엘리트주의 시대를 끝내기	7
성 저메인의 황금시대 구상하기	8
성 저메인의 황금시대 구현하기	9
성 저메인의 황금시대 수용하기	10

책 끝부분에 각 과정에 대한 소개가 나옵니다.
(종이책 및 전자책(ebook)은 카페에서 구입 가능합니다)

소개: 이 책이 여러분을 위해 무엇을 해줄 수 있을까요?

이 책은 모든 사람을 위한 책이 아닙니다. 이유는 간단합니다. 모든 사람이 이 책에 있는 가르침에 준비된 것은 아니기 때문입니다. 이 책은 진정한 영적 자유에 이르는 진리를 추구하는 사람들에게 인류의 영적 스승들이 주는 선물입니다. 물론, 이미 이런 진리를 가지고 있고 그들의 교리가 이런 진리를 이미 규정했다고 주장하는 종교나 영적인 단체가 많이 있습니다. 그러나 이런 세속적인 조직들은 대부분 엄격한 교리와 의례를 통해 영적인 자유를 지나치게 제한하고 있습니다. 이 책은, 흔히 보듯이 종교가 사람들을 자유롭게 해주기보다는 오히려 영적으로 더 제한하는 현상의 원인을 기꺼이 숙고해 보려는 사람들을 위한 책입니다. 이 책은 이 행성의 종교적인 삶을 움직이고 있는 세력, 종교 원래의 목적을 왜곡하고 있는 세력을 드러낼 것입니다. 따라서 이 책의 목적은, 인류가 지구의 삶에서, 원래 창조된 대로의 영적 존재로서의 자유를 누리게 해주는 것입니다.

나는 모든 사람이 이 책을 읽을 준비가 된 것은 아니라고 말하면서, 어떤 식으로든 가치 판단을 하고 있지 않습니다. 또한, 이 책을 읽을 준비가 된 사람이, 그렇지 못한 사람보다 더 지성적이고 영적이라고 말하는 것도 아닙니다. 인류의 영적 스승인 우리는 판단할 이유가 없습니다. 우리는 인간의 가치를 기준으로 판단하지 않습니다. 그 단순한 이유는 앞으로 읽을 내용에서 명확히 설명하겠지만, 우리는 이원적인 조건에 기반을 둔 모든 판단을 초월했기 때문입니다. 실제로 우리는 이원성을 초월했으므로, 많은 종교 운동의 성원들 사이에서 흔히 볼 수 있는 가식적인 게임을 할 필요가 없습니다. 따라서 나는 타인보다 우월하다고 느끼고 싶은 욕구충족을 위해 영성을 이용하는 사람들의 자만심에 호소하지 않습니다.

　이 책은 다소 실용적인 입장을 띠고 있습니다. 모든 사람이 이 책을 읽을 준비가 되지는 않았겠지만, 필요한 조정을 할 수만 있다면 모두가 이 책을 읽을 잠재력이 있음을 알고 있습니다. 그러면 이 책으로 얻을 수 있는 최고의 장점이 무엇인지, 설명을 이어가겠습니다.

진리를 탐구하는 구도자가 직면하는 기본 딜레마

　인류를 살펴볼 때, 많은 사람이 분명히, 삶의 영적인 측면에는 별로 관심이 없습니다. 어떤 사람들은 물질우주 너머에 영적 영역이 있다는 사실을 적극적으로 부인합니다. 또 어떤 사람들은 영적인 영역에 무관심하며 물질세계의 쾌락이나 문제에 모든 관심을 집중합니다. 이런 관찰에 근거해서 많은 사람이, 영적인 스승들은 외적인 관점으로 사람들의 영성을 평가할 것이라고 추론합니다. 신은 외관상 가장 종교적으로 보이는 사람들을, 특히 그들 종교의 신자들을 사랑할 것이라고 생각합니다. 그런 사람들은, 이 책이 공공연하게 종교적이고 영적인 사람들을 겨냥한다고 생각할지도 모릅니다.

　실제로 영적인 스승들은 외양으로 사람들을 평가하지 않습니다.

그 대신 외양 너머의 그 사람 존재 전체에서 내면의 상태를 살펴봅니다. 우리의 관심은 사람들이 현재 외면의 마음으로 무엇을 믿고, 무엇을 믿지 않는지가 아닙니다. 우리의 관심은 오직 그 사람이 기존의 신념 체계를 뛰어넘어 어느 정도까지 보려고 하는지에 있습니다. 우리는 영적인 스승이므로, 우리의 소명은 가르치는 것입니다. 사람들에게 무언가를 가르치기 위해서는, 사람들이 잘 배울 수 있어야 합니다. 사람들이 가르침을 받기 위해서는, 반드시 자신의 기존 멘탈 박스를 기꺼이 넘어서서 바라보려고 해야 합니다. 이것이 왜 그럴까요?

자신을 종교적이거나 영적인 사람으로 여기는 이들은 모두 영적인 실재에 대한 더 높은 이해에 열려 있으므로 그들은 가르침을 받을 수 있어야 한다고 생각할 수도 있습니다. 불행하게도, 항상 그렇지는 않습니다. 가르침을 받기 위해서는, 현재의 신념 체계와 멘탈 박스가 정의한 것보다 삶의 영적인 측면에 대해 더 많이 알 수 있다는 가능성에 열려 있어야 합니다. 정직하게 살펴본다면, 영적인 사람들이나 종교적인 신념을 가진 사람들이 자신들의 신념 체계를 정의한 멘탈 박스를 넘어선 앎에 대해서는 마음을 닫아버린다는 사실을 알 수 있습니다. 예를 들어, 많은 종교인이 그들 종교의 공식적인 교리를 넘어서거나 모순되는 개념을 고려하기를 두려워합니다. 그런 개념을 고려하는 것은 위험하다고 생각합니다. 또한 유일한 참된 종교라고 생각하는 신념 체계인 "안전한" 틀에서 벗어난 것에 마음을 열면 재앙이 일어날 것이라고 생각합니다. 불행하게도, 종교가 삶에 대한 더 높은 이해에 사람들의 마음을 닫아버리고, 항상 더 높은 이해를 주려고 하는 진정한 영적 스승에게 사람들이 다가가지 못하게 만드는 것이 사실입니다.

이제 진리를 추구하는 사람들이 직면하는 기본적인 딜레마를 봅시다. 여러분은 이미 삶의 영적인 측면에 대한 어떤 지식을 가지고 있고, 하나 이상의 종교나 구루, 혹은 가르침들을 통해서 그 지식을 얻었습니다. 이런 지식을 통해 신념 체계와 멘탈 박스를 형성하면서, 안도감과 더불어 자신이 누구인지에 대한 감각도 얻었습니다. 그럼에도 여러분이 이 책을 읽기 시작했다면, 여러분은 자신을 진리를 추구하는 사람으로 여겨야 합니다. 이것은 아직 대답을 얻지 못한 영적인 주제가 있다는 의미입니다. 여러분은 진리에 대한 추구가 궁극적으로 충족되지 않았음을 깨달아야 합니다. 여러분은 알아야 할 것이 더 있다고 느끼며, 더 높은 이해를 갈망하고 있습니다. 따라서 여러분이 가르침을 받을 준비가 되었는지를 결정하는 핵심 딜레마는 자신의 심리 안에 있는 두 힘 사이의 투쟁이며 줄다리기입니다.

여러분을 이미 알고 있는 것에 집착하게 만드는 어떤 힘이 있습니다. 이 힘은 안전과 이미 구원받았다는 느낌에 대한 채워지지 않는 욕구를 지니고 있습니다. 또한 이 힘은, 여러분이 외적인 신념 체계를 따르면 구원이 보장된다고 믿기를 원합니다. 나는 이 힘을 에고라고 부를 것이며, 나중에 더 자세히 설명하겠습니다. 이 단계에서 중요한 점은, 에고의 목소리를 따르는 사람들은 기존의 신념을 확인하기 위해 영적인 책을 읽고 이해한다는 사실입니다. 따라서 그들은 기존의 신념과 모순되거나 이를 넘어서는 내용을 보게 되면, 그 책을 거짓이라고 판단합니다. 그들은 한 문장을 책 전체를 거부하는 구실로 삼습니다. 분명히, 그런 사람은 가르침을 받을 수 없습니다. 이 책은 그런 사람들을 위한 것이 아닙니다.

한편, 이 세상의 이미지나 언어로 표현된 어떤 지식에도 절대 집착하지 않는 힘이 있습니다. 이 힘은 항상 여러분이 현재 멘탈 박스를 넘어서 보고 이해를 높이도록 영감을 주려고 합니다. 이 힘은 상위자아(Higher Self)의 목소리이고, 여러분의 영적인 자아입니다. 이것에 대해서는 나중에 자세하게 설명하겠습니다. 이 목소리를 듣는 사람은 항상 자신의 멘탈 박스를 확장하려고 하며, 일부는 영적인 성장의 궁극 목표가 모든 인간의 틀(boxes)에서 벗어나는 것임을 이해하고 있습니다.

여러분이 가르침을 받을만한가를 결정하는 요소가 이 두 힘 사이의 균형임을 우리는 알고 있습니다. 여러분은 기존의 신념에 얼마나 집착하고 있나요? 어느 정도로 현재의 멘탈 박스 너머를 보려고 하나요?

이것은 인간의 모든 진보를 이끄는 근본적인 실체를 인식하는 데 도움이 될 수도 있습니다. 사람들을 제한과 고통에 가두는 것은 무지입니다. 인간 사회가 동굴에서 살던 시대를 넘어 진보한 이유는, 정확히 현대인이 선사 시대 사람들보다 삶의 모든 측면에 대해 더 큰 이해를 하고 있었기 때문입니다. 따라서 영적인 진보를 위한 열쇠는 삶의 영적인 측면에 대한 이해를 확장하는 것입니다. 여러분이 얻는 모든 것으로 앎을 구하세요. (잠언 4:7) 하지만 어떻게 이해를 확장할 수 있을까요? 더 높은 앎을 어디에서 찾을 수 있을까요? 예, 더 높은 이해는 현재의 신념 체계, 현재의 멘탈 박스를 넘어서서 봐야만 찾을 수 있습니다. 현재의 멘탈 박스 안에서 더 높은 이해를 발견했다면, 이미 이해했기에 의문도 풀릴 것입니다. 따라서 자신의 멘탈 박스 너머를 보려 하는 사람만이 더 높은 이해의 수준으로 오를 수 있다는 것이 삶의 기본적인 진실입니다. 가르칠 수 있다는 의미는 나중에 설명하겠지만, 무의식이 아니라 분별력을 가지고 현재의 멘탈 박스 너머를 기꺼이 보려는 것입니다.

여러분은 어떤 소리를 따르겠습니까?

물론, 나는 여러분을 가르칠 수 있는지 대답할 수 없습니다. 오직 여러분만 대답할 수 있습니다. 하지만 몇 가지 지침을 주겠습니다. 인류의 영적인 스승들은 "학생이 준비가 되면, 스승이 나타난다."라고 말합니다. 영적인 여정에서 더 높은 단계를 밟을 준비가 될 때까지는, 여러분이 영적인 가르침을 발견할 수 없거나, 가르침의 타당성을 인정하지 않는다는 의미입니다. 준비가 되는 것은 진실로 여러분의 전체 존재에서 내면의 상태에 관한 문제입니다. 하지만 흔히 내면의 수준에서 더 높은 가르침에 준비되어 있음에도 불구하고, 외면의 마음이 익숙한 내용에 집착해서 새로운 가르침을 받아들이지 못하게 막는 일이 가능합니다.

예를 들어, 여러분이 이 책을 발견해서 여기까지 읽었다면, 여러분 존재의 더 높은 수준에서는 이 책의 가르침을 받을 준비가 되었다고 여러분에게 확신시킬 수 있습니다. 하지만 여러분 외면의 마음 일부인 에고는 이 책을 읽거나 이 가르침을 받아들이는 것을 거부할 수도 있습니다. 이런 저항을 극복하기 위해서 여러분은 에고의 목소리를 분별해야 합니다. 에고는 자신의 통제에서 여러분을 자유롭게 해줄 개념을 받아들이지 못하게 막을 것입니다. 에고는 아주 큰 소리로 이 책에서 어떤 개념이 잘못되었다고 하면서, 그것이 여러분을 지옥으로 끌고 갈 것이라는 두려움을 불러일으킬 것입니다. 또한, 에고는, 여러분이 현재의 멘탈 박스를 확장하거나 의문을 가질 필요가 없다고 믿도록, 아주 교묘하고 설득력 있는 목소리로 말할지도 모릅니다. 에고는 이 책의 가르침이 기존의 신념보다 열등하거나 여러분이 알아야 할 것은 이미 다 알고 있다고 생각하게 만들 것입니다. 편안한 곳에 안전하게 머물 수 있다는 메시지, 이것은 여러분이 에고의 통제하에 있다는 뜻입니다.

여기에서 내가 말하는 것에 주목하세요. 나는 이 책의 가르침을 맹목적으로 받아들이라고 요구하지 않습니다. 내가 진정으로 말하고 싶은 것은, 여러분이 이 책을 발견했다면 여러분의 상위 존재는 이 책이 여러분에게 영적인 자유에 이르는 열쇠를 줄 수 있음을 알고 있다는 것입니다. 하지만 자유는 이 책의 내용을 맹목적으로 믿는다고 얻어지지 않습니다. 오직 여러분의 상위 존재가 이미 가지고 있는 내면의 이해를 여는 열쇠로 이 책의 가르침을 사용할 때만 자유를 얻을 수 있습니다. 나중에 더 상세히 설명하겠지만, 영적인 성장의 진정한 열쇠는 여러분 외면의 마음을 상위 존재에 조율하는 문제입니다. 지금 내가, 이 책에서 하는 말이나 나를 믿어 달라고 요구하지 않는다는 것을 알아주었으면 합니다. 나는 여러분에게 주의 깊게 외면의 마음 너머를 보고 자신의 상위 존재에 연결하라고 요청하고 있습니다. 지금 나는 이 책에 있는 외면의 가르침만이 아니라 여러분의 에고가 집착하는 외면의 가르침도 믿지 말라고 요청합니다. 내면으로 들어가서 무엇이 타당하고 무엇이 더 높은 수준의 이해로 데려갈 수 있는지를 아는 내면의 능력을 여세요.

이 책을 최대한 활용하는 진정한 열쇠는 자기 성찰의 과정으로 들어가는 것입니다. 이 책을 읽으면서 책의 내용에 대한 자신의 반응을 살펴보세요. 여러분의 성장에 항상 저항하는 에고의 목소리를 인식하세요. 내면의 앎에서 오는 더 큰 자유를 주고, 멘탈 박스 너머를 보도록 영감을 주는, 내면의 미묘한 목소리에 주의를 기울이세요. 그런 내면의 앎은 외면의 가르침을 믿는다고 해서 자동으로 생기지 않습니다. 하지만 내면에서 답을 얻는 과정을 자극하도록 외적인 가르침을 사용할 수는 있습니다. 이 책의 뒷부분에서 더 자세히 설명하겠습니다.

외면의 구원자 대 내면의 여정

위에서 설명한 두 힘이 이 행성의 종교적인 삶에서 어떻게 펼쳐져 왔는지 생각해 볼까요? 나중에 자세히 말하겠지만, 많은 종교가 특유의 패턴을 따랐는데, 초기 단계에서 이것을 알려주고 싶습니다. 대부분의 종교는 영적인 영역에 직접 연결된 한 사람에 의해 시작되었습니다. 그러면 이 사람은 인류의 영적인 스승들이 새로운 영적 가르침을 제공하는 열린 문이 되었습니다. 그런 가르침은 사람들에게 영적인 자유를 주는 것을 목표로 합니다. 그 가르침은 사람들이 내면의 상위자아와 영적인 영역에 연결되는 것을 돕도록 설계되었습니다. 원래 새로운 가르침은, 사람들이 낡은 멘탈 박스를 초월해서 더 높은 이해에 마음을 열도록 사람들을 부르는 목소리였습니다. 새로운 종교 지도자들은 예외가 아니라 사람들이 따를 수 있는 본보기가 되어야 했습니다. 그들은 모든 사람이 내면으로 들어가서 더 높은 이해를 성취할 수 있다는 것을 보여주기로 되어 있었습니다.

그러나 거의 모든 종교의 경우, 에고가 창시자 자리를 넘겨받아, 다른 누구도 그의 발자취를 따라갈 수 없을 정도의 우월한 사람으로 바꾸어 놓았습니다. 안전과 보장된 구원에 대한 에고의 욕망은 본래의 가르침을, 외면의 교회와 외면의 가르침이 구원에 이르는 유일한 길이라고 제시하는, 엄격한 교리로 바꾸어 놓았습니다. 예를 들어, 예수가 "내가 곧 길이요. 진리요. 생명이니 나로 말미암지 않고는 아버지께로 올 자가 없느니라."(요한 14:6)라고 말했을 때, 이것은 외면의 그리스도교가 구원에 이르는 유일한 길이라는 의미가 아니었습니다. 이것은 또 다른 문장에서 명확히 드러납니다. "신의 나라는 너희 안에 있다."(누가 17:21) 이 두 문장을 연결해서 보면, 아버지께 이르는 유일한 길, 구원에 이르는 유일한 길은 예수가 육화해서 예를 보여준 그리스도, 그리스도 의식과 하나가 되는 것입니다. 이것은 볼 눈이 있는 사람은 누구나 볼 수 있는 예입니다. 따라서 진정한 의미는 "너희 안에 이 마음을 품어라, 곧 그리스도 예수의 마음이니,"(빌립보서 2:5) 곧 그리스도 의식과 하나가 되지 않고는 아버지에게 올 수 있는 사람이 없다는 것입니다.

여기서 요점은, 인간 한계의 궁극적인 초월을 뭐라고 부르던지, 구원은 외적이고 기계적인 과정이 아니라는 사실입니다. 구원은 교리와 의례를 따르는, 특정한 교회의 구성원이 되는 문제가 아닙니다. 예수가 설명했듯이, 구원은 영적으로 다시 태어나기 위해 의식을 근본적으로 바꾸도록 요구하는 내면의 창조적인 과정입니다. 진정한 영적인 스승들은 여러분이 인간의 조건을 초월하기를 바랍니다. 하지만 우리는 이것이 자유의지의 법칙이라 불리는, 우주의 궁극적인 법칙의 틀 안에서 일어나야 한다는 것을 알고 있습니다. 내가 여러분을 위해서 여러분의 의식을 바꿀 수는 없습니다. 오직 여러분만이 자신의 의식을 바꿀 수 있습니다. 모든 고통을 초래하는 이원성을 어떻게 초월하는지를 이해함으로써 의식적인 전환을 해야 합니다.

요컨대 한 사람이 가르침을 받게 되려면, 영적인 자유에 이르는 길이 오직 의식의 변화를 통해서임을 깨달아야 합니다. 그 변화는 여러분에 의해서만 일어날 수 있습니다. 나는 여러분에게 영적인 자유에 이르는 열쇠들을 줄 수 있습니다. 이 책에서 그렇게 할 것입니다. 하지만 자물쇠는 마음속에 있으므로, 여러분이 열쇠를 자물쇠에 꽂고 자유로 인도하는 문을 열겠다고 결정해야 합니다. 여러분만이 그렇게 할 수 있습니다. 나를 포함한 그 누구도 이것을 할 수 없습니다. 따라서 개인적 영역인 자신의 마음을 바꾸려는 책임감을 느끼고 이런 사실을 받아들일 때까지, 여러분은 영적인 자유에 이르는 여정에 있는 것이 아닙니다. 자신의 의식 상태를 변화시켜야 한다고 기꺼이 인정하고 그렇게 하기 위한 책임을 받아들일 때만, 여러분은 온전히 가르침을 받을 수 있게 됩니다. 여러분이 온전히 배울 수 있을 때만 이 책의 혜택을 충분히 누릴 것입니다.

이 서문의 목적은 이 책이 여러분에게 어떤 도움을 줄 수 있고, 어떤 도움을 줄 수 없는지를 알려주는 것이며, 이제 여러분은 분명한 그림을 얻게 되었습니다. 이 책은 여러분에게 영적인 자유에 이르는 열쇠를 제공하지만, 영적인 자유를 주지는 않습니다. 여러분이 이 책의 열쇠를 사용해서 자유를 차단하는 마음의 자물쇠를 열어야 합니다. 이것은 이 책이나 지구나 영적인 세계의 어느 스승도 여러분 대신에 해줄 수 없는 일입니다. 따라서 피할 수 없는 사실, 하지만 에고가 끝까지 부인할 사실은, 영적인 자유를 성취하는 궁극적인 책임이 여러분에게 있다는 것입니다. 그 누구도 여러분을 대신해서 여러분의 의식을 변화시킬 수 없습니다. 여러분의 의식은 여러분의 책임입니다.

나는 누구인가?

자신이 누구인지에 대한 더 분명한 그림을 주겠습니다. 역사를 살펴보면 수 세기 동안, 수많은 사람이 세상과 자신을 이해하는 데 있어서 진보를 이뤄 왔음을 알게 됩니다. 심지어 자연도 더 복잡한 생명 형태로 진보해 왔습니다. 따라서 대다수 사람은 행성 지구를, 인간이 개인이나 전체로서 더 높은 수준의 이해를 얻고 진보할 수 있게 해주는 학교로 생각할 수 있어야 합니다. 하지만 이 진보의 목적은 무엇일까요?

때때로 세계 무대에 표준을 넘어선 것처럼 보이는 사람이 나타납니다. 많은 사람이 재빨리 그런 사람을 미쳤다고 꼬리표를 붙이거나 우상의 지위로 격상시키지만, 이것은 사람들이 자신의 삶에서 책임을 지지 않으려는 무의지의 또 다른 예에 불과합니다. 사실 붓다, 크리슈나, 예수와 같은 사람들은 근본적으로 여러분과 다르지 않았습니다. 그들은 단순히 지구에서 제공되는 배움의 과정에서 앞서 있었을 뿐입니다. 사실, 그들은 최종 졸업을 향한 마지막 단계를 시범 보여주었으며, 모든 사람이 인간적인 한계를 내려놓고 떠날 의지가 있다면 같은 단계를 밟을 잠재력을 지니고 있습니다.

마지막 시험을 통과한 후, 여러분은 더 높은 배움의 단계로 영원히 상승하여 영적인 사람들이 하늘나라(heaven)라고 부르는 영역에 거주하게 됩니다. 이것을 과학적인 용어를 사용해서, 더 높은 진동의 스펙트럼, 상위 차원, 또는 평행 우주라고도 부를 수 있습니다. 일단 이 영역으로 상승하면, 두 가지 선택권이 있습니다. 여러분은 확장된 인식이라는 신의 끝없는 순환 속에서 계속 성장할 수 있습니다. 또는 마지막 시험을 아직 통과하지 못한, 심지어 마지막 시험이 없다거나 스스로 통과할 수 없다고 믿게 된 형제자매를 돕기 위해 지구에 남겠다고 선택할 수도 있습니다.

영적인 영역에는 지구 사람들이 마지막 시험을 통과하도록 의식을 높이는 것을 돕겠다고 결정한 영적인 존재들이 많이 있습니다. 많은 이름으로 알려졌지만, 나는 이런 맥락에서 우리를 "상승 호스트(Ascended Hosts)"라고 부르는 것을 더 좋아합니다. 이 이름은 우리가 낮은 영역에서 더 높은 영역으로 상승했으며, 따라서 아직 상승하지 못한 사람들과 근본적으로 다르지 않음을 나타냅니다. 나는 상승 호스트의 한 성원이며, 동서양의 학생들에게 로드 마이트레야(Lord Maitreya)로 알려져 있습니다. 에덴 정원은 내가 주된 스승(교장)으로 있었던 우주의 학교, 신비 학교였음을 알려드립니다. 바이블에서 "신"으로 불렸던 존재가 나였으며, 가장 높은 의미의 신은 아니었지만, 특정한 생명흐름 그룹의 스승으로 봉사하는 신의 대리자였습니다. 따라서 나는 무엇이 인간을 타락하게 했는지, 지구에 육화 중인 모든 사람에게 영향을 미치는 사건들과 그 사건들의 영향을 어떻게 극복할지에 대해 깊이 이해하고 있습니다.

나는 또한 여러분이 예수로 알고 있는 생명흐름의 개인적인 스승으로 봉사하는 특권을 가졌었습니다. 예수가 아버지라고 부른 존재는, 때로는 나를 지칭했고, 때로는 창조주를 지칭했습니다. 예수는 신의 유일한 아들이라는 우상으로 숭배받으려고 지구에 온 것이 아닙니다. 예수는 스승과 학생의 관계를 시범 보이러 왔으며, 자신의 정당한 역할을 맡아 세계의 스승이 될 수 있었습니다. 예수가 따라야 할 본보기가 아니라 예외로 만들어지고, 이 목적이 어떻게 뒤집혔는지 나중에 설명하겠습니다. 나는 황금 송아지 주위에서 춤추기를 멈추는 법과 어떻게 살아 있는 그리스도 앞에 다른 스승들을 두지 않을 수 있는지 보여주겠습니다. (출애굽기 20:3)

나는 여러 영적인 공직을 유지하고 있습니다. 그중의 하나는 "대입문 주관자(Great Initiator)"입니다. 세속적인 관점에서, 이것을 교육부 장관으로 생각할지도 모르겠습니다. 나는 지구의 진화가 어떻게 더 깊은 삶의 신비를 가르치고, 어떻게 그런 신비에 입문하게 하는지를 감독하는 존재로서 봉사합니다. 이 책을 제공하는 것은 내 사무국을 확장하는 일입니다. 우리 위원회는 지금이 지구의 진화를 위해 신과 종교, 신과의 관계에 대한 정체를 완전히 밝혀주는 진리를 제공할 때라고 결정했습니다.

이 책이 다른 영성 책과 다른 점

이 책의 목적은 지금까지 이 행성에 공개되지 않았던, 살아 있는 진리를 제공하는 것입니다. 우리가 영적인 가르침을 줄 때는, 보통 가르침을 받는 사람들의 의식 수준에 맞게 가르침을 적용해서 내려 줍니다. 이 행성의 종교적인 지형을 보면 이런 접근 방식을 택한 이유가 분명해집니다. 많은 사람이 삶에 대한 근본적인 질문을 하지만 그들이 받으려고 하는 대답의 유형은 제한되어 있습니다. 대부분의 사람은, 살아 있는 답을 받을 의지를 제한하기 위한 근거로써, 종교적이거나 과학적인 기존의 신념 체계를 사용합니다. 이런 인간의 성향 때문에, 지구의 진화를 위해 영적인 스승으로 봉사하는 우리 상승 호스트는, 실용적인 현실주의를 취합니다. 우리는 영적인 가르침을 줄 때 신에 대한 절대적이고 오류가 없는 진리를 사람들에게 주려고 하지 않습니다. 우리는 주의 깊게 특정한 그룹의 사람들에게 가르침을 줍니다. 그들의 현재 의식 수준으로 받아들일 수 있는 가르침을 주려고 하지만 또한 그들을 그 의식 수준을 넘어선 곳으로 데려갈 수 있는 가르침을 줍니다.

우리의 희망은 사람들이 주어진 가르침을 이용해서 현재 의식 수준을 높이고, 자신의 재능을 증식하는 것입니다. 사람들이 성장하면, 우리는 그들에게 더 정교한 이해를 줄 수 있습니다. 여러분이 이 행성의 종교적 역사를 살펴보면, 우리가 기존의 신념을 넘어서 보려는 사람들의 의지와 더 높은 진리를 받아들이기 위해 기꺼이 삶을 바꾸려는 사람들의 의지에 따라 가르침을 신중하게 제한해 왔음을 알게 될 것입니다. (그들이 이해할 수 있는 수준까지만 가르침을 내려 줌) 다행히 사람들의 의지가 변하기 시작했고, 위원회는 지구가 임계 수준에 도달했다고 결정했습니다. 이제 충분한 수의 육화 중인 사람들이 살아 있는 진리에 열려 있기에, 우리는 이 행성의 종교에 대한 완전한 진실을 공개하기로 결정했습니다.

과거 모든 가르침에서 우리는 항상 특정한 질문은 언급하지 않고 남겨 두었습니다. 이것이 어떤 사람에게는 겉모습 뒤에 숨을 기회를 주었습니다. 사람들은 거울을 보고 실제로 자신에게 적용하지 않고도 지적으로 이해하고 가르침을 배울 수 있었습니다. 그것이 자신의 신념대로 살지 않고, 자신의 말대로 행하지 않는 아주 많은 종교인이 있었던 이유입니다. 그것이 아주 많은 위선자를 위한 여지가 지금까지 종교에 있는 이유입니다. 그것이 그렇게 많은 종교가 살아 있는 답을 줄 지식의 열쇠(누가 11:52)를 부정하고, 이미 만들어진 답을 제공하는 독단적이고 완고한 패턴을 띠게 된 이유입니다.

이 책에서 주는 가르침은 이런 접근 방식을 훨씬 넘어서며, 누구에게도 지적인 해석 뒤에 숨을 여지를 주지 않습니다. 지구 삶의 기본적인 역학이 드러날 것이며, 오직 완전히 눈이 먼 사람들만 자기 눈 속의 들보를 보지 못할 것입니다. 진리는 양날을 가진 검입니다. 한쪽의 날을 자신에게 향하여 언제든 자신에 대한 환영, 신에 대한 환영을 베어 버릴 수 있습니다. 그런 환영을 버릴 의지가 있는 사람만이 이 책에서 자유를 발견할 것입니다. 자신의 환영에 집착하는 사람들은, 이 책을 거절할 핑계를 생각해 내려고 밤낮으로 애쓰는 에고를 발견할 것입니다.

지혜로운 학생은 자신을 관찰하며, 살아 있는 진리와 완전한 하나됨을 향한 여정에서 진보에 반대하는 에고를 드러냅니다. 하지만 두려워하지 마세요. 나는 마지막 시험을 향한 여정을 방해하는 모든 세력과 에고를 드러내고 놓아버릴 수 있는 지식을 여러분에게 줄 것입니다. 여러분은 지금껏 말하지 않았던 신비, 지구 삶의 근본적인 신비를 이해하는 입문자가 될 것입니다. 이 책에서는 처음으로 그 신비를, 마지막 적을 기꺼이 극복하려는 사람들에게 공개적으로 말해줄 것입니다. 그 마지막 적은 바이블에서 죽음(고린도전서 15:26)이라고 불리지만, 그 진정한 정체는 거의 이해될 수 없었습니다.

　나는 이 책이 전체 중 일부로 제공된다는 사실을 분명히 하고 싶습니다. 전체의 다른 부분은 성모 마리아께서 발표한 책, "풍요로운 삶에 이르는 핵심 열쇠(Master Keys to the Abundant Life)"에 있습니다. 이 두 책은 창조의 기본적 두 힘인 알파와 오메가를 나타내는 두 극성을 이루고 있습니다. 성모 마리아의 책은 사람들이 현재 의식 수준에서 시작해서 체계적으로 올라가는 방법을 설명하는 오메가 접근 방식을 따릅니다. 이 책은 알파 접근 방식으로서 여러분에게 전체적인 관점의 큰 그림을 제공합니다. 나머지 책들은 이런 역할을 완료하고 신의 존재가 지닌 네 가지 요소를 모두 통합하기 위해 연결될 것입니다.

　이 책은 어떤 방식으로도 기존의 신념 혹은 신념 체계에 따르거나 적응하려고 하지 않을 것입니다. 이 책은 특정한 신념 체계를 가진 특정한 그룹의 사람들에게 맞춰져 있지 않다는 점에서 새로운 지평을 열고 있습니다. 이 책은 진리를 보편적인 방식으로 말하며, 진리에 어떻게 반응할지는 완전히 독자에게 맡깁니다. 따라서 그 책임은, 그 책임을 지닌 여러분에게 있습니다. 기존의 신념을 초월할 의지가 있는 사람들은 자신이 누구이며 어디에서 왔는지에 대해 더 높은 진리를 발견할 것입니다.

열쇠 1
어떻게 삶의 의문에 대한 답을 찾을 것인가?

이 책은 자신을 진리를 찾는 구도자(seekers of truth)라고 여기는 사람들에게 주는 선물입니다. 이것은 그들이 삶의 근본적 의문에 대한 진정한 답을 원한다는 의식적 깨달음에 이르게 되었다는 의미입니다.

나는 누구이며 어디에서 왔을까? 나는 왜 여기 존재하며, 왜 지구라고 불리는 이 행성에 있을까?

전반적인 삶의 목적은 무엇이고 내 개인적인 삶의 구체적인 목적은 무엇일까?

신은 누구이며 어떤 존재일까?

신과 나의 관계는 무엇이며 어떻게 하면 그 관계를 더 깊게 만들 수 있을까?

신과 나의 관계에서 종교의 이상적인 역할은 무엇일까? 종교는 왜 신과 나의 관계를 확장하기보다 제한하려고 하는 것일까?

진정한 답에 대해 말할 때 그것이 무엇을 의미하는 것일까요?

삶의 근본적인 의문에 대해 완전하고 절대적이며 오류가 없는 답을 가졌다고 주장하는 수많은 신념 체계가 있습니다. 삶의 의문에 대해 유일한 답을 가졌다고 주장하는 많은 체계와 경쟁하는 또 다른 신념 체계를 만드는 것이 이 책의 목적이 아님을 분명히 하겠습니다.

이 책은 삶의 의문에 대한 답을 주지 않을 것입니다. 이 책은 여러분이 답을 받을 수 있는 유일한 장소인, 내면의 근원에서 오는 답을 받도록 도움을 주기 위해서 설계되었습니다. 그 근원은 진리의 영(요한복음 4:24)이고, 그로부터 받는 답은 살아 있는 답이며, 언어를 초월한 살아 있는 진리입니다.

진정한 구도자(spiritual seeker)로서, 여러분은 반드시 말의 한계를 깨달아야 합니다. 말은 본질적으로 모호하며, 같은 문장도 사람에 따라 다르게 해석될 수 있습니다. 종교적이라고 주장하는 대다수 사람이 "진리"에 대한 자신의 특정한 표현이 다른 이들의 진리보다 우월하다고 생각하는 구시대적인 게임에 갇혀 있는 이유가 바로 그것입니다. 그들은 말로 표현된, 시간이 지나면서 굳어버린 죽은 진리의 우월성을 입증하기 위해, 살아 있는 진리에 관한 탐구를 포기해 버렸습니다. 따라서 영적인 개념이 말로 축소되자마자 이원성의 영역으로 들어가게 되었습니다. 그 지점부터 그 개념은 인간 마음의 특정한 부분이 해석하는 대상이 됩니다. 다시 말해 분석적인 마음을 에고가 쉽게 통제할 수 있게 됩니다.

이 책의 주요 목적 중의 하나는, 이전에 설명된 적이 없었던 방식으로, 신과 여러분의 관계를 인간 에고가 어떻게 방해하는지를 설명하는 것입니다. 시간이 좀 걸리겠지만, 여러분은 처음부터 어떻게 에고가 말을 사용해서 여러분의 성장을 저지하는지, 반면에 어떻게 여러분의 상위자아가 언어 너머의 숨겨진 의미를 찾을 수 있도록 여러분을 도우려고 하는지를 알아야 합니다.

에고는 내가 한 모든 말을 문자 그대로 받아들여 언어의 수준에서 해석하려고 할 것입니다. 에고는 여러분이 가진 기존의 신념 체계와 내 말을 비교하려 할 것이고, 여러분이 지금 믿고 있는 것을 넘어서거나 그것과 모순되는 것은 무엇이든 거부할 것입니다. 에고는 언제나 여러분의 마음을 자신이 통제할 수 있다고 느끼는 멘탈 박스 안에 넣으려고 합니다. 일단 멘탈 박스 안에 넣고 나면, 에고는 상자 밖으로 나가거나 상자를 확장하지 못하게 막으려 합니다. 종교적이라고 자처하는 수십억의 사람들이 있지만, 그들은 에고가 종교를 사용해서 자신의 마음을 가두는 정신적인 감옥을 만든다는 사실을 깨닫지 못합니다. 따라서 이 책은 살아 있는 진리를 찾지 못하게 방해하는 힘이 자신의 심리 안에 있음을 깨달았거나, 깨달으려고 하는 사람들에게 주는 선물입니다. 진리를 찾으려면 반드시 이 힘을 초월해야 합니다.

여러분의 상위자아는 여러분이 외적인 말 너머를 보고, 그것을 진리의 영에 대한 내면의 직접적 경험에 도달하는 발판으로 삼을 수 있게 도우려고 합니다. 내면의 근원에서 받는 진리는 살아 있는 진리이며 말에 한정되지 않습니다. 그럼에도 불구하고 진리는 직관적인 재능을 통해서 경험될 수 있으며, 이 경험은 말로 촉발될 수 있습니다. 여러분이 살아 있는 진리를 경험하면, 그 진리가 어떤 신념 체계에도 한정될 수 없음을 깨닫게 됩니다. 따라서 신념 체계의 우월성을 증명하려는 탐구는 무의미합니다. 실제로 많은 신념 체계는 살아 있는 진리를 직접 경험하기 위한 디딤돌 역할을 할 수 있습니다. 신념 체계가 디딤돌이 될 때는 올바른 목적으로 쓰이지만, 에고의 우월성을 증명하려는 무기로 사용될 때는 신과 여러분 사이에 뚫을 수 없는 장벽을 만듭니다.

이 책은 에고의 이원성 의식에서 온 많은 죽은 "진리"를 포함해서, 이 행성에서 제공하는 그 무엇보다도, 살아 있는 진리를 더 열망하는 사람들, 영적인 여정의 가장 중요한 전환점을 통과한 사람들에게 주는 선물입니다. 여러분은 에고의 멘탈 박스나 신념 체계가 제공하는 안락함과 외견상의 안전함을 넘어선 진리를 원합니다. 여러분은 수많은 신념 체계가 제공하는 외적인 진리가, 진리를 향한 내면의 갈망을 절대로 만족시킬 수 없음을 깨달았습니다. 살아 있는 진리만이 내면의 갈망을 충족시킬 수 있다는 사실을 깨닫기 바랍니다. 이 진리는 오직 직접적인 내면의 경험을 통해서만 알 수 있습니다.

⊶⊰❀⊱⊷

진리의 영(Spirit of Truth)을 경험하려면 무엇이 필요할까요? 여러분은 이런 살아 있는 경험을 잠깐이나마 한 번은 해보았을 것입니다. 하지만 대부분의 사람은 진리의 영에 대해 명료한 경험을 할 수 없는데, 그 이유는 성 바울이 표현했듯이, 흐린 거울[1]을 통해 보는 것처럼 희미하기 때문입니다. (고린도전서 13:12) 진리의 영과 여러분의 의식하는 마음 사이에 있는 필터는, 에고와 세상이 마음에 프로그래밍한 개념과 신념으로 만들어졌습니다. 따라서 영원한 딜레마는, 진리의 영을 점점 더 명확하게 경험하기 위해서는 반드시 낮은 수준에서 나온 신념을 놓아버릴 의지가 있어야 한다는 것입니다. 이 책을 읽어감에 따라 이 수준과 환영이 확실히 드러날 것입니다. 진리의 탐구에서 가장 중요한 능력 중 하나는, 기꺼이 자신의 신념을 살펴보고 살아 있는 진리의 탐구를 제한하는 모든 신념을

---

[1] 그 당시의 거울은 구리거울이나 청동거울임

놓아버리는 것입니다.

　진지하게 진리를 추구하는 많은 사람이 자기 심리 안의 갈등을 인식하지 못한다는 점이 인류의 영적인 스승들에게는 가장 큰 한계로 남아 있습니다. 에고의 존재를 인식하지 못한다면, 살아 있는 진리에 대한 직접적인 경험이나 상위자아로부터 오는 안내를 쉽게 의심하거나 합리적으로 해석할 수 있습니다. 여러분이 여전히 기존 신념의 틀에 새로운 통찰을 모두 끼워 맞추려고 하는 덫에 빠져 있다면, 여러분은 그 통찰력을 확장하기보다는 방어하려고 하는 것입니다. 이때 최대의 적은 여러분 자신이 되며, 여러분은 삶에 대한 만족스러운 답을 찾지 못하고 오락가락할 것입니다. 진리를 추구하는 사람이 직면하는 도전은 친숙하고 안전해 보이는 것에 집착할지, 아니면 기존 신념의 테두리에 맞출 수 없는 이해에 도달할지 하는 것입니다.

～⚮～

　나는 이 책에서 여러분이 진리의 영과 직접 만날 수 있도록 내가 할 수 있는 모든 일을 다 했습니다. 나는 신의 자유의지의 법칙을 존중하므로 여러분을 위해 결정을 내리고 싶지 않으며, 더는 할 수 없습니다. 하지만 여러분이 진심으로 진리의 영과 만나기를 원하고 언어를 넘어서겠다고 결정한다면, 나는 여러분의 상위자아처럼 여러분과 함께 일하겠습니다. 따라서 여러분이 이 책을 읽는 것에서 얻게 되는 경험은 두 개의 흐름, 아래 있는 학생인 여러분과 위에 있는 영적 스승인 나 사이에 흐르는 무한 8자 형상의 흐름이 될 수 있습니다. 이런 스승과 학생 관계는 이 행성에서 삶을 진전시키는 방법의 핵심이며, 항상 그래왔습니다. 이것은 아직은 육체 안에 있지만, 자신이 육체 이상의 존재임을 알고 있는 사람들의 의식을 끌어올리기 위해 신께서 정한 수단입니다. 이것이 많은 영적, 종교적 전통에 묘사된 신성한 관계입니다. 비록 많은 전통 종교가 그 관계를 외적인 제도로 바꾸었지만, 그것은 신의 나라를 우선으로 찾으려는 사람에게는 하나의 선택권으로 남아 있습니다. 스승은 학생이 준비된 만큼 다른 모든 것이 더해지게 합니다. (마태 6:33) 비록 정통 교회가 그것을 경시했지만, 예수가 이렇게 말했을 때, 그는 자신과 스승과의 관계를 명확하게 인식했습니다. "나와 나의 아버지는 하나이다."(요한 10:30), "나 스스로는 아무것도 할 수 없다."(요한 5:30)

앞에서 언급했듯이, 학생이 준비되면 스승이 나타난다는 말은 영원한 진리입니다. 하지만 이것은 숨겨진 의미가 있는 미묘한 말입니다. 진정한 의문은, 어떤 순간에 어떤 유형의 스승에게 여러분이 준비가 되어 있느냐 하는 것입니다. 여러분은 불가피하게 현재 의식 수준에 부합하는 스승에게 끌릴 뿐만 아니라, 그 의식 수준을 초월하려는 의지에 부합하는 스승에게도 끌릴 것입니다. 여러분이 말로 표현된 가르침에서만 진리를 찾을 준비가 되어 있다면, 여러분은 진리가 말로 한정될 수 있다고 생각하는 스승에게 끌릴 것입니다. 하지만 말의 수준을 초월할 준비가 되면, 말을 넘어서 살아 있는 진리 자체로 여러분을 데려갈 수 있는 영적인 스승에게 끌릴 것입니다. 나는 그런 스승이며, 이 책을 통해서 자신을 초월하려는 의지가 있는 누구든 안내해 줄 것입니다.

내가 이 책을 여러분에게 주는 의도는 단 하나입니다. 그것은 여러분을 인간적인 한계에서 자유롭게 해주고 자신이 진실로 누구인지 아는 데 필요한 도구를 제공하는 것입니다. 진정한 자신이 되기 위해서, 여러분은 자신이 누구인지 알아야 합니다. 따라서 여러분은 반드시 아주 오래전부터 내려오는 도전을 받아들여야 합니다.

인간이여, 너 자신을 알라!

나는 그 도전을 정복했습니다. 나는 내가 누구인지 알며, 진정한 나 자신으로 존재합니다. 따라서 나는 여러분이 누구인지 발견하도록 도울 수 있는 자격이 있습니다. 하지만 내가 여러분을 도우려면, 여러분에게 내 제안을 받아들일 의지가 있어야만 합니다. 여러분은 기꺼이 열린 마음과 열린 가슴으로 내 가르침을 숙고하려고 해야 합니다. 지금껏 의심하지 않았거나 의심할 수 없었던 현재의 신념과 의문을 초월해서 보려고 해야 합니다.

여러분은 얼마나 간절하게 자신이 누구인지 알기를 원합니까? 또한 진정한 자신을 찾기 위해 현재의 환영을 포기할 의지가 얼마나 있습니까? 진정한 자신이 되기 위해, 뭔가를 할 수 없고 될 수 없다는 현재의 제한된 감각을 어느 정도로 버릴 수 있으며, 얼마나 강렬하게 자신이 누구인지를 알기 원합니까?

나는 단지 여러분을 자유롭게 해줄 도구를 줄 수 있을 뿐입니다. 여러분이 그 도구를 사용하도록 강요할 수는 없습니다. 지식과 앎을 주는 수많은 책이 있지만, 책 안에 담길 수 있는 지식은 여러분의 삶을 바꿀 수 없다는 것이 영원한 진실입니다. 오래된 인디언 속담에 이런 말이 있습니다. "책 안에 있는 지식은 책 안에 머물 뿐이다." 외적 근원에서 오는 지식은 여러분의 삶을 바꾸지 못합니다. 자신의 내면에서 오는 지식만이 긍정적인 변화를 일으킵니다. 진리의 영을 직접 경험하는 디딤돌로 이 책을 보는 것이 중요하다고 강조하는 이유가 바로 그것입니다. 오직 그런 경험만이 의식을 바꿀 수 있는 자극을 줍니다.

죽느냐, 사느냐는 여전히 문제입니다. 이 책을 이용하면, 그 의문에 답을 할 수 있습니다. 여러분은 위에서처럼 여기 아래에서도 충만하게 존재할 수 있으며, 그 이상도 가능합니다.

❧

대부분의 사람은 삶의 의문에 대한 답을 찾으려고 다음과 같은 접근 방식 중 하나를 선택합니다.

그들은 답이 없다고 생각하거나, 혹은 답을 찾거나 진정한 답이 무엇인지를 결정하는 일이 인간의 능력을 넘어선다고 생각합니다.

그들은 답이 있다고 생각하지만, 여러분 내면의 근원이나 자신을 통해서는 답을 찾을 수 없다고 생각합니다. 여러분은 무엇이 진실인지 말해주는, 적합한 권위를 가진 외적인 근원이 필요합니다. 그런 권위는 어떤 초인적인 권위를 가진 기존 신념 체계 안에서만 찾을 수 있습니다.

어떤 접근 방식이든, 사람들은 수동적인 접근 방식을 적용하여 답을 찾게 됩니다. 그들은 답을 찾기를 포기하거나 특정한 신념 체계의 교리로 탐색 범위를 제한합니다. 따라서 많은 사람이 삶에 대한 근본적인 의문을 제기하지만, 답을 찾는 데 있어, 의식적이든 무의식적이든, 답이 주어지는 방법에 대해 제한을 가합니다. 다른 말로 하면, 사람들은 자신의 신념 체계에 도전하지 않고 신념 체계를 넘어서지 않는 답에만 열려 있습니다.

사람들이 왜 이런 접근 방식을 택할까요? 오직 한 가지 설명만 가능합니다. 그들은 자신의 삶과 성장, 심지어 구원에 대해서 완전한 책임을 지려고 하지 않습니다. 그들은 타고난 이해능력을 활성화해, 자신의 답을 찾는 데 온전한 책임을 지려고 하지 않습니다. 그들은 자신이 가진 모든 것을 다해, 참된 이해를 얻고 이를 내면화하려고 하지 않습니다. 그들은 자신의 내면에서 답을 찾을 수 있는 능력이 있음을 인정하거나 인식하려고 하지 않습니다. 그들은 기존의 신념 체계 너머를 보아야만 살아 있는 답을 찾을 수 있다는 사실을 인정할 의지가 없습니다.

그런 사람들은 답을 찾기 위해 자신의 신념을 확장하고, 신념 체계에 의문을 가지고, 삶에 대한 접근 방식을 바꾸면서, 진정으로 변화하려는 의지가 없습니다. 그 대신 그들이 원하는 것은, 다른 누군가로부터 이미 만들어진 답, 즉 평지풍파를 일으키지 않고, 그들이 안주하고 있는 믿음이나 삶의 방식을 바꾸라는 요구를 하지 않는 답을 받는 것입니다. 그런 사람들은 삶의 의문에 대한 답을 원한다고 주장하면서도, 실제로는 답을 바라지 않습니다. 그들은 지금처럼 자신의 삶을 계속 살아갈 수 있다는 확인을 받고 싶어 합니다. 분명히 그런 사람들은 가르칠 수 없고, 그들은 진정한 영적 스승을 알아볼 수도 없습니다.

❧

예수는 진리가 너희를 자유롭게 할 것이라고 말했습니다. 모든 인간의 한계에 대해 그 한계를 벗어나게 해주는 더 높은 이해가 있다는 것은 기본적인 사실입니다. 하지만 이 자유를 얻기 위해서는, 반드시 자신의 행동과 신념, 삶에 대한 접근 방식을 새로운 이해에 근거해서 바꿀 의지가 있어야 합니다. 그렇게 하려면, 여러분은 반드시 자신의 현재 신념과 심지어 현재 가진 제한의 어떤 측면까지 놓아버려야 합니다. 제한을 놓아버릴 수 있으려면, 먼저 자유에 대한 두려움, 미지에 대한 두려움을 극복해야 합니다.

여러분이 육체의 감옥에서 벗어나려면, 반드시 감옥을 버리고 떠날 의지가 있어야 합니다. 여러분이 정신적인 감옥에서 벗어나려면, 어느 정도 자신의 삶을 통제하고 있다는 느낌을 주는 신념 체계를 버리고 떠날 의지가 있어야 합니다. 문제는, 많은 사람이 완전한 영적 자유를 두려워하며, 편안함을 주는 익숙한 제한에 집착한다는 것입니다. 이런 두려움의 결과로, 진리가 현재의 제한에서 그들을 자유롭게 해줄 수 있음을 인정하려 하지 않습니다. 예를 들어, 여러분은 내면에서 살아 있는 답을 찾기보다 외부 권위자로부터 이미 있는 답을 얻으려 합니다. 자신의 영적 성장에 완전한 책임을 지는 것보다, 외부 권위자를 따름으로써 구원받을 수 있다고 여깁니다.

요점은, 사람들이 자기 삶을 완전히 책임지기를 거부하는 한, 삶의 진리를 아는 것에 저항하고 있다는 사실입니다. 그들이 답을 찾으려 할 수도 있지만, 실제로는 진리를 바라지 않습니다. 그들은 이미 받아들인 신념 체계의 범주에 들어맞는 진리를 원합니다. 이로써 그들은 기존 생활 방식을 유지하면서 편안함을 느낄 수 있습니다.

이것이 여러분의 접근 방식이라면, 이 책은 여러분에게 아무것도 해주지 못하고 혼란만 줄 것입니다. 이 책은 여러분의 현재 신념이 무엇이든, 현재 신념의 모든 측면에 체계적으로 도전할 것입니다. 어떻게 이렇게 말할 수 있을까요? 왜냐하면, 이 책은 삶에 관해서 이 행성에서는 공개된 적이 없는 이해를 줄 것이기 때문입니다. 따라서 이 책에서는 기존 신념 체계 안에 있는 어떤 것도 찾아볼 수 없을 것입니다. 이 책은 여러분이 기꺼이 현재의 신념 체계 너머를 보면서 더 높은 이해를 통해 삶에 대한 접근 방식을 바꿀 의지가 있을 때만 도움이 될 수 있습니다. 진정으로 삶에 대해 그런 근본적인 변화를 추구한다면, 나는 가슴으로 여러분을 환영합니다. 만일 그렇지 않다면, 나는 여러분을 평화롭게 떠나게 하고, 어떤 방식으로도 판단하거나 비난하지 않겠습니다. 여러분이 기꺼이 자신의 운명에 대한 책임을 받아들이겠다고 결정한다면, 언제든 나에게 돌아오는 것을 환영합니다. 나는 우주의 스승이며, 기꺼이 자신의 현재 멘탈 박스를 초월하여 가르침을 받겠다고 결정한 사람들에게는 언제든지 가르침을 줍니다.

～～◈～～

답을 찾을 수 있기 전에, 여러분은 반드시 기존의 신념을 넘어서는 질문을 할 의지가 있어야 합니다. 하지만 영적이고 종교적인 사람 다수가 그런 질문을 꺼리는 것이 사실입니다. 종교는 빈번히, 공식적인 교리가 정하는 틀을 벗어난 의문에 대해 사람들이 마음을 닫도록 영향을 끼쳐왔습니다. 사람들은 신이 숨기고 싶은 뭔가가 있거나 어떤 질문은 하지 않기를 바란다고 믿는 것 같습니다. 금지된 질문이나 어리석은 질문은 없다는 사실을 분명히 하겠습니다. 불행히도, 사람들은 자신의 의문에 대한 살아 있는 답을 찾기 위해 마음을 열지 않습니다.

모든 질문에는 답이 있는 것이 사실입니다. 할 수 있는 모든 질문에는 주제에 대한 이해를 높이는 답변이 있습니다. 하지만 모든 질문에 대해 사람들이 질문하는 방식으로 대답할 수는 없습니다. 그 이유는 질문을 할 때, 질문을 만드는 방식이 여러분의 현재 의식 상태의 산물이고, 현재의 신념 체계를 포함하고 있기 때문입니다. 대부분의 사람은 이 사실을 알지 못하므로, 질문을 하는 의식 상태가 종종 의미 있는 답을 찾지 못하게 막는다는 사실을 이해하지 못합니다.

예를 들어, 아주 오래된 의문인 "삶의 의미는 무엇인가?"를 생각해 보세요. 요즈음 많은 사람이 과학적이고 물질적인 신념 체계를 지지하고 있습니다. 이 신념 체계는 물질계 너머에는 아무것도 없으며 비물질적 원인을 제시하는 이론은 비과학적이라고 말합니다. 물질주의 신념 체계의 맥락에서는 지구의 삶이란 무작위적인 과정의 산물이며, 따라서 삶의 의미에 대한 질문은, 물질주의적 신념의 맥락 안에서, 간단하게 답을 줄 수 없습니다. 모든 것이 무작위라면, 어떻게 삶에 의미가 있을 수 있을까요?

다른 사람들은, 모든 것이 종종 하늘에서 분노하는 존재로 묘사되는, 외적인 신(deity)의 의지의 산물이라고 표현하는, 정통 종교에 동의합니다. 하지만 삶에서 자신의 길을 선택할 자유가 없다면, 삶에 무슨 의미가 있을 수 있을까요? 여러분이 줄에 매달린 꼭두각시에 불과하다면, 개별적으로 존재하는 의미가 없습니다. 여러분이 선택할 수 없고 선택에서 배울 수 없다면, 어떻게 성장할 수 있을까요? 의식적인 성장을 못한다면 삶에 무슨 의미가 있겠습니까?

사람들의 의식 상태와 신념 체계, 이 둘 모두 사람들이 삶의 의미에 대한 질문에서 의미 있는 답을 찾지 못하도록 방해합니다. 이 때문에 많은 사람이 의문을 무시하는 반면, 다른 사람들은 자신의 신념 체계를 이용해서 그것을 부적절한 의문이라고 규정하거나, "오류가 없는" 답을 정의합니다. 하지만 인류는 매우 오랫동안 삶의 의미에 대해 궁금하게 여겨왔습니다. 따라서 사람들이 계속 이런 질문을 한다는 바로 그 사실이, 자신의 존재 어딘가에 질문에 대한 해답이 있다는 내면의 앎을 나타내는 지표가 되어야 합니다.

여러분이 답을 발견하지 못하는 이유는, 현재의 신념 체계와 세계관의 범위 안에서는 답을 찾을 수 없었기 때문입니다. 따라서 여러분은 인류의 진보에서 선도자가 되는 단순한 선택에 직면합니다. 질문에 대한 답을 줄 수 있는 더 높은 이해를 발견하기 위해, 기존의 신념 너머를 보겠습니까? 아니면 현재 신념에 집착해서 답을 줄 문을 닫아버리겠습니까? 인류는 일부 사람들이 기존의 세계관 너머를 보려고 했고, 더 나은 삶의 방식이 있을 수 있다고 숙고했기 때문에 동굴 거주자의 단계를 넘어섰습니다. 이렇게 하려는 의지가 있는 사람들만이 삶에 대해 더 깊은 신비를 말해주는 이 책이나 다른 책에서 이익을 얻을 것입니다.

❧

중세 유럽에서는 삶의 의문에 대한 답을 찾기 위한 선택권이 다소 제한적이었습니다. 사람들은 질문이 허용된 모든 질문에 오류 없는 답변을 준다고 주장했던, 공식 가톨릭 교리를 받아들이거나 거부할 수 있었습니다. 교리가 특정한 질문에 답할 수 없다면, 그것은 여러분이 그것을 알아도 된다고 허용되지 않았기 때문입니다. 어떤 대체 이론도 활용될 수 없었고, 교회가 종종 폭력적인 수단으로 억압했습니다. 이런 상황은 단순하지만, 명백히 자유롭지 못했습니다. 선택권 없이 어떻게 자유로울 수 있으며, 표현의 자유, 심지어는 사상의 자유까지 강제적으로 억압될 때, 어떻게 선택할 수 있었을까요?

현재는 세상에서 답을 찾기 위한 선택권은 대단히 복잡합니다. 이제는 인터넷 덕분에 수많은 정보와 경쟁, 상호 배타적인 신념 체계들이 있고, 이것이 사람들을 압도하고 있습니다. 실제로 여러분이 답을 찾을 수 있는 자유는 더 커졌지만, 진실과 거짓 정보 사이에서 구분하는 방법이 없다면, 어떻게 자유를 행사할 수 있을까요? 정보가 너무 적거나 너무 많으면 현재 의식 수준을 초월하는 데 도움을 주는 답을 찾는 능력이 제한될 수 있습니다. 따라서 언제나 그렇듯이, 유용한 답을 찾는 진정한 열쇠는 무엇이 실재이고 무엇이 비실재인지를 구분하는 능력입니다. 이 능력은 어디에서 올까요?

이 행성의 모든 종교는 물질우주를 넘어서는 영역이 존재한다고 말합니다. 심지어 최근 과학의 발견까지도 이런 평행 우주나 차원의 존재에 대해 열려 있습니다. 대부분의 종교는 이 상위 영역에 하나 이상의 지적인 존재가 있다고 말합니다. 이들 불멸의 존재들은 지구에 있는 사람들을 구속하는 한계에 얽매이지 않습니다. 모든 인간에게는 지구라는 학교에서 마지막 시험을 통과하고 영적인 영역으로 상승할 잠재력이 있습니다. 이 상승 과정을 통과하면, 지구에서 여러분이 가진 모든 의문에 대한 답이 절대적이고 최종적인 방식으로 주어집니다. 삶에 대한 새로운 이해, 삶에 대한 더 넓은 시야를 얻게 되며, 이것은 이전에 가졌던 의문들을 쓸모없게 만듭니다.

최종적인 방식으로 해답을 얻는다는 것은 실제로 무엇을 의미할까요? 앞서 말했듯이, 여러분이 묻는 모든 질문은 특정한 의식 상태의 반영입니다. 그 의식 상태에서는, 여러분이 볼 수 없는 무언가가 있고, 이해할 수 없는 무언가가 있습니다. 이것이 여러분이 무언가에 대해 의문을 가지는 이유입니다. 여러분은 단지 현실에 대한 제한된 시야를 가졌기 때문에, 오로지 질문만 가집니다. 일단 더 폭넓은 시야를 갖게 되면, 의문은 사라지고 무의미해집니다. 많은 사람이 지구가 평평하냐는 질문에 대해 숙고했던 때가 있었습니다. 하지만 오늘날 사람들은 세계관을 확장했고, 이 더 큰 세계관 안에서 지구가 평평한가에 대한 질문은 쓸모가 없어졌습니다. 현대인들이 지구가 평평한가에 대한 질문의 답만 가지고 있는 것이 아니라는 점에 주목하세요. 현대인들은 중세 시대 사람들보다 훨씬 더 넓은 이해와 완전히 다른 인생관을 가지고 있습니다. 따라서 현대인들은 적어도 선조들보다 삶에 대해 훨씬 더 성숙한 접근 방식을 제공하는 더 높은 의식 수준을 가지고 있습니다.

내 요점은, 의문을 낳았던 의식 상태인 무지 상태를 초월하는 것이 의문에 대한 최종적인 답을 찾는 유일한 방법이라는 것입니다. 따라서 지구 대다수 사람이 갇혀 있는 무지의 상태를 초월해야만, 지구에서 사람들이 가진 의문에 대한 최종적인 답을 발견할 수 있습니다. 현재의 의식 상태를 초월하는 것이, 질문했을 때 얻을 수 있는 최상의 가능성입니다. 따라서 질문을 영적인 진보, 의식 성장을 위한 디딤돌로 보아야만 합니다.

～✺～

상승 과정을 통과하면, 여러분은 지구에 있는 동안 가졌던 모든 의문에 대한 최종적인 답을 얻게 됩니다. 여러분은 지금 여러분이 인식하는 마음보다 더 큰 마음과 궁극적으로 하나가 되고 연결됨으로써, 이런 답들을 발견합니다. 이 더 큰 마음, 더 큰 깨달음의 상태는 여러 가지 이름으로 불릴 수 있지만, 나는 "그리스도 마음"이라고 부르고 싶습니다. 그리스도교가 경직되고 배타적인 종교가 되는 전형적인 패턴에 빠졌기 때문에, 많은 사람이 "그리스도"를 보편적인 용어로 보지 않는다는 것을 나는 알고 있습니다. 하지만 나는 사람들의 편견에 영합할 의도가 없습니다. 따라서, "그리스도"라는 용어는 보편적인 마음 상태, 보편적인 의식 상태를 가리킨다고 분명히 말하겠습니다. 나중에 더 자세히 설명하겠지만, 이 마음의 기능은 절대적인 의미에서 진실하고 실재하며 타당한 모든 지식을 담고 있습니다. 보편적인 그리스도 마음에 저장된 지식은 신의 실재와 완전하게 조화를 이루고 있으며, 절대적인 의미에서 진리라고 말할 수도 있습니다. 반대로, 세상의 종교와 과학을 포함해서, 지구에서 발견되는 다양한 지식 대부분은, 신의 실재와 조화를 이루지 못하고 있습니다. 그것은 거짓이거나, 기껏해야 불완전한 것입니다.

　다시 한번 나중에 더 자세히 설명하겠지만, 지금 이 행성에 있는 대부분의 종교는 인간들이 진리와 신의 실재를 볼 수 없는 의식 상태로 하강했거나 추락했다는 사실에 대해서 말하고 있습니다. 사람들은 환영과 무지의 베일, 또는 죄라는 베일 뒤에 갇혀 절대적인 현실을 보지 못하고 있습니다. 많은 종교에서 다른 이름으로 불리고 있는 이 절대적인 현실은 보편적인 그리스도 마음 안에 담겨있는 진리입니다. 여기서 나는 고차원의 진동 스펙트럼 안에 이 우주에서 발견되는 모든 진정한 지식이 담긴 "데이터베이스"가 있다는 이미지를 제공하고 싶습니다. 현재 여러분의 마음은 환영과 무지의 베일로 인해 이 지식의 원천과 분리되어 있습니다. 하지만 이 상태로 남아 있을 필요는 없습니다. 여러분에게는 실제로 보편적인 그리스도 마음에 연결될 수 있는 선택권이 있습니다. 그렇게 되면 여러분은 지구에서 얻는 지식이 절대적인 의미에서 진실인지, 타당한지를 분별할 수 있는 능력을 얻게 될 것입니다.

　사실 상승 호스트에 의해서 지구에 보내졌던 진정한 영적인 스승들은 사람들을 진리의 근원과 연결되도록 돕는 임무를 가지고 있었습니다. 붓다는 사람들의 마음이 마야의 베일이나 환영에 갇혀 있다고 말하면서, 현실을 있는 그대로 보는 깨달음에 이르는 여정을 묘사했습니다. 예수도 비슷한 개념을 주면서 "지식의 열쇠"에 대해 말했습니다. (누가 11:52) 그는 지식의 열쇠를 사용하기를 거부하며, 심지어 다른 사람들이 그 열쇠를 사용하지 못하게 막으려고 하는 율법학자들을 꾸짖었습니다. 율법학자들은 특정한 신념 체계의 외적인 교리에 초점을 맞추고 현재의 의식 수준을 넘어서기를 거부했던 사람들입니다. 그들은 기존의 세계관인 자신들의 우상을 지키려고 했고(출애굽기 20:4), 살아 있는 진리에 연결되기를 거부했습니다. 그들은 자신의 구원에 대한 궁극적인 책임을 지려 하지 않았고, 외적인 신, 외적의 구원자에게 책임을 떠넘겼습니다. 불행히도, 현대의 많은 그리스도인이 이런 율법주의적인 사고방식을 취하고 있습니다. 그들은 이제 예수의 가르침을 사용해서 환영의 상태에 머무르는 것을 정당화하고, 보편적인 그리스도 마음과 연결되라는 부름을 무시하고 있습니다. 이 부름은 바울이 언어로 남겼지만, 예수에게서 영감을 받은 것입니다. "너희 안에 이 마음을 품어라, 이는 곧 그리스도 예수의 마음이니."(빌립보서 2:5)

궁극적으로 붓다와 예수는, 보편적인 그리스도 마음과 연결되고 그 마음과 통합되어 초월하는 여정의 마지막 단계를 본보기로 보여주었습니다. 여러분의 마음은 보편적 마음의 전체 안에 존재하는 개별적인 정체성이 되고, 그 지점에서만 지구 사람들을 가두고 있는 의식을 완전히 초월하게 됩니다. 그때 비로소 여러분의 세속적인 질문은 완전하고도 최종적인 답을 얻게 됩니다.

❧

어떻게 해야 보편적인 그리스도 마음, 진리의 근원과의 개별적인 연결을 구축할 수 있을까요? 나중에 설명하겠지만, 여러분은 보편적인 그리스도 마음에서 자신을 분리했기 때문에, 여러분에게는 중재자가 필요합니다. 중재자에게는 두 가지 측면, 두 가지 형태가 있습니다. 외적인 스승, 즉 상승한 존재이거나 개인의 안내자로 봉사하는 지구상의 스승이 있습니다. 그리고 내가 상위자나 내면의 스승으로 부르고 싶은, 여러분의 그리스도 자아가 있습니다. 여러분의 그리스도 자아는 여러분 마음의 일부가 되었고, 여러분에 대해 아주 자세히 알고 있습니다. 따라서 그리스도 자아는 삶의 모든 상황에서 여러분을 인도할 수 있으며, 여러분의 현재 의식 수준에 맞게 신중하게 채택된 답들을 줄 수 있습니다.

내 요점은, 이해를 구하는 성실한 구도자들은 이미 진리의 근원에, 보편적인 그리스도 마음에 개인적으로 연결되어 있다는 것입니다. 그 연결 고리는 외적인 구루나 단체, 교리가 아니라 자신의 내면에 있습니다. 이것이, 예수가 "신의 나라는 너희 안에 있다."(누가 17:21)라고 말한 진정한 이유입니다. 그것은 여러분은 이미 의식 상태를 뜻하는, 신의 나라로 가는 열쇠를 내면에 가지고 있다는 의미입니다. 여러분은 이미 지식의 열쇠를 가졌습니다. 개인적인 그리스도 자아인 이것을 예수는 협조자[2]라고 불렀습니다. 그는 또한 말했습니다. "협조자 곧, 그가 너희에게 모든 것을 가르치고, 내가 너희에게 말한 모든 것을 생각나게 하리라."(요한 14:26) 진실로 여러분의 그리스도 자아는 여러분에게 모든 것을 가르칠 수 있고 모든 질문에 답을 할 수 있습니다.

여러분이 지금 이 책을 펴고 있다는 사실이 이미 그리스도 자아와 어떤 연결이 있다는 증거입니다. 여러분은 그것을 직관으로, 내면의 안내로, 조용하고 작은 목소리로, 무엇이 옳은지를 아는 내면의 감각이나 무엇이 잘못인지 경고하는 느낌으로 알고 있을 수도 있습니다. 이 연결을 인식해야 하며, 그것을 확장하기 위해서는 적절한 도구들을 사용해야 합니다. 그런 도구들은 성모 마리아의 책과 예수의 웹사이트[3]에서 제공됩니다.

---

[2] Comforter, 보혜사
[3] www.transcendencetoolbox.com

보편적인 그리스도 마음과의 개인적인 연결을 충분히 활용하기 위해서는, 이 상위 마음에 저장된 지식이 말의 형태, 적어도 지구에 알려진 말의 형태가 아닌 방식으로 저장되어 있음을 이해해야 합니다. 이 행성의 사람들은 현재 매우 모호하고 선형적인 방식으로 말을 사용합니다. 두 사람이 같은 문장을 읽고 서로 다른 느낌이 들거나, 심지어 서로 배타적인 해석을 할 수도 있습니다. 사실, 종교 경전에 대한 상반되는 해석은 이 행성에서 일어나는 분쟁의 주요한 근원 중 하나입니다. 종교적이라고 자처하는 사람들이, 모든 갈등이 해결되는 내면의 이해를 열어줄 지식의 열쇠를 거부하면서, 외적인 경전의 해석을 놓고 싸우는 것은 얼마나 슬픈 일인가요.

여러분의 그리스도 자아는 선형적인 방식으로 소통하지 않기 때문에, 그 결과 하늘에는 분명히 그런 갈등이 존재할 수 없습니다. 그리스도 자아는 여러분의 지성과 같은 방식으로 소통하지 않으며, 사회의 규범을 따르지도 않습니다. 여러분의 그리스도 자아는 전체적인 그림을 주는 구형(球形)의 비선형적인 방식으로 소통합니다. 이것은 종종 정신적 이미지나 직관적인 감각의 형태로 옵니다. 내 요점은 그리스도 자아로부터 오는 진리의 표현을 항상 선형적 언어의 형태로 받게 된다는 기대를 할 수 없다는 것입니다. 특히 삶에 대한 더 깊은 질문에 대해서는 더욱 그렇습니다. 말은 너무 선형적이고, 너무 부정확하고 모호해서, 삶의 더 깊은 신비에 대한 진정한 이해를 전하지 못합니다.

분명히, 말의 한계는 이 책에도 적용됩니다. 인간은 자신이 선택한 종교의 경전을 무오류의 상태나 절대적 진리로 격상시키고 싶어 하지만, 말로 표현된 가르침 중 절대적이고 오류가 없는 가르침은 없다는 것이 현실입니다. 나는 이 책이 절대적인 진리를 말한다고 주장할 생각이 없습니다. 반대로, 이 책은 비선형적이고 구형적(球形)인 진리를 선형적(線形)인 말로 설명하려는 불가능한 시도임을 분명히 하겠습니다. 따라서 이 책은 이런 신비를 이해하는 데 필요한 모든 것을 여러분에게 주기 위한 것이 아닙니다. 이 책은 단지 여러분이 그리스도 자아로부터 직접 통찰을 얻는 데 도움을 줄 수 있는 외적인 자극제 역할만 할 수 있습니다. 이런 통찰은 종종 비언어적이며, 이 책이 주는 개념이 진실이라는 구형적인 감각으로 오지만, 그 통찰은 외적인 말을 초월합니다.

이 책에서 묘사하는 진리가 내가 사용하는 단어를 통해서만 표현될 수 있다고 생각하는 낡은 사고의 덫에 걸리지 않도록 주의하세요. 나는 이 책에서 현대 서구 세계에서 일반적으로 사용하는 선형적이며 직접적이고 이성적인 언어를 신중하게 사용하고 있습니다. 하지만 같은 진리가, 다른 맥락의 표현에도 동일하게, 유효한 여러 방식으로 표현될 수 있습니다. 예를 들어, 일리아드나 우파니샤드 또는 다른 서사시처럼, 여러 고전적인 형태의 시에 사용되는 언어나 상징을 사용해서 같은 개념을 표현할 수 있습니다.

내 요점은 이 책을 충분히 활용하려면, 외적인 말에 너무 집중해서는 안 된다는 것입니다. 지식의 열쇠를 사용하여 외적인 언어를 초월해야 하고, 그리스도 자아가 언어를 넘어선 내면의 구형적 이미지를 줄 수 있게 해야 합니다. 여러분은 내면에서 공명하는 감각이 나타나는지 주의 깊게 살펴보아야 합니다. 이 감각에 의해 이 책의 내용이 진실임을 느끼게 됩니다. 이 감각으로 여러분은 보편적인 그리스도 마음에 언어보다 더 깊은 수준으로 저장된 진리, 여러분 안에 있는 신의 나라에서 발견되는 진리에 공명하게 됩니다.

더 깊은 신비를 추구하는 진지한 학생은 더 높은 의식 상태로 나아가는 여정에서 진보에 반대하는 세력들이 있음을 반드시 알아야 합니다. 그 세력들에 대해서는 나중에 더 자세히 설명하겠지만, 이 지식이 그런 세력들에 대한 두려움을 제거해 줄 것입니다. 하지만 지금 이런 세력들이 여러분을 통제하기를 원하며, 그들이 무지나 환영을 통해서만 여러분을 통제할 수 있음을 알아야 합니다. 환영과 무지는, 여러분을 자유롭게 해줄 진리(요한 8:23)를 발견하고 내면화하는 것을 방해하기 위해 항상 그들이 사용해온 작업 방식(modus operandi)입니다. 현재의 의식 상태에서는, 이 세력들이 어느 정도 여러분을 통제하고 있습니다. 여러분이 더 높은 이해에 도달하면 자신의 현 의식 상태를 초월할 수 있으며, 따라서 그들의 통제력은 약화됩니다. 이 세력들은 통제력을 잃기를 원치 않으므로, 여러분이 현재 신념 체계보다 더 높은 이해를 발견하고, 받아들이고, 내면화하는 것을 항상 방해하려고 합니다. 그들은 일반적으로 삶에 대한 여러분의 접근 방식이나 생활 방식을 바꿀 필요가 없는 것처럼 보이게 하고, 지금 알고 있는 대로, 지금 하는 대로 계속 살아가야 하는 것처럼 보이게 하려고 애씁니다.

이런 통제에서 벗어나려면, 현 신념 체계를 초월하는 영적인 가르침이나 이 책과 같은 새로운 정보가 출현할 때, 그들이 자신에게 "위험한" 정보를 여러분이 거부하도록 만들 힘을 갖고 있음을 깨닫는 것이 중요합니다. 더 높은 이해를 제공하며 여러분의 성장을 도우려고 하는 내면의 스승과 외면의 스승이 있습니다. 마찬가지로, 진정한 스승이 제시하는 자유로운 진리를 받아들이지 못하게 가로

막는 내면의 거짓 교사와 외면의 거짓 교사가 있습니다.

외면의 거짓 교사는 대중의식과 내가 나중에 설명할 어떤 세력으로 구성되어 있습니다. 내면의 거짓 교사는 보통 인간의 에고라고 불리며, 그리스도 자아를 사칭합니다. 에고는 언제나 자신의 통제에서 해방될 수 있는 정보를 여러분이 거부하게 만들려고 노력합니다. 대체로 에고는 현 신념 체계를 다른 모든 신념 체계를 판단하는 기준으로 삼으면서, 그렇게 할 것입니다. 에고는 안전을 극도로 필요로 하며, 이것의 한 측면은 절대적으로 확실하다고 주장하는 신념 체계에 집착하는 것입니다. 에고는 특정한 종교의 구성원이 되거나 외면적인 특정한 교리를 믿으면, 자동으로 구원을 받는다고 믿습니다. 따라서 새로운 영적 개념이 제시되면, 에고는 즉시 그것을 자신이 가진 "무오류"의 신념 체계와 비교합니다. 실제로 거기에 어떤 차이가 있다는 것을 인식하면, 에고는 확신으로 가득 찬 큰 목소리로 강력한 설득력을 담아, 새로운 개념이 잘못되었거나 위험하다고 교묘하게 주장할 것입니다.

진지한 학생으로서, 여러분은 에고의 목소리를 인식하는 법을 배워야 합니다. 그리고 가르침이 진실이라는 내면의 인식을 주는 그리스도 자아의 미묘하고 부드러운 목소리를 인식하는 법을 배워야 합니다. 이 책을 읽으면서, 여러분은 두 목소리를 모두 들을 것입니다. 하지만 여러분이 에고의 목소리를 알아채지 못한다면, 이 조용하고 작은 내면의 목소리로부터 여러분의 관심을 다른 데로 돌리게 만드는 일은 정말 쉽습니다.

신약 성서를 읽었다면, 예수가 종종 들을 귀가 없거나 눈이 멀어 이해하지 못하는 사람들에 대해 말했음을 알 것입니다. 예수조차 아주 많은 사람이, 심지어 그의 제자들까지 자신의 메시지를 파악하지 못한다는 사실에 좌절감을 느꼈습니다. 인류의 영적인 스승들이 직면하고 있는 상황은, 인간이 모든 것을 에고 기반의 신념 체계라는 필터를 통해서 보고 있다는 것입니다. 모든 사람이 태어날 때부터 컬러 콘택트렌즈를 착용하고 있으며, 이 렌즈가 세상을 있는 그대로 보지 못하게 왜곡한다고 상상해 보세요. 영적 스승인 우리는 사람들이 그 렌즈를 벗게 하려고 끊임없이 노력하고 있습니다. 하지만 대부분의 사람은 자신의 에고가 필터를 통해서 보는 것이 유일한 참된 비전이라고 확신하도록 허용합니다. 따라서 그들은 렌즈를 벗는 대신, 특정한 유형의 렌즈가 세상을 있는 그대로 보게 해준다며 다른 사람들을 이해시키는 데 삶을 낭비합니다.

이 책을 읽으면서 얻게 될 혜택은 전적으로, 여러분이 에고의 목소리를 들을지 그리스도 자아의 목소리를 들을지의 여부에 달려 있습니다. 결국, 이것은 여러분만이 할 수 있는 선택에 달려 있습니다. 앞서 말했듯이, 나는 여러분에게 지식의 열쇠만을 제공할 수 있습니다. 더 높은 의식 상태로 여러분을 인도하는 마음속의 문을 여는 데 지식의 열쇠를 사용하도록 여러분을 강요할 수는 없습니다. 따라서 다시 한번 나는 모든 책임을, 그것이 속해 있는 곳인 여러분에게 넘깁니다. 이 책을 내놓는 것으로 나는 역할을 다했습니다. 이제 이 책으로 무엇을 할지는 여러분에게 달려 있습니다. 내가 여러분에게 제공하는 재능을 증식하겠습니까? 아니면 여러분의 현재 신념으로 재능을 땅에 묻어버리겠습니까?

열쇠 2
신에 대한 우상 이미지를 초월하기

신이 존재할까요? 먼 옛날부터 사람들은 이 의문에 대해 숙고해 왔습니다. 일부는 신이 특정한 형태로 존재한다는 증거를 찾았다고 주장하지만 다른 사람들은 결정적인 증거가 없다고 주장하고, 또 다른 사람들은 신이 존재하지 않는다는 증거가 있다고 주장합니다. 이 논란은 "신이 실제로 있다면, 신은 왜 자신이 존재한다는 반박할 수 없는 증거를 인간에게 주지 않을까"라는 이와 관련된 의문을 낳습니다. 이 질문은 우리가 더 나아가기 전에 숙고할 가치가 있습니다.

신이 어떻게 그런 증거를 우리에게 줄 수 있는지 고려하는 것으로 시작하겠습니다. 반박의 여지가 없는 증거가 있을 수 있을까요? 좀 더 정확하게 말하자면, 인간의 마음으로 의심할 수 없는 사실이나 증거가 있을 수 있을까요? 지구에서 발견되는 다양한 개념과 신념 체계를 살펴보면, 모든 개념이나 신념과 관련해 원래의 생각을 무효로 하거나 최소한 의심을 가져오는 반대 개념이 있음을 쉽게 볼 수 있습니다. 오늘날 대부분의 사람에게는 지구가 둥글다는 사실은 아주 명백해 보입니다. 하지만 불과 몇 세기 전만 해도, 지금 받아들여지는 이 사실이 대부분의 사람에게 논쟁거리였습니다.

논리적인 결론은, 대부분의 사람이 진실과 거짓, 작용과 반작용, 흑과 백이라는 두 가지 반대되는 상호 작용이 지배하는 의식 상태에 있다는 사실입니다. 이 두 가지 상반되는 것은 상호 배타적이거나 혹은 그렇게 보입니다. 한 명제가 동시에 참이면서 거짓일 수는 없습니다. 혹은 인간의 마음에 그렇게 보일 수는 없습니다. 따라서 사람들은 상반되는 관점 중 하나를 선택해야 합니다. 사람들은 신이 존재한다는 것을 받아들이거나, 신이 존재하지 않는다는 것을 받아들이면서, 이 두 경우 모두, 그들의 믿음을 증명해 줄 최종적인 진실을 찾지 못한 채, 자신들의 믿음을 증명해 줄 증거들을 끝없이 인용합니다. 따라서 신의 존재에 대한 최종 답을 찾는 대신, 증거에 대한 논쟁을 계속하고, 자신의 증거가 결정적이고 절대적이며 오류가 없다는 점을 다른 사람들에게 확신시키려고 합니다.

신의 존재에 대한 질문에 다른 접근 방법은 없을까요? 논쟁에서 한 걸음 물러나 봅시다. 신의 존재에 대해 논쟁하거나 반대하는 대부분의 사람이 신이나 현실에 대한 특정한 정신적 이미지에 기반을 두고 그렇게 하는 것을 인식해야 합니다. 예를 들면, 물질주의자들은 오늘날 수많은 종의 출현을 설명할 수 있는 진화론의 메커니즘을 자연에서 발견했다고 주장하기 때문에, 신이 없다고 주장합니다. 따라서 모든 것이 무작위 과정으로 진행될 수 있다면, 지적인 창조주가 필요 없습니다. 하지만 이 이론은 특정한 가정을 기초로 하며, 그 가정은 특정한 세계관에 기반을 두고 있습니다. 그런 가정 중의 하나는, 고도로 구조화되고 질서정연한 우주가 실제로 완전히 무작위적인 과정에서 생겨날 수 있다는 것입니다. 과학이 지속해서 복잡성과 질서의 더 깊은 층을 발견하고 있습니다. 그들은 무작위가 우연히 질서를 만들 수 있다고 합니다. 다시 말해 그들은 무작위성이 우연히 질서를 만들 수 있고, 그것이 무작위적으로, 수십억 년 동안 덜 복잡한 생명 형태를 인간과 같은 더 복잡한 생명 형태로 이어지게 하는 진화의 질서정연한 과정을 유지할 수 있게 한다고 합니다. 분명히 이것은 궁극적인 방법으로 증명될 수 없습니다. (모든 것이 무작위라면, 어떻게 질서정연한 과정이 입증될 수 있겠습니까?) 따라서 물질주의 과학의 전반적인 세계관은 하나의 가정에 기초합니다.

가정이란 무엇일까요? 그것은 이미지가 옳다고 입증할 직접적인 경험이나 증거가 없는데도 불구하고, 창조하기로 선택한 실재에 대한 정신적 이미지입니다. 여러분은 자신의 이미지가 사실이라고 가정했습니다. 따라서 가정은 불가피하거나 오류가 없는 정신적 이미지라기보다는 선택된 것입니다. 자신의 가정을 증명하려는 강한 욕구가 있다면, 그 가정을 뒷받침하는 증거만 볼 수 있고 그것을 넘어서는 증거는 간과할 수 있습니다. 여러분은 정신적 이미지를 형성하는 데 가정을 사용했고, 이제 그 이미지를 현실에 투사하려고 하므로, 자신이 보고 싶은 것만을 봅니다.

대부분의 종교는 신이 존재한다고 주장하지만 실제로는 보편적이거나 초월적인 신의 개념에 관해 주장하지 않습니다. 그들은 자신의 신성한 경전이 정의한 대로, 그들이 선호하는, 경전에 대한 자신의 해석에 따라, 신에 대한 특정한 이미지나 개념을 주장하고 있습니다. 그들은 자신들의 신이 존재하며 그것이 유일한 신이라고 주장합니다. 예를 들어, 주류 그리스도교 교회는 신이 전능하며 불완전한 것을 창조할 수 없다고 주장합니다. 하지만 지구의 조건들이 많은 고통을 초래하기 때문에, 완벽하지 않다는 것을 누구나 관찰할 수 있습니다. 그러니 전능한 신이 고통받도록 인간을 창조했거나, 혹은 신이 원래 이 행성에 의도했던 것이 구현되지 못하도록 뭔가가 막고 있는 것이 분명합니다. 어느 쪽이든 신이 전능하다는 절대적인 증거는 없으므로, 이것은 선택된 가정이라는 또 다른 예이며, 유일한 가정은 아닙니다.

신의 존재를 궁극적인 방식으로 증명하려면, 사람들이 선택한 "현실"에 기반을 두고 논쟁할 수 있다는 이 가정에 기반을 둔 이론을 초월해야만 합니다. 사람들이 서로 다르게 해석할 수 있는 말로 표현된 이론을 초월해야만 합니다. 인간의 마음, 두 가지 상반되는 것으로 지배되는 의식 수준을 넘어서 신의 존재를 증명할 방법을 찾아야만 합니다. 진리와 오류를 넘어서고, 모든 것을 상반되는 관점으로 보는 이원적인 마음에 영향을 받지 않는 뭔가를 찾아야만 합니다. 절대적인 증거를 찾으려면 경험에 의지해야 하지만, 단지 어떤 경험에만 의지해서는 안 됩니다.

≈≈≈≋✿≋≈≈≈

대부분의 사람은 원자의 존재를 믿으며, 사과의 존재도 믿습니다. 대부분 원자를 본 적이 없기에, 원자의 실체에 대한 사람들의 믿음은 직접적인 경험에 기초하지 않습니다. 대신에 그것은 전적으로 마음속에서 일어나는 과정, 즉 모든 것이 작은 태양계처럼 보이는, 보이지 않는 구성 요소(invisible building blocks)로 이루어져 있음을 받아들이는 과정에 의존합니다. 하지만 대부분의 사람은 실제로 원자를 보지 못했기 때문에, 원자에 대한 그들의 믿음은 정신적 이미지의 창조에 달려 있습니다. 이 정신적 이미지를 인식한 후에, 그들은 그 이미지가 정확하고 원자가 존재해야 한다는 것을 받아들이기 위해, 마음의 추론 능력을 사용했습니다. 요점은 사람들이 원자의 존재를 받아들이려면 정신적 이미지라는 중간 단계가 필요하다는 것입니다.

반대로, 사과의 실재에 대한 사람들의 믿음은 어떤 종류의 추론 과정을 기반으로 하지 않습니다. 사과의 존재를 받아들이기 위해서 사람들은 추론할 필요가 없고, 그저 경험에 의존해야 합니다. 사람들은 모두 사과를 보았고, 부드러운 껍질을 느꼈으며, 손가락으로 표면을 문지를 때 나는 소리도 들었고, 향도 맡았으며, 달콤한 즙도 맛보았습니다. 따라서 사과가 실재한다는 것에 대해 진지하게 논쟁하는 사람은 거의 없습니다. 요점은 사람들이 사과에 대한 정신적 이미지를 가지고 있지만, 사과의 존재를 받아들이기 위해 이 이미지가 필요치 않다는 것입니다. 그들은 사과라고 부르는 현상에 대한 직접적인 경험을 했으며, 그들의 받아들임은 정신적 이미지라는 형태의 중개자 없이 경험에 기반을 두어서 일어납니다.

앞에서 논의했듯이, 신의 존재를 믿는 사람에게는 이런 믿음에 대한 경험적인 증거가 없습니다. 신이 존재하지 않는다는 경험을 하기는 불가능합니다. 단지 신이 존재한다는 경험을 하지 못하는 것만 가능합니다. 어떤 것이 존재하지 않는다는 것을 논리적으로 증명할 수 없으므로, 어떤 것이 존재하지 않는 것을 경험할 수는 없습니다. 사과를 경험할 수는 있지만, 사과가 존재하지 않음을 경험할 수는 없습니다. 여러분은 이 시점에서 사과에 대한 경험이 없다고 말할 수 있지만, 이런 경험을 절대 할 수 없다고 증명하지는 못합니다. 마찬가지로, 모든 사람은 신의 존재를 경험하지 못했다고 말할 수는 있습니다. 하지만 미래에 그런 경험을 할 수 있다는 사실을 배제할 수는 없습니다. 따라서 신이 존재하지 않는다고 믿는 사람은, 신이 필요 없는 세상을 묘사한 정신적 이미지에 기반을 두고 그렇게 합니다. 요점은 신을 믿지 않는 것은 직접적인 경험에 기반을 두지 않으며, 정신적 이미지라는 매개체가 필요하다는 것입니다.

대부분의 종교인은 신의 현존을 경험하지 못했습니다. 신에 대한 그들의 믿음은 전적으로 특정한 종교에서 정의한 정신적 이미지에 근거합니다. 요점은 사람들이 신을 믿든 믿지 않든, 그들의 믿음은 직접적인 경험이 아니라 정신적 이미지에 기반을 두고 있다는 것입니다. 만약 사람들이 신의 현존을 직접 경험했다면, 신에 대한 그들의 관점은 더 이상 믿음에 기반을 두지 않게 될 것이고, 또한 정신적 이미지를 수용하거나 수용하지 않는 방식에도 기반을 두지 않을 것입니다. 따라서 신의 존재는 사과의 존재보다 더 신비롭지 않게 될 것입니다.

뭔가를 믿을 때, 여러분의 믿음은 정신적 이미지에 기반을 둔다고 말할 수 있습니다. 정신적 이미지는 믿거나 믿지 않는 대상이며, 결정적인 답을 찾지도 못한 채 이원적 마음으로 끊임없이 논쟁하게 됩니다. 여러분이 무언가를 경험하면, 정신적 이미지를 초월해서 직접적인 인식에 이릅니다. 하지만 경험조차 절대적이지 않습니다. 여러분의 경험은 마치 색안경을 통해서 세상을 보듯이, 정신적 이미지로 채색될 수 있습니다. 따라서 경험을 정제할 수는 있지만, 직접 경험하는 것이 정신적 이미지에 집착하는 것보다 훨씬 낫습니다. 직접적인 경험을 하려는 의지가 있는 사람만이 신의 존재에 대한 의문에 답을 구할 가능성이 있다고 말할 수 있습니다. 정신적 이미지는 결코 어떤 것을 증명하거나 반박할 수 없습니다.

인간이 신의 현존을 직접 경험할 수 있을까요? 모든 종교에서 많은 사람이, 심지어 종교적이지 않은 배경을 가진 사람들도 영적인 경험이나 신비적인 경험을 했습니다. 사실, 구약의 인간이 신의 이미지와 형상에 따라 창조되었다는(창세기 1:26) 말은 인간이 직접

신의 현존을 경험할 능력을 가지도록 설계되었음을 나타냅니다. 하지만 신을 경험하는 이 능력은 물리적인 감각에 기반을 두지 않았기에, 대부분의 사람이 사과는 경험하지만 신은 경험하지 못합니다. 물리적인 감각을 초월하고, 실재에 대한 정신적 이미지를 만드는 전반적인 의식, 즉 상대적인 양극성과 함께 작동하는 의식을 초월해야만 신을 경험할 수 있습니다.

~⚬⚬⚬⚬⚭⚬⚬⚬~

사실, 물리적인 감각으로는 신의 현존을 감지할 수 없습니다. 어떤 사람들은 신이 없다고 추론하는 데 이것을 사용하지만, 대부분의 사람은 물리적인 감각이 쉽게 겉모습에 속는다는 점을 알고 있습니다. 예를 들면, 사람들 대부분은 여기서 착시 현상을 경험합니다.

사람들 눈에는 위의 선이 아래의 선보다 길게 보이지만, 실제로는 길이가 같습니다. 대부분의 사람은 물리적인 감각을 신뢰할 수 없다고 추론하기 위해 잘 알려진 이런 예를 사용하지만, 이것은 전적으로 사실도 아닙니다. 눈은 하나의 선이 다른 선보다 길다고 말하지 않습니다. 눈은 그저 빛의 파동들을 보고 있습니다. 이 빛의 파동을 정신적 이미지로 바꾸는 것은 여러분의 마음입니다. 마음이 이런 이미지 일부를 선이라고 이름 붙이고, 길이라고 하는 개념을 만들어, 한 선이 다른 선보다 길다고 추론합니다. 눈은 선이라는 개념을 가지고 작동하지 않으므로 하나가 다른 것보다 길다는 개념이 없습니다. 오직 마음만이 이런 정신적 이미지를 만들고, 눈이 감지한 빛의 파동을 이미지에 적용합니다. 요점은 정말로 신뢰할 수 없는 것은 감각이 아니라 마음이라는 것입니다. 여러분의 감각은 원래 설계된 대로 단순하게 작동합니다. 즉 물질 우주를 구성하는 에너지 파동을 감지합니다. 여러분의 감각은 감지한 것을 넘어서는 어떤 것이 있는지에 대해 판단하지 않습니다. 오직 마음이 판단할 수 있습니다. 마음을 신뢰할 수 없게 만드는 것은, 감각으로 감지된 느낌에 정신적 이미지를 부여하려는 경향입니다. 이런 정신적 이미지들이 실재와 관련이 없다면, 마음은 실재와 세계에 대한 관점을 일련의 환영 위에 세우게 될 것입니다.

분명히 감각에는 어떤 제한이 있습니다. 예를 들어 눈은 단지 특정한 주파수 범위 안에 있는 빛의 파동만 감지할 수 있습니다. 과학은 더 높거나 더 낮은 주파수로 진동하는 빛의 파동이 많이 있음을 보여주었습니다. 하지만 이 발견은 과학기기들을 사용해 물리적인 감각의 범위를 확장한 것입니다. 따라서 사람들은 감각으로 직접 경험할 수 없는 무언가가 있음을 증명할 수 있습니다. 많은 사람은 X선 이미지를 보았고, 그런 광선이 존재한다는 직접적인 경험의 증거를 가지고 있습니다.

물질주의 과학은 물리적인 감각의 범위를 크게 확장했습니다. 하지만 과학이 물질계에 초점을 두고 있으므로, 앞으로 더 나아가지 못합니다. 과학은 물리적인 감각을 초월해서 세상에 대한 정신적 이미지를 만드는 추론하는 마음 너머까지 인간의 경험을 확장할 수 있습니다. 사실 모든 인간의 의식에 내재된 능력을 체계적으로 사용하는 영적인 과학이 출현할 수도 있습니다. 이런 능력은 물질우주를 초월한 실재에 대한 직접적인 경험을 줄 수도 있습니다. 따라서 신비 경험은 신비롭지 않습니다. 물리적 감각의 수준을 초월하고 물질우주의 다양한 스펙트럼까지 넘어서는, 내재된 능력을 사용하는 것은 극히 자연스러운 경험입니다. 여러분이 이 능력을 활용하면, 물질계를 넘어선 수준의 실재를 직접 경험할 수 있습니다. 이런 재능을 연마하면 신의 현존, 신의 존재도 직접 경험할 수 있습니다. 그 지점에서는 신의 존재 여부에 대한 질문이 무의미해집니다.

누군가가 먼 나라에서 자라는 과일에 관해 얘기할 때, 여러분은 그 얘기를 믿거나 혹은 믿지 않겠다고 선택할 수 있습니다. 어떤 과일과 그 특성에 대해 들을 때, 여러분은 그 과일에 대한 정신적 이미지를 형성하게 되는데, 그 말을 믿거나 믿지 않는 것은 이런 정신적 이미지에 기반을 둡니다. 그것을 직접 경험할 기회가 없으므로, 잘못된 것은 없습니다. 정신적 이미지를 형성하는 능력은 많은 분야에서 유용합니다. 한 가지는 정신적 이미지가 여러분에게 과일의 존재를 증명하거나 반박하기 위해 먼 나라로 여행하겠다는 욕망을 축적할 기회를 줍니다. 하지만 위험한 점은, 정신적 이미지가 그것을 넘어서 실재와 비교하려는 모든 욕망을 빼앗아갈 수도 있다는 것입니다.

종교의 진정한 목적은 신에 대한 정신적 이미지를 제공해서, 신의 현존을 직접 경험하고자 하는 욕구를 발전시키는 기반으로 봉사하는 것입니다. 과일을 손에 들고 한 입 먹어본다면, 더 이상 과일을 의심하지 않게 됩니다. 마찬가지로, 신을 살아 있는 현존으로서 실제로 경험한다면, 의심은 직접적인 경험에서만 올 수 있는 확실성으로 바뀔 것입니다. 문제는, 사람들이 현재의 이미지가 진리이고 오류가 없다고 결정하면서 정신적 이미지를 형성하는 능력을 오용할 때 생깁니다. 이것은 그 이미지가 결코 경험을 통해 증명될 필요가 없다는 의미입니다. 이런 경우, 사람들은 정신적 이미지의 노예가 되고, 그 이미지는 사람들이 실재를 알지 못하게 가로막습니다.

신에 대한 직접적인 경험은 추론하는 마음과 감각을 넘어설 의지가 있을 때만 할 수 있습니다. 여러분은 반드시, 추론하는 마음이 창조한 정신적 이미지와 세상의 종교에서 표현된 이미지들을 넘어서려고 해야 합니다. 이것을 이해하려면, 모세에게 주어진 십계명 중 처음 두 가지를 숙고해 보세요. 첫 번째는 진정한 신 앞에 다른 신들을 두지 말라(출애굽기 20:3)는 것입니다. 두 번째는 신에 대한 어떤 우상도 만들지 말라(출애굽기 20:4) 입니다. 의미는 분명합니다. 여러분이 신에 대한 정신적 이미지를 만드는 데 이 세상의 말이나 이미지를 사용한다면, 잘못된 이미지를 만들게 되고 진정한 신 대신 우상을 숭배하게 됩니다. 따라서 이 두 계명은 여러분이 신을 직접 경험할 수 있는 방법에 대한 지침이 되도록 되어 있습니다.

신에 대한 이미지를 만들기 위해 이 세상의 말과 이미지를 사용하지 않는 것이 왜 그렇게 중요할까요? 왜냐하면, 진정한 신은 물질계를 넘어서기 때문입니다. 예수는, 신이 영(Spirit)이며, 영과 진리로 경배해야 한다고(요한 4:24) 분명히 말했습니다. 신은 이 세상을 초월하기 때문에, 이 세상의 말과 이미지로는 신의 모습을 완전하고 정확하게 묘사할 수 없습니다. 이것은 우리가 더 탐구할 개념입니다.

꩜

사과나무가 없는 외딴 섬에서 자란 사람을 만났다고 상상해 보세요. 여러분은 이 사람에게 사과의 맛이 어떤지 말로만 알려줘야 합니다. 이 일을 생각해 보면, 사과의 맛은 말로는 정확히 전달할 수 없는 감각적 경험임을 깨닫게 됩니다. 지금껏 가장 위대한 시인 몇몇은 직접적인 경험을 전달하기 위해 말을 사용하려고 했지만, 제한적으로만 성공했습니다. 사실 사과의 맛을 말로 묘사하려면, 여러분은 사과의 맛을 그 사람이 잘 아는 맛과 빠르게 비교할 수 있어야 합니다. 이런 방식을 통해 대부분 시인은 말로 경험을 전달하려고 했습니다. 그들은 사람들에게 비슷한 경험에 대한 기억을 불러일으키려고 합니다. 시인들은 사람들이 실제로 경험한 기억을 불러일으키는 단어를 찾아서, 사람들이 시인이 묘사한 것을 경험하고 있다는 인상을 줍니다. 하지만 배와 매실과 체리는 사과의 맛이 어떠하다는 개념을 줄 수 있지만, 사과 맛은 이 다른 과일들의 맛과는 정확히 같지 않습니다. 따라서 실제로 사과 맛을 봐야만 그 맛을 알 수 있습니다.

　여기서 요점은 여러분이 사과의 맛을 다른 과일의 맛에 비교해서 묘사할 때, 사람들은 사과의 맛이 어떠할 것이라는 정신적 이미지를 구축한다는 사실입니다. 그 사람은 사과의 개념에 정신적 이미지를 투사하고, 결국은 정신적 이미지가 완전하고 정확하다고 믿게 됩니다. 사람들은 사과의 맛이 어떤지 정확히 안다고 확신할 수 있으며, 따라서 실제 사과의 맛을 볼 이유가 없습니다. 사람들은 직접적인 경험을 정신적 이미지로 대체하는 능력을 갖추고 있고, 심지어 실제 경험보다 이미지를 선호하기도 합니다. 특히 신의 존재에 대해서는 더 그렇습니다. 대부분의 사람이 신이 존재하는지 혹은 존재하지 않는지에 대한 정신적 이미지를 만들어내려고 하지만, 직접적인 경험을 통해 그 이미지를 확인해 보려고 하는 사람은 거의 없습니다. 분명히 많은 사람이, 신에 대한 직접적인 경험은 불가능하거나 소수에게만 허락된다는 신에 대한 정신적 이미지를 가지고 있습니다. 하지만 그들은 이 신념을 증명하거나 반박할 것을 신에게 요청함으로써, 신념의 타당성을 시험해 보려고 하지 않습니다. 일부 사람들은 기꺼이 요청하지만, 대부분의 사람은 신의 초월적인 실재를 경험하거나 신에 대한 정신적 이미지를 모두 놓아버리고 초월하기 위해, 열린 마음과 가슴으로 묻지 않습니다. 다시 말하면, 일부 사람은 신의 모습을 보게 해달라고 기도하지만, 자신들이 선호하는 신의 정신적 이미지로, 즉 우상의 형태로 신이 나타나기를 기대합니다.

이것은 인간 의식의 본질적인 특징으로, 상대적인 대극과 함께 작동하는 의식입니다. 그 의식은 물질계를 넘어선 어떤 것도 경험할 수 없습니다. 하지만 물질계를 넘어선 어떤 것에 대한 정신적 이미지를 만들 수는 있습니다. 그 의식은 신에 대한 정신적 이미지를 직접적인 경험과 비교할 수 없으므로, 신에 대한 우상이 완전히 옳다고 확신하게 됩니다. 따라서 그것은 자신의 이미지에 대해 의문을 제기하지 못하게 하고, 이미지를 넘어서 보는 것을 거부함으로써, 그 사람이 물질계를 넘어선 실재에 대한 직접적인 경험을 하지 못하게 합니다. 따라서 인간의 의식은 여러분을 환영의 베일 뒤에 무한정 갇히게 하는 폐쇄계, 즉 영적 딜레마[4]가 됩니다. 사람들은 신에 대해 알아야 할 모든 것을 알고 있다고 생각합니다. 그리고 이 신념은 사람들이 신에 대한 지식을 확장하거나 확인하기 위한 직접적인 경험을 하지 못하게 가로막습니다.

신이 자신의 이미지와 형상에 따라 인간을 창조했다는 성서 문구

---

[4] spiritual catch-22: 진퇴양난, 곤경의 딜레마를 묘사하는 말입니다. 빠져나오는 것이 불가능해 보이는 상황입니다. 상승 마스터는 이 말을 분리와 이원성의 환영을 통해 만들어진 메커니즘을 가리키는 데 사용합니다. 반-그리스도 마음은 우리의 영적인 성장을 저지하거나 지연시키기 위해 수많은 딜레마(catch-22) 상태들을 만듭니다. 그것들은 항상 환영에 기반을 두고 있으며, 따라서 우리는 관점을 바꿈으로써 이를 초월할 수 있습니다. 딜레마 상태는 종종 우리가 해결해야 할 문제로서 등장합니다. 그러나 그 문제에는 해결책이 없으며, 따라서 진정한 해결책은 그 투쟁에서 떠나버리는 것입니다.

이면의 진실을 깨닫는 것이 중요합니다. 신의 현존과 신의 살아 있는 진리를 직접 경험할 수 있는 능력인 지식의 열쇠를 가지고 있다는 의미에서 인간은 원래 신과 닮게 창조되었다는 것이 사실입니다. 하지만 앞서 말했듯이, 대부분의 종교는 사람들이 다른 상태로 추락했다는 개념을 담고 있는데, 사실 이것은 낮은 의식 상태를 의미합니다. 이것은, 신의 진리를 더 이상 보지 못하고 단지 상반되는 두 견해 사이의 이원적 투쟁만을 보는 의식입니다. 이 의식 상태에 대해서는 나중에 더 자세히 설명하겠지만, 지금은 이원성 의식이 정신적 이미지를 만들고 모든 것에 그것을 투사한다고 말하는 것으로 충분합니다. 여기에는 신도 포함됩니다. 실제로 인간들은 이원성 의식 상태로 떨어진 후 자신의 이원적 마음을 닮은 신의 이미지를 만들기 시작했습니다. 따라서 이 세상에서 발견되는 신의 많은 이미지와 몇몇 큰 종교에서 조장하는 이미지도 이원성 의식의 산물입니다. 그것들은 사람들이 신이란 개념에 투사했던 잘못되고 불완전한 이미지입니다. 시간이 흐르면서, 인류 대다수가 직접적인 경험과 비교하지도 않은 채 이런 이미지를 진실로 받아들였습니다.

이것은 정확히 사람들이 "그것"을 직접 경험할 수 없으므로 일어났습니다. 사람들은 그것을 자신들이 경험해본 어떤 것에 비교함으로써, 그것에 대한 정신적 이미지를 만드는 경향이 있습니다. 다시 말해서, 낮은 의식 상태로 떨어진 후 사람들은 단지 물질세계만을 경험할 수 있었습니다. 따라서 그들은 물질세계에서 경험한 것에 기반을 두고 신에 대한 정신적 이미지를 만들기 시작했습니다. 사람들은 삶을 투쟁으로 경험했기 때문에, 그들이 모든 것에 투쟁하게 함으로써 그들에게 벌을 내린다는 분노한 신의 이미지를 만들었습니다. 실제로 이런 인간들의 투쟁은 신이 만든 것도 아니고, 신의 벌도 아닙니다. 나중에 자세히 설명하겠지만, 그것은 전적으로 인간이 스스로 만든 조건입니다.

근본적인 질문은, 이제 여러분이 신에 대한 정신적 이미지에 집착할지 아니면 신의 현존을 경험하기 위해서 그런 모든 이미지를 놓아버릴지의 여부입니다. 실재 대신에 정신적 이미지에 기반을 둔 필사의 삶이라는 의미로, 예수는 "너희가 제 목숨을 구하려면 목숨을 잃게 된다."(마태 16:25)라고 이 딜레마를 묘사했습니다. 여러분이 신을 직접 경험하기 위해 죽을 때, 즉 필사의 정체감인 정신적 이미지를 죽게 할 의지가 있을 때, 결국 여러분은 신의 현존과 하나가 되는 경험을 통해 영원한 생명을 얻게 될 것입니다. 사람들이 지닌 신에 대한 정신적 이미지가 그들에게서 영적인 자유를 빼앗아 갑니다. 궁극적인 영적 자유는 어떤 중개자도 없이 여러분이 신의 영을 직접 경험할 때까지 신에 대한 우상을 모두 초월함으로써 성취될 수 있습니다. 여러분이 근원에서 분리되어 있다면 어떻게 자유로울 수 있을까요?

─◦◦◦◦◦◦◦◦◦─

핵심은, 신은 영이므로 신은 물질우주를 초월해 있다는 것입니다. 이 우주를 초월해 있는 존재는 세상의 특정한 신념 체계에 끼워 맞추거나 한정될 수 없습니다. 신의 현존과 실재를 정확하게 묘사할 수 있는 말이나 정신적 이미지는 없습니다. 그것들은 단지 더 깊은 실재를 가리키는 근사치만 제공할 수 있습니다. 여러분이 아무리 정교한 이론이나 교리를 만들더라도, 신은 언제나 묘사된 내용을 넘어섭니다.

이 행성의 종교에서 핵심적인 문제는 인간이 신의 정신적 이미지를 만드는 데 종교를 이용했고, 그런 후에 초월적인 신의 영을 인간의 멘탈 박스에 강제로 맞추려고 했다는 것입니다. 이것은 불가능하고 (따라서 헛되고), 사람들을 자신의 멘탈 박스에 가둬버리는 불가피한 결과를 가져옵니다. 사람들은 자신의 멘탈 박스가 규정한 기준에 따라 살지 않으면, 지옥에 가거나 영원한 저주를 받는다고 생각합니다. 하늘나라에 들어가려면 지구의 조건들에 따라 살아야 한다고 생각합니다.

사실 그런 사람들은 이원성 의식에 기반을 둔 일련의 조건들을 만들었고, 신에게 정신적 이미지를 투사했습니다. 이런 이원적 이미지들은 부분적으로 또는 전적으로 초월적인 신의 실재에서 벗어나 있으며, 지구에서 사람들이 만든 조건은 하늘나라에 들어가는 일과는 별로 관계가 없거나 거의 상관이 없습니다. 사람들은 자신의 이원적인 기준에 따라 자신이 의롭다고 생각할 수도 있지만, 스스로 만든 의로움은 상위 영역으로 들어가는 데 영향을 미치지 못합니다. 하지만 사람들은 스스로 만든 조건에 집착함으로써 불가피하게 자신의 멘탈 박스에 갇히게 되며, 이로 인해 신의 현존을 직접 경험하는 길이 막혀 버립니다. 직접적인 경험만이 영적인 영역의 영원한 생명으로 들어가는 지점입니다. 정확히 이것은 예수가 "너희의 의로움이 율법학자들과 바리새인들의 의로움보다 낮지 않으면, 너희는 결코 하늘나라에 들어가지 못한다."(마태 5:20)라고 말한 이유이고, 정신적 이미지에 집착해서 직접적인 경험을 거부한다면 하늘나라에 들어가지 못한다는 의미입니다. 그것은 또한 그가 "오직 너희가 필멸의 생명에 대한 감각을 죽게 함으로써 영원한 생명을 찾게 된다."(요한 12:25)라고 말한 이유이며, 정신적 이미지에 기반을 둔 정체감을 죽게 해야 한다는 의미입니다.

여기서 요점은 영적인 세계나 신에 대한 종교적 가르침을 연구하는 것 그 자체가 제한적인 것은 아니라는 겁니다. 어떤 영적인 가르침이나 신에 대한 묘사를 피해야 한다는 말이 아닙니다. 어쨌든 내가 말하려는 것은, 이 세상의 말이나 이미지로 표현된 어떤 가르침도, 완전하고 오류가 없는 신의 묘사를 결코 제공할 수 없다는 점입니다. 따라서 외적인 가르침을 우상 이미지로 바꾸어서는 절대로 안됩니다. 우상 이미지는 절대적이고 불변하고 오류가 없는 정신적 이미지를 의미합니다. 여러분이 이곳 지구에 있는 한, 여러분은 신의 전체성을 짐작조차 할 수 없습니다. 신의 현존을 직접 경험할 수는 있지만, 아직 육체에 있는 동안에는 신의 전체성을 결코 가늠할 수 없습니다. 따라서 신에 대한 완전한 이미지를 발견했다고 절대 생각해서는 안 됩니다. 여러분은 이 세상의 그 어떤 이미지도 초월하겠다는 의지를 가져야 하며, 신의 현존을 더욱더 순수하게 경험하기 위해 노력해야 합니다.

원래 모든 진정한 영적인 가르침은 사람들이 신의 현존을 직접 경험하도록 돕기 위해 상승 호스트가 제공한 것입니다. 이런 영적인 가르침을 진실하고 오류가 없는 신의 이미지를 내세우는 종교적 교리로 바꿀 의도는 전혀 없었습니다. 영적인 가르침을 마음속 멘탈 박스를 만드는 데 사용한다면, 영적인 가르침 뒤에 있는 목적을 저버리게 됩니다. 여러분은 이원적 대극에 의해 끊임없이 위협받는 이원적 환영을 만들었습니다. 환영의 무오류성을 유지하기 위해 여러분은 위협을 제거해야 합니다. 이것은 이 행성에서 볼 수 있는 모든 종교 갈등으로 이어졌습니다. 신과 여러분의 관계가 지구의 어떤 조건에 따라 위협받을 수 있다는 이원적 사고에 빠져 있는 한, 여러분은 신의 나라에 들어갈 수 없습니다. 예수가 말했듯이, 신의 나라는 마음의 상태이므로, 여러분 내면에 있습니다.

내가 이런 논의와 함께 이 책을 시작하는 이유는 여러분이 선택할 수 있다는 것을 보여주기 위해서입니다. 여러분은 지금 신에 대해 가지고 있는 정신적 이미지에 집착할지, 아니면 신의 실재에 대한 더 높은 이해를 받아들일지, 반드시 선택해야 합니다. 기존의 이미지에 집착한다면, 이 책의 나머지 내용은 계속 여러분을 불편하게 만들 것입니다. 여러분이 신에 대한 기존의 이미지 너머를 볼 의지가 있을 때만, 이 책은 신에 대한 의문에 답을 주는 직접적인 경험을 하도록 여러분을 도와줄 수 있습니다. 다음 장에서 신의 본질과 이 우주의 목적, 인간이 삶이라는 스크린 위에 정신적 이미지를 어떻게 투사하여 이런 목적을 모호하게 만들었는지에 대한 진실을 숨김없이 제공하겠습니다. 내 설명은 여러 시대 동안 인간이 만든 정신적 감옥인 모든 멘탈 박스로부터 여러분을 자유롭게 해줄 것입니다. 하지만 여러분이 스스로 감옥의 문을 통과할 의지가 있어야만 자유로워질 수 있습니다. 내가 그 문을 보여줄 수는 있지만, 여러분이 그 문을 통과하도록 강요하고 싶지 않으며, 강요할 수도 없습니다. 따라서 나는(I AM[5]) 열린 문이지만, 여러분은 반드시 자유의지의 선택으로 그 문을 통과해야 합니다.

여러분은 신을 닮은 이미지로 창조되었기 때문에, 신의 현존을 직접 경험하는 것은 자연스러운 일입니다. 다시 말해, 이 경험을 하지 못하는 것이 부자연스러우며 이런 일은 오직, 무언가가 이 경험을 방해하고 있기 때문에 일어납니다. 무엇이 신의 현존을 직접 경험하지 못하도록 방해할까요? 자, 그것은 여러분의 마음을 가득 채우고 있는 신에 대한 정신적 이미지입니다. 그 이미지 때문에 직접적인 경험이 의식적인 인식에 스며들 여지가 없습니다. 따라서 영적인 자유의 성취는 집안(내면)을 청소한다는 의미이며, 여러분은

---

[5] I AM: 대문자료 표기하는 것은 상승 영역에 있는 존재, 진정한 자아와 하나가 된, 진정한 자아를 찾은 존재임을 의미함. I am은 지상에 육화한 인간을 의미하는 표현.

신의 영에 대한 직접적인 경험을 막는 정신적 이미지를 제거할 수 있습니다. 내가 여러분의 이원적 이미지를 제거하도록 허용하겠습니까? 아니면 익숙한 이미지에 집착할 것인가요?

열쇠 3
신이 존재한다는 명백한 증거가 없는 이유

　이전의 질문으로 돌아가 봅시다. "신이 정말 존재한다면, 그는 왜 자신이 존재한다는 반박할 수 없는 증거를 주지 않았을까요?" 이제 우리는 신이 모든 인간에게 신의 현존을 직접 경험할 수 있는 능력인 지식의 열쇠를 주는 것으로, 실제로 그의 존재에 대한 명백한 증거를 주었음을 압니다. 그런 경험을 한번 하게 되면, 신의 존재 여부에 대한 의문은 무의미해집니다. 하지만 그런 경험을 하려면, 정신적 이미지를 만들어 실재에 투사하면서 이 이미지가 실재 자체보다 더 현실적이라고 주장하는 의식 상태를 반드시 초월해야 합니다.

　나중에 자유의지의 중요성에 대해 더 자세히 말하겠지만, 지금은 신이 사람들에게 그의 존재를 증명할 능력을 주었지만, 이 능력을 사용할지는 각자의 자유의지에 달려 있다고 결론짓겠습니다. 결정적인 요소는, 이미지를 초월한 실재에 대한 직접적인 경험에 따라, 자신을 조정하고 정신적 이미지를 초월하려는 개인의 의지입니다. 따라서 나중에 알게 되겠지만, 신은 자유의지의 법칙을 위반하지 않고도 증거를 찾을 수 있는 능력을 여러분에게 주었습니다. 이것은 여러분에게 주어진 시간이 끝날 때까지, 여러분이 실재에 대한 이미지를 만들고 그것에 집착할 수 있는 권리를 줍니다. 이것은 사람들에게 신의 존재를 부인하면서 지구에서 살 수 있는 선택권을 줍니다. 만일 신이 자신이 존재한다는 반박할 수 없는 증거를 주었다면, 사람들은 이런 선택권을 가지지 못했을 것이고, 이것은 우리가 앞으로 알게 될 이 우주의 목적과 어긋나는 것입니다.

우리는 궁극적인 의미에서 신이 초월적 실재임을 알고 있는데, 이 말은 이 세상의 말과 이미지로는 신을 정확히 묘사할 수 없다는 의미입니다. 그래서 예수는 반드시 영과 진리로 신을 예배해야 한다고 말했던 것입니다. 이 세상의 말이나 정신적 이미지, 관습으로는 초월적인 신을 숭배할 수 없습니다.

하지만 우리는 신의 여러 측면을 설명하는 영적인 가르침이 무의미하지 않다는 것도 알고 있습니다. 여러분은, 꼭, 특정 교리가 신에 대해 완전하고 오류 없는 설명을 해준다는 구시대적 사고의 덫에 빠지지 말아야 합니다. 영적인 가르침이 얼마나 광범위하고 상세한가와 관계없이, 신은 언제나 세상의 가르침에 묘사된 것 이상입니다. 이 "그 이상"은 직접적인 경험을 통해서만 알 수 있습니다. 영적인 가르침은 신의 현존에 대한 직접적인 경험을 대체하는 것이 아니라, 그런 경험을 촉진합니다. 따라서 특정한 종교나 영적 가르침을 배우고 따르는 것은 신의 현존을 직접 경험하고, 영적 영역의 존재와 개인적인 관계를 맺기 위한 디딤돌일 뿐입니다.

꿀꿀꿀

초월적인 신의 본질을 완전하게 묘사할 수 있는 말은 없다고 했지만, 이 책은 언어를 사용하여, 여러분이 신의 본질에 대해 더 성숙한 개념을 발전시킬 수 있도록 돕는 설명을 해야 합니다. 이 논의의 출발점으로, 지구 대부분의 종교가 적어도 물질우주를 넘어서는 진실의 한 측면은 있다고 가르치고 있는 사실을 살펴보겠습니다. 이 영역은 흔히 "하늘나라" 또는 영적인 세계로 불리며, 여러 종교에서 특정한 이름들을 가지고 있습니다. 이것은 여러분이 사는 전체 세상이 여러 층이나 여러 수준으로 구분될 수 있다는 개념을 줍니다. 사실 많은 종교가 영적인 영역이 획일적인 하나의 차원이 아니라고 가르칩니다. 낮은 수준의 하늘나라에서부터 최상위 하늘나라까지 다양한 층과 다양한 수준의 영적인 영역이 있습니다.

이 지점에서, 하늘나라와 지상이 근본적으로 다르다거나 둘 사이에 뚫을 수 없는 장벽이 있다고 하는, 여러 종교에서 나온 그릇된 개념을 완전히 정리할 필요가 있습니다. 현재 상황을 더 잘 이해하려면 현대 과학의 발견을 살펴보는 것이 도움이 됩니다. 과학이 종교에 반대된다는 개념은 이원적인 의식에서 나왔습니다. 발전된 사회에서 세상을 설명하는 두 가지 병행 방법(잠재적으로는 상호 보완적인) 사이에 갈등이 없어야 하는 이유에 대해서는 나중에 논의하겠습니다.

나는 인간 의식이 이원적이라고 말했는데, 이것은 상반되는 두 가지 관점에서 생각한다는 의미입니다. 과학의 주요한 업적 가운데 하나가 이원적인 세계관을 체계적으로 무너뜨리고, 상대적인 대립으로 정의되지 않는 근원적인 현실에 주목하게 만든 것입니다. 예를 들어 과학자들은, 부분적으로는 감각적인 경험에 근거해서, 세상은 두 개의 다른 질료, 즉 단단한 물질과 유동적인 에너지로 구성되었다고 믿어 왔습니다. 현대 물리학자들은 물질우주가 근본적으로 다른 두 가지 질료로 만들어지지 않았다는 것을 발견했습니다.

실제로, 모든 것은 에너지입니다. 여러분이 단단하게 느끼는 물질조차 에너지로 이루어져 있습니다. 에너지는 파동으로 감지되는 진동의 한 형태입니다. 여러분은 주파수와 같은 파동의 진동 특성을 측정할 수 있는데, 서로 다른 형태의 파동에서 실제로 다른 것은 진동뿐입니다. 과학자들은 금과 같은 "물질 질료"와 생각과 같은 "비물질 질료" 사이의 차이가 단지 에너지 파동의 진동뿐임을 증명했습니다.

과학자들은 많은 다른 형태의 에너지 파동을 측정했으며, 현재 과학기기들로 측정할 수 없는 아주 높은 진동의 에너지 파동이 있다는 사실을 이론적으로 받아들일 수 있게 되었습니다. 다시 말해, 과학자들은, 다른 차원이라고 할 수도 있고 평행 우주라고 할 수도 있는 다른 영역이 물질우주와 나란히 존재하고 있으며, 현재의 도구로는 감지할 수 없는 진동으로 만들어졌다는 사실을 더 이상 거부할 수 없게 되었습니다. 사실, 모든 것이 에너지라는 점을 고려하면, 그런 높은 진동 영역과 물질우주라고 불리는 낮은 진동 영역 사이에 에너지 파동의 교환이 있음을 배제할 수 없습니다. 더 직접적으로 말하자면, 현대 과학은 적어도 이론적인 측면에서, 물질우주를 넘어서는 하늘나라에 대해 종교들이 하는 말이 옳을 수도 있음을 보여줍니다.

과학의 발견에서 중요한 것은 영적인 영역과 물질계 사이에 근본적인 차이가 없음을 과학이 입증한 것입니다. 모든 것은 똑같은 기본 질료로 만들어집니다. 과학자들은 이것을 에너지라고 부릅니다. 물질계는 특정한 스펙트럼 내에서 진동하는 에너지로 구성됩니다. 영적인 영역도 같은 기본 에너지 형태로 구성되어 있지만, 단지 더 높은 스펙트럼에서 진동할 뿐입니다. 이 개념에 대한 언급을 많은 종교 경전에서 찾아볼 수 있습니다. 창세기에 있는 창조 신화를 예로 들어봅시다. 태초에 신은 하늘과 땅을 창조했다고 말하는데(창세기 1:1), 두 영역은 같은 창조물의 일부입니다. 처음에 지구는 형태가 없는 허공이었고, 허공과는 다른 하늘과 분명히 구별되었습니다. 이후 신은 빛을 창조했습니다. (창세기 1:3) 빛은 신이 어떤 형태로든 만들 수 있는 질료입니다. 따라서 우리는 바이블에 나오는 빛의 개념을 에너지에 대한 과학적인 개념에 비교할 수 있습니다. 실제로, 그들은 하나이고 동일합니다. 신은 특정한 물질 형태를 창조하기 전에, 형태를 만들 수 있는 질료를 창조해야 했습니다. 빛은 물질우주의 "구성 요소(building block)"입니다.

이 과정에 대해서는 나중에 더 자세히 얘기하겠지만, 지금은 창세기에 묘사된 빛이 물질우주의 진동 스펙트럼 안에서 진동하는 빛에 불과하다는 것을 언급해 둡니다. 따라서 이 빛은 모든 물질을 형성하는 물리적 구성 요소인 원자를 비롯하여 물질의 형태로 만들어질 수 있습니다. 영적인 영역에도 역시 빛이 존재하며, 이 빛은 동일한 기본 질료이지만 더 높은 진동이라는 특성을 띠고 있습니다. 따라서 이 빛은 진동이 낮춰지지 않으면 물질 형태를 구성하는 데 사용될 수 없습니다. 영적인 빛의 진동을 낮추는 과정은, 사실 물질우주의 창조로 이어지는 바로 그 과정입니다. 나중에 알게 되겠지만, 인간도 부분적으로 이 창조 과정에 참여한다고 말할 수 있습니다. 이것이 왜 사람이 신을 닮은 이미지로 창조되었고, 왜 사람이 모든 물질의 질료인 빛으로 만들어진 지구를 지배할 잠재력을 가졌는지에 대한 이유입니다.

～～～⚜～～～

이제, 층층으로 이루어진 세계의 이미지에 대해 계속 얘기하겠습니다. 사람들은 학교에서 붉은색 빛이 푸른색이나 보라색 빛의 주파수보다 낮은 대역에서 진동한다고 배웠습니다. 물질우주는 다양한 주파수의 빛으로 만들어집니다. 이 빛의 일부는 물질이라 불리는 딱딱한 질료로 감지될 때까지 진동이 낮아졌습니다. 하지만 현대 물리학이 입증한 것처럼, 물질의 더 깊은 층으로 들어가면 물질입자와 에너지 파동의 구분이 모호해지는 지점에 도달합니다. 물리학자들, 특히 양자물리학자들이 발견한 것은, 이 보이지 않는 선이 물질 스펙트럼의 최고 진동과 상위 스펙트럼의 최하 진동 사이를 구분하는 경계라는 것입니다. 선형적으로 묘사한다면, 그 선을 넘으면 물질우주를 빠져나와 상위 영역으로 들어간다고 할 수 있습니다. 나중에 논의하겠지만, 실제로 이런 상황은 선형적인 것이 아닙니다.

　모든 것이 동일한 기본 질료에서 창조되었음을 깨달을 때, 물질 영역과 영적인 영역 사이에 뚫을 수 없는 장벽이란 없음을 알게 됩니다. 하지만 낮은 의식 상태에서는 그런 장벽이 있는 것처럼 보일 수도 있습니다. 사람들이 자신을 물질적인 존재로 여기면, 세상을 단지 물리적인 감각으로만 인지할 수 있으며, 물리적 감각으로는 물질 영역보다 더 높은 진동을 감지할 수 없습니다. 따라서 그런 사람들은 물질 영역을 넘어선 것을 경험할 수 없습니다. 그런 경험이 불가능해서가 아니라, 이 사람들은 그들 감각의 범위를 넘어선 진동을 감지할 수 없기 때문입니다. 이들 일부는 분명히 과학적 물질주의(유물론)라 불리는 종교에 속해 있습니다. 그들 중 일부는, 겉으로 보기에는, 하늘나라가 존재한다고 믿는 종교적인 사람으로 보일 수 있습니다. 하지만 그들은 "평범한" 사람들이 하늘나라를 직접 경험하는 것은 불가능하다고 생각합니다. 그들은, 진정한 종교란 신을 직접 알 수 있는 능력을 가진 특별한 한 사람이 준 설명에 근거해야 한다고 믿습니다.

실제로 그런 사람들은 처음 두 계명을 위반할 수밖에 없었고, 따라서 그들은 우상을 숭배하는 것입니다. 그 이유는 직접적인 경험 없이 하늘나라에 대한 묘사에 의존한다면, 그 믿음은 필연적으로 정신적 이미지에 기반을 둘 것이기 때문입니다. 이 정신적 이미지는 절대로 완전할 수 없고, 이것을 무오류의 교리 상태로 높인다면, 그들은 우상을 창조한 것입니다. 사람들은 뚫을 수 없는 장벽 때문에 자신이 하늘나라와 분리되어 있다고 믿음으로써, 스스로를 자신의 힘으로는 탈출할 수 없어 보이는 닫힌 상자에 집어넣었습니다.

실제로, 신을 닮은 이미지로 창조된 모든 존재는 물질 스펙트럼을 넘어선 진동을 감지할 잠재능력이 있습니다. 모든 사람은 상위 진동을 감지할 수 있는 영적인 "감각"을 가지고 있다고 할 수 있습니다. 이 사실이 초감각적 지각능력, 영적이거나 신비적인 비전, 임사 경험이나 초자연적인 경험의 수많은 예를 설명해 줍니다. 일부 종교인은 과학적 물질주의자들처럼 그런 경험을 부인합니다. 하지만 그들의 부인은 직접적인 증거에 기반을 둔 것이 아닙니다. 이 부인은, 그들이 영적인 감각을 개발하고 사용하기를 거부함으로써 스스로 자기충족적인 예언으로 들어갔다는 사실에 기반을 둡니다. 그들은 보고 싶은 것만 보기 때문에, 그들에게는 세상이 평평하거나 1차원적으로 보입니다.

진실은, 물질우주 너머에 영적인 영역이 있고 "영적인 감각"을 개발함으로써 이 세계를 직접 경험할 수 있다는 것입니다. 이것은 종교를 보는 방식에 중대한 영향을 미칩니다.

∼◦◦◦❦◦◦◦∼

종교적이거나 영적인 사람은 누구나 이 행성에서 종교가 너무나 많은 갈등과 유혈 사태를 일으켰다는 사실에 대해 정말로 관심을 가져야 합니다. 신실(信實)한 사람이라면 누구나 종교적 갈등의 원인을 숙고해봐야 합니다. 불행하게도, 많은 사람이 다른 사람의 눈에 있는 티끌은 보면서 자신의 눈에 있는 들보는 보지 않으려는(마태 7:5) 낡은 게임을 더 좋아합니다. 하지만 이 책을 읽는 사람들은 모든 종교 갈등의 일반적 원인이, 우리가 극단주의나 광신주의라고 부르는 것임을 쉽게 알게 됩니다. 종교적 광신이 극단으로 가면, 자신들이 맹목적으로 숭배하는 신의 이름으로, 타인을 죽이는 일로 이어질 수 있음을 깨달아야 합니다. 하지만 사실, 이런 광신주의는 인간 의식 안에 있는 심리적 메커니즘이 극단적으로 표현된 것일 뿐입니다. 이것은 절대적인 안도감을 필요로 하는 두려움 기반의 마음 상태입니다. 이것은, 자신의 종교만이 유일하게 진실하고, 이 종교의 신도들은 하늘나라로 들어가는 것이 보장된다는 신념으로 이어집니다. 이런 사고방식이 주는 주된 효과는, 자신의 종교적 세계관이 신의 실재와는 관련이 없는 정신적 이미지에 기반하고 있음을 생각하지 않게 된다는 것입니다. 이런 마음 상태에 있는 사람들은 자신의 정신적 이미지를 신의 현존에 대한 직접적인 경험과 비교해보려고 하지 않습니다.

신과 종교에 대해 더 많이 알아야 한다고 생각하는 사람들에게 제안합니다. 신이 사람들에게 종교를 주는 목적은 대부분의 종교인이 인식하는 목적과는 완전히 다를 수 있다는 사실부터 깊이 생각해 보세요. 나는 모든 진실한 영적 가르침은 인류의 영적 스승인 상승 호스트에게서 온 것이라고 이미 말했습니다. 우리가 영적인 가르침을 주는 목적은, 신에 대한 절대적이고 완전하며 오류 없는 묘사를 하려는 것이 아닙니다. 우리는 이것이 불가능함을 압니다. 우리가 특정한 가르침을 주는 목적은 특정한 의식 수준에 갇힌 특정한 그룹의 사람들에게 다가가기 위한 것입니다. 이 가르침은 반드시 두 가지 요구를 충족해야 합니다. 하나는 대상이 되는 청중이 받아들여야 한다는 것입니다. 이것은 비록 그들의 신념이 잘못된 정신적 이미지에 기반을 두었다고 해도, 가르침은 그들의 현 신념에 맞춰져야 한다는 의미입니다. 다른 하나는 사람들의 제한된 의식 상태를 초월할 수 있게 해주는 새로운 도구와 개념이 충분히 담겨있어야 한다는 것입니다.

여기서 우리의 목표가 궁극적이고 우월한 종교를 만드는 것이 아니라는 점을 알아야 합니다. 우리는 지구에서 "유일한 참된" 종교를 만들고 싶지 않습니다. "유일한 참된" 종교는 신의 존재를 직접 경험하는 것이며, 이 경험은 말로 표현된 어떤 가르침도 초월합니다. 우리가 영적인 가르침을 주는 목적은, 사람들이 자신들의 유일한 종교를 다른 종교와 비교하고, 그 종교의 추종자로서 그들의 종교를 다른 종교보다 우월하다고 느끼는 이원성 의식 상태를 초월하도록 돕는 것입니다. 불행하게도 사람들은 자신의 정신적 이미지에 지나치게 집착하고 있지만, 이 사실을 거의 받아들이지 못하고 이해하지도 못합니다. 따라서 사람들은 어떤 영적인 가르침이든 종교 교리나 조직을 만드는 데 사용하고, 이를 무오류의 상태로 높이려는 경향이 있습니다. 이런 일이 일어나는 이유를 나중에 설명하겠지만, 지금은 단순히 그런 일이 일어난다는 것과 그것이 사람들에게 마음의 틀을 초월하게 해주기보다는, 이원성 의식에 더 단단히 갇히게 한다는 것을 인식합시다. 다시 말해, 사람들을 자유롭게 하려고 주어진 도구가 이제는 그들을 더 두꺼운 정신적 이미지의 벽에 가두는 도구로 바뀌어 버렸습니다.

우리가 영적인 가르침을 주는 목적이 사람들을 특정한 의식 상태에서 자유롭게 해주는 것임을 인정한다면, 가르침을 주는 방식 또한 이런 목적을 지원하기 위해 설계된다는 사실을 알게 됩니다. 다시 말해, 우리는 가르침을 줄 때, 지구에 있는 사람들이 가르침에 따라 제한된 의식 상태를 초월할 수 있음을 보여주는 방법으로 그렇게 합니다. 예를 들어, 잘 알려졌지만 종종 무시되는, '하늘에서 떨어진 경전은 없다'라는 말을 생각해 보세요. 비록 일부 사람들은 달리 생각하겠지만, 성서조차 하늘에서 그냥 떨어지지 않았습니다. 성서는 매우 오랜 과정의 산물입니다. 성서에 속한 여러 책은 영감이나 내면의 계시 형태로 받은 내용을 기록한 것입니다. 실제로 성서에 있는 책들을 받았던 사람들은 근본적으로 여러분과 다르지 않았습니다. 하지만 그들에게는 그 당시 사람들 대부분을 눈멀게 했던 특정한 의식 상태를 초월하려는 의지가 있었습니다. 그들은 지구라는 학교에서 제공되는 배움의 과정, 사람들을 이원성 의식 너머로 올라가게 해주는 과정에서 더 앞서 있었습니다.

심지어 예수를 살펴볼 때도 이런 것을 볼 수 있습니다. 예수는 이 행성에 줄 수 있었던 가장 높은 영적 가르침을 내놓지 않았습니다. 그의 가르침은 2000년 전 당시의 인류 의식에, 그리고 어느 정도는 유대 문화에 신중하게 맞춰져 있었습니다. 분명히 예수의 가르침은 오늘날에도 적용될 수 있는, 시대를 초월한 보편적인 요소를 많이 가지고 있습니다. 하지만 2000년 전에 예수가 공개적으로 말할 수 있던 것에는 한계가 있었다는 사실을 이 문장에서 분명하게 볼 수 있습니다. "아직도 내가 할 말이 많지만, 지금은 너희가 그 말을 알아듣지 못한다."

내 목적은 '단 하나의 참된 종교'를 찾는 일이 무의미함을 보여주는 것입니다. 이 행성에서 절대적이고 오류가 없는 영적인 가르침은 결코 없을 것입니다. 따라서 여러분은, 그 과정에서 불가피하게 더 경직되고 더 광적으로 되어가는 외면의 가르침을 방어하는 데 삶을 소모할지, 아니면 외면의 가르침을 넘어서서 그것을 신의 초월적 실재를 직접 경험하기 위한 디딤돌로 사용할지 선택해야 합니다. 이것은 진실로 영적인 자유를 성취할지, 아니면 정신적 이미지의 감옥에 계속 갇혀 있을지를 결정하는 근본적인 질문입니다.

⁂

이 논의에서 한 걸음 더 나아가 보겠습니다. 내가 말했듯이 영적인 탐구의 진정한 목표는 실재의 더 높은 수준을 직접 경험하는 일이어야 합니다. 하지만 그런 경험조차 절대적이고 오류가 없는 것으로 간주해서는 안된다는 점을 깨달아야 합니다. 실제로 그 경험과 그 경험에 대한 묘사에 영향을 줄 수 있는 다양한 요소가 있습니다.

우선, 영적인 영역에 다양한 층이 있다는 개념으로 돌아가 보겠습니다. 역사를 살펴보면, 많은 사람이 영적인 영역의 어떤 단계를 직접 경험했습니다. 하지만 극소수만이 영적인 영역의, 어느 한 수준이 아닌, 여러 단계를 경험할 수 있는 마음의 유연성을 지니고 있었습니다. 따라서 두 사람이 서로 다른 영적 비전을 가지는 일이 전적으로 가능합니다. 그리고 양쪽 모두 유효합니다. 사실, 세계 주요 종교는 특정한 문화와 의식 상태에 있는 사람들을 대상으로 하므로, 각각의 종교는 다른 수준의 영적 영역에 대한 비전에 근거하고 있습니다. 따라서 유대교, 불교, 힌두교, 무슬림, 그리스도교에서 묘사되는 하늘의 비전 사이에는 실제로 충돌이 없습니다.

이제 여러분이 영적인 영역에 대한 직접적인 경험을 한 가지 했다고 생각해 봅시다. 하지만 이 경험을 다른 사람에게 묘사하는 것은 또 다른 일입니다. 여러분이 영적인 경험을 할 때, 그것은 바닷가에 서 있는 것과 같은 것입니다. 여러분은 모든 감각으로 바다를 받아들입니다. 그 경험을 말로 표현하려 한다면, 경험의 전체성을 전달하기가 매우 어렵다는 것을 발견할 것입니다. 마찬가지로, 영적인 경험을 한 사람들도 말로 경험을 정확하게 묘사하기가 몹시 어렵다는 것을 알게 됩니다. 경험을 말로 묘사할 때, 그들이 사용하는 말은 불가피하게 자신의 문화에 맞춰지게 됩니다. 예수가 비유로 설한 우화들도 당연히 그 당시의 농경 사회에 맞춰졌습니다. 예수가 현대의 대도시에 나타난다면, 정확히 같은 말과 같은 이미지를 사용할까요?

내가 말했듯이, 주요 종교나 많은 비주류 종교의 형태로 영적인 가르침을 내놓았던 사람들은, 보통 사람들보다 더 높은 의식 수준에 도달했습니다. 하지만 다른 많은 사람도 영적인 경험을 해왔고, 그들이 똑같이 순수한 마음을 가졌던 것은 아닙니다. 사실 순수성과는 상관없이, 여러분의 문화와 신념 체계가 여러분의 영적인 비전에 어느 정도 영향을 끼칠 수밖에 없습니다. 여러분이 색안경을 쓰고 있다면, 눈은 채색된 이미지를 볼 것입니다. 마찬가지로, 의식의 내용은 영적인 경험에 겹쳐질 필터를 형성할 것입니다. 의식의 밀도가 얼마나 순수하고 밀도가 얼마나 높은지에 따라, 경험이 채색되는 정도가 달라집니다. 다른 말로, 어떤 사람들은 물질의 진동 스펙트럼을 넘어선 수준의 현실에 대한 비전을 가지고 있었지만, 그들의 비전은 순수하지 않았습니다. 마찬가지로, 그 비전에 대한 해석과 묘사는 그들의 의식 상태에 따라 채색될 수 있습니다.

여러분에게 초월적 경험을 해야 한다고 권하고 난 다음, 그 경험의 타당성에 의문을 가지라고 하는 말이 이상하게 들리나요? 실제로 나는 그 경험의 타당성을 의심하지 않습니다. 앞서 말했듯이, 여러분의 눈은 단순히 빛의 이미지를 통과합니다. 눈이 보는 것에 정신적 이미지를 부여하는 것은 마음이며, 마음이 그 이미지에 특정한 해석을 덧붙이는 것입니다. 따라서 여기서 내 요지는, 직접적인 경험이 더 높은 진리를 알 수 있는 기반이라는 것입니다. 하지만 여러분의 의식이 완전히 정화되어 지구라는 학교에서 최상위 수준에 도달할 때까지는, 자신의 경험이 완전하고 오류가 없다고 보지 않는 것이 지극히 현명합니다. 현명한 학생은 언제나 자신의 의식이 경험과 해석에 영향을 줄 수 있음을 인식합니다. 영적인 경험을 하는 진짜 목적은 이원적 마음을 넘어선 실재의 수준에 접촉하는 것입니다. 하지만 이원적 마음이 경험에 영향을 미치도록 허용한다면, 여러분은 그 목적을 이해하지 못합니다.

신의 진정한 존재를 알게 되는 것은 시간이 걸리는 점진적인 과정임을 인식해야 합니다. 하지만 여러분이 적절한 접근 방식과 도구를 적용한다면, 의식을 점차 정화해 갈 수 있습니다. 점진적으로 여러분은, 이 행성에서 인간이 만든 어떤 정신적 이미지에도 채색되지 않는, 더욱더 순수한 경험을 하게 됩니다. 그리고 그런 이원적 이미지에 대한 내면의 비전을 모두 정화하면, 결국 신의 순수한 존재가 드러나고, 신의 현존을 알게 됩니다. 이 경험을 하기 위해 모든 노력을 쏟아부을 가치가 있다고 나는 확신합니다. 사실 인간이 만든 가장 정교한 우상조차 살아 있는 신의 초월적인 실재에 비하면 아무것도 아닙니다.

영적인 진리의 특정한 표현에 고착되지 않는 일이 왜 그렇게 중요한지 예를 들어보겠습니다. 여러분은 분명히 무지개 끝에 있는 황금 항아리가 있고, 아무도 그것을 찾지 못했다는 고대 신화를 들어보았을 것입니다. 대부분의 사람은 황금이 없기 때문이라고 말하겠지만, 진짜 이유는 무지개가 없기 때문입니다. 무지개는 공기 중의 빗방울이 형성한 프리즘을 통해 햇빛이 분산되면서 만들어집니다. 하지만 이런 분산은 특정한 각도에서만 볼 수 있습니다. 따라서 전망이 좋은 특정한 지점(vantage point)에서만 볼 수 있다는 점에서 무지개는 보편적인 실재가 아닙니다. 만일 여러분이 몇 마일 떨어져 있다면, 무지개를 못 볼 수도 있습니다. 또한 볼 수 있다고 해도, 그것은 다른 무지개일 것입니다. 마찬가지로, 무지개에 더 가까이 갈수록 무지개는 더 멀어지며, 절대로 잡을 수가 없습니다. 영적이거나 종교적인 가르침은 무지개처럼 보입니다. 가르침들은 신에 대한 초월적이고 환상적인 견해를 줍니다. 하지만 그 관점이 타당할지라도 특정한 각도에서만 초월적인 실재를 보여줍니다. 따라서 동일한 실재를 다른 각도에서 바라보면서 다른 가르침을 얻을 수 있고, 그것들은 여전히 타당합니다. 그러므로 가르침의 목적이 이를 넘어선 초월적인 실재를 가리킨다면, 어느 무지개가 가장 좋은지를 두고 싸우는 일은 무의미합니다. 영적 가르침의 진정한 목적은 신의 초월적 영에 대한 직접적이고 내면적 경험인 황금 항아리를 찾는 것이기 때문입니다.

꒰꒱

이 담화의 또 다른 목적은 여러분이 종교에 대한 더 높은 접근 방식을 개발할 수 있도록 돕는 것입니다. 분명히 여러분은 특정한 문화권에서 자랐으며, 한가지 혹은 여러 가지 신념 체계의 영향을 받았습니다. 사실 대부분의 서구인은 정통 그리스도교와 물질주의 과학 사이의 정신 분열적 갈등에 노출되었으며, 아주 어린 시절부터 자신의 정체성과 존재의 목적에 대해 상호 모순되는 설명을 다뤄야 했습니다.

앞서 언급했듯이, 대다수 사람은 불안전한 세상에서 여행할 수 있는 안정적인 기반과 안도감이 필요합니다. 따라서 사람들은 특정한 신념 체계를 발전시켰고, 그것이 그들에게 안도감과 편안함을 줍니다. 하지만 신념 체계에 의문을 가지는 것은 불안감을 주거나, 새로운 개념에 마음을 닫게 하는 두려움 기반의 반응으로 이끌 수 있습니다. 분명히 이 책을 읽는 사람들은 두려움에 기반을 둔 종교적인 접근 방식에 완전히 갇혀 있지 않습니다. 하지만 이 책에 대한 반응을 신중하게 관찰해야만, 현 신념 체계를 벗어나는 개념에 마음을 닫는 것을 피할 수 있습니다.

두려움에 기반을 두지 않는 종교적 접근 방식을 발전시키는 데 도움을 주고 싶어, 몇 가지 개념을 제안합니다. 영적인 법칙에서 가장 중요한 것이 무엇인지 묻자 예수가 답했습니다. "네 마음을 다하고, 목숨을 다하고, 뜻을 다하여 신을 사랑하라."(마태 22:37) 나중에 알게 되겠지만, 살아 있는 신은 조건 없는 사랑의 신이며, 하늘에 있는 분노하고 심판하는 신이라는 정신적 이미지와는 아무런 관련이 없습니다. 예수는 어떤 우상보다 살아 있는 신을 사랑한다는 것을 분명히 보여주었으며, 또한 신을 향한 그의 사랑이 무조건적임을 보여주었습니다. 여러분이 조건 없이 신을 사랑할 때, 여러분은 살아 있는 신을 경험하고 알기를 원하는 것입니다. 그러니 여러분과 신의 현존에 대한 직접적인 경험 사이에 어떤 우상도, 어떤 조건도 두어서는 안 됩니다.

많은 종교인이 신을 사랑한다고 말하지만 신을 향한 그들의 사랑은 조건적인 인간의 사랑입니다. 이것은 그들이 특정 종교에서 제시한 신의 정신적 이미지에 집착한다는 사실로 입증됩니다. 그들은 그 이미지가 유일한 진리라고 믿기 때문에 그것에 집착하고, 다른 이미지를 바라보면 비난을 받게 된다고 두려워합니다. 다른 말로, 신과 종교에 대한 그들의 접근 방식은 진실로 사랑에 기반을 두지 않습니다. 그것은 사랑의 왜곡, 즉 두려움에 기반을 둡니다. 그것은 신과 자신과의 관계에 조건들, 즉 신을 통제하려고 하는 조건을 부여하게 합니다. 두려움의 원인은 나중에 설명하겠지만, 지금은 단순히 여러분이 영적이고 종교적인 사람들을 모두 저울 위에 둘 수 있다고 생각해 보겠습니다. 한쪽에는 신과 종교에 대한 접근 방식에 있어서 완전히 두려움에 기반을 둔 사람들이 있고, 다른 한쪽에는 완전한 사랑에 기반을 둔 사람들이 있습니다. 모든 진정한 영적인 사람들의 목표는 완전히 조건 없는 사랑에 기반을 둔 접근 방식을 향해 나아가는 것이어야 합니다. 예수가 말했습니다. "마음이 청결한 자는 복이 있나니, 그들이 신을 보리라."(마태 5:8)

이 책을 읽어가면서, 내가 제시한 개념에 반응하는 자신을 관찰하세요. 어떤 개념에 저항하는 것을 알게 되면, 그 저항이 두려움에 기반을 둔 반응에서 나온 것이 아닌지 숙고해야 합니다. 기존의 신념 체계가 제공하는 안도감을 위협하는 것처럼 보이고, 현재의 신념을 뛰어넘기 때문에 그 개념에 저항합니까? 이 책을 읽고 가장 큰 성장을 이루는 사람들은 자신의 두려움 기반의 반응을 인정하고 그것을 넘어서 볼 의지가 있는 사람들입니다. 두려움에 기반을 둔 종교적 접근 방식으로 안도감을 구축할 수 있더라도, 그것은 거짓된 안전감이며, 모래 위에 지은 집과 같다는 것을(마태 7:26) 숙고하세요. 예수는 분명히 이렇게 말했습니다. "너희 의로움이 율법학자들과 바리새인들보다 더 낫지 못하면, 결코 하늘나라에 들어가지 못하리라."(마태 7:26) 율법학자들과 바리새인들은 종교에 대해 두려움 기반의 접근 방식을 가졌었고, 자신들이 하늘나라에 들어갈 것이라 확신했습니다. 하지만 그들은 외적인 교리와 그 규정을 엄격하게 고수하는 것에 안전감의 기반을 두었습니다. 예수는 이것이 충분치 않다고 말했습니다. 여러분은 이전의 담화에 기초해서, 더 깊은 의미를 알 수 있어야 합니다.

예수는 하늘나라에 들어가는 진정한 열쇠가 두려움의 원인인 이원적 마음 상태를 초월하여, 의식 상태를 끌어올리는 것임을 알았습니다. 예수는 이원성 너머를 볼 수 있는 힘을 주는 그리스도 마음을 어떻게 성취하는지를 실례로 보여주기 위해 왔습니다. 여러분이 그리스도 마음을 사용해서 이원적인 신념을 정화할 때, 조건 없는 사랑에서 나오는 신에 대한 접근 방식을 발전시키게 됩니다. 따라서 여러분은 이원성 의식 상태라는 변화무쌍한 모래가 아니라 그리스도 비전이라는 바위에 기반을 둔 신에 대한 이해 안에서 안전해질 수 있습니다. 이제 완전한 사랑이 모든 두려움을 쫓아 버리기에(요한 1서 4:18~19) 여러분은 진실로 안전합니다. 내가 여러분을 신에 대한 이원적인 우상 이미지 너머로 인도하도록 허용해준다면, 여러분은 분명히 이런 사랑에 가슴과 마음을 열게 될 것입니다.

앞에서 말했듯이, 내가 할 수 있는 모든 것은 여러분을 자유롭게 할 사랑 기반의 진리를 제공하는 일입니다. 조건 없는 사랑은 강요를 모릅니다. 따라서 나는 조건 없는 사랑을 받아들이도록 여러분을 강요할 수 없습니다. 다시 말하지만, 책임은 여러분에게 있습니다. 여러분은 내가 조건 없는 사랑이라는 신의 참된 현존을 여러분에게 보여줄 수 있도록 허용하겠습니까? 아니면 조건적인 신이라는 두려움 기반의 우상을 택하겠습니까?

열쇠 4
이 우주의 목적

이제 충분히 토대를 다졌으므로, 신의 본질과 이 우주의 목적에 대한 좀 더 직접적인 논의에 들어갈 수 있게 되었습니다. 이 논의의 목적은, 여러분에게 의지만 있다면, 신에 대한 정신적 이미지가 신의 현존에 대한 직접적인 경험을 방해하는 것을 피할 수 있도록, 신에 대한 정신적 이미지를 확장하기 위함입니다. 다시 말해, 나는 여러분이 신을 직접 인식하는 것과 신에 대한 이해 둘 다를 확장할 수 있기를 바랍니다. 상승한 존재로서, 나는 신의 실재를 인식하고 있습니다. 신의 실재에 대한 나의 인식을 묘사할 수 있지만, 여러분이 내 묘사에 머물러 있기를 바라지 않습니다. 나는 여러분이 신의 실재를 직접 인식하기를 바랍니다. 하지만 언급했듯이, 이것은 자신의 인식을 방해하는 이미지, 우상, 고착된 마음을 정화할 것을 요구합니다. 따라서 (지구에서 상승하지 못한) 여러분과 (영적인 영역으로 상승한) 내가 살아가고, 움직이며, 존재하고 있는 현실 수준을 인식하는 방법의 차이를 생각해 보겠습니다.

앞서도 말했듯이, 물질우주는 영적인 영역과 똑같은 기본 질료로 만들어져 있습니다. 하지만, 물질우주에서 빛은 다른 진동 스펙트럼으로 낮춰졌습니다. 진동이 낮을수록 빛의 강도가 낮아지고, 따라서 아직은 물질우주를 빛으로 채울 수 없다고 할 수 있습니다. 그것이 태양계와 은하 사이의 공간이 비어 있는 것처럼 보이는 이유입니다. 그래서 빛이 없는 거대한 영역이 있고 국소화된 지역(하나의 예로서 태양)만이, 자체에서 빛을 발산하는 것처럼 보입니다. 물질우주에는 빛보다 어둠이 더 많다고 말할 수 있습니다. 그 결과 여러분은 특정한 진동수 이상의 에너지를 볼 수 없고, 물질이 실제로 더 높은 진동 스펙트럼에서 물질우주로 흐르는 더 미세한 에너지로 만들어지는 것을 볼 수 없습니다. 대부분의 사람이 현재 의식 수준으로는 인지할 수 없는 관측의 한계(observation horizon)[6]가 있다고 할 수 있습니다.

물질의 밀도가 '신이 없거나 뚫을 수 없는 장벽 때문에 자신과 신이 분리되어 있다'라는 환영을 만들고 이를 유지하게 합니다. 신과 분리되었다는 이런 감각은 필연적으로 사람들이 자신을 분리되고 독립적인 존재로 여기게 합니다. 사람들은 자신을 다른 사람과 분리된 존재로 볼 수 있고, 이것은 자신을 해치지 않고 다른 사람이나 다른 생명체 심지어 물리적인 행성까지 해칠 수 있다는 환영을 만듭니다. 물론 이것이 모든 인간 갈등과 잔학 행위의 근본적인 원인입니다. 다른 사람들을 해치면 자신을 해치게 된다는 사실을

---

6 관찰의 지평선(observation horizon)은 사건의 지평선에 빗댄 말이라고 할 수 있다. 사건의 지평선(event horizon) 또는 사상의 지평선이란 일반 상대성 이론에서, 그 내부에서 일어난 사건이 외부에 영향을 줄 수 없는 경계면이다. 가장 흔한 예는 블랙홀의 바깥 경계 즉, 블랙홀 주위의 사상의 지평선이다. 외부에서는 물질이나 빛이 안쪽으로 빨려 들어갈 수 있지만, 내부에서는 블랙홀의 중력에 의한 붕괴 속도가 탈출하려는 빛의 속도보다 커지므로 내부로 들어온 물질이나 빛은 사건의 지평선으로 인해서 외부로 빠져나갈 수 없게 된다.

알았다면, 대부분은 이에 따라 행동을 수정했을 것입니다. 아주 소수의 불안한 사람들만 고의로 자신을 해치겠지만, 실제로 그들은 자신이 하는 일을 완전히 이해하지 못합니다. 물질계에서 삶의 목적은 실재에 대한 제한된 인식을 극복하고, 여러분이 분리된 존재가 아니라 근원인 창조주의 확장체임을 직접 경험하는 것이라고 할 수 있습니다.

물질우주와는 대조적으로, 영적 영역은 더 높은 진동과 더 높은 강도의 에너지로 만들어져 있습니다. 영적인 영역의 가장 낮은 수준조차 비어 있는 공간이 없습니다. 모든 것이 빛으로 가득 차 있으며, 여러분은 자신이 빛의 바다에서 움직이고 있음을 보게 됩니다. 모든 것이 빛으로 만들어졌다는 것을 직접 인식할 수 있는데, 이것은 모든 것이 자체에서 빛을 방사하거나 빛을 통과시킬 수 있다는 의미입니다. 따라서 여러분은 자신 역시도 빛을 발산하고 있음을 인식하게 됩니다. 더 자세히 본다면, 여러분의 진동 스펙트럼 안의 빛이 상위 영역에서 여러분의 세계로 흘러온다는 것을 알게 됩니다. 빛의 방향을 따라가 본다면, 그 빛은 특정한 형태의 세계를 만든 존재가 창조한 순수한 빛에서 기원한다는 사실을 알게 됩니다. 따라서 여러분은 신이 존재하고, 여러분 자신을 포함해서, "그 없이는 존재하는 어떤 것도 만들어지지 못했을 것이다."(요한 1:3)라는 사실을 알게 됩니다.

모든 것은 빛이며, 빛은 신에게서 온다는 사실을 직접 인식한다고 해서, 여러분의 자유의지를 빼앗기지는 않습니다. 사실, 그 사실이 진정한 선택의 자유를 줍니다. 영적인 세계의 어떤 존재는 여전히 창조주의 법칙과 창조 의도를 거스르는 선택을 할 수 있습니다. 하지만, 무지에 근거해 그렇게 할 수는 없으며, 다른 존재를 해치는 것이 자신을 해친다는 사실을 몰라서 그렇게 하는 일은 일어나지 않습니다. 지구에서는 신의 존재를 직접 경험하기가 훨씬 어렵습니다. 따라서 지구에서는 어떤 존재가 실재하는 것을 이해하지 못하거나 믿지 않아서, 이에 맞서기로 선택할 가능성이 더 큽니다. 사람들은 자신을 해치지 않고 다른 사람들을 해칠 수 있다고 믿을 수 있습니다.

갈림길에서 여러분이 어느 길로 갈지 선택해야 한다고 상상해 보세요. 한쪽 길은 심연으로 이어지고, 다른 쪽은 환대하는 왕국으로 이어지는 것을 여러분은 알 수 없습니다. 누구도 어느 길로 가라고 강요하지는 않지만, 양쪽 길이 어디로 이어지는지 알지 못할 때, 정말로 자유로운 선택을 할 수 있을까요? 선택의 결과를 알지 못하거나 완전히 이해하지 못하면서, 실제로 자유로운 선택을 할 수 있을까요? 그러니 신을 직접 인식하지 못하고 신의 존재를 부인하거나 신의 법칙을 위반할 수 있는 사람들이, 정말로 자유로운 선택을 하고 있다고 말할 수 있을까요? 만일 여러분이 신을, 적어도 신의 빛을 인지하지 못했다면, 여러분이 이 우주를 창조한 신의 의도에 따르거나 저항하겠다고 정말 자유롭게 선택할 수 있을까요? 바이블에서 "어떤 길은 사람이 보기에는 바르나, 그 끝은 죽음의 길이다."(잠언 14:12)라고 한 이유가 이것입니다.

❦

신의 실재가 선형적인 것이 아니라, 인간의 마음이 선형적인 이미지로 생각하도록 프로그램된 것입니다. 그러니 이제 선형적인 표현을 살펴보겠습니다. 물질우주에 대한 여러분의 인식부터 시작합시다. 과학은 이미 물질우주를 넘어선 무언가가 있고, 인간의 마음이 물질우주를 넘어선 무언가를 지각할 능력이 있음을 발견했습니다. 하지만, 사람들이 그 너머의 뭔가를 볼 때, 그것이 적어도 환영이 아니라고 인지하며, 이 둘을 하나로 보려고 하는 과학자는 거의 없습니다. 과학자들은 거기 실재하는 뭔가를 보고 있습니다. 과학은 언젠가 마음의 주요 특성 중 하나가 인지 능력이며, 마음의 지각은 물리적 감각에 기반을 둔 지각보다 훨씬 더 정교함을 인정할 것입니다. 대부분의 사람은 물리적 감각을 통해서만 마음의 지각능력을 관리하도록 길러졌습니다. 그러므로 그들은 물질우주를 넘어선 것은 어떤 것도 보지 못합니다. 오히려 그들이 그 너머를 보고는 있지만, 그것이 의식적인 수준에 도달하기 전에 마음이 그것을 불필요한 정보로 걸러내고 있습니다. 하지만, 마음은 감각을 넘어선 지각능력을 관리하도록 재훈련될 수 있습니다. 직관이 첫 단계이지만, 다른 것들도 뒤따릅니다. 내 요점은 여러분의 마음은 창조주가 창조한 영적인 영역의 모든 것을 인식할 능력을 가졌다는 것입니다. 여러분은 가장 낮은 영적 영역을 인식하는 것으로 시작해서, 형태의 세계에서 가장 높은 수준을 인식하는 것으로 점차 의식을 높여갈 수 있습니다. 더 나아가 창조주 자체를 경험할 수도 있습니다.

많은 사람이 이미 이렇게 해왔지만, 상위 영역에 대한 상세한 지각능력을 갖춘 사람은 거의 없었습니다. 하지만, 영적으로 관심이 있는 대부분의 사람은 물질우주 너머에 뭔가가 있음을 감지할 능력이 있으며, 따라서 그들은 직접적인 경험이나 내면의 앎을 통해서 영적인 세계가 실재함을 알고 있습니다. 마찬가지로, 여러분은 최상위 영적 영역까지도 넘어선 존재인 현존(Presence)[7]이 있음을 직접

---

[7] I AM Presence: 우리의 더 높은 상위자아, 또는 영적 자아, 진아(眞我). 의식하는 자아(Conscious You)는 아이엠 현존의 확장이며, 우리의 가장 높은 잠재력은 그 현존과 완전한 하나됨을 성취하고, 물질계 안에서 진아인 현존을 표현하는 열린 문으로 봉사하는 일입니다. 우리의 영적인 정체성과 영적인 개성은, 아이엠 현존에게 뿌

경험할 수 있습니다. 따라서 여러분은 신이 존재함을 알 수 있습니다.

일단 무언가가 실제로 있다고 감지하면, 비록 상세하게 직접 인식하지는 못하지만, 여러분은 마음의 다른 능력을 사용해서 뭔가에 대한 이해를 높일 수 있습니다. 이것이 구체적으로 인식되지는 않지만, 단지 "실재하는 뭔가"로 인식된 것을 상상하고 개념화하는 마음의 능력입니다. 이 능력은 추론하는 능력과 결합되어 있고, 혹은 결합되어야 하며, 이것에 의해 여러분은 직접 인식되는 것 너머로 이해를 확장할 수 있습니다. 물론 이것은 영적인 가르침이 영적인 세계에 대한 더 상세한 이해를 개발해 나갈 수 있도록 돕는 측면에서 기능하는 것입니다. 다시 말해, 여러분이 외적 가르침을 경험을 방해하는 데 사용하지 않는 한, 외적 가르침은 직접적인 경험을 명확하게 해줌으로써 여러분의 성장을 도울 수 있습니다.

이제 여러분이 영적 영역의 다양한 수준을 거쳐 가장 높은 수준에 도달할 때까지 여행을 한다고 상상해 보기 바랍니다. 이것은 바이블에 신이 말씀하시길, "나는 알파와 오메가요. 처음과 끝이다."(요한계시록 21:6)라고 묘사된 수준입니다. 이것은 형태의 세계에서 최상위 수준인데, 창조주가 자신을 형태로 표현한 첫 번째 수준이기 때문입니다. 창조주는 자신을 두 극성인 알파와 오메가, 시작과 끝, 확장하는 힘과 수축하는 힘, 날숨과 들숨, 음과 양으로 표현함으로써 시작했습니다. 이 힘들은 인간의 성별과는 거리가 멀지만, 인간의 수준에서는, 종종 아버지와 어머니, 남성과 여성으로 보입니다.

리내리고 있으며, 따라서 현존은 지상에서 일어나는 그 어떤 일에 의해서도 결코 파괴되지 않습니다.

요점은 첫 번째 단계로, 하나인 창조주가 자신을 두 극성으로 표현한다는 것입니다. 이것들은 서로 반대되지 않고, 서로를 상쇄하지 않습니다. 그것은 서로를 보완하고 향상시키는 상호 보완적인 힘입니다. 균형 잡힌 구현으로 둘이 만나면, 서로를 증식하고 그 이상이 됩니다. 전체는 부분의 합보다 크므로, 생명에 대한 새로운 표현이 창조됩니다. 나중에 살펴보겠지만, 이것은 형태의 세계의 모든 수준이 어떻게 창조되었는지를 보여줍니다. 여기서 요점은 하나인 창조주가 자신을 두 극성으로 구현했지만, 형태의 세계 너머 가장 높은 수준에는 여전히 하나인 창조주가 존재한다는 것입니다. 즉 하나인 신이 있고, 비록 "그 없이는 존재하는 어떤 것도 만들어지지 못했을 것이다."라고 하더라도, 하나인 신은 결코 나뉠 수 없는 전체이며, 하나이기를 멈추지 않는다는 것입니다.

지구의 많은 종교가 이 하나인 신에 대해 말하지만, 단지 같은 실체에 대해 다른 이름과 약간 다른 묘사를 하고 있습니다. 하지만 더 나아가기 전에, 다양한 종교에 스며든 오해를 다룰 필요가 있습니다. 이 오해는 하나인 신 너머에는 아무것도 없고, 이 우월하거나 궁극적인 신이, 신에게 있는 전부라는 것입니다. 이것은 부분적으로 그 너머의 것에 대한 이해와 지각의 부족에서 기인합니다. 하지만 그것은 또한, 인간 에고에게 우월성이 필요하므로 생겨납니다. 많은 종교인은 자신의 종교가 다른 어떤 종교보다 우월하고 유일하게 참된 종교라고 느끼고 싶어 합니다. 그리고 만약 여러분의 종교가 궁극의 신을 숭배하는 유일하고 참된 종교라면, 당연히 지구에서 최상의 종교임이 틀림없습니다. 혹은 에고가 그렇다고 추론합니다. 이런 종교 전쟁들이 상승 호스트가 이 행성에 신에 대한 더 높은 이해를 내려주는 것을 막아왔습니다. 하지만, 이제 의식을 끌어올린 사람들의 수가 임계점에 도달했으므로, 우리는 볼 눈이 있는 사람들을 위해 이런 더 높은 가르침들을 공개하기로 결정했습니다.

～⌒∽⌒◈⌒∽⌒～

다시 말하지만, 실재는 선형적이 아닙니다. 하지만 나는 선형적인 이미지를 주겠습니다. 무한 8자 형상을 상상해 보세요. 무한 8자 형상은 위쪽과 아래쪽, 연결 부분에 연결점(nexus)이 있습니다. 여러분의 창조주는 위쪽 형상과 아래쪽 형상 사이 만나는 부분인 연결점으로 표현됩니다. 아래쪽은 여러분이 사는, 창조주가 만든 형태의 세계를 나타냅니다. 위쪽은, 상당히 부적절한 표현이지만, 창조주를 넘어선 신의 실재, 신의 수준을 나타냅니다. 나는 신의 이런 수준을 신의 순수한 존재(Pure Being of God) 또는 신의 현존의 전체성(Allness)이라 부르고 싶습니다.

전체성이 무엇일까요? 이것은 인간의 마음이 짐작할 수 있는 어떤 선형적인 이미지나 말로도 정확하게 표현하거나 묘사될 수 없습니다. 이것은 형태의 세계를 초월해 있으며 형태의 세계에 있는 그 무엇으로도 표현될 수 없습니다. 이 세상에서 여러분은 서로를 떨어져 있는 분리된 형태로 보며, 사람들은 각각의 차이점에 따라 정의됩니다. 이런 차이는 각 형태에 대해 서로를 제한하고, 전체에서 그것을 분리시키는 한계입니다. 자연적으로 이것은 사람들이 차이에 집중하게 하여, 세상을 일관된 전체로 보지 못하게 합니다. 그들은 나무를 보지만 숲은 볼 수 없습니다. 전체성에는 분리된 형태가 없고, 모순이나 제한도 없습니다. 하지만, 인간의 마음은 모든 것을 분리하지 않고는 세상을 헤아리기 어렵다는 것을 알게 됩니다. 그러니 분리에 대해 말하지 않는 것이 더 현명한 행동일 수도 있습니다. 하지만, 우주가 창조된 이유를 이해하기 위해서는 특정한 것들을 이해해야 합니다.

이 우주에서 여러분은 분리된 존재감을 가지는 데 익숙합니다. 여러분은 분명히 자신을 다른 사람들과 분리된 개별적인 존재로 봅니다. 여러분은 자연과 분리되어 있고, 여러분이 사는 광대한 우주의 나머지와도 분리되어 있습니다. 여러분은 분리된 의지가 있다고 경험하므로 마음의 상상력과 개념화 능력을 사용해서 자신을 해치지 않고 다른 사람들을 해칠 수 있다는 환영을 만들 수 있습니다. 여러분은 신이 있다고 개념화할 수 있지만, 자신을 신과 분리된 존재로 보는 경향이 있습니다. 따라서 신의 의지가 자신의 의지 밖이고, 어쩌면 자신의 의지와는 반대될 수 있다고 보는 경향이 있습니다. 여러분은 신이 법칙을 가졌다고 개념화할 수 있지만, 그 법칙이 외적인 권위에 의해 여러분에게 부과된 것이라고 보는 경향이 있으며, 분리된 존재로서 자신이 원하는 것을 할 수 있는 자유를 제한한다고 볼 수도 있습니다. 영적인 여정을 걸어가면서, 여러분은 이 외적인 신과 더 강한 연결을 구축할 수 있습니다. 예수가 "나와 아버지는 하나이다."(요한 10:30) 라고 말한 것처럼, 궁극적으로, 여러분은 자신의 신과의 하나됨의 감각을 형성할 수도 있습니다. 하지만, 여러분은 여전히 자신을 더 큰 "나", 혹은 "그것"과 하나가 되는 "나"로 보고 있습니다.

전체성 안에, 분리의 감각이란 없습니다. 전체성 안에는 내가 현존들(Presences)이라고 부르기를 선호하는 개별적인 존재들이 있습니다. 그들은 개별적인 인식을 가지고 있지만, 전체성과 하나가 되는 것뿐만 아니라, 전체성으로 존재하는 것에 대한 인식도 가집니다. 비록 전체성 안에서 시간과 공간은 의미가 없지만, 그들은 자신의 인식을 특정한 "지점"에 집중할 수 있고, 전체성의 특정한 성질에 집중할 수 있습니다. 하지만, 그들이 어디에 있든지, 전체성과 하나됨이라는 능력을 결코 상실할 수 없습니다. 그들은 결정할 수 있으므로, 선택의 자유가 있습니다. 하지만, 그들은 다른 사람들을 해치면서 자신에게는 이익이 되는 뭔가를 하고 싶다고 결코 말할 수 없다는 의미에서, 분리의 결정을 할 수 없습니다. 또한, 그들은 다른 존재들보다 더 중요하거나 더 낮다고 자신을 높일 수도 없습니다. 그런 개념은 전체성 안에서 의미가 없습니다. 하나됨 안에서 현존들(Presences)은 신과 하나라는 감각이 없습니다. 그들이 신입니다. 그들이 신의 법칙을 외적인 권위에 의해서 자신에게 부과된 것으로 보는 것은 생각조차 할 수 없습니다. 결과적으로 신의 법칙이나 창조의 목적을 거스른다는 것은 그들에게는 생각할 수 없는 것입니다. 그들이 그 법칙이고, 그들이 목적을 정의합니다.

선형적인 마음으로는 이것을 헤아리기 어려움을 알지만, 나는 여러분에게 하나됨에서 분리된 존재란 실제로 가능하지 않다는 이미지를 전하고 싶습니다. 여러분은 "글쎄요. 하지만, 나는 분리된 개별적인 존재로 있는 것이 더 좋아요."라고 생각할 수도 있습니다. 정확히 말하자면, 이것이 아직 여러분을 이 우주에 있게 하는 이유입니다. 설명해 보겠습니다.

전체성 안에서 현존은 전체성 안에 있는 모든 것을 절대적으로 경험할 수 있고, 선택하기만 하면, 모든 것을 동시에 경험할 수도 있습니다. 하지만, 전체성 안에는 전체성과 분리된 것이 없습니다. 따라서 전체성 안의 현존은 전체성보다 작거나 전체성 밖의 무언가를 경험할 수 없습니다. 하지만, 그런 현존(Presence)은 또한, 경험하지 않은 무언가를 개념화하거나 상상할 수 있는 능력이 있습니다. 따라서 전체성 안에서 현존들(Presences)의 일부는 전체성에서 분리된 뭔가에 대한 개념을 상상했습니다. 전체성과 분리된 "세계"를 경험하는 일은 어떠할까? 그런 현존들은 전체성이 존재하는 모든 것이며 어디에나 있으므로, 전체성 외부의 뭔가에 대해 말하는 것이 의미가 없음을 깨달았습니다. 따라서 그들은 전체성에서 분리된 어떤 감각이든 실재로서 존재할 수는 없고, 단지 마음속의 지각으로만 존재한다는 사실을 깨달았습니다. 하지만, 그들은 하나의 구체가 전체성과 별도로 설정될 수 있으며, 그래서 한 존재가 분리된 존재라는 환영을 취하기 위해 이 구체 속으로 들어가거나 태어날 수 있다고 여전히 상상했습니다.

전체성 안에는 결핍의 감각이 없습니다. 전체성 안의 현존들은 생각으로 구현하고 싶은 것은 즉시 구현할 수 있으므로, 그들이 바라는 모든 것을 가질 수 있습니다. 결핍이 특징인 이 행성에서 여러분의 관점으로 보면, 전체성 안의 어떤 존재가 왜 전체성보다 작은 뭔가를 경험하고 싶어 하는지 궁금할 수도 있습니다. 하지만, 전체성 안의 현존들은 다른 무언가를 경험함으로써 자신이 가지고 있는 것에 대해 더 깊이 이해할 수 있음을 깨달았습니다.

전체성 안의 현존들은 전체성에서 구체를 분리하겠다고 상상했습니다. 이후, 한 현존이 그 구체 속으로 자신을 투사하고 분리된 존재로서의 자신에게 집중했습니다. 그 현존은 그 구체 안에서 분리된 세계를 창조할 수 있었고, 이것은 이 존재를 위한 가치 있는 학습 경험이 될 수 있었습니다. 분리된 존재를 경험할 수 있는 구체가 일단 창조되면 다른 가능성이 열립니다. 구체 속으로 자신을 투사하는 존재는 여전히 전체성 안에 존재하는 것에 대한 기억을 가집니다. 하지만, 이 존재는 이제 자신으로부터, 전체성에 대한 어떤 기억도 가지지 않은 자기의식을 가진 확장체를 창조할 수 있었고, 그런 인식에서 그 존재들은 처음부터 자신을 분리된 존재로 봅니다. 그들은 창조주의 의식에서 창조되었기 때문에, 창조주는 여전히 그들의 개별적인 마음을 통해서 세상을 경험할 수 있습니다. 따라서 창조주는 분리된 존재가 되는 상태가 어떤지 경험할 수 있습니다.

하지만, 정확히는 이 존재들은 창조주의 의식에서 나온 확장체이기 때문에, 창조주와 하나됨의 감각을 달성할 때까지 개별적인 정체감을 확장할 수 있는 잠재력이 있습니다. 이후 그들은 창조주의 역할을 맡기로 선택할 수 있고, 심지어 이것을 초월해서 개별적인 현존으로서 하나됨에 들어갈 수도 있습니다. 그들은 자기 인식을 가진 분리된 존재로서 시작했으므로, 전체성에서 분리되는 상태가 어떤지에 대한 기억을 가지고 전체성으로 들어갈 수 있고, 이것이 그들에게 전체성에 대한 고마움이라는 특별한 감각을 줍니다. 그들은 이 고마움을 전체성 안에 머물러 있었던 현존들과 공유할 수 있으며, 따라서 모든 존재가 전체성보다 작은 것과 전체성 사이의 상호 작용을 통해 성장합니다.

간단히 말하면, 전체성 안의 현존들은, 전체성과 분리된 세상에서 자신에게 집중하는 제한되고 분리된 존재로서의 정체감을 가지고 시작할 수 있는 존재를 통해, 창조하는 과정에 가치가 있음을 깨달았습니다. 이 존재는 자기 인식이 전체성을 아우르는 것으로 확장할 때까지, 자기 인식 안에서 점진적으로 성장해 나갈 수 있습니다. 그 존재는 전체성을 향해서 오르는 것이 어떤지에 대한 기억을 가지고 전체성으로 들어갈 수 있고, 따라서 전체성 외에는 아무것도 경험하지 못한 존재보다 더 큰 고마움의 감각을 가질 수 있습니다. 이 과정이 하나됨의 과정으로, 이것은 여러분을 분리감으로부터 모든 생명과의 하나됨, 즉 전체성과의 하나됨의 감각으로 데려가는 것을 의미합니다.

여러분의 이 특별한 우주는 어떻게 창조되었을까요? 전체성 안의 한 현존은 전체성과 분리된 형태를 창조하고, 전체성에서 분리된 느낌이 어떤지 경험하겠다고 결정했습니다. 이 현존은 자신의 주위에 구체 형태의 경계를 투사하기 시작하면서, 전체성 안에 분리의 환영을 창조했습니다.

전체성 안에서는 모든 것이 의식입니다. 이 구체 안에서, 그 현존은 자신의 의식을 구의 중심에 있는 하나의 점, 특이점으로 수축했습니다. 이것은 전체성으로 채워지지 않은 구체를 창조했으며, 따라서 이 구체 안에 분리된 형태를 창조할 가능성이 생겼습니다. 하지만, 초기에 구체에는 분리된 형체가 없었으며, 전체성의 충만함도 없었습니다. 따라서 구체가 비어 있었는데, 이것은 여러 종교에서 발견할 수 있는 개념입니다.

허공의 중심에 있는 특이점은 이제 여러분 우주의 창조주인 그 존재의 중심이 되었습니다. 여러분은 허공의 중심에 특이점이 있다는 개념이 현대 과학이 발견한 빅뱅 이론과 유사하다는 것을 알아챘을 것입니다. 과학은 빅뱅 이전에 물질우주 안의 모든 물질과 에너지가 특이점 속에 압축되어 있었다고 합니다. 그곳으로부터 그것은, 믿을 수 없이 복잡한 은하계와 태양계 시스템을 점진적으로 생겨나게 하는, 거대하고 통제되지 않은 폭발로 바깥쪽으로 확장되었고, 이런 복잡성은 무작위 과정에서 저절로 일어났다고 합니다. 실제로, 우리가 나중에 보겠지만, 큰 그림은 매우 다릅니다.

창조주의 특이점에는 여러분이 사는 물질우주에서 알고 있는 물질은 없습니다. 특이점에는 단지 순수의식, 순수한 존재만 있습니다. 창조의 과정은 창조주가 자신의 존재를, 즉 의식을 외부로 투사하면서 시작되었습니다. 이것은 통제되지 않고, 계획되지 않은 폭발로 일어난 것이 아닙니다. 반대로 창조주는 우리가 앞서 빛이라고 불렀던 질료로서 자신을 투사했습니다. 이 빛을 창조함으로써, 창조주는 자신과 빛 사이에 첫 번째 극성을 형성했습니다. 창조주는 능동적이며 확장하는 알파 원리이고, 반면 빛은 수동적이고 수축하는 오메가 원리입니다. 전통적인 종교의 이미지에 따라 창조주를 아버지 신이라고 부른다면, 빛은 어머니 신, 또는 어머니 빛, 마터 빛이 됩니다.

어머니 빛(Mother Light)[8]은 그 자체로는 형상이 없지만, 어떤 형태든 절대적으로 취할 수 있는 잠재력이 있습니다. 어머니 빛은 창조주의 의식과 존재로부터 창조되었으며, 따라서 어머니 빛은 의식이 있습니다. 하지만, 어머니 빛은 창조주와 분리된 개별적인 존재로서의 의식은 없습니다. 그것은 창조주의 확장으로 자신을 인식합니다. 결과적으로 어머니 빛은 스스로 분리된 형태나 어떤 구현을 창조할 수 없습니다. 어머니 빛은 창조주나 창조주가 창조한 자기-의식하는 분리된 존재들에 의해서만 형태를 가질 수 있습니다. 가장 일반적인 의미로, 우리는 그런 존재를 공동창조자[9]라고 부를 수 있습니다. 나중에 설명하겠지만, 형태의 세계 안에는 다양한 형태의 자기-의식하는 존재들이 있습니다.

태초에 어머니 빛은 순수의식 상태인 개념(concept)으로서 존재

---

[8] 마터 빛(Ma-ter Light)이라고도 하며, 형상을 가진 만물이 창조되어 나오는, 우주의 바탕 에너지. 마터 빛 자체는 어떤 형상도 띠고 있지 않지만, 어떤 형상이든지 취할 수 있는 능력이 있습니다. 또한 그것은 어떤 기본적 형태의 의식을 가지고 있으며, 이 의식은 자신의 근원인 창조주를 향한 고유한 추동력을 가지고 있습니다. 마터 빛은 단계적으로 진동수를 낮추면서, 연속적으로 구체(spheres)들을 창조하고 있습니다. 우리는 창조된 구체 중에서 일곱 번째 구체에 살고 있으며, 이전의 여섯 구체는 모두 상승하여 영적인 영역의 일부가 되었습니다.
[9] 물질의 근본 질료인 마터 빛에 이미지를 중첩함으로써 형태를 창조할 수 있는 존재들을 의미함. 좁은 의미로 여기 지상에서 존재하며 상위 존재들인 상승 마스터들과 협업하여 상위 영역의 빛을 지상으로 가져올 수 있는 존재들을 의미함.

했으며, 아직 구현되거나 표현된 빛은 없었습니다. 명백한 최초의 창조 행위로, 창조주는 자신을 어머니 빛의 형태로 외부에 투사했습니다. 어머니 빛을 사용하여, 창조주는 허공에서 분리된 구체를 창조했습니다. 허공에는 (전체성의 반대되는 것으로서) 아무것도 존재하지 않았으며, 창조주는 이제 허공의 중심에 있는 구체를 창조했습니다. 이 구체에는 특정한 강도의 빛이 있었습니다. 그 빛은 아무것도 없는 빈 허공과 구별되지만, 전체성 안에서 발견되는 빛의 강도에는 아직 미치지 못했습니다.

창조의 다음 행위로, 창조주는 처음 구체 안에 어떤 구조물을 창조했습니다. 이런 구조물은 물질우주에서 볼 수 있는 형태와 상당히 달랐지만, 요점은 그것들이 생명과 지성, 자기-의식하는 존재들을 위한 플랫폼을 제공했다는 것입니다. 따라서 창조주는 이제 자신을 처음 구체 속에 자기-의식하는 존재의 형태로 투사했습니다. 이 존재들은 창조주 의식에서 창조된 개체화들, 창조주의 확장체들입니다. 하지만, 이 존재들은 분리된 정체감을 가진 분리된 존재로서 창조되었습니다. 그들은 창조주의 완전한 자기 인식을 가지지 않았으며, 그들의 자기 인식은 그들의 분리된 존재에 초점을 맞추었습니다. 그들은 전체성에 대한 인식이 없었고, 자신이 존재하게 된 구체에 집중했습니다. 그들은 자신을 창조주의 확장체로 직접 인식하지는 못했습니다. 하지만, 창조주가 그들의 교사나 스승으로 봉사한다는 의미에서 그들은 창조주와 직접 연결되어 있었습니다.

처음 자기 인식하는 존재들은 "증식하고 다스리라."라는 명을 받고 새로운 구체로 보내졌습니다. 그들에게는 개체성, 자기 인식, 상상력, 자유의지와 합리적 사고라는 선물이 주어졌습니다. 그들은 마음의 힘을 통해 어머니 빛을 지휘할 수 있는 능력을 부여받았고, 처음 시작하며 지휘할 수 있도록 어느 정도 빛이 주어졌습니다. 자신의 창조적인 재능을 사용함으로써, 그들은 구체 안에 더욱 많은 구조물을 창조할 수 있었으며, 따라서 구체를 점차 복잡하고 밀도 높게 채워갔습니다. 자신의 재능을 증식함으로써(마태 25:14), 그들은 더 많은 빛을 받았고, 이것이 그들의 창조력을 증대시켰으며, 자신의 존재 안에 있는 빛의 강도 역시 증가시켰습니다. 그들은 그 빛을 이용해 주위에 빛을 투사하면서, 자신의 구체 안에 있는 빛의 강도를 증가시켰습니다. 이로써 그것은 아무것도 없는 허공과 더욱 구별되면서 전체성에 더 가까워지게 되었습니다. 그렇게 함으로써, 이 생명흐름들은 자기 인식에서 성장하게 됩니다.

그들은 먼저 자신의 스승이 창조주임을 깨닫습니다. 그들은 이후 자신을 아버지 신의 개체화로, 창조주의 확장체로 받아들입니다. 그들은 어머니 신의 우주적 자궁에 자신들이 살고 있음을 깨닫습니다. 그들은 아버지와 어머니 요소로서 자신의 존재 안에서 하나됨에 이르렀고, 새로운 자기 인식이 생겼으며, 개별적인 인식을 잃지 않고도 창조주와의 하나됨의 감각을 성취했습니다. 이 하나됨이 완전해짐에 따라, 그들은 궁극적으로, 전체성과 통합되거나 다른 형태의 세계의 창조주가 되기로 선택할 수 있습니다.

처음 구체가 일정한 빛의 강도에 도달한 후, 창조주는 처음 구체에서 제시된 교훈을 숙달한 자기-의식하는 존재들을 불러서, 두 번째 구체의 창조에 참여하게 하였습니다. 이후 창조주는 첫 번째 구체에서 어머니 빛을 투사하여, 허공에서 분리된 두 번째 구체를 창조했습니다. 첫 번째 구체의 마스터들은 이 구체 안에 지적인 생명을 위한 기반(platform)을 제공하기 위해서 생명이 없는 구조물을 창조했습니다. 그 후, 첫 번째 구체의 마스터들은 자신의 자기-의식하는 확장체들을 창조해서 "증식하고 다스리라."라는 명과 함께 두 번째 구체로 보냈습니다.

이제 여러분은 패턴을 볼 수 있습니다. 두 번째 구체가 빛의 임계치에 도달했을 때, 두 번째 구체 또한, 다음 구체를 창조하기 위한 플랫폼으로 사용되었습니다. 이 과정은 더 많은 허공이 여러 단계를 거치게 함으로써, 점진적으로 빛으로 충만한 신의 나라를 확장합니다. 여러분이 사는 물질우주는 이 과정의 마지막 단계입니다. 다시 말하면, 여러분이 사는 우주는 신의 창조물 중 가장 최근의 구체입니다. 이 우주는 상대적으로 젊으며, 이것이 우주에 비어 있는 공간이나 어둠이 있는 것처럼 보이는 이유입니다. 지금까지 상대적으로 소수의 사람만이 스스로 빛을 발하게 되었고, 상위 영역으로 상승했습니다.

물질우주를 구성하는 어머니 빛은 여전히 낮은 주파수로 진동하며, 물질우주 너머에는 아무것도 없다는 환영을 만들 수 있을 정도로 빛의 강도가 아주 낮습니다. 그럼에도 불구하고 여러분의 세상은 창조주의 특이점에서 시작된 일련의 같은 중심을 가진 (concentric), 상호 침투하고(interpenetrating) 공존하는 구체의 확장입니다. 여러분의 세계는 상위 구체와 동일한 기본 질료에서 창조되었습니다. 즉 그 질료는 어머니 빛이며, 창조주의 의식에서 만들어졌습니다. 그가 없었다면 어떠한 창조물도 창조되지 않았을 것입니다. (요한 1:3)

~~~✦~~~

의식의 의미를 생각해 봅시다. 전체성 안에서, 모든 것은 하나의 마음에서, 하나의 의식에서 만들어집니다. 우리는 이것을 신의 마음이라고 부를 수 있습니다. 하지만 "신"이라는 개념에 인간의 이미지를 투사한다면, 전체성이라는 의식을 헤아릴 수 없게 될 것입니다. 전체성 안의 모든 것은 의식이며, 이 말은 모든 것이 의식한다는 의미입니다. 전체성 안에는 개별적 현존들이 있고, 그들은 특정한 속성에 집중합니다. 이 우주에 있는 여러분의 관점에서는, 이 현존들이 무한한 빛의 현존, 조건 없는 사랑의 현존, 신의 의지의 현존, 하나됨의 현존으로 보일 수도 있습니다. 하지만, 그런 개별적인 현존들은 자신을 전체성과 서로에게서 분리된 존재로 여기지 않습니다. 그들은 자신이 전체성의 확장체이며 같은 전체의 일부임을 완전히 인식합니다. 따라서 그들은 전체성 안에서 모두가 하나입니다. 마찬가지로 그들은 자신을 멀리 떨어져 있는 신의 확장체로 여기지 않습니다. 그들이 신입니다. 이 말은 신의 순수한 존재는 전체성 안에 있는 것이 아니라, 바로 전체성이라는 의미입니다. 전체성 안에서는 모든 것이 신이며, 모든 것이 자기 인식적인데, 이것은 모든 것이 자신을 신으로 인식한다는 의미입니다.

여러분이 사는 창조된 영역, 형태의 세계에서는 자기 인식하지 않는 뭔가를 창조할 수 있습니다. 내가 말했듯이, 모든 것은 창조주의 의식에서 창조되며, 이것은 모든 것이 의식의 형태를 가진다는 의미입니다. 그래서 예수가 이렇게 말했습니다. "만약 사람들이 그리스도를 지키지 않는다면, 돌들이 울부짖으리라."(누가 19:40) 모든 것은 어머니 빛에서 창조되며, 따라서 모든 것은 의식을 가졌거나 의식적입니다. 하지만, 어떤 형태가 자기 인식의 초점이 되기까지는 어떤 복잡성이 필요합니다.

전체성 안에는 자기 인식을 하지 않는 것이 없습니다. 형태의 세계에서는 자기 인식하지 않는 생명체와 무생물을 창조할 수 있습니다. 그것은 또한, 자신을 넘어선 무언가와 연결되어 있다고 인식하지 못하는 자기 인식하는 존재를 가질 수 있습니다. 따라서 그들은 자신들이 창조주의 확장체이거나 전체성에 대해 알고 있다는 사실을 알지 못합니다. 이것이 자기 인식이 제한되어 있지만, 전체와의 하나됨에 이를 때까지 자기 인식을 확장할 수 있는 잠재력이 있는 존재가, 형태의 세계에 존재하는 것을 가능하게 해줍니다.

다시 말해서, 이 형태의 세계가 존재하는 전반적인 목적은 좁게 집중된 자기 인식을 가진 분리된 존재로서 자신을 경험할 기회를 주는 것입니다. 여러분이 이 경험을 충분히 하면, 전체성의 외부에 있는 것이 어떤지에 대한 기억을 가지고 전체성으로 들어갈 수 있을 때까지, 자기 인식을 점차 확장하는 체계적인 여정으로 나아갈 수 있습니다. 그 기억은 여러분에게 전체성에 대한 독특한 고마움을 줍니다.

❧

빛의 구체를 확장하는 과정은 어디에서 끝날까요? 당연히 전체 허공이 빛의 구체로 바뀌고 그 구체의 모든 부분이 전체성인 빛의 강도에 도달하면 끝납니다. 다시 말해 분리되었었고 전체성보다 작았던 것이 이제는 전체성이 됩니다. 하지만, 이것은 일부 종교가 묘사하듯이 자동적이거나 어떤 종류의 필연적인 과정을 통해서 일어나지 않습니다. 이것은 신의 구체에 거주하는 자기 인식하는 존재들의 자유의지에 의한 선택의 결과로만 일어납니다. 이것은 모든 자기 인식하는 존재가 스스로 창조한 제한된 세상에서 분리된 존재로 사는 것이 어떤지 충분히 경험할 기회를 가질 때까지는, 형태의 세계에서 발견되는 어둠과 제한들이 완전히 사라지지 않는다는 의미입니다.

여러분은 창조주의 확장체이지만, 창조주는 여러분에게 분리된 존재라는 정체감을 주었습니다. 여러분의 창조주는 여러분이 모든 생명과 창조주와의 완전한 하나됨을 달성할 때까지 자아감을 확장해서 집으로 오기를 바랍니다. 여러분의 창조주는 여러분이 하나됨으로 돌아와야 완전히 행복하며, 완전한 전체가 되고, 완전히 평화롭게 된다는 것을 알고 있습니다. 하지만, 창조주는 사랑에 기반을 둔 자유로운 선택으로 이렇게 하기를 바랍니다. 따라서 창조주는, 비록 무제한은 아니지만, 여러분의 선택에 대해 큰 인내심을 가지고, 여러분이 원한다면 아주 오랜 시간 동안 제한을 경험하도록 허용할 것입니다.

나는 이런 개념들이 현재의 종교적인 신념이나 이해를 훨씬 뛰어넘는다는 것을 알고 있습니다. 이런 개념을 충분히 이해하고 통합하는 데 시간과 충분한 숙고가 필요하다는 것을 이해합니다. 다음 장에서 나는 여러분이 이런 개념을 최대한 활용하고 지구의 현재 상황에 연결할 수 있도록 추가적인 가르침을 주겠습니다. 하지만, 지금은 이 개념들이 삶의 의미와 삶의 목적에 대해 무엇을 가르쳐 줄 수 있는지 숙고해 보기 바랍니다. 아주 많은 사람이 자신들이 어디에서 와서 어디로 가는지, 삶의 의미가 진정으로 무엇인지 의문을 가졌습니다. 나는 이제 여러분이 이런 질문들에 대해 실질적으로 의미 있는 답을 잠깐이라도 보았기를 희망합니다.

이 답들을 통합하기 시작하면, 여러분은 완전히 새로운 세계, 완전히 새로운 세계관에 열리게 됩니다. 여러분은 어떤 분노한 신이 적대적인 우주 속으로 던져버린 비참한 죄인이 아닙니다. 여러분은 모든 것이 여러분을 해치려고 하는 적대적인 환경에 홀로 있지 않습니다. 여러분은 자신이 누구인지 지금 경험하고 있는 것에 한정되지 않습니다.

여러분은 신의 확장체입니다. 여러분은 의식의 가장 낮은 수준에서부터 전체성에 이르는 최고 의식 수준까지 분리된 존재로서 자신을 경험하는 신입니다. 여기 지구에서 여러분이 경험하는 모든 것은 삶에서 자신에 대해, 여정에 대해 가치 있는 관점을 줄 수 있습니다. 심지어 가장 불쾌한 상황조차 배울 기회로, 여러분의 의식을 끌어올리고, 자기 인식을 확장할 수 있는 기회로 바뀔 수 있습니다. 따라서 여러분은 경험할 수 있는 모든 상황을 스스로 초월할 잠재력이 있습니다.

삶의 전체적인 목적은 현재의 자아감을 초월해서 더 큰 자아감을 달성하는 것입니다. 어떤 상황을 경험했든, 어떤 일을 경험했든, 여러분은 그것들을 극복하여 더 높이 오를 수 있는 능력을 절대 상실하지 않습니다. 따라서, 현재 상황이 마음에 들지 않으면, 내면의 잠재력을 열어서 그것을 극복할 수 있습니다. 여러분은 자신이 누구인지 마음에 들지 않으면, 물질우주에서 어떤 제한을 초월할 때까지 자신이 누구인지에 대한 자아감을 확장할 수 있습니다.

이 사실이 여러분이 현재 가진 제한에 대한 다른 관점을 주지 않는다면, 거기에는 단 한 가지의 이유가 있습니다. 그것은 여러분이 이런 상황을 충분히 경험하지 않았기에, 이를 남겨 두고 떠나려는 의지를 내지 않았기 때문입니다. 여러분이 비참하다면, 그것은 비참한 것이 어떤지 경험하기를 바랐기 때문입니다. 이것을 충분히 경험했고 다른 경험, 더 큰 실재를 바란다고 결정할 때까지, 여러분은 이런 현실을 계속 경험하게 됩니다. 이 말이 고통받는 사람들에게 가혹하게 들릴 수 있음을 압니다. 그래서 이제 형태의 세계에서 어떤 제한이든 초월할 수 있는 능력을 사용할 수 있는 방법을 살펴보겠습니다.

열쇠 5
그 이상이 되느냐? 더 작게 되느냐? 그것이 진짜 질문입니다

물질우주에서 여러분의 경험을 형성하는 역학을 이해하려면, 형태의 세계 전체가 아주 특별한 목적을 위해 창조되었음을 명심해야 합니다. 그 목적은 전체성(Allness)에서 분리된, 전체성보다 더 작은 것이 어떤지를 경험하기 위한 것이었습니다. 하지만, 이 경험을 영원하게 만드는 것이 결코 신의 의도가 아니었습니다. 이 세상은 덜한 것으로 존재하도록 창조되었지만, 이 세상이 나온, 실제로는 분리된 적이 없는 전체성으로 다시 합쳐질 때까지, 점차 그 이상이 되어가는 여정을 따르도록 창조되었습니다.

여러분의 창조주는 자신을 두 개의 극성으로 형태의 세계에 투사했습니다. 하나는 어머니 빛으로, 다른 극성, 즉 공동창조 능력이 있는 자기-의식하는 존재들이 투사한 어떤 형태이든 순종하며 떠맡습니다. 여러분의 창조주는 여러분을 통해서 형태의 세계를 경험한다는 사실을 이해하는 것이 중요합니다. 창조주는 전체성에 대한 기억이 있고 결코 잃어버릴 수 없는 전체성과의 하나됨의 감각이 있습니다. 따라서 여러분이 형태의 세계에서 제한을 경험할 때, 여러분의 창조주는 여러분을 통해 전체성에서 분리되고 더 작게 되는 것이 어떤지를 경험하게 됩니다. 여러분의 창조주는 이 경험을 하기 위해 부분적으로 여러분을 창조했습니다. 따라서 창조주에게는, 여러분이 한 어떤 경험이든 전체성보다 작게 되는 것이 어떤지에 대한 경험이 됩니다. 이것이 왜 중요할까요? 여러분의 창조주가, 여러분을 통해서, 전체성보다 더 작은 것을 경험하는 동안에도, 창조주는 이 경험으로 인해 결코 길을 잃을 수 없기 때문입니다. 창조주는 전체성에서 분리된 존재의 환영을 경험할 수 있지만, 이 분리의 겉모습, 더 작은 겉모습이 실재이고 영원하다는 것을 절대 믿을 수 없습니다. 왜냐하면, 창조주의 자기 인식하는 감각은 형태의 세계에서 유래되지 않았으며, 따라서 창조주는 결코 이 세상에 한정될 수 없기 때문입니다. 여러분의 창조주는 자신이 형태의 세계 이상임을 절대적으로 알고 있습니다. 이와 다르게, 여러분은 전체성을 경험하지 않았기 때문에, 전체성보다 작은 것이 어떤지를 알지 못합니다. 따라서 여러분은 형태의 세계가 전체이며, 분리되고 제한된 정체감을 초월하는 방법이 없다고 생각하면서, 형태의 세계에서 길을 잃을 수 있습니다. 분명히 이것은 창조주가 여러분에게 바라는 것이 아닙니다.

비유로 이것을 설명해 보겠습니다. 여러분이 극장에서 연기하는 배우라고 상상해 보세요. 여러분은 극장 밖에서 삶이 시작되었음을 완전히 인식하고 있습니다. 여러분은 이제 건물로 들어가 의상을 입습니다. 설득력 있는 연기를 위해서, 여러분은 일상적인 개성을 놔두고 연기할 인물의 개성을 취합니다. 하지만, 공연이 끝나고 의상을 벗으면, 여러분은 일상적인 개성으로 돌아와서, 실제 세계 아니면 적어도 장기적인 정체감의 세계로 돌아가기 위해 극장을 떠납니다. 이제 어떤 사람이 극장에서 태어나 바깥세상을 결코 본 적이 없다고 상상해 보십시오. 그 사람은 사람들이 극장에 들어오고 나가는 것을 보지만, 밖에 무엇이 있는지 생각조차 못합니다. 따라서 그 사람은 극장이 전부이고, 현실이며, 극장의 세상이 궁극적인 의미에서 진짜라고 믿게 됩니다. 심지어 그 사람은 자신이 현재 연기하고 있는 역할과 분리된 정체성을 가질 수도 없고, 극장과 분리된 삶이란 없다고 믿을지도 모릅니다.

여러분은 자기 인식하는 존재이며, 창조주의 확장체입니다. 하지만, 여러분은 창조주를 위한 꼭두각시나 장난감으로 창조되지 않았습니다. 창조주는 여러분에게 삶이라는 선물을 주었는데, 이것은 여러분이 자기 인식과 상상력과 자유의지를 가졌다는 의미이고, 여러분에게는 자신의 경험을 창조할 능력이 있으며, 심지어 마터 빛을 사용하여 물질적인 환경까지 창조할 수 있습니다. 그리고 여러분에게는 자신의 상상력과 선택에 따라 이런 경험을 설계할 수 있는 자유의지도 있습니다. 여러분의 창조주는 자신의 창조물 안에서 유래하지 않았기 때문에, 형태의 세계가 유일한 실재라는 환영의 먹이가 될 수 없습니다. 하지만, 여러분은 형태의 세계에서 생겨났기 때문에, 여러분이 창조한 것이 궁극적인 실재이고 거기에서 탈출할 수 없다고 믿을 수 있습니다. 따라서 창조주는 자신의 창조물 안에서 결코 길을 잃지 않지만, 여러분은 길을 잃을 수 있습니다. 여러분은 실제로 자신이 고통스러운 행성에 사는 제한된 인간이라고 믿을 수 있습니다.

여러분이 이런 환영을 받아들이는 것은 이해할 만합니다. 신은 행성 지구라 불리는 극장에서 여러분이 현재 연기하는 역할과 자신을 완전히 동일시한다고 해서 여러분을 비난하지 않습니다. 하지만 또한 여러분의 창조주는, 여러분이 현재 경험하는 것을 넘어서 자기 인식을 확장할 수 있는 잠재력을 가졌음을 알고 있습니다. 여러분은 창조주 의식의 확장체이기 때문에, 창조주의 완전한 인식에 도달할 가능성이 있습니다.

홀로그램 이미지에 대해 들어봤을 것입니다. 그것은 사진의 일종이지만, 전체 이미지가 개별적인 부분으로 구성되고, 각 부분은 전체의 더 작은 복제본을 가지고 있다는 점에서 독특합니다. 여러분은 창조주가 형태의 세계로서 자신을 표현하는 홀로그램 이미지의 일부로 창조되었다고 말할 수 있습니다. 여러분의 개별적인 의식은 내부에 전체의 복제를 담고 있습니다. 전체에 대한 인식을 확장함으로써 여러분은 전체와 하나가 될 수 있고, 모든 것이 될 수 있고, 전체가 될 수 있습니다. 이것은 삶이라는 선물이 줄 수 있는 최상의 잠재력입니다.

여기에 요점이 있습니다. 여러분은 분리된 존재로 창조되었고, 형태의 세계 안에서 살고 있습니다. 하지만, 여러분이 분리된 정체성 때문에, 형태의 세계에서 길을 영원히 잃게 되는 것은 창조주의 의도가 결코 아닙니다. 창조주는 물질계가 단지 여러분이 특정한 역할을 연기해야 하는 극장임을 깨닫기를 바랍니다. 여러분이 자신의 역할보다 그 이상이 삶에 없다고 생각하거나 영원히 자신을 역할과 동일시하기를 바라지 않습니다. 왜 그럴까요? 창조주는 이 세상이 전체성에 비해 믿을 수 없을 정도로 제한되어 있음을 알기 때문입니다. 창조주는 현재의 발전 단계에서, 물질우주가 영적인 영역에 비해 믿을 수 없을 만큼 제한되어 있음을 알고 있습니다. 여러분은 창조주의 확장체이며, 여러분이 창조주 자체이기 때문에, 창조주는 여러분을 자신처럼 사랑하고 있습니다. 그러므로 창조주는 여러분이 삶을 고통으로 경험하는 제한된 이 세상에 영원히 갇히기를 바라지 않습니다.

여러분이 창조주의 확장체이기 때문에, 창조주는 여러분을 통해 분리를 경험하고 있음을 기억하세요. 하지만, 이것은 양방향으로 작용합니다. 즉 이 제한된 상태에 있는 동안에도 여러분은 창조주의 존재를 경험할 수 있다는 의미입니다. 여러분은 자신이 하위 존재를 통해서 제한을 경험하는 창조주임을 경험할 수 있습니다. 이런 확장된 인식을 경험하면, 분리감 안에서 길을 잃거나 고통을 초래하는 한계와 자신을 더 이상 동일시하지 않게 됩니다. 여러분은 이 세상과의 모든 동일시를 초월하는데, 이것이 진정한 여러분이 누구인지를 아는 깨달음의 상태입니다.

여러분은 창조주가 무슨 이유로 이처럼 고통이 많은 행성에 갇혀 있는 제한된 존재로 여러분을 창조했는지 물을 수도 있습니다. 전체를 아우르는 답은 창조주는 여러분을 현재의 (인간) 정체성으로 창조하지 않았고, 지구를 불완전하고 고통스러운 현재의 수준으로 창조하지도 않았다는 것입니다. 그럼, 현재 자신을 분리된 존재로 보는 이 분리된 정체감은 누가 창조했을까요? 여러분입니다! 지금 여러분이 사는 이 세상은 누가 창조했을까요? 인류가 집단으로 그렇게 했습니다! 앞으로 이 사실에 대해 더 설명하겠지만, 점진적으로 접근하겠습니다.

◦◦◦◦◈◦◦◦◦

가능한 한 이 사실을 명확히 해두겠습니다. 여러분은 다소 좁게 자아감에 초점을 맞추는 분리된 정체감을 가진 자기 인식하는 존재로 창조되었습니다. 현재의 자아감으로, 여러분은 아마 자신을 창조주로부터 그리고 주위 다른 존재들과 분리된 존재로 볼 것입니다. 이것이 반드시 잘못은 아니지만, 여러분은 영적인 사람이므로, 자아감을 확장할 수 있는 잠재력에 대해 더 많이 인식해야 합니다. 다시 말해서, 여러분은 분리된 존재로 창조되었지만, 그것을 넘어서 성장할 잠재력이 있습니다. 여러분은 자신의 근원, 즉 창조주, 그리고 모든 생명과의 하나됨의 감각을 성취할 때까지 자아감을 확장하는 여정을 따를 수 있습니다.

여러분은 분리된 존재로 창조되었지만, 분리된 존재로 남아 있도록 창조되지는 않았습니다. 여러분은 분리된 존재로 시작해서 분리감을 극복하고 개별적인 감각을 잃지 않고서도 모두와 하나가 될 때까지, 자기 인식에서 성장하는 여정을 따르도록 창조되었습니다. 즉, 형태의 세계가 존재하는 근본적인 목적은 분리된 상태에서 하나됨으로 성장해 가는 것입니다. 많은 종교인이 구원이라고 부르는 것은 분리된 정체감에서 확장된 정체감으로 성장해 가는 바로 그 과정이며, 이 과정을 통해 여러분은 모든 생명은 하나임을 깨닫고 이에 부응해 살아갑니다. 내가 말했듯이, 모든 것은 창조주 의식에서 창조되었고, 이것은 제한적이고 분리된 형태로 일시적으로 투사된 것입니다. 하지만, 창조주는 자신의 존재가 그런 제한에 영원히 갇혀 있기를 바라지 않았습니다. 따라서 창조주 의식에서 창조된 모든 것은 창조주에게 돌아가게 되어 있습니다. 여러분 또한, 돌아갈 수 있습니다. 단지 차이점은 이렇게 돌아갈 때 여러분은 정체성을 잃지 않고 자신의 우주를 창조하거나 전체성으로 들어갈 수 있을 때까지, 자신의 의식을 확장할 것이라는 점입니다. 따라서 삶의 진정한 목적은 우리가 신 의식이라고 부를 수도 있는 것에 도달할 때까지, 현재의 정체감을 초월하는 것입니다.

모든 분리된 존재는 "자신을 초월하는 존재"로 창조되었다고 말할 수 있습니다. 나중에 알게 되겠지만, 형태의 세계에는 다양한 진화의 형태가 있고, 그것은 모두 분리된 상태에서 하나됨으로 가는 자기 초월을 위해 창조되었습니다.

～～✿～～

형태의 세계는 전체성과 다르게 설계되었음을 항상 명심하세요. 하지만, 형태의 세계는 전체성 안에 있는 존재가 설계했기 때문에 또한 유사점이 있습니다. 유사성의 하나는 하나됨이라는 목적입니다. 두 세계는 개별적인 존재들이 자기 인식의 성장을 촉진하도록 설정되었습니다. 자신을 의식하거나 자신을 인식하는 존재는 창조적인 능력과 신성한 개체성을 표현하면서 성장하고, 행위에 따른 반응을 경험함으로써 배웁니다.

두 세계 사이의 가장 큰 차이점의 하나는, 전체성 안에서, 개별적인 존재들은 자신을 전체나 서로 분리된 존재로 보지 않는다는 점입니다. 따라서 한 존재가 다른 존재를 해치거나 다른 존재보다 더 낮게 보이기 위해 뭔가를 선택하는 일은 상상할 수 없습니다. 전체성 안의 모든 존재는 동등하게 창조되었을 뿐만 아니라, 같은 전체의 일부이기 때문에 모든 면에서 동등합니다. 따라서 전체성 안의 존재가 창조의 목적이나 전체를 거스르며 자신의 의지를 사용하는 일은 절대로 생각할 수 없습니다. 그 존재는 절대로 자신의 의지가 다른 존재의 의지나 삶의 목적과 상반된다고 볼 수 없습니다. 그 존재는 자기 인식을 하지만, 그것은 분리된 자기 인식이 아닙니다.

형태의 세계에서 자기-의식하는 존재(self-conscious beings)는 분리된 존재로서 자기 인식(self-awareness)을 가지고 시작했습니다. 여러분은 분리에서 하나됨으로 성장하게 되어 있지만, 상상을 할 수 있으므로 한 존재가 다른 존재보다 더 중요하거나 더 낮다고 상상하는 일이 가능합니다. 여러분은 자유의지가 있고, 자신이 다른 사람들보다 더 강력하거나 더 중요하게 보이도록 만들기 위해 그 의지를 사용할 수 있습니다. 그렇게 하면서 자신을 더 낮게 보이게 하려고 다른 사람을 제한할 수도 있습니다. 자신을 통제하려는 여러분의 시도에 사람들이 반대하면, 심지어 그들을 파괴할 수도 있습니다. 요점은 창조주가 제한된 자기 인식으로 자기-의식하는 존재를 창조하고 상상력과 자유의지를 부여했을 때, 그 존재에게 아주 특별한 관심을 준다는 것입니다. 그 관심은 분리된 존재의 개별적인 의지와 형상 세계의 전반적인 목적을 어떻게 균형 잡는가 하는 것입니다. 그 과정에서 존재들이 어떻게 하면 자신이나 다른 사람들을 파괴하지 않고 상상력과 의지를 표현하게 할 수 있을까요? 이 작은 행성에서 상대적으로 짧은 기간 동안 일어난 전쟁과 잔혹 행위를 볼 때, 이것이 상당히 중요한 고려사항임을 알 수 있을 것입니다. 따라서 이것을 더 자세히 살펴보겠습니다.

자유로운 선택이 실제로 무엇을 의미하는지 생각하는 것부터 시작하겠습니다. 앞서 나는, 선택권에 수반되는 것을 모른다면, 여러분이 진정으로 자유로운 선택을 할 수 없다고 말했습니다. 전체성 안에서 모든 현존은 전체성과 하나이고 서로와 하나임을 알고 있습니다. 한 현존이 다른 현존을 해치면, 말 그대로 동시에 자신을 해치게 됩니다. 전체성 안의 현존은 자유의지가 있지만, 자신을 제한하거나 해치는 데 자유의지를 사용하겠다고 절대로 생각할 수 없습니다. 전체성 안의 현존은 분리된 존재처럼 자유의지를 사용할 수 없다고 말할 수 있습니다. 여러분의 현재 관점에서 보면 그것이 제한처럼 보이지만, 지구의 모든 고통의 원인이 자유의지의 남용임을 생각해 보세요. 이것은 사실상 제한이 아닐 것입니다.

전체성 안에 있는 현존은 전체성의 모든 측면과 하나이므로, 다른 존재를 해치는 뭔가를 결코 할 수 없습니다. 현존은 자신을 높이면서 동시에 모든 생명을 높이는 일이 전적으로 가능함을 알고 있습니다. 그리고 모든 생명과 하나라는 감각 때문에, 다른 존재에 비해 자신을 높이려는 욕망이 없습니다. 현존은 자신을 높이는 유일한 방법이 모든 생명을 높이는 것임을 알고 있습니다. 전체성 안에서 비교는 의미가 없으며 가치 판단도 의미가 없습니다. 비록 전체성 안의 현존에게는 무제한의 자유의지가 있지만, 자신의 의지를 분리된 의지로 사용하거나, 자신을 의미하는 모두에게 최선인 것과 조화를 이루지 못하는 뭔가를 하는 데 자유의지를 사용하겠다고 생각조차 할 수 없습니다.

형태의 세계에서, 여러분은 분리된 정체감으로 창조된 존재들입니다. 물질우주는 상위 영역에서 보이는 빛의 강도에 도달하지 않았기 때문에, 다른 형태의 생명과 분리되었다고 정말로 믿는 일이 가능합니다. 따라서 자신을 해치지 않고 다른 사람들을 해칠 수 있다는 환영에 빠질 수 있습니다. 심지어 다른 존재를 해치는 뭔가를 함으로써 이익을 얻을 수 있다고 생각할 수도 있습니다. 내가 말했듯이, 형태의 세계에서 모든 것은 어머니 빛에서 창조되었으며, 어머니의 빛은 창조주 의식의 확장체이며 표현입니다. 따라서 모든 것은 어머니 빛의 수준에 연결되어 있지만, 이 연결은 주의를 분리에 집중하게 하는 의식적인 인식 때문에 가려져 있습니다. 여러분이 분리된 존재라는 외형에 더 많이 집중할수록, 자신과 전체 사이의 더 깊은 연계를 볼 수 없게 됩니다. 만약 다른 사람을 제한하거나 해치는 선택을 하면, 실제로는 자신을 해치는 것이 됩니다. 하지만, 여러분은 이것을 인식할 수 없고 개념화할 수도 없습니다. 다시 말해, 여러분이 다른 사람들을 해칠 때, 여러분은 진정으로 자유로운 선택을 하는 것이 아닙니다. 여러분이 다른 사람들을 해침으로써 자신을 해친다는 사실을 보지 못하게 막는 분리의 환영에 갇혀 있으므로, 그런 선택을 하는 것입니다.

ꕥ

요점은 자신을 분리된 존재로 보고, 실제로 자신이 분리된 존재처럼 의지를 사용하는 일이 가능하다는 것입니다. 따라서 여러분은 자기 행동으로 인한 결과가 자신에게 영향을 주지 않는다고 확신합니다. 심지어 자신의 행위가 어떤 (부정적인) 결과도 가져오지 않는다고 자신을 확신시킬 수도 있습니다. 이 환영에 갇힌 사람들과 환영을 초월한 사람들을 구분하는 결정적인 요인이 무엇일까요? 그것은 자기-중심적(self-centeredness)인 수준입니다. 분리된 정체감에 더 집착하여 더 자기-중심적으로 되면, 모든 생명이 상호 연결된 하나라는 사실을 보지 못하게 됩니다. 따라서 여러분은 자신이 원하는 것은 무엇이든 할 권리가 있고, 바라는 것은 무엇이든 하면서 처벌을 모면할 수 있다고 믿기 시작합니다. 역사를 살펴보면, 최악의 인간 잔혹 행위의 일부는 이 행성에서 가장 자기-중심적인 사람들이 저질렀음을 알게 됩니다. 분리된 존재에게 자유의지를 줌으로써 피할 수 없게 된 결과의 하나는 어떤 존재가 자신이 우주의 중심이고, 자신이 유일하게 중요한 사람이며, 다른 사람들에게 어떤 영향을 미치는지 고려하지 않고도 무엇이든 할 권리가 있다는 환영을 구축할 가능성이 있다는 것입니다. 분리된 한 존재가 심지어는 다른 모든 분리된 존재들이 자신의 욕구를 충족시켜주기 위해 여기에 있다고 믿을 수도 있습니다.

이것은 흥미로운 결론으로 이어집니다. 창조주가 자유의지 사용에 대해 안전장치를 마련하지 않고서 자신을 초월하는 존재들에게 자유의지를 주었다면, 자기-중심적인 존재들에게 불공정한 혜택을 주었다고 할 수 있습니다. 더 자기-중심적으로 될수록 자신의 행위가 다른 사람들에게 어떤 영향을 주는지 더욱 무시하게 됩니다. 다른 사람들을 통제하려 하고, 통제되지 않는 사람들은 파괴하려고 합니다. 더 민감하고 공격적일수록 자유의지를 사용해서 다른 사람을 더 통제하고 파괴하고 해치려 하게 됩니다. 대부분의 자기-중심적인 존재를 제한하는 메커니즘이 없다면, 이 형태의 세계는 무질서 상태로 추락하고 혼돈의 상태에서 탈출할 희망이 없을 것입니다. 지구에서 밀림의 법칙이 지배하는 것처럼 보일 수도 있지만, 우리가 보는 것처럼, 실제로는 그렇지 않습니다.

이 형태의 세계가 창조된 목적은 여러분이 분리된 정체감에서 시작하여, 전체성과 하나가 될 때까지, 점차 정체감을 확장할 수 있는 기회를 주려고 하는 것임을 기억해 두기 바랍니다. 하지만, 여러분이 자유의지를 가지고 있으므로, 반대 방향으로 들어갈 수 있습니다. 그렇게 하는 과정에서, 결국 자멸하게 될 때까지, 여러분은 자기 초월적인 다른 존재들을 투옥하거나 살해할 수 있습니다. 다시 말해서, 자유의지가 여러분에게 하향나선을 창조할 기회를 주고, 여러분은 자신이 창조한 환영의 벽 뒤에 갇힐 수 있다는 말입니다. 이로 말미암아, 여러분은 자신이 선택한 결과들을 알 수 없게 됩니다. 따라서 일단 자기-중심에 빠져 눈이 멀게 되면, 스스로 빠져나올 수 있는 선택을 더 이상 할 수 없게 됩니다. 여러분은 이제 자신이 무엇을 하고 있는지 제대로 깨닫지도 못한 채, 자기 스스로를 해치게 되며, 따라서 진정으로 자유로운 선택을 하지 못하게 됩니다.

지적이며 사려 깊은 창조주는 분명히 이런 일이 자신의 어떤 확장체에게 일어나는 것을 원하지 않습니다. 따라서 창조주는 자유의지의 법칙에 수반되는 어떤 법칙을 만들 필요가 있었고, 자신을 파괴하지 않을 기회를 모든 분리된 존재에게 줄 수 있도록, 안전망을 만들었습니다.

꧁꧂

앞으로 더 나아가기 전에, 지금까지 얘기한 것들을 요약해 보겠습니다. 여러분은 제한 없는 상상력과 자유의지를 지닌 자기 초월적인 존재로서, 여러분에게는 삶에서 두 갈래 길, 두 갈래의 여정을 따를 수 있는 잠재력이 있습니다. 여러분은 형태의 세계에서 특정한 단계로 여정을 시작하도록 창조되었습니다. 일부 존재는 형상세계의 가장 높은 단계에서 창조되었지만, 다른 존재들은 형상 세계의 가장 낮은 단계인 물질우주에서 시작하도록 창조되었습니다.

형태의 세계가 창조된 목적은 여러 존재에게 제한적인 세상에서 분리된 존재로 시작할 수 있는 기회를 제공하고, 그런 다음, 존재들이 거기에서 시작하여 모든 것과 하나라는 완전한 자기 인식을 향해 성장할 수 있도록 하기 위한 것입니다. 다시 말해서, 우주의 기본 계획은 여러분이 형태의 세계 특정한 단계에서 시작하여, 거기에서부터 위를 향해 차근차근 밟아 올라가게 되어 있다는 것입니다. 예수는 이런 과정을, 재능을 증식했던 사람들이 더 큰 창조력을 받음으로써 보상받은 재능에 대한 우화에서 묘사했습니다. 가진 자에게는 더 많은 것이 주어질 것입니다. (마태 25:29)

여러분이 창조될 때 받았던 재능들을 증식하면, 신은 여러분의 공물을 증식하므로, 여러분은 더 많은 것을 가지게 됩니다. 다시 말해서, 상상력과 자유의지를 의도한 대로 활용한다면, 여러분은 더 큰 풍요와 더 큰 자기 인식으로 이어지는 길로 들어서게 됩니다. 이것이 현재 여러분보다 그 이상(MORE)이 되고, 여러분이 되도록 창조되었던 것보다 더 크게 되는 길입니다.

반면에, 여러분에게는 자유의지가 있으므로, 재능을 땅속에 묻어 둠으로써, 여러분이 되도록 창조된 것보다 더 작은 존재가 될 잠재력도 있습니다. 사실 받은 것을 증식하지 않으면, 오히려 더 작아질 수 있습니다. 예수의 우화에서처럼, 여러분은 확장하고, 성장하기로 되어 있는 우주에 살고 있습니다. 따라서 형태의 세계 전체는 계속 그 이상이 되어가고 있습니다. 하나의 개별적인 존재로서, 여러분은 흐름을 따라갈 수도 있고, 흐름에 역행할 수도 있습니다. 하지만, 흐름을 따르지 못한다면 뒤처지게 된다는 의미에서, 정지해 있는 것은 선택 사항이 아닙니다. 성장과 재능의 증식, 그 이상이 되는 것을 거부할 권리가 여러분에게 있지만, 나머지 우주가 여러분을 수용하기 위해서 성장을 멈추라고 요구할 권리는 없습니다.

내 말의 요점은 그 이상이 되는 길의 대안은 더 작게 되는 길입니다. 자기 인식을 확장하는 대신, 이제 여러분은 자기 인식을 제한하게 됩니다. 자신을 더 큰 자아, 즉 모든 것으로 인식하는 대신, 원래 받았던 것보다 더 작은 자아감을 창조하게 됩니다. 더 작은 자아에 점점 더 많은 초점을 맞추게 됨에 따라, 여러분은 점점 더 이기적으로 되고, 편협한 사리사욕에서 벗어나려고 하지 않게 되며, 거기에서 벗어날 수도 없게 됩니다.

그 이상이 되는 길은 풍요에 이르는 길이라고 할 수 있습니다. 예수는 이것을 신의 왕국 또는 풍요로운 삶이라 불렀습니다. (누가 12:32) 붓다는 이것을 깨달음의 상태라고 하였고, 다른 많은 종교에서는 이것을 하늘나라의 형태로 묘사했습니다. 반대로 더 작게 되는 길은 풍요와는 반대의 길입니다. 여러분은 온갖 종류의 제한을 경험하게 되며, 이로 인해 삶을 투쟁이라고 느끼게 됩니다. 따라서 더 작게 되는 길은 고통의 길입니다. 붓다는 네 가지의 고귀한 진리(사성제 四聖諦)에 대해 말하였고, 그중 첫 번째가 삶이 고통이라는 것입니다. 자, 오직 여러분이 더 작게 되는 길을 걷게 될 때만, 삶이 고통이 됩니다. 붓다가 지적했듯이, 그 이상이 되는 길을 걸을 수 있는 대안이 존재합니다. 붓다는 이것을 중도(Middle Way)라고 했습니다. 이 중도를 통해, 자기 초월적인 존재로서, 여러분은 진실로 실질적인 자기 인식의 상태인 깨달음에 이를 수 있습니다.

나는 이제 여러분이 자신의 삶을 극적으로 변화시킬 수 있는 이해에 이미 도달했다는 사실을 알기를 바랍니다. 세상의 많은 종교가 이런 설명을 암시하기는 했지만, 아무도 그것을 명확하게 표현하지는 않았습니다. 하지만, 여러분이 두 갈래의 길 가운데 하나를 반드시 선택해야 한다는 것을 충분히 이해하고 인식한다면, 삶과 종교, 신과 자기 자신을 바라보는 관점이 완전히 바뀌게 됩니다. 그런 다음, 이해를 빠르게 확장해, 마침내 진정으로 자유로운 선택을 할 수 있습니다. 충분한 정보를 가지고 있다는 의미에서, 여러분은 더 작은 것이 되는 길에 계속 있기를 원하는지, 아니면 그 이상이 되는 길에 자신을 확고하게 두기 위해 결정적인 노력을 기울일지, 자유롭게 선택할 수 있습니다. 여러분이 더 작게 되는 길을 따르겠다면, 어쩔 수 없이 영적인 자유를 상실하게 됩니다. 진정한 영적인 자유를 성취할 수 있는 유일한 길은 그 이상이 되는 길을 따르는 것뿐입니다.

나는 여러분을 위해 선택하거나, 심지어 여러분에게 어떤 것을 선택하라고 권할 생각이 없습니다. 하지만, 여러분이 어떤 길을 선택하든, 여러분에게 영향을 미치는 메커니즘에 대해 더 깊게 이해할 수 있도록 가르침을 주겠습니다.

열쇠 6
신의 법칙이 존재하는 목적을 이해하기

형태의 세계를 객관적으로 살펴보면, 여러분은 세상이 결국 전체성으로 통합되거나 세상이 전체가 될 정도의 빛의 강도에 도달할 것이라고 말할지도 모릅니다. 하지만, 이 세상은 개인과 상관없이 창조되지 않았고, 기계적인 목적으로 창조되지도 않았습니다. 이 세상은 개개인을 위한 목적으로 창조되었습니다. 즉 이 세상은 자기 초월적인 존재들이 분리된 자기 중심적인 존재에서 출발하여, 전체보다 작은 것에 대한 기억을 가지고 전체로 들어갈 때까지, 자기-인식에서 성장할 기회를 주기 위해 창조되었습니다. 따라서 삶은 허공을 창조하여, 그 허공을 채우고, 다시 새로운 허공을 창조해서, 그 허공을 다시 채우는 다람쥐 쳇바퀴 도는 일이 아닙니다. 삶은 자기-의식하는 존재들이 신과 같은 인식 수준에 이를 때까지 의식 안에서 성장해 가는 독특한 기회를 얻는 창조적인 과정입니다. 말하자면, 여러분은 만들어지고 있는 신이며, 이런 이유로, 예수가 "너희가 신들이라."(요한 10:34)라고 말했습니다.

허공 속에 아무것도 창조되지 않은 상황을 상상해 보세요. 창조주는 아무것도 없는 광대한 허공 한가운데 있는 특이점에 자신을 투사했습니다. 창조주는 상상할 수 있는 것은 무엇이든 창조할 수 있었습니다. 창조주가 규칙을 정의했으므로, 거기에 제한이나 규칙은 없었습니다. 실제로 이것은 창조주에게 도전 과제였습니다. 자신을 안내해 줄 이전 경험이나 참고 사항이 전혀 없다면, 존재들이 다소 외로움을 느낄 수 있고 길을 잃을 수도 있기 때문입니다. 분명히 창조주는 전체에 대한 완전한 기억이 있었고, 자신을 전체의 확장으로 보았기 때문에 허공이 두렵지 않았습니다. 하지만, 창조주가 많은 자기-의식하는 존재들을 창조했으며, 원하는 무엇이든 창조하라는 명과 함께, 이들을 허공 속으로 보냈다고 상상해 보세요. 이런 존재는 전체에 대한 어떤 기억도, 전체와 연결된 어떤 느낌도 없습니다. 또한, 창조적인 노력을 안내해 줄 이전의 어떤 경험도 없습니다. 당연히 이들은 외로움을 느끼고, 길을 잃을 가능성이 아주 큽니다. 여러분은 기억을 잃은 사람들에 대해, 그리고 그 사실이 어떻게 트라우마가 될 수 있는지에 대한 얘기를 들었을 것입니다. 심지어는 감각적 경험을 박탈하는 고문을 당한 사람들에 대해서도 들어보았을 것입니다. 이런 사람들은 아무것도 없는 세상에 혼자 있다고 느낍니다. 이런 현상은 급속하게 신경쇠약이나, 심지어 영구적인 정신 이상으로 이어질 수 있습니다.

창조주는 그런 경험에 자식들(offspring)을 밀어 넣고 싶지 않았습니다. 따라서 창조주는 허공과 구분되어 보호받는 구체를 창조했습니다. 그 구체 안에, 창조주는 특정한 구조물을 창조했으며, 그 구체의 성장을 안내해 줄 창조 원리 혹은 법칙을 만들었습니다. 삶의 토대가 창조되자, 창조주는 자기 초월적인 존재들을 창조했고, 그들에게 "번성하고, 다스리라."라고 명했습니다. (창세기 1:28) 이런 존재들을 그냥 허공으로 던지는 대신, 창조주는 그들에게 기반을 주고 그 위에 쌓아가도록 했습니다. 그들은 받은 것을 증식하고 창조주가 정한 법칙을 사용하는 방법을 배움으로써 그렇게 할 수 있었고, 자아의 통달을 이루어 자신의 구체에 대한 지배권을 취할 수 있었습니다.

자기 초월적인 존재들이 원래의 구체에서 삶에 통달하게 되자, 다음 구체를 공동창조하는 것을 돕는 마스터가 되었습니다. 그렇게 함으로써, 그들은 그 구체의 구조물을 설계한다는 관점에서, 더 큰 창조적 자유를 가지게 되었습니다. 그들에게는 자신이 원하는 무엇이든 창조할 기회가 있었습니다. 하지만 그들에게는 창조할 경험의 기초와 지침이 주어져 있었습니다. 다시 말해, 창조주만이 "무(nothing)"에서 창조했고, 모든 다른 존재는 자신의 창조적인 노력을 위한 기반을 갖추고 있었습니다. 창조주는 창조합니다. 반면 여러분은 창조주가 정한 틀 안에서 자아감을 확장합니다. 우리는 여러분이 공동창조한다고 말합니다.

෴෴෴⚜෴෴෴

이제 우리는 이 세상의 목적이 자기-의식(self-conscious)하는 존재들에게 자기-인식(self-awareness) 안에서 성장할 기회를 주는 것이라는 사실을 알았습니다. 이 성장은 반드시 점진적이거나 단계적으로 이루어져야 합니다. 이것이 왜 그럴까요? 주어진 시점마다, 여러분은 자신이 누구인지에 대한 느낌이 있습니다. 여러분은 자신이 누구인지에 대한 감각을 확장할 수 있는 상황을 경험할지도 모르지만, 그 감각을 새로운 정체감으로 통합하는 데 시간이 걸립니다. 그것이 지구의 어린이가 성장하는 데 시간이 필요하고, 아이들이 너무 빨리 "성숙해지도록" 강요받으면, 심리 문제를 경험할 수 있는 이유입니다. 변화가 갑자기 일어나면, 사람들은 정체감을 상실할 수 있으며, 삶에 대처하기도 어려워집니다.

요점은 지속 가능한 성장은 반드시 균형 잡힌 성장이어야 한다는 것입니다. 말하자면 여러분은 분리된 정체감을 상실하게 되어 있습니다. 하지만, 정체성을 남겨 두지 않을 정도로 한꺼번에 전부를 없애게 되어 있지는 않습니다. 분리된 정체감을 없애는 것은 확장된 정체감으로 대체하는 과정의 결과로만 일어나게 되어 있습니다. 성장이 너무 빨리 일어나면, 안정감과 지속감, 심지어 모든 정체감을 상실할 수도 있습니다. 성장이 너무 느리게 일어나면, 특정한 삶의 방식에 지나치게 집착해서 그 인식 수준을 넘어서는 성장을 거부하게 됩니다. 가능한 최상의 성장을 이루기 위해서는, 삶의 모든 것이 균형 잡혀 있어야 합니다. 균형이란 무엇을 의미할까요?

우리는 창조주가 자신의 모든 의식과 존재를 하나의 점에 수축시킴으로써, 허공을 창조했다는 것을 이해했습니다. 이렇게 허공을 창조했고, 형태의 세계를 창조할 수 있는 무대가 마련되었습니다. 하지만, 실질적인 창조는 창조주가 자기-의식 일부를 외부로 투사하면서 시작되었습니다. 이것은 창조와 관련된 두 가지 기본적인 힘, 즉 수축하는 힘과 확장하는 힘입니다. 수축하는 힘이 지배적이라고 상상해 보세요. 이 경우 아무것도 창조될 수 없습니다. 창조주가 허공으로 에너지를 투사하자마자, 수축하는 힘은 즉시 중심으로 되돌아가게 됩니다. 이제 확장하는 힘이 지배적이라고 상상해 보세요. 그 경우, 신의 존재 전체가 하나의 거대한 폭발로 방출되어, 즉시 허공을 채우게 됩니다. 두 경우 모두 균형 잡히고 점진적인 성장이 가능하지 않아, 생명흐름들이 자기-인식에서 점진적으로 성장할 가능성이 거의 없게 됩니다. 이 세상은 "이것 아니면 저것"이라는 접근 방식으로 만들어져 있지 않으며, 두 가지 힘 사이에 미묘한 균형을 유지하게 되어 있다고 결론지을 수 있습니다.

인간의 관점에서 보면, 확장하고 수축하는 힘이 서로 반대되는 것처럼 보일 수도 있습니다. 하지만, 정말로 반대되는 것들은 서로를 상쇄시킵니다. 반대되는 것들이 만나면, 서로를 파괴하거나, 하나가 상대방을 파괴하여 하나만 남게 됩니다. 사실, 확장하고 수축하는 힘은 상호 보완적인데, 이 말은 이들이 서로를 보완하거나, 심지어 서로를 확대한다는 의미입니다. 두 가지 힘이 존재할 때만 지속 가능한 형태가 창조될 수 있습니다.

요점은, 지속 가능하고 성장하는 구조를 만드는 유일한 방법은 확장하고 수축하는 힘 사이에서 균형 상태를 유지하는 것이라는 겁니다. 이 두 가지 힘은 반드시 공존하지만, 균형을 잡아야만 서로를 상쇄하지 않고, 견제를 유지할 수 있습니다. 그들은 형태의 세계가 존재하는 목적인 성장을 멈추지 않는 방식으로 균형을 이루어야 합니다. 균형은 정적인 것이 아닙니다. 우주의 균형은 역동적인 균형이며, 더 높은 목표를 향해서 균형 잡힌 방식으로 이끌어집니다. 무엇이 창조의 기본적인 두 가지 힘 사이에서 균형을 만들까요?

～⁓⁕⁓～

여러분이 창조주라고 상상해 보세요. 여러분 앞에 허공이 있고, 원하는 무엇이든 창조할 수 있습니다. 최종 목표는 다시 전체와 섞일 수 있을 강도의 빛으로 허공을 채우는 것입니다. 하지만, 그 목표에 도달하기 위해, 여러분은 무한히 많은 다른 길을 선택할 수 있습니다. 허공 안에 창조할 수 있는 무한히 다양한 형태가 있고, 그 형태 중 많은 것이 허공을 채우는 최종 목표로 이어질 수 있습니다. 다시 말해, 우주를 설계하는 방법은 한 가지 이상입니다.

이제 우리는 창조주가 비록 무한한 힘을 가진 무한한 존재이지만, 창조주조차 어떤 제한에 직면한다는 사실을 깨닫게 됩니다. 형태의 세계에서는, 모든 것이 형태를 가짐으로써 특징지어지는데, 이것은 모든 형태가 다른 형태들과 다르다는 의미입니다. 뚜렷한 형태는 허공과 구별되며, 다른 형태들과도 구별됩니다. 익숙한 예를 들어보 겠습니다. 탁자를 설계할 수 있는 거의 무한한 방법이 있습니다. 하지만, 탁자는 의자와 구별되는 어떤 기본 속성을 가집니다. 여러분은 의자와 유사한 탁자를 만들고, 그 탁자 위에 앉을 수도 있습니다. 하지만, 여전히 탁자라는 개념은 의자라는 개념과 다릅니다. 따라서 여러분이 목공소에 있다면, 탁자를 만들지 의자를 만들지를 결정해야 합니다.

요점은 형태의 세계에서 무언가를 설계하면, 형태가 구별된다는 사실에 직면하게 되는데, 이 말은 동시에 두 가지가 될 수 없다는 의미입니다. 결론적으로 창조주라 하더라도 어떤 선택을 해야 합니다. 창조주는 상상할 수 있는 무엇이든 창조할 수 있지만, 모든 것을 한꺼번에 창조할 수는 없습니다. 창조주는 창조하려는 우주의 형태를 결정해야 하며, 일단 디자인을 결정했으면, 그 허공을 채우는 목표가 달성될 때까지, 그것을 유지해야 합니다. 여러분의 창조주만이 유일한 창조주이고, 여러분이 사는 세계가 유일한 형태의 세계라고 말하는 것이 아닙니다. 실제로 다른 기본 설계를 대표하는 수많은 세상이 있지만, 그것은 이 책의 범위를 넘어서는 또 다른 얘기입니다.

창조주는 즉시 허공을 채울 수 있지만, 그러면 전체와 분리된 허공을 창조한다는 목적을 이루지 못합니다. 창조주는 절대 변하지 않는 정적인 우주를 창조할 수 있지만, 이것도 분리에서 시작하여 다시 전체와 하나로 통합하는 과정을 창조하려는 목적을 이루지 못합니다. 그러므로 창조주는 최종 목표로 이어지는 점진적인 과정을 만들어야 하는 문제에 직면합니다. 여러분은 그런 점진적이고, 목표 지향적인 과정을 설계하는 데 무엇이 필요한지 생각해 본 적이 없을 것입니다. 이제 그렇게 해보라고 여러분에게 요청합니다.

가장 먼저 여러분은 규칙적이고 균형 잡힌 방식으로 목표를 향한 진보를 안내해 줄 수 있는 원리와 법칙이 필요하다는 사실을 깨닫게 됩니다. 그런 원리들이 없다고 상상해 보세요. 그것은 단지 허공으로 번쩍하고 빛을 한번 보내는 것에 불과합니다. 빛은 허공으로 계속 확장해 가겠지만 조직화된 구조물들은 형성되지 않을 것입니다. 빅뱅 이론을 살펴봅시다. 이 이론은 우주의 모든 물질이 특이점에 압축된 후 거대한 폭발과 함께 외부로 팽창했다고 합니다. 하지만 짧은 시간이 지나고, 초기 폭발의 혼돈 속에서 조직화된 구조물들이 형성되기 시작했습니다. 그런 구조물은 왜 형성되기 시작했으며, 구조물은 왜 그런 형태를 띠게 되었을까요? 에너지는 왜 무작위적인 폭발로 계속 확장되지 못했을까요? 단 하나의 설명만이 가능합니다. 그것은 조직화된 구조물의 형성을 이끄는 특정 법칙들이 있다는 것입니다. 사실 현대 과학은 물질우주의 전개를 유도하는 법칙을 밝히고 이해하려는 노력이라고 말할 수 있습니다. 덧붙여 말하자면, 법칙들이 있다는 것은 세상이 무작위적 과정의 산물이 아님을 증명하고 있습니다. 무작위성이 어떻게 일관된 법칙을 내놓을 수 있겠습니까? 그리고 선택을 통해 법칙들을 규정하는 지적인 존재가 없다면 어떻게 법칙이 생길 수 있을까요? 따라서 과학은 진실로 지적인 창조주의 존재를 시사합니다.

이제 여러분이 어떤 법칙을 만들지만, 일관성이 없다고 상상해 보세요. 무작위성이나 모순을 허용하면, 최종 목표에 도달할지 어떻게 확신할 수 있을까요? 허공이 채워지기 전에 창조 과정이 멎을 수도 있습니다. 아니면 조직화된 구조물들을 파괴하고 빈 허공으로 돌아가는 역전이 일어날 수도 있습니다. 아니면, 최종 목표에 도달하지도 못하고, 오락가락했을 수도 있습니다.

이제 여러분은 목표가 이루어지려면 조직화되고 균형 잡힌 방식으로 창조 과정을 확실히 진행할 수 있는 어떤 원리에 대한 지침이 필요함을 알았을 것입니다. 하지만 무한한 창조주는 잠재적으로 일관된 법칙을 가진 많은 다른 형태의 세계를 설계할 수 있었고, 따라서 모든 것은 허공을 채우는 쪽으로 이끌리게 될 것입니다. 그러니 다시 말해 우리는 여러분이 사는 특별한 세계를 설계하기 위해서, 창조주가 어떤 선택을 했음을 알게 됩니다. 일단 그런 선택이 이루어지면, 이 형태의 세계는 궤도에 오릅니다. 그 궤도에 계속 있어야만 세계가 최종 목표에 도달할 것입니다.

～～～❦～～～

이제 다른 관점에서 살펴보겠습니다. 여러분의 창조주는 전체성과 구별되는 분리된 존재가 무엇인지를 경험하기 위해서 이 형태의 세계를 창조했습니다. 이 경험을 촉진하기 위해, 창조주는 허공과 구별되는 구체를 창조하고, 그 구체 속에 구조물들을 창조한 다음, 수많은 자기-의식하는 분리된 존재의 형태로 자신을 그 구체에 투사합니다. 하지만, 여러분은 창조주의 단순한 로봇이나 클론[10] 으로 창조되지 않았습니다. 여러분에게는 삶이라는 선물이 주어지며, 이는 여러분의 개체성이 영원해지는 지점으로 성장해 갈 잠재력이 있다는 의미입니다. 여러분은 일시적인 생명흐름으로 창조되었지만,

---

[10] clone; 복제물

예수가 영원한 생명이라고 한 것 혹은 불멸을 향해 계속 성장할 수 있습니다.

이 과정을 마치려면, 무엇이 필요할까요? 이 과정은 창조주가 정의한 법칙을 따르며 시작할 수 있습니다. 새로운 존재로서, 여러분은 경험이나 자신의 법칙을 정의할 수 있는 인식 수준이 없으므로, 창조주는 여정을 위한 기반을 제공합니다. 이 법칙들은 여러분의 창조성이나 자유를 제한하지 않습니다. 이 법칙들은 전체와 하나인 불멸의 존재가 되는 최종 목표를 향해 성장을 촉진하도록 설계되었습니다. 따라서 여러분은 창조주가 정의한 법칙들을 통달함으로써 시작하게 되며, 인간이 신이라고 부르는 궁극적인 자기-인식 상태에 도달할 때까지, 제한된 정체감을 초월하기 위해 그 법칙들을 활용하게 됩니다. 신 의식을 성취하면, 여러분은 자신만의 허공을 창조하고, 그 구체 내에 여러분이 좋아하는 어떤 법칙이든 정의할 수 있습니다. 하지만, 그 지점에 도달하기 위해 여러분은 창조주가 정한 법칙들을 통달해야만 합니다.

비유를 들어 살펴보겠습니다. 지구의 어떤 지역에는, 집을 지을 수 있는 자연석이 많습니다. 자연석으로 지을 수 있는 집의 디자인은 매우 많습니다. 하지만, 자연석은 석조 건물을 지을 수 있는 방법을 정의하는 특정한 특질이 있습니다. 이것이 실제로 창조력을 제한할까요? 아니면 단지 창조력을 특정한 방향으로 돌리는 걸까요? 자연석의 불규칙성에 싫증이 났다고 합시다. 여러분이 대신에 벽돌집을 짓기로 결정하면, 이것은 새로운 설계 가능성을 열어 줍니다. 하지만, 벽돌도 벽돌집을 디자인하는 방법을 제한하는 어떤 특징이 있습니다. 이것은 다른 건축 자재에 대해서도 동일합니다. 많은 건축 자재가 있고, 모두를 조사하면, 여러분은 집을 설계하는 방법에 대한 제약을 사실상 모두 극복할 수 있습니다. 자연석으로

할 수 없는 것은 유리나 다른 것으로 할 수 있습니다. 하지만, 지구에서 발견되는 다른 물질들은 공통점이 있습니다. 물질은 중력의 법칙이라는, 더 큰 틀 안에서 존재합니다. 집을 짓는 재료와 상관없이, 여러분은 집이 무너지지 않도록 중력의 잡아당김을 균형 잡을 방법을 찾아야 합니다.

하지만, 중력의 법칙이 정말로 창조적인 자유를 제한할까요? 중력이 없으면 무슨 일이 일어날지 생각해 보세요. 모든 재료가 공간에 떠다니면 어떻게 집을 지을 수 있을까요? 내 말의 요점은 중력의 법칙이 여러분의 창조적인 자유를 제한하지 않는다는 것입니다. 중력의 법칙은 실제로 여러분에게 창조적인 자유를 표현하기 위한 기반을 제공합니다. 마찬가지로, 특정한 건축 자재들조차 사실은 여러분의 자유를 구속하지 않습니다. 그것들은 단순히 여러분의 창조력을 특정한 방향으로 돌리도록 허용하는 규칙을 정합니다. 모든 재료는 특성이 있지만, 한계가 되기보다는 실제로 재료에 매력을 부여합니다. 자연석으로 만든 집은 나무로 지은 집과는 다른 매력이 있습니다. 하나가 다른 것에 비해 더 좋거나 더 매력적인 것이 아니라, 두 소재 모두 여러분이 창조력을 표현할 많은 기회를 제공하는 것입니다.

전반적인 요지는 신의 법칙에 저항하기보다 신의 법칙을 활용하는 법을 배우는 것이 더 건설적이라는 것입니다. 여러분에게 자유의지가 주어졌으므로, 여러분에게는 창조주가 선택한 법칙의 틀 안에서 일하기를 거부할 선택권이 있습니다. 하지만, 그렇게 하는 동안, 여러분은 기본적인 두 힘 사이의 균형이 없는 여정, 즉 더 작게 되는 여정을 선택하게 되므로, 필연적으로 자신을 제한하게 됩니다. 이 형태의 세계는 균형 잡힌 성장을 보장하는 어떤 원리에 따라 설계되었으며, 단지 그 틀 안에서 일해야만 여러분은 자신을 초월하고 그 이상이 될 수 있습니다. 여러분은 창조주가 이 세상을 설계할 때 했던 선택들에 동의하지 않을 수도 있습니다. 하지만, 그런 법칙들과 함께 일함으로써, 여러분은 신 의식을 성취하고, 자신이 선택한 대로 법칙들을 설계할 수 있는 자신의 세계를 창조할 수 있습니다. 하지만, 그 지점에 도달하기 위해서, 이 학교의 시험을 통과해야 합니다. 창조주의 법칙들을 초월하기 위해, 여러분은 그 법칙들과 함께 일해야 하고, 법칙을 최대한 활용하는 방법을 배워야 합니다. 이렇게 하면 자멸하지 않는 세계를 창조할 수 있는 경험과 통찰을 얻을 수 있습니다.

⁘

이제 이 형태의 세계가 단지 여러분만을 위해 창조된 것이 아님을 깨달아야 합니다. 여러분은 우주의 중심이 아닙니다. 여러분은 개별적인 존재이지만, 혼자가 아닙니다. 여러분의 창조주는 자신을 초월하는 많은 존재를 창조했으며, 이것은 또 다른 차원의 고려사항, 즉 개인과 전체의 균형을 이루는 방법에 열리게 합니다.

여러분은 분리된 존재로 시작해서 자신을 더 큰 전체 중 일부로 볼 때까지 점차 자기-인식을 확장하도록 설계되었습니다. 이것은 여러분이 개체성을 잃는다는 의미가 아니라, 실제로는 불멸의 영적인 존재로서의 진정한 개체성을 발견한다는 의미입니다. 여러분은 아주 좁게 집중된 자기-인식의 감각에서, 시간을 초월한 생명의 과정인 신의 일부로 자신을 보는 높은 인식을 향해 나아갑니다. 여러분은 자신을 분리된 존재로 보는 것에서 시작하여, 궁극적으로는 멀리 있는 신과 연결되어 있다는 감각을 개발할 수 있습니다. 그래서 여러분은 점진적으로 신의 나라가 자신의 내면에 있음을 알게 되며, 이것은 여러분이 신의 확장체라는 의미입니다. 결국, 여러분은 신과 하나임을 깨닫습니다. 이것은 여러분의 자기-인식이 신 의식이 있는 어느 곳으로도 확장될 수 있다는 의미입니다. 그 지점에서, 여러분은 자신이 또한 모든 생명과 하나임을 깨닫게 됩니다. 왜냐하면 창조주는 하나됨으로 있는 것에 그치지 않고 수많은 생명이 되었기 때문입니다.

이런 자기-인식의 확장 과정을 통과하기 위해, 여러분은 분리된 존재로 출발해야 합니다. 따라서 여러분은 자신을 창조주와 분리된 존재로, 그리고 다른 분리된 존재와 떨어져 있는 존재로 보게 됩니다. 자기 인식에서 성장하기 위해서는, 여러분에게 상상력과 자유의지가 부여되어야 합니다. 이것은 여러분에게 더 작게 되는 길과 그 이상이 되는 길 사이에서 선택할 가능성을 줍니다. 하지만, 여러분이 더 작게 되는 길을 선택하면, 자신이 다른 존재와 분리되어 있다는 감각을 강화하게 됩니다. 이것은 자신을 다른 생명흐름과 경쟁하거나 대립하는 존재로 보기 시작할 가능성을 증가시킵니다. 이후 여러분은 실제로 자기 중심적인 욕망에 따라 사람들의 자유의지와 상상력을 통제하려고 하면서 그들의 성장을 방해할 수 있습니다. 또한, 여러분은 자기-인식에서의 성장을 거부하고 창조주의 전반적인 창조 목적과 자신을 분리할 수도 있습니다. 요점은 자기-인식에서 성장하기 위해서는 상상력과 자유의지가 필요하다는 것입니다. 하지만, 여러분이 자기-인식에서, 수축하는 이런 능력을 사용할 수 있고, 이로써 자기 삶의 목적에 어긋나거나 심지어 다른 사람의 성장을 방해할 수도 있습니다.

창조주는 주사위를 던지면서 우연히 여러분을 창조하지 않았습니다. 여러분의 창조주는 여러분이 자신을 파괴할 때까지 자기-인식을 수축하기를 바라지 않습니다. 따라서 창조주는 결과적으로 모든 생명흐름이 더 작게 되는 길을 극복하고 더 크게 되는 길을 선택할 가능성을 높일 수 있는 어떤 원리를 설계했습니다. 다시 말해, 창조주는 개인적인 창조력과 다른 자기 초월하는 존재들의 창조성, 형상 세계의 전반적인 목적을 균형을 잡아주는 어떤 법칙을 설정했습니다. 이것은 여러분의 자유의지를 제한하는 것이 아닙니다. 이것은 여러분이 자신의 더 큰 자아의 참된 표현인, 즉 창조주나 다른 사람들을 파괴하지 않도록 여러분의 자유의지를 인도하기 위한 것입니다.

⚬⚬⚬❧⚬⚬⚬

형태의 세계가 펼쳐지도록 안내하는 전반적인 원리가 하나 있습니다. 그 원리는 확장하고 수축하는 힘 사이의 균형입니다. 여러분도 기억하겠지만, 이 두 힘이 균형 잡힐 때만 형태가 지속합니다. 따라서 여러분의 창조주는 이 형태의 세계를 설계했을 때, 확장하고 수축하는 힘 사이에서 특정한 균형이 잡히도록 결정했습니다. 작곡가가 교향곡의 기본 음악 키(musical key)를 결정하는 일과 상당히 유사합니다. 일단 키가 결정되면, 전체 교향곡은 그 기반 위에 세워지고, 서로 다른 구성 요소들 사이에서 완벽한 조화를 이루게 됩니다. 많은 개별 연주자가 다른 악기를 연주하더라도, 작곡가가 정의한 키에 충실하기만 하면 그들의 노력은 전체를 조화롭게 하는 데 기여하게 됩니다. 마찬가지로, 이 특별한 세상의 균형을 정의하는 소리나 음표가 있습니다. 어떤 영적인 가르침에서는 그것을 "우주의 훔(hum)"이라 불렀으며, 옴(OM)이나 아움(AUM) 소리를 암송함으로써, 그 소리에 조율할 수 있습니다.

창조주는 자기 초월적인 존재들에게 분리된 정체감과 자유의지를 부여함으로써 생길 결과를 잘 알고 있었습니다. 따라서 첫 번째 창조 행위로, 창조주는 형태의 세계에 대한 청사진을 지울 수 없는 형태로 담을 수 있는 마음 상태를 창조하기로 결정했습니다. 이런 의식 상태에는, 허공을 채우고 분리된 존재들이 완전한 신 의식으로 성장하는 것을 보려는 목표를 포함하는, 허공 창조 이면의 전체 목적과 의도가 기록되어 있습니다. 또한, 이 의식에는, 형태의 세계에 대한 기본 설계와 관련하여, 창조주가 한 모든 선택도 기록됩니다. 여기에는 창조주가 이 특정한 세계를 펼치기 위한 지침으로 정의했던 모든 원리가 포함됩니다.

이 원리들이 특정한 설계가 펼쳐지고 결실을 보게 되는 유일한 방식을 정의한다고 말할 수도 있습니다. 앞에서 보았듯이, 많은 설계가 가능했지만, 창조주는 하나를 선택해야 했습니다. 따라서 일단 설계가 되고 나면, 이 특정한 형태의 세계는 궤도에 오릅니다. 그 궤도를 따라가야만 이 세계는 목적을 달성할 수 있습니다. 기본 설계로 정의된 틀 안에는 여전히 무한한 창조성을 위한 여지가 있습니다. 하지만, 그 틀 안에 머물러야만, 여러분은 자신이 사는 세상의 전반적인 설계와 목적에 정렬하는 방식으로 개별적인 창조력을 표현할 수 있습니다. 그래야만 여러분은 개별적 존재 이유인 완전한 신 의식의 달성을 성취하는 방향으로 성장합니다.

창조주가 정의한 틀에 머물면, 여러분이 창조하는 무엇이든 확장하고 수축하는 힘 사이에서 균형을 유지합니다. 그 틀에 반대한다면, 필연적으로 두 기본적인 힘 사이에 불균형이 만들어지며, 여러분이 창조한 것이 유지될 수 없습니다. 기본적인 힘 사이의 불균형은 필연적으로 지나치게 팽창해서 파괴되거나 지나치게 수축해서 붕괴합니다. 이로 인해 여러분은 삶을 불균형과 갈등, 고통의 지속적인 과정으로 경험하게 됩니다.

이 세상의 기본적인 틀 안에 머물면, 개별적인 창조력과 전체성 사이에 균형이 잡힙니다. 여러분의 노력은 자신을 높일 뿐만 아니라 전체도 높이게 되며, 따라서 여러분이 사는 구체의 조직성, 복합성, 빛의 강도를 증대하게 됩니다. 이런 이유로 예수가 "내가 땅에서 들리면 모든 사람을 내게로 이끌겠노라."(요한 12:32)라고 말했습니다. 이것은 지속해서 기쁨과 행복의 확장을 경험하게 되는 풍요로운 삶입니다. 여러분은 완전한 마음의 평화를 누립니다. 여러분이 신의 설계를 따를 때, 그 이상(MORE)이 되는 여정에 있게 되며, 여러분은 전체 구체 또한 그 이상(MORE)으로 만듭니다. 분명히, 여러분이 더 작게 되는 길을 걷게 되면, 여러분은 자신만을 제한하는 데 그치지 않고, 여러분이 사는 전체 구체도 끌어내리게 됩니다.

형태의 세계 전체가 승리를 향한 궤도 위에 있도록 설계된 보편적 의식 상태를 무엇이라고 할까요? 앞서 언급했듯이, 창조주 신을 아버지라고 부른다면, 균형의 원리를 아들, 독생자 혹은 장자(長子)라고 부를 수 있습니다. 분명히 우리는 이런 표현을 그리스도교에서 발견할 수 있지만, 불행하게도 정통 그리스도교는 예수가 신의 독생자였다는 내용에 따라 인간이 만든 교리(man-made doctrine)를 창조하는 오류를 범했습니다. 진실은 보편적인 그리스도 의식이 신의 유일한 아들이며, 아버지의 독생자라는 것입니다. 예수는 보편적인 그리스도 마음과 통합된 사람의 예이며, 그는 개별적인 그리스도 의식을 성취했습니다. 이런 통합을 통해, 예수는 신의 아들, 더 자세히 말하자면, 신의 태양이라는 직책을 받을 자격을 갖추게 됩니다. 하지만 예수만이 이런 직책을 성취한 것은 아닙니다. 사실, 모든 인간에게는 그런 잠재력이 있으며, 예수는 지구에서 그리스도가 되는 방법의 예를 보여주기 위해 왔습니다. 요한복음에 정통 크리스천들이 대체로 무시하거나 잘못 해석하는 문장이 다음과 같이 있는 이유가 그것입니다. "그러나 누구든지 그를 영접한 사람들에게는, 심지어 그의 이름을 믿는 사람들조차 신의 아들이 되는 힘을 주셨으니."(요한 1:12)

어떻게 그리스도 의식을 성취할까요? 창조주의 개체화인 진정한 자신을 알 때까지 자기-인식을 확장해 가면서 여러분은 그리스도 의식을 성취하게 됩니다. 따라서 여러분은 예수와 같이 말하게 됩니다. "나와 아버지는 하나이다." 그 시점에서 여러분의 정체감은 불멸이 되고 근원인 창조주와 하나됨으로써 영원한 생명을 얻게 됩니다. 여러분은 분리된 자아, 필사의 존재라는 감각을 극복하고 전체와 하나가 된 불멸의 존재로서, 새로운 자아감을 가지고 재탄생하게 됩니다.

여러분은 예수의 이 말을 기억할 수도 있습니다. "내 아버지께서 모든 것을 내게 주셨으니, 아버지 외에는 아들을 아는 자가 없고, 아들과 또 아들의 소원대로 계시를 받는 자 외에는 아버지를 아는 자가 없느니라."(마태 11:27) 이 말의 진정한 의미는 보편적인 그리스도 마음을 통해서만 신을 알 수 있다는 것입니다. 오직 이 마음만이 자신이 창조주의 확장체임을 알게 되고, 창조주가 정의한 법칙을 알게 됩니다. 따라서 그리스도 의식을 성취해야만 자신을 세상의 기본 설계와 창조의 목적에 정렬시킬 수 있습니다. 여러분이 그리스도 마음에서 벗어나면, 자신을 세상과 대립하게 만듭니다. 여러분이 하는 모든 일이 창조의 기본적인 힘과 대립하는 싸움이 되기 때문에, 여러분의 삶은 필연적으로 투쟁이 될 수밖에 없습니다. 여러분이 그리스도 마음으로 돌아올 때, 여러분이 하는 모든 일은 자신과 모든 생명을 높이게 됩니다. 여러분은 풍요로운 삶으로 들어가게 됩니다. 여러분은 창조의 기본적인 힘과 함께 움직입니다. 따라서 이 힘들은 여러분이 하는 모든 일을 방해하지 않고 증폭합니다. 앞으로 이것에 대해 더 많이 얘기하겠습니다.

보편적인 그리스도 마음의 주요 기능은 형태의 세계에서 하나됨을 창조하고 유지하는 일이라고 말할 수 있습니다. 그리스도 마음을 통해서 여러분은 창조주와 창조주의 목적, 창조주의 법칙과 하나됨을 이룰 수 있습니다. 일단 여러분이 창조주와 하나됨의 어떤 감각을 성취하면, 다른 모든 자기 초월하는 존재와 형태의 세계에 있는 모든 것이 신의 존재와 질료에서 창조되었음을 알게 됩니다. 이것은 모든 생명이 하나라는 감각을 열어줄 것이고, 이것이 개별적인 존재들 사이의 통합과 조화를 가져오는 유일한 요소입니다. 따라서 그리스도 마음의 주요한 기능 가운데 하나는, 개별적인 존재들이 그들 사이의 하나됨과 통합의 감각을 구축하도록 돕는 것입니다. 이것이 경쟁과 갈등을 극복할 수 있는 유일한 요소이며, 이로써 개별적인 존재들은 서로 대립하지 않지만, 모든 생명을 높이려고 함께 일하게 됩니다. 여러분이 그리스도 의식을 이룰 때, 자신을 높이는 유일한 방법이 자신이 속한 전체를 높이는 것임을 알게 됩니다. 따라서 개인적인 그리스도 의식은 모든 존재가 지구에서 하나됨인 신의 몸의 일부임을 깨닫게 합니다.

물질우주의 전개를 돕는 특정한 법칙들이 많이 있습니다. 왜냐하면, 영적 영역의 각 구체에는 구체마다 특정한 법칙이 있기 때문입니다. 하지만, 이런 모든 법칙은 하나의 법칙(one single law)이라는 틀 안에서 작동합니다. 그 법칙은 사랑의 법칙(Law of Love)이며, 하나됨의 법칙(Law of Oneness)이라고도 부를 수 있습니다. 사랑의 법칙을 이해하기 위해서, 사랑 자체를 더 자세히 살펴봐야 합니다.

우리가 말하는 사랑의 법칙은 신성한 사랑을 말하며, 이것은 인간적인 사랑과는 완전히 다릅니다. 두 가지 사랑을 대조해 보겠습니다.

인간의 사랑은 종종 개별적인 자아에 집중됩니다. 신성한 사랑은 신의 창조 안에 있는 모든 것에 집중됩니다. 신성한 사랑은 전체 또는 전체인 더 큰 자아에 초점을 둔다고 말할 수 있을 것입니다.

인간의 사랑은 조건적입니다. 여러분은 마음속에 사랑을 받을 가치가 있는 사람에 대한 조건을 설정해 둡니다. 또한, 사랑으로 반응할 수 없는 특정한 조건으로 여기는 상황도 설정해 둡니다. 신성한 사랑은 조건을 알지 못합니다. 신성한 사랑은 예수가 말했듯이 모두에게 무상으로 주어집니다. "신은 악인에게나 선인에게나 똑같이 해가 떠오르게 하신다." 마찬가지로, 신성한 사랑은 신성한 사랑이 언제 표현되어야 할지, 언제 유보되어야 할지에 대한 어떤 조건도 받아들이지 않습니다. 신성한 사랑은 언제나 흐르고 언제나 그 이상(MORE)이 되는 과정입니다.

인간의 사랑은 소유하려고 합니다. 인간의 사랑은 자기 자신에게 모으려 하고, 일단 무언가를 소유하면, 계속 지키려고 합니다. 소유하는 사랑을 하는 사람들은 상실의 두려움 때문에 변화를 막으려고 합니다.

인간의 사랑에 따르자면, 완벽함은 어떤 것도 변할 수 없는 정적인 상태입니다. 신성한 사랑은 모든 것이며, 전체와 하나이기 때문에 특정한 것을 소유하려 하지 않습니다. 신성한 사랑은 자기 자신에게 모으려 하지 않고, 무상으로 자신을 줌으로써 모두를 높이려고 합니다. 신성한 사랑은 가진 것을 유지하기 위해 성장을 멈추려고 하지 않습니다. 신성한 사랑은 현재보다 더 크게 되기 위해 성장 속도를 높이려 합니다.

인간의 사랑은 더 많이 가지려고 합니다. 신성한 사랑은 그 이상 (MORE)이 되려고 합니다. 신성한 사랑은 다른 사람들에게 빼앗아서 더 크게 되는 것이 아니라, 자신을 다른 사람들에게 줌으로써 모두를 높이게 된다는 사실을 알고 있습니다.

인간의 사랑은 흔히 타인과의 경쟁에서 개인을 높이려고 하고, 이기심을 충족시키려고 합니다. 인간의 사랑은 더 큰 자아(Self)[11]가 아니라 개별적인 자아(self)[12]를 높이려 합니다. 신성한 사랑은 자신이 더 큰 자아와 하나임을 압니다. 신성한 사랑은 모든 것이 그 이상이 되어야만 자신이 그 이상이 된다는 것을 알고 있습니다. 따라서 신성한 사랑은 자신이 모든 것과 하나임을 깨달을 때 오는 현명한 이익을 추구합니다.

인간의 사랑은 상실의 두려움과 충분치 않다는 두려움에 기반을 둡니다. 인간의 사랑은 자신이 가진 것을 잃을지도 모른다는 두려움 때문에 주는 것을 두려워하게 만듭니다. 신성한 사랑에는 두려움의 요소가 조금도 없습니다. 그것은 모든 두려움을 내쫓는 완전한 사랑입니다. (요한 4:12) 신성한 사랑은 자신이 모든 것과 하나임을 알고 있으며, 따라서 준다고 해서 잃는 것이 없습니다. 조건 없는 사랑을 줄 때, 신은 여러분의 재능을 증식할 것이고, 여러분은 준 것보다 더 많이 받게 됩니다.

~~~❦~~~

창조주는 왜 이 우주를 창조했을까요? 사랑으로, 조건 없는 사랑

---

[11] I AM Presence, 신 의식을 가진 진정한 자아를 의미함
[12] 인간적인 자아, 인간 의식을 가진 자아

의 발로에서 창조했습니다! 여러분이 종교적인 문화에서 성장했다면, 물질우주를 넘어선 더 나은 세상이 있다는 개념을 받아들이게 되었을 것입니다. 여러분은 그것을 다양한 긍정적 특성을 가진 낙원의 한 형태로 보았을지도 모릅니다. 이런 긍정적인 측면을 10억 배로 확대한다면, 전체가 어떤지 어느 정도 알 수 있을 것입니다. 즉, 창조주는 완전히 행복했고 전체성 안에서 충만했습니다.

창조주는 전체성 밖에 존재하는 것을 경험하려는 열망이 있었지만, 이것은 자기 중심적인 욕구가 아니었습니다. 창조주는 전체성 바깥에 존재하는 것이 어떤 것인지를 경험할 수 없기 때문입니다. 전체의 외부에 존재하는 것은 창조주가 자신을 개별적이고 분리된 존재로 투사할 때만 일어날 수 있습니다. 따라서 창조주의 열망은 실제로 여러분과 많은 다른 자기 초월적인 존재들이 전체와 하나가 될 때까지 자기-인식을 성장시키는 기회를 주는 데 집중되어 있습니다. 이런 성장이 일어나기 위해서, 전체성으로부터 나온 현존은 전체성과 자신이 분리되도록 헌신해야 합니다. 이후, 현존은 자신의 존재 외부에 하나의 세상을 창조합니다. 이것은 무한한 존재인 창조주가 (말하자면) 유한한 형태에 갇히게 된다는 의미입니다. 창조주는 심지어 자신의 확장체들이 형태의 세계에서 원하는 것은 무엇이든 하도록 허용했으며, 그들에게 힘을 부여했습니다.

내 말의 요점은 창조주가 여러분을 창조하면서 일종의 희생을 했다는 것입니다. 즉 자신을 전체와 분리함으로써, 여러분이 적합하다고 보는 대로 존재할 수 있는 힘을 여러분에게 주었습니다. 하지만, 창조주는 이것을 희생이 아니라 생명에 대한 봉사로 여깁니다. 생명에 봉사하려는 열망은 오직 하나됨의 근원에서, 즉 조건 없는 사랑에서 비롯될 수 있습니다. 형태의 세계를 창조한 이면의 동기가 바로 이 조건 없는 사랑입니다. 이 조건 없는 사랑의 힘은 이 세상의 모든 측면에 내재되어 있습니다. 사랑의 법칙이 우주의 기본 법칙인 이유가 바로 그것입니다.

사랑의 법칙이 정확히 무엇일까요? 사랑의 법칙은 삶의 목적이 더 작은 것에서 더 크게 되는 것으로, 전체성을 향해 성장하는 것이라고 말합니다. 여러분이 조건 없는 사랑을 가졌다면, 성취와 기쁨의 궁극적인 근원을 향한 이 성장을 멈출 어떤 조건도 바라지 않게 됩니다. 따라서, 여러분은 자기 초월적인 어떤 존재도 제한된 자기-인식에 갇히기를 바라지 않을 것입니다. 여러분은 모든 존재가 그 이상이 되는 여정에 있기를 바라고, 따라서 그들은 지속해서 신 의식을 향해 성장합니다. 다시 말해 사랑의 법칙은 정체(停滯)가 불가능합니다. 여러분은 신의 무한한 자기-인식을 향해 나아가거나, 신과 분리된 엄청나게 제한된 자기-인식을 가진 존재로 후퇴할 수 있습니다. 여러분은 그 이상이 되거나 더 작게 됩니다. 그사이에는 아무것도 없습니다. 이것은 전구를 켜거나 끄는 상황과 비슷합니다.

이것을 더 잘 이해하려면, 개인과 전체의 관계를 살펴봐야 합니다. 여러분의 창조주가 창조한 모든 것은, 창조주의 의식에서 나왔습니다. 따라서 모든 것은 같은 근원에서 나왔고 공통의 기원을 통해 연결되어 있습니다. 형태의 세계에 있는 모든 것은 서로 연결된 전체를 구성하는데, 나는 이것을 전체(All)라고 부릅니다. 모든 것은 같은 목적으로 창조되었으며, 같은 기본 설계 원리를 따릅니다. 따라서 전체가 특정한 목표를 향해 움직인다고 말할 수도 있습니다. 우리는 이것을 개별적인 물방울들이 대양과 통합하려는 공통의 목표를 향해 움직이는 강에 비유할 수 있습니다. 창조의 기본적인 목적과 조화를 이루는 모든 것은 내가 "생명의 강(River of Life)"이라고 부르는 것을 형성합니다. 이 생명의 강은 창조주가 정의한 법칙에 따라 전체성과 통합되려는 공통의 목표를 향해 조화롭게 움직이는 일관된 전체입니다.

개별적인 존재로서 여러분은 더 작게 되는 길이나 그 이상이 되는 길을 선택할 수 있는 선택권이 있습니다. 여러분이 더 크게 되는 길을 선택하면 생명의 강에 합류하게 되고, 창조의 목적과 통합하겠다고 선택한 모든 사람과 조화를 이루며 움직이게 됩니다. 이것은 자유의지나 창조력을 상실한다는 의미가 아닙니다. 이것은 여러분이 창조의 목적과 조화를 이루며 창조력을 표현하고 있다는 의미이며, 여러분이 창조한 모든 것은 증식됩니다. 이것이 지속해서 그 이상이 되는 풍요로운 삶이며, 따라서 여러분은 더 큰 풍요를 받게 됩니다. 나는 형태의 세계에서 발견되는 대부분의 자기 초월적인 존재들은, 사랑의 발로에서, 생명의 강에 합류하기로 선택했다고 확신할 수 있습니다. 따라서 이 움직임에는 전체의 진보에 힘을 더해 주는, 개별적인 존재들이 창조한 엄청난 추진력이 있습니다.

여러분이 더 작게 되는 길을 선택하면, 생명의 강 밖에 놓이게 됩니다. 따라서 여러분은 창조의 기본 목적에 저항하고, 생명의 강에 있는 사람들이 만든 추진력에 대항하게 됩니다. 여러분에게는 자유의지가 있으므로, 생명의 강에서 자신을 분리할 권리가 있습니다. 하지만, 여러분의 자유의지가 다른 존재들의 자유의지를 대체하거나 무효로 하지는 못합니다. 여러분에게는 생명의 강에서 벗어날 권리가 있지만, 여러분을 기다리기 위해서 강이 천천히 움직이도록 요구할 권리는 없습니다. 생명의 강은 계속 움직입니다. 모든 생명이 같은 근원에서 창조되었고 상호 연결되어 있으므로, 생명의 강이 앞으로 나아가는 추진력은 여러분을 끌어당깁니다. 그 결과, 여러분은 이 끌어당김에 저항해야만 생명의 강 바깥에 남겨질 수 있고, 그것이 강을 거슬러 올라가는 것처럼 삶이 지속적인 투쟁이 되는 이유입니다. 생명의 강은 계속 앞으로 나아가기 때문에, 거기에서 벗어난다는 것이 멈춰 있다는 의미는 아닙니다. 여러분은 강의 흐름에 뒤처지게 될 것이고, 그 이상이 되는 생명의 강과 함께 흘러가는 여정에 머물러 있었다면 있었을 강물 속의 그 장소로부터도 뒤처지게 됩니다.

　요약해서 말하자면, 사랑의 법칙은 삶의 목적이 그 이상이 되는 것이라고 말합니다. 여러분은 그 목적에 대항할 권리가 있지만, 사랑의 법칙은 형태의 세계의 나머지가 여러분의 선택을 따르게 할 수 없다고 말합니다. 자신을 초월하는 다른 존재들은 그 이상이 되는 여정을 지속할 권리가 있고, 여러분이 생명의 강의 흐름에 저항하기가 더 힘들게 만드는 추진력을 만듭니다. 내가 설명한 대로, 모든 것은 같은 근원에서 창조되었고 상호 연결되어 있습니다. 분리란 오직 개별적인 존재의 마음에만 존재하는 환영입니다. 따라서 여러분이 이 환영을 선택하면, 여러분은 실제로 생명의 강에서 분리되는 것이 아니라, 오로지 여러분의 마음 안에서만 분리되는 것이며, 바로 이것이 이 환영을 지속하기 위해 여러분이 투쟁을 지속해야 하는 이유입니다. 이것에 대해서는 나중에 더 설명하겠습니다.

　참고로 생명의 강을 따른다는 것은 맹목적으로 군중을 따른다는 의미가 아님을 언급하고 싶습니다. 생명의 강에 있는 존재들은 모두가 그 이상이 되는 여정에 있으며, 이것은 그들이 지속해서 자신을 초월하고 자신의 정체감을 확장한다는 의미입니다. 이것은 매우 창조적인 과정이며 다른 사람들을 수동적으로 따른다고 해서 이룰 수는 없습니다. 여러분의 임무는 독특한 개체성을 확장하는 것으로, 그것은 다른 누군가를 모방하거나 따르는 것으로는 이룰 수 없습니다.

사랑의 법칙에는 두 가지 측면이 있습니다. 알파 측면은 확장하는 힘에 해당하며, 오메가 측면은 수축하는 힘에 해당합니다. 알파 측면은 그 이상이 되는 법칙이며, 자기 초월의 법칙입니다. 이 법칙은 삶의 목적이 성장이라고 말합니다. 여러분은 제한된 자기-인식을 가지고 제한된 세계에서 출발합니다. 하지만, 여러분의 세상이나 자기-인식이 그 제한된 상태에 머물거나 그 아래로 내려가는 것이 삶의 목적은 아닙니다. 삶의 목적은 여러분의 세계와 여러분의 자기-인식 모두가 완전한 전체성에 도달할 때까지, 한계를 초월하는 것입니다.

그 이상의 법칙(The Law of MORE)은 여러분이 정지 상태에 머물거나 중간 상태에 머물 권리가 없다고 말합니다. 한계를 초월하지 않으면, 한계가 더욱 분명해지고, 더욱 제한적으로 됩니다. 따라서 여러분이 의식을 확장하지 않는다면, 이런 성장 거부가 여러분의 창조적인 자유를 빼앗아 갈 때까지, 필연적으로 여러분의 자기-인식을 축소할 것입니다. 여러분의 상상력과 자유의지는 결국 더 이상 아무것도 창조할 수 없을 정도로 좁아지게 됩니다. 여러분이 자신을 틀에 가두었고, 움직일 여지가 없을 때까지 계속 더 작은 상자를 만들 것입니다. 제한된 자기-인식의 감각으로 인해, 여러분은 상자 안에 갇혀 있습니다.

사랑의 법칙에서 오메가 측면은 하나됨의 법칙이며, 이것은 모든 생명이 같은 근원에서 왔기 때문에, 가장 깊은 수준에서 연결되어 있다고 말합니다. 모든 생명은 생명의 강인 전체, 즉 상호 연결된 하나로서 앞으로 나아가게 되어 있습니다. 여러분은 그 이상이 되기를 거부할 수 있고, 그렇게 함으로써 그 이상의 여정에 있는 존재들이 창조한 생명의 강 밖으로 벗어나게 됩니다. 하지만, 여러분은 모든 생명의 기본적인 하나됨에서 벗어날 수는 없습니다. 여러분에게 맞추기 위해 모든 다른 자기 초월적인 존재가 속도를 늦추도록 할 권리가 여러분에게는 없다는 말입니다. 또한, 모든 생명이 하나이기 때문에, 모두가 다른 모두를 끌어당긴다는 사실을 피할 수 없습니다. 여러분이 그 이상의 여정에 있는 존재들의 상향의 끌어당김보다 더 강한 하향의 끌어당김을 만들 수 있다면, 최소한 일시적으로 생명의 진보를 늦출 수는 있습니다. 하지만, 다른 존재들이 더 큰 상향의 끌어당김을 만들면, 여러분은 그 힘의 영향을 피할 수 없습니다. 따라서 생명의 강과 분리된 채로 남아 있으려면 점점 더 큰 노력이 필요하게 됩니다. 여러분은 근원과 분리된 상태를 경험하기 위해서 자신을 하나됨의 구체(Sphere of Oneness) 밖에 둘 권리가 있습니다. 하지만, 창조주는 여러분의 내면에 내재되어 있고, 창조주는 여러분과 영원히 분리되기를 바라지 않기 때문에, 영원히 이렇게 할 권리가 여러분에게는 없습니다.

그 이상의 법칙(the Law of MORE)과 하나됨의 법칙(the Law of the ONE)이 결합하는 것은 창조의 궁극적 목표를 향한 균형 잡힌 성장을 유지하기 위해서입니다. 그 이상의 법칙은 생명이 앞으로 나아가게 하지만, 하나됨의 법칙은 이런 움직임을 점진적이고 균형 있게 해줍니다. 두 법칙은 확장하거나 수축하는 힘 둘 모두를 사용하여, 어떤 존재이든 더욱 쉽게 균형을 유지할 수 있게 해줍니다. 이 법칙이 중심을 향해, 균형을 잡기 위해 여러분을 다시 끌어당기지만, 여러분의 창조적 자유를 제한하지는 않습니다. 그것들은 단지 여러분의 창조력을 전체와 여러분 자신의 성장을 확실하게 하는 방향으로 돌릴 뿐입니다.

우리가 보았듯이, 자유의지는 여러분이 신 의식(God consciousness)을 향해 성장하는 데 있어서 기본적인 요소입니다.

창조주는 여러분에게 여러분 자신을 위해 최선인 것을 행하라고 강요하려는 바람이 없습니다. 창조주는 여러분이 자신에게 무엇이 최선인지 진정으로 이해하는 상태가 되기를 바라며, 이로써 여러분은 강요받는 느낌이 아니라 사랑의 발로에서 선택할 수 있게 됩니다. 창조주는 여러분이 어떤 길을 따라 깨달음의 지점으로 갈 것인가라는 관점에서 여러분에게 거의 무제한의 자유를 주었습니다. 이에 따라 여러분은 어떤 것이 자신에게 가장 좋은지를 완전히 깨닫게 되고, 따라서 조건 없는 사랑으로 생명의 강에 합류할 것을 선택하게 됩니다.

우리는 이것을 창조주는 여러분이 자신에게 가장 좋은 것으로 보이는 것을 할 권리를 주었다고 다른 말로도 표현할 수 있습니다. 하지만, 창조주는 여러분의 자아감을 확장하기 위해 여러분을 끌어당기는(너무 멀리 가지 말도록) 법칙을 만들었습니다. 그 법칙을 따르면, 전체를 위한 최선의 길이 자신에게 최선의 길임을 알게 될 때까지, 여러분은 자아감을 확장하게 됩니다. 왜냐하면 여러분의 궁극적인 자아감은 전체(All)이기 때문입니다.

여러분은 경험에서 배웁니다. 따라서 문제는 깨달음에 도달하기 위해 개인적으로 필요한 경험이 무엇인가 하는 것입니다. 확장하거나 수축하는 힘을 불균형한 방식으로 사용하는 경험이 필요하다면, 자유의지의 법칙은 이런 상황을 허용합니다. 하지만, 자유의지의 법칙에도 알파와 오메가 측면이 있습니다. 알파 측면은 여러분이 바라는 어떤 경험을 스스로 창조할 수 있는 권리가 있지만, 여러분은 자기-인식을 하기에 스스로 창조한 경험을 피할 수 없다는 것입니다. 이것을 인과의 법칙으로 부를 수 있습니다. 이것은 여러분이 어느 한쪽의 창조적인 힘을 불균형하게 사용해 행동한다면, 삶에서 불가피하게 불균형한 결과를 경험하게 된다는 의미입니다. 오메가 측면은 여러분이 불균형한 행위를 하기 전의 균형 상태로 우주를 되돌려 놓기 위해, 여러분은 자신이 창조한 불균형한 결과를 반드시 균형을 잡아야 한다는 것입니다. 이것은 균형의 법칙(Law of Balance)으로, 일부 종교에서는 이를 카르마의 법칙(Law of Karma)이라고 합니다.

자기 초월적인 존재가 확장하는 힘을 불균형한 방식으로 사용하면 어떻게 될까요? 보통 그런 존재들은 더 빨리 성장하며, 같은 구체에 있는 다른 존재들의 인식 수준을 넘어서 가속화됩니다. 그런 존재는 보통 잘하려는 욕구에 의해 동기가 부여되지만, 결정적인 차이는 그들이 궁극적으로 하나됨의 법칙(Law of the ONE)을 이해하느냐의 여부입니다. 만약 그들이 그 법칙을 이해한다면, 그들은 자신의 성취로 타인들을 도와야 한다는 사실을 깨닫게 됩니다. 만약 이해하지 못하면, 삶이 우주적인 경쟁인 것처럼, 그들은 단지 자신이 타인들보다 낫다는 것을 증명하는 탐구에 몰두할 것입니다.

대부분, 그런 불균형한 존재들은 (생명)흐름이 고갈되고, 생명의 강은 지속 가능한 성장 수준으로 돌아오게 될 것입니다. 왜냐하면 그렇게 하는 것이 생명의 강의 성장을 균형 잡기 때문입니다. 하지만, 여러 존재가 더 높은 수준의 창조력을 성취하고, 그들이 함께 일한다면, 그들은 자신의 구체에서 다른 존재들과의 유대를 끊을 정도로 확장하는 힘을 오용할 수 있습니다. 우리는 앞에서 창조주가 창조한 구체들은 중심이 같다고 말했는데, 이것이 어떤 존재가 한 구체를 통달하면, 상위 구체로 상승할 수 있게 해줍니다. 하지만, 이렇게 되기 위해서, 그 존재는 두 창조적인 힘의 사용에 있어서 완전히 균형 잡혀 있어야 합니다. 즉, 균형이 잡히고 전체의 성장에 기여한 사람만이, 오직 사랑에서 행하는 존재들만이, 이 구체들을 통해 신 의식을 향해 올라갈 수 있습니다.

존재들이 확장하는 힘을 불균형한 방식으로 충분히 사용한다면, 그들은 자신이 태어난 구체에 더 이상 머무를 수 없는 상태에 도달할 수 있습니다. 하지만 균형의 부족으로 인해 그들은 영적인 영역으로 상승할 수 없습니다. 그러면 그들은 자신의 구체가 상승할 때, 새로 창조되고 있는 구체로 떨어집니다. 그들은 새로운 구체가 상승할 때까지 그곳에 존재할 수 있고, 다시 같은 선택에 직면하게 됩니다. 하지만, 머지않아 마침내 허공이 빛으로 채워질 때, 결국 그들은 분리된 존재로서 가진 기회를 모두 써버려 상실하게 됩니다.

어떤 존재가 불균형한 방식으로 수축하는 힘을 사용하면 어떻게 될까요? 그런 존재는 다른 존재를 초월하며 자신의 성장을 가속하려 하지 않고, 다른 존재를 통제함으로써 그들의 성장을 늦추려고 합니다. 그런 존재들은 또한 세계 속에 자신들의 세계를 창조할 수가 있으며, 구체가 상승할 때까지, 그들은 자신의 영향력 안의 모든 사람을 통제함으로써, 자신을 계속 우월한 지도자로 세우려고 합니다.

두 가지 유형의 불균형 모두, 그 구체의 자기 초월적인 존재들이 생명의 강의 추진력을 만들고, 이로써 구체 내 빛의 강도가 임계 수준에 도달하는 때가 오게 됩니다. 그 시점에 불균형한 존재들은 더 이상 그곳에 머물 수 없습니다. 따라서 그들은 그 이상이 되는 여정으로 들어서거나, 그들이 존재하기에 아직 충분한 어둠이 남아 있는 구체로 이동해야 하는 선택에 직면합니다. 구체에서 빛의 강도가 임계 수준에 도달한 후, 어떤 존재가 어느 쪽이든 힘을 남용한다면, 그는 곧바로 하위 구체로 추락합니다.

한 무리의 존재가 다른 존재들과 분리되기 위해 어느 한쪽의 힘을 남용하면,(구체 안에 충분한 어둠이 남아 있다면) 그들은 자신의 구체 안에 하향나선을 창조할 수 있습니다. 이 나선은 아주 강력해질 수 있고, 다른 존재들을 압도하여 그들을 끌어당길 수 있습니다. 그런 나선은 영적 영역을 구성하는 구체 어느 곳에도 더 이상 존재할 수 없습니다. 단지 가장 최근의 구체인 여러분의 구체에만 이기심의 하향나선이 존재하기에 충분한 어둠이 남아 있습니다.

그런 하향나선을 많은 종교에서 지옥이라고 부릅니다. 그것은 전체를 높이려고 하는 대신, 자신을 다른 존재들에 비해 더 강력하게 만들기 위해 창조력을 사용하는 존재들이 만듭니다. 따라서 그들은 확장하거나 수축하는 힘이 더욱 집중되는 나선을 만듭니다. 이것은 자기 자신이나 하향나선 안의 가장 강력한 존재가 정의한 목표 주변에 상상력과 자유의지를 집중시키는 효과가 있습니다. 이런 목표는 완전히 이기적입니다. 이 말은 구체의 덜 강력한 존재들이 (전체를 높이기 위해 일하는 사람을 위해 일하는 대신) 가장 강력한 존재를 찬양하기 위해 일한다는 의미입니다. 그 결과, 많은 존재가 그런 나선으로 들어간 후 실제로 상상력과 자유의지를 상실하게 됩니다. 그들은 명백하게 더 공격적인 존재들에게 너무 압도되므로, 자아감을 상실하게 되며 지도자를 위해 일하는 로봇처럼 됩니다. 이것은 맹인이 맹인을 인도하는 격입니다. (마태 15:14)

이에 대해서 나중에 자세히 설명하겠습니다. 지금은 지도자들이 다른 것들을 생각할 수 없을 정도로 자기 자신에게만 너무 집중해서, 지도자들조차 자신의 자유의지와 상상력을 상실할 정도로 하향나선이 강화되었다고만 말해 두겠습니다. 이것은 조직된 모든 구조물을 무너뜨리기 시작하는 수준에 도달할 때까지 불균형한 힘을 강화합니다. 불균형한 존재들이 수축하는 힘을 계속 남용하면, 조직화된 어떤 구조물이든 그 자체로 붕괴하고, 심지어는 자신의 자기-인식마저 파괴하는 강력한 나선을 만들 수 있습니다. 이것은 모든 것을 태워버리는 불타는 지옥으로 나타납니다. 이것이 지구의 여러 종교에서 발견되는 지옥의 다양한 개념 뒤에 있는 진실입니다. 마찬가지로, 불균형한 존재들이 확장하는 힘을 계속 남용하면, 조직된 어떤 구조물이든 날려버리는 강력한 하향나선을 만들 수 있습니다. 어떤 경우든, 어머니 빛은 원래의 순수함으로 돌아오지만, 나선 안에 있던 존재들의 자기-인식은 회복될 수 없게 됩니다.

＊＊＊

지금까지 설명한 법칙은 개별적인 존재들과 신의 구체에 대한 전반적인 성장을 위한 틀을 형성합니다. 주인에게 재능을 받은 하인들의 우화를 통해 예수가 설명했듯이, 기본적인 원리는 상대적으로 단순합니다. 새로운 자기 초월하는 존재로서, 여러분은 일정한 양의 빛 에너지를 선물 받았습니다. 말하자면, 그것은 우주 은행에 맡겨둔 투자를 위한 계좌이며, 여러분은 그것을 이용하여 살아가거나 창조력을 행사할 수 있습니다. 여러분은 자신의 계좌에 상당한 양의 빛을 가진 상태로 출발하고, 이 빛을 오랫동안 유지할 수 있습니다.

자기 중심적인 선택을 할 때, 여러분은 여전히 계좌에 들어 있는 빛을 사용할 수 있습니다. 하지만, 자기 중심적인 행위는 전체를 높이는 것과는 관계가 없습니다. 이것은 여러분의 재능, 즉 여러분의 빛을 증식하지 못한다는 의미입니다. 여러분이 받은 것을 증식하려 하지 않으면, 그 이상의 법칙은 더 많이 받는 것을 불가능하게 합니다. 따라서 더 많이 얻지 못하고, 계좌의 빛을 다 쓰게 됩니다.

반면 자기 중심적인 행동을 하지 않고 전체를 높이기 위해 빛을 사용하면, 여러분의 구체에 빛의 강도를 증가시키게 됩니다. 이제 여러분은 자신의 재능을 증식하게 되며, 위로부터 더 많은 빛을 받게 됩니다. 균형이 이루어짐으로써, 자신의 계좌에 있는 빛을 감소시키지 않고도, 창조력을 행사할 수 있게 됩니다. 대신에, 계좌에 무언가가 더해집니다.

그 이상의 법칙에 대해 예수가 묘사했습니다. "무릇 있는 자는 받아 넉넉하게 되지만, 없는 자는 그 있는 것도 빼앗기리라."(마태 13:12) 즉, 우주 계좌에서 빛을 인출하여 전체를 끌어올리는 데 사용하면, 여러분은 우월감이나 손실에 대한 두려움으로 인해 그 빛을 땅속에 묻어두지 않고 증식하게 됩니다. 그러면, 법칙은 여러분에게 주어진 빛을 증식하고 더 많은 빛이 여러분의 우주 계좌에 주어집니다. 분명히 이것은 여러분의 구체에 빛의 강도를 더하게 되고, 많은 존재가 이렇게 하면, 상향나선을 창조합니다. 이것을 우리는 생명의 강이라고 부릅니다. 여러분이 이 생명의 흐름 안에 있으면, 상실에 대한 두려움이 없어지고, 따라서 여러분이 더 많이 주면, 더 많이 받게 됩니다.

그런 상향나선을 계속 구축하면, 구체의 빛의 강도가 증가할 것입니다. 결국, 구체는 임계점에 도달하고, 이제 구체에는 어둠이 있을 여지가 없어집니다. 이것은 기본 창조력을 불균형한 방식으로 사용하는 존재들이 있을 공간이 더 이상 없다는 의미입니다. 구체는 이제 영적인 영역 일부가 됩니다. 생명의 강에 있지 않은 존재들이 구체에 있다면, 그들은 다음 하위 구체로 추락할 것입니다. 하나의 구체가 빛의 임계치에 도달하면 이처럼 새로운 구체가 창조됩니다.

요점은 이런 법칙들이 자신을 초월하는 존재들에게 자신이나 다른 존재들을 파괴하지 않고 자유의지를 행사하기 위한 최상의 기회를 주는 한편, 형태의 세계에서 균형 잡힌 진보를 보장한다는 것입니다. 주요 목표는 모든 존재가 그들의 경험에서 배우는 것입니다. 여러분은 처음부터 완벽할 것으로 기대되지 않으며, 신의 법칙을 어기는 일도 허용됩니다. 하지만, 그렇게 하면, 필연적으로 자기-인식이 제한될 것이고, 삶이 투쟁으로 바뀔 것입니다. 창조주는 조건 없이 여러분을 사랑하므로, 법칙은 여러분이 균형 잡힌 상태로 돌아오도록 돕는 모든 일을 하는 것이 가능하게 설정되어 있습니다. 법칙은 여러분이 더 불균형해지면, 불균형한 상태를 유지하기 위해 더 많이 투쟁해야 함을 확인시켜줍니다. 따라서 다행스럽게, 여러분이 계속되는 투쟁에 싫증이 나면, 더 나은 방법이 없는지 자문하게 됩니다. 예수가 바울에게 말한 것과 같습니다. "가시채[13]를 걷어차기가 네게 고통이라."(행 9:5) 여러분이 가시채를 만들고 있음을 깨달으면, 신의 법칙에 맞서기보다 오히려 신의 법칙과 함께하는 것을 배울 시간이라고 결정할지도 모릅니다. 그러면, 여러분은 깨달음과 그 너머로 이어지는 그 이상의 여정으로 들어가게 됩니다.

요컨대, 이 우주를 위한 계획-A는 모든 자기 초월적인 존재가 어떤 수준에서 출발해서 단지 위로 오르기만 해야 하며, 그들이 왔던 수준 이하로는 절대 떨어지지 않아야 하는 것입니다. 즉 고통이란 창조주의 원래 설계에는 없던 것입니다. 나중에 알게 되겠지만, 모든 자기-의식하는 존재가 이런 비전에 따르기로 결정한 것은 아닙니다. 따라서 계획-B가 만들어졌습니다.

---

[13] 찌르는 가시가 달린 막대기

열쇠 7
우주의 성장 과정을 이해하기

앞장에서, 나는 형태의 세계 전체와 그 안에 있는 모든 존재에 대한 큰 그림이 포함된 가르침을 주었습니다. 이제, 나는 지구상에 인간으로 존재하는 여러분의 상황을 이해하도록 돕는 데 특별히 초점을 맞추겠습니다.

구체가 창조된 과정을 요약하면서 시작하겠습니다. 첫 번째 단계는 구체를 허공에서 분리하는 단계입니다. 상위 구체들에 있는 마스터들은 새로운 구체 안에 어떤 구조물을 창조하고, 창조주가 정의한 더욱 큰 틀의 법칙 안에서, 새로운 구체를 위해 특정한 법칙들을 정의합니다. 이후 새로운 구체가 상승하도록 돕기 위해서 자기 인식하는 존재들이 창조됩니다. 천사들이 영적인 영역에서 일하거나 공동창조자들이 새로운 구체의 내부에서 공동창조하면서 구체가 상승하도록 돕습니다. 구체의 빛의 강도와 조직이 임계수치에 도달하면, 구체가 상승해서 영적인 영역의 영구적인 부분이 됩니다.

구체가 상승하면 빛으로 충만해지고, 더 이상 분리의 환영이 존재할 여지가 없습니다. 구체 내부로 보내진 존재들은 분리된 정체감으로 시작했지만, 자신을 초월함으로써, 자신들이 사는 구체를 끌어올리는 데 도움을 주었습니다. 임계수치의 존재들이 근원과의 하나됨에 통달하게 될 때, 그들은 자신들이 사는 구체를 상승 지점으로 가져오게 됩니다. 하나의 구체가 상승 과정을 통과하면, 새로운 구체가 허공에서 분리돼 창조됩니다. 상승하는 구체는 빛으로 충만하므로, 구체 안의 존재들은 분리된 정체성이라는 환영을 더 이상 유지할 수 없습니다. 하지만, 새로 창조된 구체에는 아직 빛의 강도가 낮아서, 어둠이나 그늘이 존재할 수 있으므로, 분리의 환영이 존재할 수 있습니다. 새로운 세대가 태어나서, 새로운 구체 속으로 보내집니다. 이들은 분리된 정체감으로 시작하게 되며, 자신을 분리된 존재로 인식합니다.

첫 번째 구체는 창조주가 직접 창조했다고 앞서 설명했습니다. 따라서 그 구체로 보내진, 좀 더 정확히 말하면 구체 안에 창조된 존재들은 창조주가 직접 창조한 존재들입니다. 첫 번째 구체는 내부 구조물들이 물질세계에서 여러분이 보는 것보다 덜 규정되었고, 더 유동적이며, 밀도가 더 낮은 방식으로 설계되었습니다. 첫 번째 구체를 창조한 마터 빛은 더 높은 수준에서 진동했고, 따라서 그 구체의 모든 것이 여러분의 구체에 있는 물질보다 더 투명했다고 말할 수 있습니다. 결과적으로, 첫 번째 구체의 존재들은 분리된 자아감으로 출발했지만, 물질우주에 있는 존재들보다 분리감을 극복하기가 훨씬 쉬웠습니다. 첫 번째 존재들은 그들 구체 너머에 무언가 있고, 자신들을 넘어선 존재가 그것을 창조했으며, 창조주에게서 기원한 영적인 빛의 끊임없는 흐름이 그것을 유지하고 있으며, 그 영적인 빛이 자신들의 진동 수준까지 낮춰져서 내려오고 있음을 쉽게 알 수 있었습니다. 그들은 자신이 혼자가 아니며, 자신의 구체를 넘어선 무언가 또는 누군가가 있다는 사실을 알았습니다. 다시 말해서, 첫 번째 존재들은 상대적으로 상승하기가 쉬웠으며, 근원과의 하나됨을 쉽게 통달할 수 있었습니다.

다음 구체가 창조될 때, 첫 번째 구체에서 통달한 존재들은 두 번째 구체를 창조하는 것을 도왔습니다. 창조주는 두 번째 구체를 허공에서 분리했고, 또한 그 구체를 위한 법칙들을 정의했습니다. 그 틀 안에서, 첫 번째 구체에서 온 마스터들은 두 번째 구체 안의 생명을 위한 기반(platform)으로 작용할 수 있는 특정한 구조물들을 설계했습니다. 이런 구조물은 첫 번째 구체의 구조물보다 훨씬 명확하게 훨씬 더 규정되어 있었습니다. 첫 번째 구체에서 온 마스터들은 이런 구조물들을 설계하는 데 자신의 경험을 활용했습니다. 두 번째 구체의 구조물들이 첫 번째 구체의 구조물들보다 더 규정되고, 복잡하며, 밀도가 높아야 한다는 것이 창조주 계획의 일부였습니다. 이런 방식으로, 두 번째 구체는 하나됨에서 한 단계 더 멀어졌고, 이것은 두 번째 구체의 존재들이 분리를 극복하는 데 더 많은 어려움을 겪게 했습니다.

만약 두 번째 구체의 존재들이 첫 번째 구체의 존재들처럼 창조되었다면, 그들은 두 번째 구체의 밀도를 극복하기가 더 어려웠을 것입니다. 이것은 마치 한 그룹의 아이들에게 국가를 경영하라고 맡기는 상황과 유사했을 것입니다. 하지만, 두 번째 구체의 존재들은 첫 번째 구체에서 온 마스터들의 의식으로부터 창조되었습니다. 따라서 두 번째 세대는 이 마스터들의 경험에 기초하여 설계되었고, 이 사실은 그들에게는 더 큰 분리를 극복할 기반이 마련됐다는 의미입니다. 이것이 두 번째 구체의 밀도를 다룰 준비가 되게 했고, 창조주는 두 번째 세대를 통해 더 큰 분리감을 경험할 수 있게 하면서도, 분리 속에서 길을 잃는 위험을 최소화할 수 있었습니다. 이것은 지구에 있는 학교와 다소 유사합니다. 학생들은 덧셈과 뺄셈을 배우기 시작해서, 곱셈을 배울 수 있는 기초를 다집니다. 이것은 차례로 그들이 더 진보된 수학을 배울 수 있는 기반을 제공하고, 결국 대학 수준까지 갈 수 있도록 이끌어집니다.

창조주의 계획은 밀도가 낮은 것에서 높은 것까지, 덜 복잡한 것에서 더 복잡한 것까지, 하나됨에서 가까운 것에서 먼 것까지 연속된 구체를 창조하는 것입니다. 이어지는 각각의 구체에 존재하는 특정한 구조물들은 이전 구체를 통달한 존재들이 설계했지만, 이전의 모든 구체에 있던 존재들이 새로운 구체의 설계에 참여합니다. 이 말은 각각의 새로운 구체가 더 정교하고, 더 구체적이며, 더 명확해지므로, 마터 빛이 진동을 더 낮춰야 한다는 의미입니다. 더 큰 복잡성은 다양한 형태를 의미하며, 밀도가 높은 진동의 빛만이 더 큰 차이를 만들 수 있습니다. 물질우주를 구성하는 물질(matter)은 영적인 영역의 "질료(stuff)[14]"보다 밀도가 더 높다고 할 수 있습니다. 물질은 진동하는 에너지로 만들어졌다는 것을 알 수 없을 정도로 밀도가 높습니다. 물질은 진동수가 낮아진 영적인 빛으로 만들어졌습니다. 또한, 여러분은, 최소한 현재 지구에서 정상이라고 간주하는 의식 상태로는, 물질우주를 넘어선 무언가가 있음을 직접 인지할 수 없습니다.

밀도가 높을수록 새로운 구체로 보내진 존재들이 분리감을 극복하고 하나됨을 달성하기가 더 어려워집니다. 하지만, 분리를 극복하기 위해 노력하는 동안, 그들은 앞서 상위 구체로 올라간 존재들에게 의지할 수 있습니다. 그래서 어떤 존재도 진정으로 분리되어 있지 않으며, 누구든지 가장 최근에 구현된 구체에서 상위 구체로 올라간 존재의 전체 계보에 접근할 수 있습니다. 그러므로 어떤 사람

---

[14] 마터 빛(Ma-ter Light)

도 따로 떨어져 있는 섬이 아닙니다. 이것은 이전 세대의 모든 경험에 접근할 수 있는 가계도와 같아서, 다른 존재들의 실수로부터 배우는 선택권이 여러분에게 주어지므로, 여러분은 같은 실수를 반복하거나 시간을 낭비하지 않아도 됩니다.

◦◦◦◦◦◦◦◦◦◦

나중에 살펴보겠지만, 지구의 사람들은 다른 많은 기원(origin)으로부터 여정을 시작했습니다. 하지만, 내가 여기서 얘기하고 싶은 것은 존재들이 어떻게 이 특정한 구체로 처음 하강하게 되었고, 결국 물질 지구에 육화하게 되었는지에 대한 것입니다. 이 과정을 묘사함으로써, 여러분은 또한 이 구체에서 어떻게 상승할 수 있고, 영적인 존재로서 어떻게 불멸을 얻을 수 있는지에 대한 더 큰 이해를 얻게 됩니다.

앞서 설명했듯이, 물질우주는 형태의 세계에서 밀도가 가장 높은 부분이며, 심지어 형태의 세계에서 창조된 어떤 곳보다 밀도가 높습니다. 물리적인 물질의 밀도로 인해 분리된 형태들은 완전히 따로 떨어져 있는 것처럼 보이는데, 이 때문에 자기 의식하는 존재들도 완전히 분리된 것처럼 보입니다. 따라서 그런 존재가 분리의 환영을 극복하고, 모든 생명과 하나됨에 기반을 둔 더 높은 정체감으로 이어지는 하나됨의 여정을 따르는 것을 더욱 어렵게 만듭니다.

한 존재가 지구 행성에 물리적인 몸을 가지고 들어올 때, 일반적으로 이 존재는 이번의 특정한 삶 이전에 경험했던 삶의 기억을 모두 잊어버리게 됩니다. 앞에서 설명했듯이, 창조주가 첫 번째 자기 인식하는 존재들을 창조했을 때, 창조주는 그 존재들을 정체감이나 연속성 없이 허공 속으로 내던지고 싶어 하지 않았습니다. 따라서 모든 존재가 곧바로 이 행성에 물리적인 육화로 보내져서, 이 구체에서 각자의 여정을 시작하는 것은 창조주의 원래 계획이 아니었습니다. 모든 존재는 전체와 더 큰 하나됨을 이룬 영적인 스승의 안내가 있는 보호받는 환경에서 여정을 시작하게 되어 있었습니다. 따라서 존재들은 하나됨의 여정에 확고하게 고정될 수 있도록 체계화된 프로그램을 제공하는 우주적이거나 영적인 학교를 통해, 가장 최근의 이 구체로 오게 되었습니다.

모든 상위 구체에는 그런 프로그램이 있는데, 이 프로그램은 새로운 존재들을 근원과 하나되는 감각으로 끌어올리는 데 성공적이었습니다. 앞서 말했듯이, 모든 존재는 상위 존재들의 확장체로 창조되었으며, 창조주에게로 돌아가는 존재의 사슬을 형성합니다. 따라서 여러분의 근원과 하나됨을 이루는 열쇠는 존재의 사슬에서 여러분 바로 위의 존재와 하나됨을 달성하는 것으로 시작해야 합니다. 확실히, 새로운 생명흐름에게는 훨씬 멀리 있는 창조주와 하나됨을 이루기보다, 이 방식이 훨씬 더 쉽습니다.

일단 육화하면, 여러분이 어디에서 왔는지는 문제가 되지 않습니다. 정말 중요한 것은 불멸을 성취하려면, 분리의 환영을 극복하도록 인도하는 하나됨의 여정을 따라야 한다는 것입니다. 하지만, 대부분의 사람은 이 여정을 인식하지 못하고 태어나며, 지구의 어떤 종교도 그 여정에 대해 거의 가르치지 않습니다. 따라서 우리는 하나됨의 여정에 대한 지식이 물질 지구에서 사라졌다고 결론을 내릴 수밖에 없습니다. 이런 일이 어떻게 왜 일어났는지를 이해하는 것이 매우 중요합니다. 그래야 여러분이 영원한 생명으로 가는 진정한 여정을 다시 발견하고 이 상실의 영향을 극복할 수 있습니다. 다음 장에서 이 주제를 살펴보겠습니다.

일단 여러분이 육화하여 하강하면, 여러분의 생명흐름이 어디서 유래했는지와 상관없이, 여러분은 인간을 위해 설계된 역할을 맡게 됩니다. 인간은 신과 함께하는 공동창조자로 봉사하도록 설계되었으며, 영적인 영역에 있는 마스터들이 설정한 기반 위에 구축함으로써, 지구의 창조가 완성되도록 도울 수 있습니다. 마스터들이 상위층에서 지구를 창조했다면, 인간은 내부에서 지구를 공동창조하게 되어 있다고 말할 수 있습니다. 인간으로서의 여러분의 역할을 이해할 수 있도록, 공동창조자의 역할이 무엇인지에 대한 보편적인 이해를 주겠습니다.

두 가지 유형의 공동창조자, 즉 이미 통달한 존재들과 통달을 향해서 가는 존재들이 있습니다. 분명히 양쪽 모두가 공동창조자로 창조되었고, 새로운 구체를 설계하는 것을 돕는 존재들을 마스터 공동창조자들이라고 부를 수 있지만, 혼란을 피하기 위해 그냥 모두 마스터라고 부르겠습니다. 이 마스터들의 임무는 영적인 영역의 새로운 일부인 자신의 구체, 즉 상위 영역으로부터 새로운 구체를 창조하는 일입니다. 다시 말해, 그들은 새로운 구체로 하강해서 구체 내부에서 공동창조하게 되어 있는 것이 아닙니다. 이 일은 내가 공동창조자라고 부르는 존재들의 임무입니다. 그들은 마스터의 존재로부터 창조되었지만, 그들은 분리된 정체감을 가지고 새로운 구체에서 시작합니다. 하지만, 그들은 아무런 안내도 없이 새로운 구체 속으로 획 내던져져서 시작하지는 않습니다. 이와는 반대로, 새로운 공동창조자들은 모두 영적인 학교에서 그들을 태어나게 했던 마스터들의 대리자들에게 인도를 받으면서 시작합니다.

앞에서 설명한 것처럼, 보편적인 그리스도 마음은 새로운 공동창조자들이 분리감 속에서 길을 잃지 않고, 창조의 과정에서 정당한 위치를 찾도록 해주는 도구입니다. 그리스도 마음과 하나됨을 성취한 마스터들은 새로운 공동창조자들을 위한 안내자로 봉사하며, 그들은 학생들에게 그리스도 마음을 대리합니다. 마스터들은 새로운 공동창조자들이 분리를 극복하고 그리스도 마음과 하나가 되어 불멸을 성취할 수 있게 하는 연결점입니다. 우리는 이제 새로운 공동창조자의 상황을 더 자세히 살펴볼 수 있는 기반을 마련했습니다.

공동창조자가 처음 존재할 때, 분리된 정체감을 가지지만, 자신보다 더 큰 무언가에 연결되어 있다는 분명한 내적인 감각이 있습니다. 또한, 상위 영역에 있는 스승을 통해, 보편적인 그리스도 마음에도 직접 연결되어 있습니다. 공동창조자는 완전한 그리스도 의식은 없지만, 주어진 달란트를 증식하는 노력을 통해 이런 인식을 개발할 수 있는 기반을 가집니다. 새로운 공동창조자는 그리스도 의식의 씨앗을 받았다고 말할 수 있습니다. 그 씨앗에 영양이 공급되면, 씨앗은 개인적인 그리스도 신성의 충만함으로 성장하게 됩니다.

공동창조자는 영적인 스승의 직접적인 안내를 받는 보호된 환경에서 태어납니다. 창조주가 허공 속에 첫 번째 구체를 창조했을 때, 첫 번째 공동창조자들은 창조주로부터 직접 안내를 받았습니다. 이후, 특정한 구체에 있는 공동창조자들은 자신의 바로 위에 있는 구체의 마스터들에게 직접 안내를 받아왔습니다. 하지만, 스승들이 새로운 공동창조자들의 단계로 내려오는 경우도 있으며, 이 경우 학생들은 이런 스승과 직접 교류를 할 수 있게 됩니다. 요점은 새로운 공동창조자는 언제나 분리에서 나와 하나됨을 따를 수 있는 여정을 가지고 있고, 그 위에 구축할 수 있는 기반이 있다는 것입니다.

자기 인식하는 어떤 존재이든 모두 순수 무결하게 창조되며, 이는 그들이 자유의지를 가지고 있지만, 창조주의 기본 법칙을 거스르는 성향은 없다는 의미입니다. 다시 말해서, 일부 종교의 공통된 믿음인, 인간이 죄 속에서 창조되었거나 죄를 짓는 성향이 있다는 것은 옳지 않습니다. 이 말은 여러분이 인간이라는 현재의 정체감을 관점으로 자신을 살펴볼 때만 어느 정도 근거가 있습니다. 이에 대해서는 나중에 자세히 설명하겠습니다. 하지만, 진실은 여러분은 영적인 존재로 태어났으며, 창조주의 법칙에 저항하는 지식 없이 순수하게 탄생했다는 의미입니다.

새로운 공동창조자들이 자신에게 주어진 여정을 따라감에 따라 자기 인식이 성장하게 되고, 특정한 시험과 입문에 직면하게 됩니다. 그런 경우의 하나가 신의 법칙에 저항할 가능성입니다. 모든 공동창조자는 에덴 정원처럼 보호받는 환경에서 창조되었다고 말할 수 있습니다. 하지만, 에덴 정원은 많은 사람의 상상처럼, 정적인 파라다이스가 아니라, 공동창조자들이 신의 법칙과 조화를 이루면서 자신의 창조적인 능력을 사용하는 방법을 배울 기회가 주어졌던 학교였습니다. 그런 영적인 학교의 스승은 창조주가 아니라, 상위 영역에서 온 마스터였습니다. 에덴에서의 과일들은 그리스도 신성의 여정에서 맞이하는 다양한 입문을 나타냅니다.

영적인 학교의 학생들은 입문의 여정을 걸어감에 따라, 자신의 정체성과 신의 법칙을 더욱 의식적으로 인식하게 됩니다. 그들은 영적인 스승들이 제공하는 지침을 따르면서 시작하고, 그렇게 하면서 순종을 통해 신의 법칙을 따르게 됩니다. 그들은 신의 법칙을 이해하는 쪽으로 나아가면서, 결국 자신들이 어떻게 일하는지, 신의 법을 따르는 것이 자신에게 왜 이로운지에 대한 완전한 이해를 가지고 신의 법칙을 따르기 시작합니다. 이후 그들은 신에 대한 사랑, 모든 생명에 대한 사랑, 전체 중 일부인 자신에 대한 사랑으로 신의 법칙을 따르게 됩니다.

학생들이 우주 학교의 모든 시험을 통과하면, 그리스도 의식을 성취할 때까지 자기 인식이 계속 성장합니다. 이것은 그들이 자유 의지를 잃는다는 의미가 아니라 이제는 진정으로 자유로운 선택을 할 수 있게 된다는 의미입니다. 이제 그들은 신의 법칙을 완전히 인식하고, 신의 법칙을 따를 때와 따르지 않았을 때의 결과에 대해서도 알게 됩니다. 만약 학생이 신의 법칙 안에 계속 머무른다면, 풍요로움만을 계속 경험할 것입니다. 그는 모든 생명을 끌어올리면서 자신도 계속 끌어올리게 됩니다. 따라서 그는 그 구체를 완전히 통달할 때까지 그 구체를 빛으로 채워가는 창조적 과정에 참여하게 됩니다. 그런 후, 다음 구체를 공동창조하는 데 이 통달을 사용하며 그리스도 의식에서 더 높이 오르게 됩니다. 이 과정은 존재들이 완전한 신 의식을 달성하여 자신의 권리 안에서 창조주가 될 때까지 지속될 수 있습니다.

에덴 정원에 있던 과일 가운데 하나가 선과 악의 지식이라는 열매였습니다. 이 열매는 학생이 신의 법칙에 저항할 수 있다는 인식을 나타냅니다. 학생에게는 자유의지가 있으므로, 그는 신의 법칙에 저항하기 위해 자유의지를 사용하려는 유혹에 직면해야 합니다. 그 유혹에 직면하고 이를 극복해야만 학생은 창조주와 하나가 되고, 모든 생명, 창조주의 목적과 하나가 되는 그리스도 신성을 성취하게 됩니다. 하지만, 학생은 선악의 지식으로 상징되는 시험에 실패할 수도 있으며, 신의 절대적인 실재보다 상대적인 선이나 악을 선택할 수도 있습니다. 학생은 신의 법칙에 저항하고 창조주와 자신을 분리하겠다고 선택할 수도 있습니다. 학생이 더 작게 되는 길을 선택하면 무슨 일이 일어나는지는 나중에 다시 살펴보겠습니다.

～◈～

새로운 학생의 상황을 더 자세히 살펴보겠습니다. 학생 개개인의 여정은 여러 단계로 나뉠 수 있습니다. 여러 단계로 세분될 수 있지만, 지금은 세 가지 주요 단계에 관해 얘기하겠습니다.

졸업 전. 첫 번째 단계는 학생이 학교에 입학하여 영적인 학교를 졸업할 때까지입니다. (새로운 공동창조자는 개별적인 존재로 탄생합니다.) 졸업하려면, 학생은 자신이 누구인지에 대한 깨달음, 즉 궁극적으로 존재의 사슬을 통해, 자신이 더 큰 영적인 존재의 개체화이고, 창조주의 개체화임을 깨달아야 합니다. 그 시점에서 학생은, 오직 사랑의 발로에서, 의식적으로 생명의 강에 합류할 선택권을 가집니다. 그는 개인적인 그리스도 신성의 첫 번째 단계를 성취하게 되며, 이것은 모든 생명의 하나됨이라는 인식에 이르게 된다는 의미입니다.

졸업 후. 두 번째 단계는 학생이 생명의 강에 합류하기로 선택한 이후입니다. 이제 학생은 학교를 떠나, 자신이 태어난 구체와 그 안의 모든 생명을 끌어올리기 위해 배운 것을 적용하러 밖으로 나갑니다. 첫 번째 단계는 말하자면, 알파 단계로 상위 존재와 하나됨에 도달하는 단계이며, 두 번째 단계는 오메가 단계로 모든 생명과 하나됨에 도달하는 단계입니다.

상승. 학생이 위에 있는 상위 존재와 아래에 있는 모든 생명과 더 큰 하나됨을 성취하면, 그리스도 신성의 다음 단계로 이동합니다. 이 단계에 도달하면, 학생은 물질계를 졸업하게 되며, 자신을 더 이상 육체를 통해 표현할 필요가 없게 됩니다. 일부 영적인 가르침에서는 이것을 상승이라고 부르지만, 나중에 이것에 대해 더 자세한 가르침을 주겠습니다. 요점은 학생이 주어진 구체에서 여정을 시작했던 단계를 영원히 초월하는 지점에 도달할 수 있다는 것입니다.

모든 새로운 학생은 특정한 세계에서 (그 세상이 물질우주든, 지금은 영적 영역의 일부가 된 구체이든) 자신의 상황에 좁게 초점을 맞춘 제한된 자기 인식으로 시작합니다. 그는 전체성이나 창조주에 대한 인식조차 없습니다. 하지만, 새로운 공동창조자는 직면한 세계에서 경험하는 것보다 더 큰 무언가가 있음을 안다는 의미에서, 제한된 수준이지만 그리스도 인식이 있습니다. 그는 그 수준을 넘어선 어떤 것을 직접 인식하지는 못하지만, 더 큰 무언가가 있음을 직감적으로 감지하며 그것을 발견하려는 바람을 가집니다. 공동창조자는 또한 창조주의 법칙이라는 틀 안에서 자기 인식을 확장하는 방법을 가르쳐줄 수 있는 영적인 스승과도 접촉합니다.

새로운 학생이 우주 학교로 오기 전에 어디에서 왔는지와 상관없이, 그 상황의 요점은 정체감을 포함하여 모든 것이 새롭다는 것입니다. 그는 자신이 누구인지 완전히 이해하지 못하며 자신의 창조력을 완전히 이해하지 못합니다. 새로운 학생이 어떻게 이해를 확장할 수 있을까요? 오직 실험으로만 가능합니다! 학생은 적어도 이 특별한 구체에서는 이전의 경험이 없으므로, 실수하는 것이 당연합니다. 이것은 그가 창조주의 법칙과 조화를 이루지 못하는 선택을 할 것이라는 의미입니다. 그 때문에 새로운 학생은 실수가 제한된 영향을 미치는 보호받는 환경에 놓이게 됩니다. 그리고 학생은 깨달음을 얻은 스승의 자애로운 안내를 받기에, 성공하든 실패하든, 모든 것에서 배울 수 있습니다. 학생이 모든 것에서 배울 의지가 있을 때, 그 이상이 되는 여정에 있게 됩니다. 그 이상이 된다는 것은 모든 선택이 완벽하다는 의미가 아닙니다. 그것은 모든 선택에서 배울 의지가 있어야 하며, 실수했을 때도 자유롭게 인정해야 한다는 의미입니다. 어떤 의미에서는, 배움의 경험으로 바뀌는 선택은 실수가 아니라 자기 인식의 여정에서 앞으로 한 걸음 나아가는 것입니다.

학생이 더 작게 되는 길을 선택하면, 실수를 인정할 의지가 없는 것입니다. 그는 자신의 선택이 창조의 법칙과 조화를 이루지 못했음을 인정하지 않고 부인합니다. 대신에 왜 자신이 한 일을 할 권리가 있는지, 그 일이 왜 잘못이 아닌지를 정당화하려고 합니다. 그는 실수에서 배우며, 실수를 통해 자기 인식을 확장하는 대신, 실수를 정당화하거나 변명을 하고, 이로써 실제로 자신의 자기 인식을 제한합니다.

여러분이 그 이상이 되는 여정을 선택하면, 모든 것이 여러분이 자기 인식에서 성장하는 것을 돕게 됩니다. 자신이나 타인을 제한하지 않고도 자신이 누구인지에 대한 감각을 강화하게 됩니다. 여러분은 자신이 신의 몸인 모든 것, 더 큰 전체 중 일부임을 인식할 때까지, 자아감을 점차 확장하게 됩니다.

≈≈≈≈ ✿ ≈≈≈≈

새로운 학생은 아직 빛의 구체로 변형되지 않은 구체에서 시작합니다. 구체에 어둠이 아직 존재할 여지가 있을 때만 생명흐름은 분리된 존재로서 경험을 시작할 수 있습니다. 하지만, 학생은 조화로운 가정에서 이상적으로 태어난 지구의 아이처럼, 보호된 환경에서 시작합니다. 그 학생은 신께서 주신 개체성이 있지만, 지구의 아이가 자신의 개성(personality)을 모르듯이, 자신의 개체성 (individuality)을 완전히 인식하지 못합니다. 따라서 학생의 첫 번째 여행은 자신을 발견하고 세상을 발견하는 시기입니다.

새로운 학생은 실험하게 되어 있는 단계를 통과합니다. 그는 지구의 아이처럼 몸을 제어하고, 개성을 발견하며, 환경이 어떻게 작동하는지를 발견하는 실험을 해야 합니다. 아이가 자신과 다른 사람들에게 해를 끼칠 수 있는 제한된 기회를 가진 보호된 환경에서 성장하듯이, 학생도 제한된 창조력으로 시작합니다. 새로운 학생이 가질 수 있는 힘에는 한계가 있고, 따라서 자신과 타인을 해치는 데에도 한계가 있습니다. 이것은 학생의 실수로 인한 결과의 심각성에 한계를 줍니다.

지구의 부모들은 아이에게 안전한 환경을 조성해서 그들을 보호하려고 합니다. 하지만, 그런 환경의 범위 안에서, 성숙한 부모들은 아이의 실수에 오히려 관대합니다. 아이가 걷기를 배우면서 여러 번 넘어질 수도 있지만, 부모는 첫 번째 시도에서 잘하지 못했다고 아이를 비난하지 않습니다. 아이가 컵으로 우유를 마시는 방법을 배우는 동안 여러 번 엎지를 수 있지만, 부모는 아이가 우유를 엎질렀다고 나무라지 않습니다. 마찬가지로, 새로운 학생은 보호받는 환경에서 성장하고, 한 명 이상의 영적인 스승에게 자애로운 안내를 받습니다. 우주 학교의 안전한 테두리 안에서, 학생은 원하는 모든 것을 할 수 있습니다. 학생은 자신과 타인들을 심각하게 해칠 수 없으며, 스승은 학생들의 실수에 대해 매우 관대합니다. 즉, 학생은 처음부터 모든 것을 잘하고, 신의 법칙을 알게 된다는 기대를 받지 않습니다. 하지만, 학생은 창조력으로 실험하고, 영적인 스승들에게 훈련도 받으면서, 이해력과 성숙도에서 성장할 것이 기대됩니다. 말하자면, 이것은 지구의 아이에 대한 기대와 비슷합니다. 어떤 아이도 영원히 아이로 남아 있지는 않습니다.

처음에 학생들은 종종 무엇을 하고 있는지 이해하지 못하면서 신의 법칙에 저항하게 됩니다. 이것은 예상된 일이고 이와 관련된 비난이나 죄책감은 없습니다. 하지만, 숨겨도 안 됩니다. 스승은 학생의 행위와 그 결과에 대해 의견(feedback)을 줍니다. 스승과 제자관계의 중요성을 이해하려면, 새로운 학생들이 배우는 환경을 좀 더 자세히 살펴봐야 합니다.

～∾∾✿∾∾～

나는 내가 영적인 학교와 영적인 스승에 관해 얘기할 때, 많은 사람이 이것을 지구에서 자신이 경험한 배움의 환경과 비교한다는 것을 잘 알고 있습니다. 이것은 당연하고 이해할 수 있지만, 사람들이 삶의 영적인 측면을 이해하지 못하게 막는 주된 문제는 지구의 경험을 영적인 세계로 투사한다는 것입니다. 따라서 삶의 영적인 측면을 진정으로 이해하고 싶다면, 여러분은 반드시 이런 경향을 인식해야 하며, 영적인 영역의 모든 것이 지구의 것들과 아주 다르다는 사실에 마음을 열어야 합니다. 내가 말했듯이, 물질우주는 여전히 빛이 부족합니다. 반면에 영적인 영역은 빛으로 충만해 있습니다. 영적인 영역을 이해하기 위해서는, 이 행성에서 경험한 결과에 의해 발전시켜온 세계관 너머를 볼 의지가 있어야만 합니다. 영적인 영역을 지구에서의 기대에 기반을 두고 여러분이 보고 싶은 대로 보려고 해서는 안 되며, 영적인 영역을 있는 그대로 보려고 해야 합니다. 여러분은 인간이 만든 이미지를 영적인 영역에 투사하는 대신, 영적인 영역의 실체를 경험하려고 해야 합니다.

영적인 학교와 지구 학교의 주된 차이점은 스승과 새로운 모든 학생이 인간 에고를 개발하지 않는다는 점입니다. 우리는 나중에 에고와 에고가 펼치는 게임들을 더 자세히 살펴보겠지만, 지금은 에고가 없는 환경이 지구에 있는 학습 환경과 어떻게 다른지 살펴보겠습니다. 영적인 학교가 만들어진 목적은 학생들을 구속하거나, 어떤 방향으로 강요하지 않고, 자기 인식의 감각을 확장하는 것입니다. 대조적으로, 지구에서의 대부분의 학습 환경은 학생들을 사회에 적응하도록 만든다는 구실 아래, 학생들의 자기 인식의 감각을 제한하거나 최소한 통제하도록 설계되어 있습니다. 영적인 학교는 절대로 학생들에게 강요하지 않고, 내면으로부터의 학습을 권장합니다. 내면화된 것만이 학생들의 자기 인식의 감각을 확장하기 때문입니다. 영적인 스승들은 자신의 심리를 이미 통달했으며, 학생들이 하는 어떤 일로도 절대 위협받지 않습니다. 따라서 스승은 죄의식이나 비난 또는 기타 두려움을 도구로 학생들을 통제할 필요가 없습니다.

학생들의 관점에서 영적인 학교는 실제로 사랑이 넘치고 도움을 주는 곳입니다. 어떤 실수를 했더라도 학생은 비난받지 않습니다. 대신에, 학생과 그 행위 사이를 분명히 구분하는 자애로운 방식으로 실수를 지적받습니다. 즉, 여러분의 행위가 옳지 않을 수도 있지만, 언제나 옳고 사랑받으며 지지를 받습니다. 이상적으로, 학생은 실험하려는 건전한 욕구를 가지고, 사랑받고 있으며 안전하다고 느끼면서, 이 환경에 반응합니다. 학생은 스승에게 열심히 배우고자 하며 실수를 지적하는 일로 인한 부정적인 느낌은 받지 않습니다. 대신에, 학생은 실수를 진보하기 위한 디딤돌로 바꾸고 교훈을 배우며 계속 나아갑니다. 교훈을 배우고 나면, 스승과 학생 모두는 실수를 잊어버립니다.

여기서 중요한 점은 학생들이 신의 법칙에 저항할 때 스승은 그들을 나무라거나 비난하지 않습니다. 스승은 학생의 성장을 완전히 지지하며 학생이 한 모든 행동을 긍정적인 학습 경험으로 바꾸려고 합니다. 영적인 스승은 단순한 스승 이상입니다. 앞서 말했듯이, 자기 인식하는 존재에게 자유의지가 주어지지만, 신의 에너지를 어떻게 사용하는가에 대한 책임이 따릅니다. 여러분에게는 우주의 균형을 유지할 책임이 있으며, 따라서 여러분이 불균형한 방식으로 에너지를 사용하면, 반드시 그 에너지를 균형 잡도록 되돌려야 합니다. 동양 종교는 이것을 보통 카르마라고 부르고, 서양 종교는 죄라고 부릅니다. 인간은 대개 이것을 죄의식이나 비난과 연관 짓지만, 영적인 영역에서는 그것을 단순히 삶에 대한 빚으로 봅니다. 하지만, 삶에 대한 이 빚은 여러분의 창조력을 제한하게 됩니다. 이것은 지구에서 여러분이 잘못할 때마다 짊어진 배낭에 바위를 넣는 것으로 비유될 수 있습니다. 어느 시점에는 배낭이 너무 무거워서 여러분은 거의 움직일 수 없게 되고, 이것은 분명히 자유를 제한할 것입니다.

불균형이 만들어지면, 누군가는 반드시 왜곡된 에너지를 떠맡아야 하고, 균형을 회복하기 위해 재분극화(repolarizing)하는 책임을 져야 합니다. 영적인 학교에서 스승은 학생이 사용한 에너지에 대해 완전한 책임을 집니다. 이것은 스승이 그가 보호하는 학생이 만든 카르마를 실제로 떠맡는다는 의미입니다. 이것은 학생이 자신이 만든 카르마의 무게로 부담을 지지 않고 창조적인 재능을 실험하게 합니다. 이것은 지구의 부모와 어떤 면에서 유사합니다. 부모는 아이가 성장해서 자급자족할 때까지 돌보고 안전하게 보살피는 책임을 집니다.

이 메커니즘이 스승과 학생의 관계에서 하나의 주춧돌이 됩니다. 이로써 학생은 자신이나 타인들을 파괴하지 않고 창조력을 표현할 수 있게 됩니다. 스승의 후원은 학생과 학생이 한 행위의 파괴적인 결과 사이에서 완충 역할을 하며 보호해 주는 환경을 만듭니다. 스승은 문자 그대로 학생이 한 실수의 결과를 중화하며, 이로써 그 결과들은 학생이나 학교의 다른 학생을 파괴할 수 없게 됩니다. 여러분이 카르마의 법칙을 이해한다면, 이것이 학생에게는 매우 중요한 시혜임을 알게 되는데, 이로 인해 학생은 자신이 선택한 결과를 짊어지는 어려운 방식으로 배우는 대신 훨씬 빨리 진보할 수 있습니다.

하지만, 어떤 관계이든 양방향입니다. 스승의 이런 은총에 대한 보답으로 학생은 스승이 자신을 가르치도록 허용합니다. 즉, 학생은 자신의 선택에 따른 카르마가 돌아오는 것에서 보호받는 대신, 스승이 자신이 선택한 결과를 설명하도록 허용해야 하며, 이로써 학생은 좋은 선택과 좋지 않은 선택 모두로부터 배울 수 있습니다. 스승이 학생이 만든 카르마의 원인을 알려주지 않고 단순히 카르마를 떠안기만 하면, 학생은 그 상황에서 아무것도 배우지 못합니다. 전반적인 목적이 학습이므로, 학생은 비난이나 죄책감 없이 사랑 가득하고 중립적인 안내를 받으며 자신을 초월하는 방법을 배웁니다. 어떤 사람들은 "죄"로 번역되는 그리스 단어가 "과녁을 벗어나다."로 번역된다는 것을 알고 있습니다. 영적인 학교에서 유일한 문제는 학생이 사용한 에너지가 모든 생명을 높이는 과녁을 맞히는가 아니면 과녁을 빗나가서 모든 생명을 제한하는 왜곡된 에너지를 만드는가 여부입니다. 좋음과 나쁨, 죄와 죄책감 같은 개념은 적절하지 않습니다.

스승의 후원은 왜곡된 에너지가 학생이나 다른 생명을 다치게 하지 않도록 막고, 학생은 부정적인 결과를 두려워하지 않고 실험을 할 수 있습니다. 스승은 자신의 영적인 성취를 사용해서 학생의 카르마가 물리적인 효과를 가져오기 전에 중화합니다. 이 심리적인 효과는 지구의 전형적인 학습 환경과 달리, 어떤 두려움이나 비난 이나 죄책감 없이 완전히 사랑 가득한 학습 환경을 만든다는 것입니다. 이것은 어느 정도 모래 상자에서 놀고 있는 천진한 아이에 비유되는데, 그곳에서 아이들은 모래나 자기 자신, 타인들을 다치게 할 수 없으며, 따라서 자유롭게 실험할 수 있습니다. 이런 지원의 유일한 조건은 학생들이 반드시 스승과의 연결을 유지해야 한다는 것입니다. 연결이 끊어지면 스승은 더 이상 학생의 카르마를 떠맡을 수 없게 됩니다. 이것은 학생이 카르마를 짊어져야 한다는 의미이며, 학생은 창조적인 표현을 제한하는 아주 많은 카르마를 만들수 있습니다.

❧

앞에서 언급했듯이, 삶의 모든 측면에는 두 가지 측면이 있습니다. 이 말은 학생이 직면하는 학습 경험에 두 가지 측면이 있다는 의미입니다. 혼란을 피하고자, 앞서 알파 단계라고 불렸던, 학생이 영적인 학교를 졸업하기 전의 기간에 대해 말하고 있다는 것에 주목하기 바랍니다. 하지만, 이 단계에서도 두 가지 측면이 있습니다. 삶에는 진실로 고리 안의 고리, 세계 속의 세계가 있습니다.

새로운 학생은 특정한 환경에서 출발하고 개체성이 있으며 특정한 구체의 스펙트럼 내에서 진동하는 에너지로 만들어졌지만, 인간의 육체에 상응하는 신체를 가지고 있습니다. 학생의 학습 경험에서 오메가 측면은 환경을 발견하고 환경과 상호 작용하는 방법을 발견하는 것입니다. 알파 측면은 학생이 직면한 환경보다 더 높은 영역의 존재로서 자신의 근원을 발견하는 것입니다. 오메가 측면은 보이는 것에 대해 배우지만, 알파 측면은 더 높은 인식이 개발되면 보일 수 있는, 보이지 않는 것에 대해 배웁니다.

학생이 학습 과정에서 오메가 측면에 초점을 맞추는 일은 당연합니다. 학생은 직접 직면한 환경을 인지할 수 있고, 자연스럽게 주의가 그곳에 끌리게 됩니다. 이것은 마치 지구의 어린 아기가 자신의 개성을 개발하기 전에 몸을 제어하는 방법을 익혀야 하는 것과 같습니다. 스승의 첫 번째 일은 학생이 환경에 대해 배우고 그 환경과의 관계 속에서 자신이 누구인지 배우도록 돕는 일입니다. 학생은 환경에 어떻게 적응하는지, 어떻게 상호 작용할 수 있는지 배워야 합니다. 하지만, 학생이 특정한 환경에 적응하도록 창조되지 않았음을 기억하세요. 학생은 빛의 강도가 제한된 구체에 있습니다. 영적인 학교는 상위 영역에서 발견되는 빛의 강도에는 아직 도달하지 못한 더 큰 구체 안에서 보호받고 있는 구체입니다. 학생의 역할은 자신의 존재에 통달하는 것이며, 이것은 환경을 통달하는 데 열리는 것입니다. 따라서 학생은 창세기에 묘사된 증식하고 지배하라는 명령을 충족하게 됩니다. 즉, 학생은 여기서 발견되는 제한된 조건에 적응하기 위해서 지구에 태어난 것이 아닙니다. 학생은 창조적인 재능을 증식하고, 지구를 다스리게 되어 있으며, 이로써 지구 위에 신의 나라를 실현할 때까지 진동수와 빛의 강도를 끌어올리게 됩니다.

<hr />

새로운 학생은 증식하고 다스리는 방법을 어떻게 배울까요? 실험함으로써 스승에게 배웁니다. 앞서 말했듯이, 형태의 세계에 존재하는 모든 것은 어떤 형태든 취할 수 있는 마터 빛으로 만들어집니

다. 마터 빛은 스스로 형태를 취할 수 없지만, 공동창조자 역할을 하는 자기 인식하는 존재에 의해 형태를 취할 수 있습니다. 이제 우리는 공동창조 과정에는 두 가지 측면이 있음을 알 수 있습니다.

알파 측면은 공동창조자가 창조하려는 것에 대한 정신적 이미지를 반드시 형성해야 한다는 것입니다.

오메가 측면은 공동창조자가 정신적 이미지를 겹칠 수 있는 일정량의 어머니 빛을 가져야 한다는 것입니다

처음에는 지구의 아기가 부모에게 모든 것을 받는 것처럼, 학생들은 스승에게서 정신적 이미지와 일정량의 어머니 빛을 받습니다. 하지만, 영적인 스승의 장기 목표는 학생을 졸업할 수준으로 데려가는 일입니다. 이것은 학생이 이제 영적으로 자급자족하게 되고, 공동창조하는 데 더 이상 외적인 스승이 필요치 않게 된다는 의미입니다. (학생은 분명히 스승과 연결을 유지함으로써 여전히 도움을 받을 수 있습니다.) 이것이 정확히 무슨 의미일까요? 이것은 공동창조하는 능력을 통달함으로써, 학생이 졸업한다는 의미입니다.

앞서 말했듯이 신은 공동창조자들의 창조적인 노력을 안내하기 위한 안전장치를 만들었습니다. 이것은 보편적인 그리스도 마음으로, 이곳에 창조주의 모든 법칙과 창조에 대한 청사진이 저장되어 있습니다. 오직 공동창조자가 그리스도 마음을 사용해야만, 자신의 창조적인 노력이 신의 법칙이라는 틀 안에 확실히 머물면서, 모든 생명을 끌어올리게 됩니다. 영적인 스승은 새로운 학생과 그리스도 마음 사이의 중개자 역할을 합니다. 스승은 그리스도 마음, 즉 우주적 그리스도의 대리자입니다.

졸업하는 지점에 다가가면서, 학생은 자신이 자신을 창조한 마스터로부터 비롯된 그리스도 마음과 하나인 어떤 영적인 존재의 표현임을 발견하게 됩니다. 따라서 어떤 학생이라도, 자신의 상위 존재

와 하나됨을 추구함으로써, 자신의 내면에서 그리스도 마음에 직접 접근할 수 있습니다. 여러분이 그리스도 마음에 연결되는 임계 수준에 이르면, 자신의 행위가 이타심의 과녁에 명중했는지 빗나갔는지 알 수 있으므로 학교를 졸업할 수 있습니다.

어떤 것을 창조하기 위해서는 반드시 어머니 빛의 일정 부분에 대한 힘을 가져야 합니다. 어머니 빛은 아주 높은 진동의 순수한 형태이며, 형태의 세계에 있는 모든 구체는 어머니 빛이 특정한 진동 스펙트럼 아래로 낮추어지면서 창조되었습니다. 따라서 학생이 물질계에서 무언가를 창조할 수 있기 전에, 반드시 어머니 빛의 일정 부분을 자신이 있는 구체의 진동 스펙트럼 안으로 가져와야 합니다. 이상적으로는 학생이 영적 영역에 있는 자신의 상위 존재로부터 빛을 받아 진동을 낮추어 가면서 이것이 이루어질 수 있습니다. 하지만, 어느 정도 그리스도 신성(깨달음)을 성취한 존재만이 내면에서 빛을 받을 수 있습니다. 처음에 학생은 빛을 영적인 스승에게서 받아야만 합니다. 스승은 적절한 스펙트럼으로 빛을 가져온 다음 학생에게 줍니다.

학생이 그리스도 신성에서 성장함으로써, 자신이 영적인 영역에 있는 존재의 확장체임을 인식하게 됩니다. 따라서 학생은 내면의 존재를 통해서, 직접 영적인 영역의 빛을 가져올 수 있습니다. 학생이 자신을 유지하고 창조력을 표현할 수 있는 충분한 빛을 가져올 수 있다면, 학교를 졸업해서 자신이 태어난 구체에서 그 자신을 표현할 수 있습니다.

졸업에 이르면, 학생은 영적으로 자급자족하게 되며, 자신의 노력으로 물질 진동 스펙트럼에 빛을 가져올 수 있으며, 그리스도 마음에 정렬하는 정신적 이미지를 창조할 수 있습니다. 따라서 학생은 이제 내면의 스승인 상위 존재에게 연결되었기 때문에, 외적인 스승이 더 이상 필요 없습니다. 지구나 상위 영역에서 발견되는 진정한 영적인 가르침이나 스승의 궁극적인 목표는 학생이 자급자족하도록 이끄는 일입니다.

자급자족에 도달하는 것이 영구적인 그리스도 신성에 도달한 것과 같지 않다는 점에 유의하세요. 학교를 떠난 후에도, 여러분은 여전히 실수하고, 그 이상이 되는 여정에서 떠나 더 작게 되는 길로 갈 수가 있습니다. 하지만, 학생이 선택한다면 여전히 스승과 연결된 채로 남을 수 있습니다. 학생이 성장을 지속하면, 결국, 영원한 그리스도 신성을 성취하고 불멸의 존재인 상승 마스터가 됩니다.

꽃장식

영적인 학교의 목적이 자급자족하는 학생을 만드는 것임을 깨닫는다면, 학교는 단계별 수업을 해야 한다는 사실을 알게 됩니다. 이것은 유치원에서 아주 단순한 개념을 가르치기 시작해서 대학 수준의 가장 높은 과정으로 발전해 가는 지구의 학교 시스템과 유사합니다. 이것은 또한 수업이 진행되면서 스승의 역할이 줄어들어야 하고, 학생들이 스스로 배울 더 많은 여지를 제공해야 한다는 의미입니다. 그렇게 해야만 학생들이 수업들을 완전히 통합하여 자급자족할 수 있게 됩니다.

예수가 하인들에게 각자 일정한 양의 달란트를 주었던 우화를 통해, 이 과정을 설명했습니다. 실제로 바이블을 살펴보겠습니다.

14 하늘나라의 주인은 먼 길을 떠나는 어떤 사람으로서, 그는 하인들을 불러 재산을 나누어 주었습니다.

15 각자의 능력에 따라, 그는 한 사람에게는 다섯 달란트를 주고, 한 사람에게는 두 달란트를 주고, 또 한 사람에게는 한 달란트를

주고 떠났습니다. (마태 25장)

다른 달란트의 수는 각 학생이 개별적이며 별도의 과정을 받을 수 있음을 상징합니다. 그렇다고 한 학생이 다른 학생보다 더 낫다는 것을 상징하지는 않지만, 학생들이 다른 속도로 발전할 수 있음을 보여줍니다.

그 후, 주인은 멀리 여행을 떠나고 남은 하인들은 달란트를 사용할 방법을 결정해야 했습니다. 이것은 학생들이 졸업에 다가감에 따라, 영적인 스승이 학생들에게 배워야 할 특정한 교훈에 적합한 특정한 과제를 주고, 또한 깨달음의 여정에서 각 학생 수준에 적합한 특정한 양의 어머니 빛을 준다는 것을 상징합니다. 그런 다음, 학생들이 스승의 지시와 그들이 받은 빛으로 무엇을 할지 스스로 결정할 완벽한 자유를 제공하기 위해, 스승은 물러나게 됩니다.

16 그 후, 다섯 달란트를 받은 사람은 그것으로 장사하여, 다섯 달란트를 더 벌었습니다. (마태 25:16)

17 두 달란트를 받은 사람도 그와 같이하여, 두 달란트를 더 벌었습니다. (마태 25:17)

18 그러나 한 달란트를 받은 사람은 그것을 땅속에 묻어두고 숨겼습니다.

19 얼마 뒤에, 주인이 와서 그 종들과 셈을 하게 되었습니다.

이것은 과정의 목표가 학생들이 배우는 것임을 상징하며, 스승이 나중에 돌아와서 평가한다는 의미입니다. 이것이 영적인 학교가 있는 전반적인 목적이고, 학생들도 원래 이것에 동의했습니다. 이제 자신이 받은 재능을 증식한 학생들에게 무슨 일이 일어나는지 살펴보겠습니다.

20 다섯 달란트를 받은 사람은 다섯 달란트를 더 가지고 와서, '주인님, 주인님이 저에게 다섯 달란트를 맡기셨는데 보십시오, 다

섯 달란트를 더 벌었습니다' 하고 말했습니다.

21 그러자 주인이 그에게 '잘했다. 너는 과연 착하고 충실한 종이다. 네가 작은 일에 충실했으니 이제 내가 큰일을 너에게 맡기겠다. 자, 와서 네 주인과 함께 기쁨을 나누어라'라고 말했습니다.

22 그다음, 두 달란트를 받은 사람도 와서, '주인님, 두 달란트를 저에게 맡기셨는데 보십시오, 두 달란트를 더 벌었습니다' 하고 말했습니다.

23 그래서 주인은 그에게도 '잘했다. 너는 과연 착하고 충실한 종이다. 네가 작은 일에 충실했으니 이제 내가 큰일을 너에게 맡기겠다. 자, 와서 네 주인과 함께 기쁨을 나누어라'라고 말했습니다.

형태의 세계가 존재하는 목적은 자기 인식의 성장이며, 이것은 학생이 시작하면서 받은 재능을 증식할 때만 이루어짐을 기억해야 합니다. 하지만, 예수의 우화를 통해 전하지 못한 것은, 학생이 재능을 증식할 수 있는 방법이 한 가지 이상이라는 것입니다.

어떤 학생은 스승의 지시를 글자 그대로 따를 수 있습니다. 이것은 확실히 신의 법칙과 조화를 이루어 모든 생명을 높이는 방식으로 어머니 빛을 사용하는 것이 분명합니다. 이것은 학생에게 긍정적인 카르마를 만들고 재능을 증식하게 됩니다. 하지만, 증식 요소는 5+5=10과 같이 제한됩니다.

학생은 스승의 지시가 그리스도 마음에서 나온다는 것을 깨달을 수 있으며, 자신의 내면에 있는 그리스도 마음에 접근하게 됩니다. 그런 다음, 이 접근을 이용하여 스승의 지시를 더 깊이 이해할 수 있습니다. 이것은 글자 그대로를 따르는 접근 방식으로 얻을 수 있는 것을 넘어서 재능을 증식하게 합니다. 이것은 $5 \times 5 = 25$와 같은 훨씬 강력한 기하급수적인 증식률을 만들어냅니다.

학생은 스승에게 받은 빛이 우주적 공급원에서 비롯되고, 자신의 상위 존재를 통해 그 공급원에 접근할 수 있음을 깨닫습니다. 이 접근을 통해서 학생은 스승에게 받은 것보다 더 많은 빛을 가져올 수 있고, 이것은 기하급수적인 증식에 열리게 합니다.

어떤 학생은 지시 사항과 빛을 증식하기 위해, 위의 두 가지 방식을 함께 사용할 수도 있습니다. 이렇게 함으로써, 25 X 25 = 625와 같이, 증식률을 극대화하는 인자가 증가합니다.

이제 달란트를 증식하지 않은 종에게 일어난 일을 살펴보겠습니다.

24 그런데 한 달란트를 받은 사람은 와서 '주인님, 저는 주인님이 심지 않은 데서 거두시고, 뿌리지 않은 데서 모으시는 엄격한 분인 줄을 알고 있었습니다.

25 그래서 두려운 나머지 저는 주인님의 달란트를 가지고 가서 땅에 묻어두었습니다. 보십시오, 여기 주인님의 것이 그대로 있습니다'라고 말했습니다.

26 그러자 주인은 그 종에게 호통을 쳤다. '너야말로 악하고, 게으른 종이다. 내가 심지 않은 데서 거두고, 뿌리지 않은 데서 모으는 사람인 줄로 알고 있었다면:

27 내 돈을 쓸 사람에게 꾸어 주었다가, 내가 돌아올 때 그 돈에 이자를 부쳐서 돌려주어야 할 것이 아니냐?

28 저 자에게서 하나의 달란트마저 빼앗아, 열 가지 달란트를 가진 사람에게 주어라.

29 누구든지 있는 사람은 더 받아 넉넉해지고, 없는 사람은 있는 것마저 빼앗길 것이다.

30 이 쓸모없는 종을 바깥 어두운 곳에 내쫓아라, 거기에서 가슴을 치며 통곡할 것이다.

이 구절을 완전히 이해하려면, 예수의 우화가 2000년 전 인류 의식 수준에 맞춰진 것임을 알아야 합니다. 그 얘기는 이 행성의 사람들이 영적인 스승과 직접적인 접촉을 잃어버렸다는 사실에 맞춰져 있으며, 따라서 그들은 영적인 스승과 학생의 관계를 완전히 이해할 수 없었습니다. 대신, 사람들은 인간의 특성을 영적인 스승에게 투사합니다. 사실, 어떤 영적인 스승도 학생들을 무시하고, 비난하거나, 벌하지 않습니다.

자신의 재능을 증식하기를 거부하는 학생들이 어려운 결과를 겪게 되는 것은 사실이지만, 이것을 완전히 이해하려면, 학생들이 어떻게 영적인 스승과 접촉을 잃어버렸는지 살펴봐야 합니다. 그렇게 하기 전에 재능을 증식하지 않는 방법을 간략히 살펴보겠습니다.

어떤 학생은 두려움 때문에 스승의 지시를 무시할 수 있습니다. 그 학생은 실수를 아주 두려워하여, 아무것도 하지 않으려고 합니다. 그 학생은 받은 빛의 양을 정확히 보존하기 위해 확실한 것만 해서, 그 빛을 스승에게 돌려주려고 할 것입니다. 하지만, 스승은 빛을 보존하는 데에는 관심이 없으며, 학생의 성장을 돕는 일에 관심이 있습니다. 학생이 실수의 위험을 감수하지 않으면 성장할 수 없으며, 따라서 창조의 목적이나 스승과의 접촉에 저항하게 됩니다. 예수의 우화에서 종이 했듯이, 학생은 스승에 대해 제한된 이미지를 투사함으로써 이것을 정당화합니다.

어떤 학생은 자만심 때문에, 스승의 지시를 넘어설 수 있습니다. 그는 이제 낮은 마음을 사용해서 지시를 재해석하고, 따라서 그들은 자신이 말하고 싶은 것을 말하려고 할 것입니다. 학생이 자기중심적인 목적을 위해 빛을 사용할 수 있으며, 이것은 곧 다른 생명과 비교해서 자신을 높이려 한다는 의미입니다. 이것을 정당화하기 위해, 학생은 자기 자신은 자신이 한 일을 할 권리가 있고, 그것이 실수가 아니라고 확신합니다. 학생은 자신이 옳고, 스승이 잘못되었다고까지 확신할 수도 있습니다.

어떤 학생은 순전히 육체적 즐거움을 위해 빛을 사용할 수 있습니다. 그는 돈을 벌기 위해 투자를 하지 않고 소비에 돈을 지출합니다. 다시 말해, 학생은 자신이 이렇게 할 권리가 있으며, 자신의 행위가 자신과 타인들에게 어떤 제한적인 영향도 미치지 않는다고 확신할 수 있습니다.

이것을 염두에 두고, 지구의 학생들이 자신의 영적인 스승과 어떻게 접촉이 단절되었는지 살펴보겠습니다.

열쇠 8
인간은 어떻게 영적인 스승들과
접촉이 단절되었는가?

인간이 자신의 스승들과 어떻게 그리고 왜 분리되었는지를 알기 위해, 여러분의 존재 전체를 더 자세하게 살펴볼 필요가 있습니다. 이것을 지구에서 진화하고 있는 대부분의 존재에게 적용될 수 있는 일반적인 용어로 설명하겠습니다. 나는 앞에서 모든 것은 알파와 오메가 측면이 있으며, 여러분의 존재 역시 알파와 오메가 측면이 있다고 언급했습니다. 여러분의 존재 전체를 무한 8자 형상에 비유할 수가 있습니다.

무한 8자 형상의 윗부분은 여러분 존재의 영적인 부분을 나타내며, 이 부분은 영원히 영적인 영역에 존재합니다. 이 부분은 여러분의 개체성에 대한 신성한 청사진을 포함하고 있으며, 여러분이 물질계에서 행하는 어떤 일로도 이 부분을 훼손할 수 없습니다. 이것은 불멸의 영적인 존재의 확장체로, 여러분 정체감의 바로 그 토대입니다. 상승 호스트들은 여러 가르침에서, 이 존재를 아이엠 현존(I AM Presence)이라고 불렀습니다.

무한 8자 형상의 아랫부분은 여러분 존재의 일부를 나타내며, 여러분이 물질계에서 자신을 표현할 수 있는 힘을 부여받도록 설계되었습니다. 이 하위자아는 여러 부분으로 구성되어 있는데, 이에 대해서는 나중에 검토할 것입니다. 우선, 중요한 점은 여러분의 하위 존재는 여러분의 정체감에 집중되어 있다는 것으로, 이 정체감은 영적인 존재로서의 자신에 대한 느낌과 물질우주에 있는 존재로서의 자신에 대한 느낌, 이 둘 모두를 의미합니다.

여러분의 영적 자아는 자신의 의식으로부터 여러분을 창조한 영적 존재가 여러분에게 준 선물이라고 할 수 있습니다. 이것은 결코 잃어버릴 수 없는 여러분의 신성한 청사진입니다. 다시 말해서, 여러분이 물질우주에 무슨 일을 하든, 이 신성한 청사진을 망가뜨릴 수 없습니다. 왜냐하면 이 청사진은 물질우주의 주파수를 뛰어넘는 진동 스펙트럼에 존재하므로, 물질우주 주파수에 영향을 받을 수 없기 때문입니다. 여기서 중요한 점은 여러분의 원래의 신성한 정체성은 결코 잃어버릴 수 없다는 것입니다. 여러분이 잃어버릴 수 있는 것은 신성한 정체성과의 연결, 그리고 (심지어는) 그에 대한 기억입니다. 내가 설명한 것처럼, 학생이 배우는 과정에는 두 가지 측면이 있고, 이것은 지구에 육화해 있는 모든 존재에게도 실제로 똑같이 적용됩니다.

알파 측면은 여러분의 신성한 정체성을 찾아내고 이를 완전히 구현하여, 자신이 누구인지를 알게 되고, 영적인 존재로서의 자신을 받아들이는 깨달음의 지점에 도달하는 것입니다. 그런 다음, 여러분은 자신의 신성한 개체성을 물질계에서 행하는 모든 것을 통해 표현할 수 있습니다. 여러분은 위에서 모든 것이듯이, 여기 아래에서도 모든 것이 됩니다. 새로운 학생은 이런 계몽된 자기 인식을 갖지 못하고, 분리된 존재로서 제한된 자기 인식을 지니고 시작합니다. 스승의 역할은 학생들이 자신의 영적인 정체성을 찾아내고, 이를 받아들이며, 내면화할 수 있도록 안내하는 것입니다.

배움의 과정에서 오메가 측면은 물질세계에서 공동창조를 하기 위한 플랫폼 역할을 하는 정체감을 구축하는 것입니다. 다시 말해서, 여러분은 알파 정체성을 발견하게 되어 있지만, 오메가 정체성은 정의하게 되어 있습니다. 새로운 학생은 영적인 면과 물질적인 면 모두에서 자신이 누구인지에 대한 제한된 감각을 가지고 시작합니다. 자신의 신성한 개체성을 더 많이 찾아내고 물질세계를 더 많이 경험함에 따라, 학생은 물질세계를 다스리고 신의 나라를 지구에 실현하는 임무와 함께, 영적인 존재로서의 정체성을 점진적으로 구축합니다. 적어도 앞으로 일어날 이상적인 일은 이렇게 될 것입니다.

⁓๛๏๛⁓

이제 논리적인 질문은 이런 복합적인 정체감을 구축하는 존재가 누구냐 하는 것입니다. 여러분의 정체감은 어디에 중심을 두고 있나요? 여러분이 누구이고, 무엇이며, 여러분이 아닌 것은 누구/무엇인지를 결정하는 여러분은 과연 무엇일까요? 이것을 이해하는 것이 존재의 핵심적인 수수께끼이고, 여러분 존재에 대한 물질적인 측면과 영적인 측면 사이의 잃어버린 고리입니다. 불행하게도, 이런 이해는 이 행성에 있는 대부분의 영적이고 종교적인 가르침에서 이미 사라져 버렸습니다. 상승 호스트들은 지금이 사라진 이 부분을 바로잡아야 할 때라는 결론을 내렸으며, 성모 마리아의 책이 그 첫 단계였습니다. 이 책에서, 나는 성모가 밝힌 사실들을 토대로 해서 말하겠습니다.

앞에서 설명한 것처럼, 형태의 세계에 존재하는 모든 것은 두 가지 기본적인 극성, 즉 아버지의 확장하는 힘과 어머니의 수축하는 힘 간의 상호 작용으로 창조됩니다. 하지만, 이 두 극성이 역동적인 균형을 이룰 때만 지속 가능한 창조가 가능합니다. 이런 균형을 만들어내고 유지하도록 설계된 요소는 아들의 요소, 즉 보편적인 그리스도 마음입니다.

여러분의 존재를 무한 8자 형상에 비유하면, 윗부분은 아버지의 극성을 나타내고, 아랫부분은 어머니의 극성을 나타냅니다. 여러분이 깨달음에 도달하고, 자신의 존재를 다스리며, 지구에서 임무를 수행하기 위해, 여러분은 반드시 두 가지 측면을 균형 있게 유지하거나 하나로 통합해야 합니다. 무한 8자 형상의 연결점은 아들, 즉 그리스도를 나타내는 존재의 일부로서, 여러분 존재의 윗부분과 아랫부분의 균형을 유지하게 되어 있습니다. 이 부분은 성모 마리아가 의식하는 자아(Conscious You)라고 부르고 있지만, 나는 이 책에서 의식하는 자아(conscious self)라고 하겠습니다. 여러분은 자유의지가 있으므로, 로봇이나 동물이 아닙니다. 이 말은 여러분이 자신이 존재한다는 것을 인식하고, 자신이 영적인 존재임을 알며, 지구에서 의식적으로 공동창조할 수 있는 능력이 있다는 의미입니다. 이렇게 할 수 있는 바로 그 토대는 여러분이 자신이 존재한다는 것을 알 수 있는 능력인 자기 인식(self-awareness)을 가졌다는 사실입니다. 불멸의 영적인 존재가 창조한 존재의 일부가 여러분에게 있으므로, 여러분이 존재하는 것이며, 따라서 그것은 영원한 것입니다. 여러분은 창조주의 존재와 의식으로부터 창조되었기 때문에, 자신이 존재한다는 것을 알 수 있습니다. 신 없이는 존재하는 어떤 것도 만들어지지 못했을 것이기 때문입니다. (요한 1:3) 따라서 창조주의 모든 곳에 존재하는 자기 인식은 여러분 존재 안에 내재되어 있습니다. 여러분의 자기 인식의 기초는 여러분의 아이앰 현존(I AM Presence)입니다. 이 아이앰 현존은 여러분에게 "나는(I AM) 존재한다. 나는 살아 있다. 나는 존재하고 있다."라는 것을 알게 해주는 토대를 제공합니다. 하지만, 실제로 이것을 인식하는 부분은 여러분의 의식하는 자아(conscious self)입니다. "나는(I am)"이라고 말하며, "나는"이라는 말 뒤에 붙는 특성을 정의하는 존재가 바로 의식하는 자아입니다.

여러분의 의식하는 자아는 여러분의 존재 전체 중에서도 핵심입니다. 자신이 누구인지를 결정하는 것도 이것이고, 물질계에서 자신을 어떻게 표현해야 할지를 결정하는 존재도 바로 이 의식하는 자아입니다. 이런 결정을 하게 하는 근거가 무엇일까요? 그것은 여러분의 정체감, 즉 여러분이 자기 자신으로 보는 존재이며, 여러분이 모든 중요한 단어 앞에 놓는 것, "나는(I AM)"입니다. 여러분이 자신의 정체성을 무엇으로 정의하느냐에 따라 물질계에서 공동창조하는 방법이 결정됩니다. 분명한 것은 여기에도 두 가지 측면이 있는데, 다시 말해, 여러분의 신성한 개체성을 얼마나 찾아내고, 받아들였으며, 내면화했는가 하는 것과 여러분 스스로 자신을 위해 어떤 유형의 물질적 정체성을 구축했느냐 하는 것입니다. 요점은 여러분의 알파 정체성을 찾아내고, 오메가 정체성을 구축하는 두 가지의 임무를 가지고 있는 것이 의식하는 자아라는 것입니다. 의식하는 자아는 여러분의 상위 존재가 낳은 독생자이며, 이 아들만이 여러분의 영적인 정체성을 의미하는 아버지를 알 수 있습니다. 여러분이 누구인지를 결정하는 것은 의식하는 자아입니다. 나중에 알게 되겠지만, 물질우주에서 여러분 삶의 모든 측면은 여러분의 정체성이 직접 결정합니다. 따라서 의식하는 자아는 여러분 하위 존재의 핵심이며, 여러분의 자아감 중심에 해당하는 것입니다. 그러므로 의식하는 자아가 자신을 자각하는 것은 필수적입니다.

❦

　새로운 공동창조자가 태어나거나, 어떤 학생이 우주 학교에서 시작할 때, 이런 존재는 제한적인 자기 인식을 지니게 됩니다. 이것이 어떤 벌이나 설계상의 결함이 아니라는 것을 반드시 깨달아야 합니다. 이와는 반대로, 형태의 세계가 존재하는 목적은 자기 의식하는 존재들이 제한적인 자기 인식을 지니고 시작하여, 신의 완전함을 향해 성장해 가는 경험을 제공하기 위한 것입니다. 창조주는 제한된 자기 인식에서 신의 완전한 의식으로 돌아오는 여정을 경험하기 위해, 의식하는 자아라는 자기 인식 일부에 초점을 두기로 선택했다고 할 수 있습니다. 하지만, 이런 여정은 전체성에서 특별함(specialness)으로 갔다가, 다시 전체성 속으로 돌아와 용해되는 단순한 여정이 아닙니다. 의식하는 자아가 신 의식으로 돌아오면, 의식하는 자아는 창조주의 존재 속으로 사라지게 되겠지만, 의식하는 자아가 돌아오는 동안 구축한 정체성에 기초한 새로운 자아가 태어납니다. 이런 정체성은 사라지지 않으며, 여정을 통해 배운 모든 것을 완전하게 내면화한 새로운 신으로서의 불멸을 이루게 됩니다. 공동창조자의 정체성과 자아감은 만들어지고 있는 신입니다.

　또한, 모든 것은 자유의지의 법칙이라는 테두리 내에서 작용하게 된다는 것도 반드시 깨달아야 합니다. 따라서 여러분은 여러분 관점에서 선택할 여지도 없게 창조된 것이 아닙니다. 여러분의 정체성은 실제로 분리된 실체가 아니라, 영적인 존재, 즉 여러분을 창조한 마스터의 확장체입니다. 마스터가 자신의 확장체를 창조할 때, 부분적으로는 자기 인식에서 성장을 경험하기 위해, 또 다른 한편으로는 이 세상에 빛을 가져오는 데 도움을 주기 위해, 자신의 개별적인 확장체들을 물질우주로 보내기로 결정합니다. 이런 과정을 촉진하기 위해서, 마스터는 자신의 존재 내부에 개별적인 존재들을 창조했고, 이런 존재 가운데 하나가 개별적인 공동창조자의 아이앰 현존입니다. 하지만, 그 이후, 각각의 아이앰 현존은 자신의 확장체를 물질우주로 내보내기 위해 의식적인 선택을 해야 했습니다. 이런 결정을 할 때만, 공동창조자의 하위 부분이 창조되며, 그때에야 비로소 의식하는 자아가 무한 8자 형상의 연결점에 자리를 잡게 됩니다.

여러분의 의식하는 자아는 창조주의 더 큰 화염의 개별적인 불꽃, 즉 신의 존재가 개체화한 것이며, 이 불꽃은 자기 인식을 위한 토대로 여러분에게 주어졌습니다. 여러분의 의식하는 자아는 창조주라는 존재가 확장한 것이라고 말할 수 있는데, 이 의식하는 자아는 형태의 세계에서 특정한 위치에 초점이 맞춰져 있습니다. 이 목적의 일부는 여러분이 불멸의 정체감을 구축할 때까지, 이런 토대 위에 자신의 정체감을 추가로 쌓고 증식할 수 있도록, 창조주라는 존재의 불꽃을 여러분에게 주기 위한 것입니다. 이 목적의 또 다른 부분은, 모든 것을 아우르는 창조주의 관점이 아니라 특정한 관점에서, 창조주가 내부로부터 창조물을 경험할 수 있는 기회를 주기 위함입니다. 창조주의 자기 인식은 모든 곳에 존재합니다. 이것은 창조주가 창조된 모든 곳에 존재하며 또한 전체를 인지하고 있다는 의미입니다. 의식하는 자아는 창조주라는 존재의 일부이며, 창조의 특정한 지점에, 여러분의 경우에는 물질우주와 지구 행성에 초점을 맞추고 있습니다. 하지만, 여러분은 창조주라는 존재에게서 벗어나 있습니다. 따라서 여러분은 모든 곳에 존재하는(omnipresent) 창조주의 의식을 성취할 때까지, 자기 인식을 확장할 수 있는 잠재력을 가집니다. 하지만 한 가지에 집중하는 것(one-pointedness)에서 모든 것에 집중하는 것(all-pointedness)으로 나아가는 여정 동안에도, 여러분은 여전히 개체성을 유지할 수 있습니다. 나는 분리된 존재라는 자기 인식을 가진 인간에게는, 창조주가 분리된 영혼의 불꽃으로 자신을 나눌 수 있고, 그러면서도 여전히 하나됨인 존재, 즉 모든 곳에 편재하는 창조주로 있을 수 있다는 것을 헤아리기 어려움을 잘 알고 있습니다. 하지만, 여러분이 깨달음을 향해 성장함에 따라, 하나됨인 신이 그 자신을 어떻게 무한히 많은 수로 나누면서도 여전히 하나됨으로 남아 있는지를 점차 경험하게 됩니다.

의식하는 자아가 현재는 특정한 지점에 초점이 맞춰져 있지만, 자신의 자기 인식을 무한히 확장할 수 있는 잠재력이 있다는 것을 깨닫는 것이 중요합니다. 다시 말해서, 의식하는 자아는 고정된 정체성이 아니라는 것입니다. 시작 지점이 주어지고 난 후, 의식하는 자아는 거기에서부터 자신의 정체감을 구축해야 할 임무를 맡게 됩니다. 따라서 의식하는 자아는 스스로가 자신이라고 여기는 그 존재가 되며, 자신과 동일시하는 그 존재가 됩니다. 여러분은 자신이 누구라고 생각하는 것에 따라 공동창조한다는 의미에서, 여러분은 자신이라고 생각하는 그 사람이 됩니다.

나는 이 책을 읽고 있는 많은 사람이 이런 개념을 복잡한 감정으로 맞닥트린다는 것을 아주 잘 알고 있습니다. 많은 사람이 제한된 정체감을 가지고 있고, 이들은 자신이 창조하지 않은 상황 속에 갇혀 있다고 느낍니다. 심지어 어떤 사람들은 자신들이 존재한다는 사실에 대해서도 복잡한 느낌을 가지고 있습니다. 하지만, 깨달음으로 가는 영적인 여정의 핵심은 현재의 자기 자신이 마음에 들지 않는다면, 자신이 누구인가에 대한 감각을 바꿈으로써 자신이 누구인지를 변화시킬 잠재력이 있다는 것입니다. 그리고 다음 장에서 설명하겠지만, 일단 여러분이 정체성을 바꾸고 나면, 외부 상황도 이에 따라 바뀔 것입니다.

다시 말해서, 현재 상황이 마음에 들지 않으면, 여러분의 자기 인식을 확장함으로써, 그런 상황을 바꿀 수 있는 잠재력이 여러분에게는 있습니다. 여러분의 의식하는 자아는 자신이 누구라고 생각하는 존재입니다. 하지만, 여러분은 자신이 누구라고 생각하는 존재를 변화시킴으로써, 상황을 바꿀 수 있습니다. 어떤 한계를 지닌 인간이라는 존재가 마음에 들지 않으면, 여러분은 자기 인식을 확장하여, 자신이 진실로 인간적인 제한을 모두 벗어난 영적인 존재라는 사실을 깨달을 수 있습니다. 지구에 있는 한 인간으로서 여러분은, 특정한 지점에 자기 인식을 집중하기로 선택했습니다. 하지만, 깨달음을 향한 체계적인 길을 따름으로써, 이제는 자기 인식을 확장하여 다른 어느 곳에도 초점을 맞출 수 있습니다.

———❦———

선택에 대해 더 자세히 살펴보겠습니다. 의식하는 자아는 아이앰 현존의 확장체이며, 아이앰 현존은 자신을 물질우주로 확장하기로 선택했습니다. 여러분의 아이앰 현존 역시 자기 자신을 물질우주로 확장하기로 선택한 더 큰 존재의 개체화입니다. 이 존재 또한 더 큰 존재가 확장한 것이며, 이런 식으로 존재의 사슬을 따라 계속 올라가면, 결국에는 창조주에게 이르게 됩니다. 창조주는 자기 존재의 자기 의식하는 확장체들을 창조하기로 선택했습니다. 따라서 여러분이라는 이 존재는 선택에 근거하고 있습니다. 창조주의 확장체로서, 의식하는 자아가 여러분 성장의 토대로 봉사하기 위해, 물질우주로 들어오기로 선택했다는 것입니다. 내 말의 요점은 여러분의 의식하는 자아가 현재는 자기 자신을 분리된 존재로 여기고 있다 할지라도, 진실은 여러분이 신의 몸의 일부라는 것입니다. 진실로 여러분은 그런 신의 몸이며, 여러분의 더 큰 존재는 자신의 일부, 즉 현재 여러분이 자신이라고 인식하는 의식하는 자아에 초점을 맞추기로 선택했던 것입니다.

따라서 여러분 존재의 더 큰 부분은 물질우주로 들어가기로 선택했습니다. 비록 여러분이 현재의 정체성으로, 존재 속으로 들어가겠다고 의식적인 선택을 하지 않았다 하더라도, 여러분은 여전히 자신의 정체성을 무한히 확장할 수 있는 가능성이 있다고 말할 수 있습니다. 다시 말해서, 여러분이 현재 경험하고 있는 삶의 어떤 측면들은 마음에 들지 않고, 심지어 살고 싶지 않다고 느끼게 하는 것일 수도 있습니다. 하지만, 그런 측면을 제거할 수 있다면, 그래도 여전히 존재하게 된 것을 후회할까요? 여러분의 자기 인식은 일종의 컨테이너 같습니다. 삶의 경험은 거기에 무엇을 넣느냐에 따라 결정됩니다. 따라서 삶의 경험이 마음에 들지 않는다면, 여러분에게는 자아라는 컨테이너에 담긴 내용을 바꿀 수 있는 선택권이 있습니다. 그리고 그 내용이 여러분에게 즐거운 삶의 경험을 준다면, 여러분은 자기 인식을 하게 된 것을 후회하지 않을 것입니다.

영적인 스승으로서 내 경험에 따르면, 자기 의식하는 존재가 제한된 정체감을 극복하고 나면, 자신이 살아 있다는 것에 대해, 그리고 자기 인식이 있다는 것에 대해 후회하는 법이 없었습니다. 개인적인 삶의 경험 중 어떤 측면들은 부정적인 느낌을 주기도 하지만, 이런 것이 사라지면 그 사람은 자신의 상위 존재와 연결되며, 이 상위 존재가 물질세계에 있는 개별적인 존재로서의 자신에게 초점을 맞추기로 선택했다는 것을 깨닫습니다. 따라서 여러분은 자신의 상위 존재에, 그리고 자신이 사랑으로 했던 선택들에 다시 연결되면서, 현재 처해 있는 상황에 대한 후회와 분노의 감정을 모두 극복할 수 있습니다. 그리고 참된 자신과 다시 연결됨으로써, 여러분의 외부 상황은 마술처럼 변할 것입니다. 하지만, 나중에 알게 되겠지만, 마술이란 존재하지 않습니다. 여러분의 외부 상황들은 단지 여러분의 정체성을 반영하는 것에 불과합니다. 따라서 원인이 있으면 결과는 자동으로 따라옵니다. 모든 참된 영적인 스승의 역할은 학생들이 제한된 정체감을 초월하고, 자신의 더 큰 존재들과 다시 연결될 수 있도록 돕는 것이라고 할 수 있습니다.

나는 또한 여러분이, 자기 인식의 성장을 위한 토대로써, 미리 규정된 신성한 정체성(predefined divine identity)을 가지고 창조되었다는 사실을 분명히 하겠습니다. 여러분이 육화할 때, 여러분이 해야 하는 임무는 그런 정체성을 물질우주에서 표현하는 것이고, 그렇게 하려면, 먼저 자신의 더 큰 존재와 연결되어야 합니다. 말하자면, 여러분의 오메가 정체성을, 즉 이 세계로 들어오고 난 이후 여러분이 창조해 온 정체성을 알파 정체성과 정렬해야 합니다. 따라서 여러분은 위에서 모든 것이듯이, 아래에서도 모든 것이 될 수 있습니다. 일부 사람에게는 이것이 원하지 않는 어떤 존재가 되어야 한다고 강요하는 소리로 들릴 수도 있습니다. 하지만, 진실은 여러분이 이 세계로 들어오기 전, 여러분의 상위 존재는 정말로 자신의 개체성을 이 세상에 표현하고 싶어 했다는 것입니다. 여러분과 상위 존재의 연결이 단절됨으로써, 이런 목적과 상위 존재의 선택을 망각하게 된 것입니다. 하지만, 여러분에게는 이에 대한 잠재의식적인 기억이 있으며, 그렇기 때문에 여러분은 존재의 이유에 따라 살아가기 전에는 진정한 보람을 느끼지 못합니다. 따라서 상위 존재와 정렬되는 것은 여러분에게 강요된 일이 아닙니다. 그것은 여러분이 진정으로 원하는 것입니다. 그것이 완전함에 이르는 열쇠이며, 삶에서 성취감을 얻을 수 있는 열쇠입니다.

～～✿～～

여러분이 제한된 정체감을 지니고, 이 세상에서의 여정을 시작했다는 사실에 대해 다시 살펴보겠습니다. 심리학자들은 지구에 새로 태어난 갓난아기는 자기 자신을 자신이 직면한 환경의 중심으로 여긴다는 사실을 발견했습니다. 기본적으로, 갓난아기는 자신의 환경을 모든 부분이 자신에게 봉사하도록 설계된 일종의 기계로 생각합니다. 아이는 자신을 그 세상, 즉 자신의 욕구를 충족시키도록 설계된 세상의 중심이라고 여기는 듯합니다. 아이가 성장함에 따라, 이런 세계관은 더 폭넓은 세계관으로 대체되어야 합니다. 아이는 자신이, 자신의 욕구를 독점적으로 충족시키도록 설계되어 있지 않은 외부 세계에서 살아가는, 개별적인 존재임을 깨닫게 됩니다. 이와는 반대로, 세상에는 많은 무생물을 비롯하여 아이들의 욕구를 충족시켜주지 않을 분리된 존재들이 살아가고 있습니다.

유아 발달의 첫 단계는, 자신이 환경의 중심이라는 느낌과 자기 자신을 분리하는 것이라고 말할 수 있습니다. 이런 분리가 고통스럽고, 심지어 트라우마가 될 수 있지만, 이것은 실질적으로 아이의 성장을 위한 토대가 됩니다. 오직 이렇게 함으로써 아이는 현실적인 정체성을 개발하고, 자신의 개성을 구축해 갈 수 있습니다. 이런 상황은 영적인 학교의 신입생에게 일어나는 일과 비슷합니다. 학생은 자신이 자기 환경의 중심이라는 느낌에서 반드시 분리되어야 하며, 거기에서부터 자아감을 발견하고 발전시켜 나가야 합니다. 여기에는 여러 요소가 포함됩니다.

자아. 학생은 반드시 자신의 영적인 개체성을 발견해야 하며, 그 개체성을 자신의 자아감 안에 통합해야 합니다. 또한, 영적인 정체성이 반영된 물질적인 정체성도 구축해야 합니다.

세상. 학생은 자신이 환경의 산물이 아니며, 물질적인 존재 이상이라는 것을 반드시 깨달아야 합니다. 그렇게 해야만, 학생은 물질 우주를 다스릴 수 있는 본연의 임무를 수행할 수 있으며, 지구에 신의 나라를 가져오도록 도울 수가 있습니다.

다른 존재들. 자신이 처한 환경에서 살아가는 존재가 자신만은 아니라는 사실을 학생은 받아들여야 합니다. 학생은 공동창조적인 노력에 있어서 균형을 유지하는 법을 배워야 하고, 그렇게 함으로써 자신을 끌어올리려고 하는 대신 전체를 끌어올리게 됩니다. 결국, 자기 자신을 끌어올리는 궁극적인 방법은 모든 생명이 하나이므로, 전체를 끌어올리는 것임을 깨달아야 합니다.

이제, 모든 것은 알파와 오메가 측면이 있고, 지속 가능한 성장은 두 가지 힘이 균형을 이룰 때만 가능하다는 사실로 되돌아가겠습니다. 상위 영역의 각각의 요소도 알파와 오메가 측면을 가지고 있으며, 두 가지가 서로 균형을 이루지 못한다면, 학생은 두 가지 극단 중에서 어느 하나의 극단으로 치우치게 될 것입니다. 학생이 지배적인 알파 극성, 즉 확장하는 힘을 가지고 있다면, 상황이 너무 멀리 나아갈 수가 있습니다. 만약 수축하는 힘인 오메가 측면이 지배적이라면, 상황이 충분히 전개되지 못할 것입니다. 이제 이것이 각각의 요소에 어떻게 영향을 미치는지 살펴보겠습니다.

자아. 목표는 현실적인 자아감을 개발하는 것이며, 이런 자아감은 참된 자존감을 만듭니다. 이런 자아감은 상위 존재와 하나됨을 개발할 때 생겨납니다. 알파 측면이 우세하다면, 과장된 자존감을 발달시킬 것이고, 학생은 자신이 타인들보다 더 낫다고 생각하기 시작할 것입니다. 오메가 측면이 우세하다면, 학생은 너무 낮은 자존감을 지니게 될 것이며, 자신이 지구를 다스리는 임무를 수행할 가치가 없다고 생각할 것입니다. 지구 행성에서 이 두 가지 사례를 많이 볼 수 있습니다. 일부 사람들은 자신들이 파워 엘리트에 속하며, 일반 대중을 지배할 권리를 가지고 있다고 생각합니다. 반면에, 일부 다른 사람들은 신이 자신을 죄인으로 만들었기 때문에, 자신들은 옳은 것은 아무것도 할 수 없는 불쌍한 죄인이라고 생각합니다.

세상. 목표는 신의 법칙이라는 틀 속에 머물면서, 물질우주를 다스리는 임무를 수행하는 것입니다. 알파가 우세하다면, 학생은 자신이 타인들에게 강요할 권리가 있다거나, 자신의 법칙을 스스로 정의할 수 있다고 생각할 것입니다. 만약 오메가가 우세하다면, 학생은 자기 자신을 접하고 있는 환경의 산물이라고 여길 것이며, 이것은 곧 자신에게 환경을 바꿀 수 힘이나 권리가 없다는 의미입니다. 지구에서 여러분은 목적이 수단을 정당화할 수 있다고 생각하는 사람들을 볼 수 있습니다. 이들은 하늘을, 그리고 지구를 힘으로 취하려고 합니다. 그들은 지구와 다른 사람들에게 자신들이 원하는 것은 무엇이든지 행할 수 있다고 생각합니다. 또한, 인간은 자연의 일부가 아닌 외계의 창조물로, 환경을 변화시킬 권리가 없다고 생각하는 사람들도 볼 수 있습니다. 이런 사람은 지구를 다스리기 위해, 자신들의 공동창조 능력을 사용하는 것을 전적으로 부정합니다.

다른 존재들. 목표는 모든 다른 존재와 하나라는 느낌을 개발하는 것이며, 이런 느낌은 자신의 상위 존재와의 하나됨을 개발하고, 모든 다른 존재도 같은 근원에서 왔다는 것을 깨닫는 데서 옵니다. 만약 알파가 우세하다면, 학생은 자신과 타인들을 비교하려는 덫에 빠져, 자신이 타인들보다 낮게 보이려고 노력할 것입니다. 이것은 끝없는 경쟁의 순환으로 이어질 수 있으며, 심지어 타인들을 끌어내리거나, 자신의 우월감을 위협하는 사람들을 파괴하면서, 자신을 끌어올리려고 시도할 수도 있습니다. 오메가의 힘이 우세하다면, 학생은 타인의 통제에 복종할 것이고, 자신을 위해 결정을 해줄 사람들을 찾을 것입니다. 기본적으로 학생의 모든 정체성은 제거될 것이며, 스스로 외적인 힘으로 통제되는 생물학적인 로봇이 될 것입니다. 지구에서 통제나 우월성을 추구하려는 끝없는 순환 속에서 타인들과 싸우는 사람들을 많이 보게 됩니다. 또한, 어떤 개체성도 표현하지 않는 사람들도 많이 볼 수 있습니다. 이들은 집단적 본능에 따라 움직이는 동물과 같습니다. 이들은 해파리처럼, 대중의식이라는 오염된 바다의 조류를 따라 아무 생각 없이 흐르고 있습니다.

이제 학생들의 주된 목표는 균형 잡힌 정체성을 개발하는 것임을 알았을 것입니다. 여러분이 현재 처한 상황이 마음에 들지 않는다면, 그 원인은 여러분이 과거에 균형 잡히지 않은 정체성을 개발했기 때문입니다. 여러분의 현재 정체성이 어떤 것이든 상관없이, 모든 영적인 구도자가 가져야 하는 목표는 여러분을 창조한 신의 확장체로서 참된 정체성을 개발하는 것이어야 합니다. 하지만, 여러분이 현재 있는 곳에서 원하는 곳에 도달하기 위해서는, 자신의 상위존재와 영적인 스승들과의 연결이 어떻게 끊어지게 되었는지를 이해해야만 합니다.

～～～❦～～～

앞에서 말했듯이, 어떤 학생은 새로 태어난 갓난아이처럼, 아주 좁게 초점이 맞춰진 자기 인식을 가진 채 시작합니다. 그 학생은 자신의 신성한 개체성에 대한 직관력만 가지고, 주의를 요구하는 환경에서 살아갑니다. 따라서 새로운 학생이 대부분의 관심을 자신의 환경과 관련해서, 자신이 누구인지에 대한 감각을 개발하는 데 집중하는 것은 당연합니다. 다시 말해서, 학생은 자신이 처한 환경이 요구하는 것에 바탕을 둬서 자신의 정체성을 정의하기 시작합니다. 지구의 현재 조건들과 반대되는, 영적인 학교의 보호된 환경에서, 이것은 진실로 문제가 아닙니다. 하지만, 새로운 학생은 환경에 따라 형성되는 정체감을 구축할 가능성이 크므로, 자신의 신성한 개체성과 어느 정도 조화를 이루지 못하는 정체감을 개발할 수도 있습니다. 따라서 학생이 성숙해지고, 자신의 신성한 개체성을 찾아내 통합하기 시작하면, 이전의 정체감을 초월해야 할 것입니다. 학생의 세속적인 정체성은 반드시 참되고 신성한 정체성으로 대체되어야 합니다.

처음에는 학생이 환경의 지배를 받는 것이 자연스럽지만, 학생이 성숙해짐에 따라, 이상적으로는 자신의 신성한 개체성을 깨닫고, 자신의 자아감에 대한 지배권을 되찾아야 합니다. 이것은 환경에 따라 어떤 존재가 되는 것이 아니라, 참된 자신이 되어야 하는 문제입니다. 여러분은 자신의 신성한 개체성과 하나가 되어야 하며, 그런 다음 그 개체성을 물질세계에서 행하는 모든 것을 통해 표현해야 합니다. 물론 이것은 지구에서의 경험과는 전혀 다릅니다. 다시 말해 지구의 부모와 사회가 그들의 규범에 따라 성장하도록 여러분에게 바라는 것과는 완전히 다릅니다.

학생이 성숙해짐에 따라, 지구의 10대 청소년기에 비교될 수 있는, 성장의 중요한 단계에 도달합니다. 이 시기에 학생은 자급자족 능력을 개발하기 시작해야 하고, 이것은 이제 영적인 스승은 어느 정도 뒤로 물러나 있어야 한다는 의미입니다. 초기에는 지구의 꼬마들처럼, 학생은 지속적인 보호를 받습니다. 하지만, 이제 스승은 학생이 자신을 발견할 수 있도록, 일정한 거리를 유지해야 합니다.

영적인 학교와 지구 학교의 차이는 스승이 학생을 통제하려고 하지 않는다는 것이며, 그래서 학생은 스승의 말을 거역할 이유가 없습니다. 하지만, 학생은 스스로 서기 위해서, 스승의 그늘에서 벗어날 필요가 있습니다.

스승이 뒤로 물러나는 것이 학생에게는 기회이며 또한 필요한 일인데, 이런 기회가 주어지지 않는다면, 학생은 자급자족할 수 없게 될 것입니다. 하지만, 이렇게 하는 데에는 내재된 위험이 따릅니다. 스승이 학생과 거리를 유지함에 따라, 학생이 스승에게 뭔가를 숨길 수 있게 됩니다. 스승은 학생의 자유의지를 철저하게 존중하므로, 학생은 스승에게 뭔가를 숨기려 하면서, 불균형한 정체성을 발달시킬 수 있습니다. 실제로는, 어떤 것도 스승에게 숨길 수 없지만, 스승은 학생의 사적인 비밀을 허용하며, 학생이 스승에게 숨기려고 선택한 어떤 것과도 부딪치려고 하지 않습니다. 통제를 받는 환경에서는 자급자족을 발달시킬 수 없으므로, 스승이 이런 접근 방식을 택하지 않는다면, 학생은 자급자족할 수 없게 될 것입니다. 여러분은 스스로 서도록 강요받을 수 없고, 자유로워지라고 강요받을 수도 없습니다.

영적 교육의 더 높은 단계에 이르면, 스승은 계산된 위험을 감수하는데, 이것 때문에 학생이 스승과 함께 하는 것을 꺼리게 하는 정체감을 점차 구축할 가능성이 있습니다. 이것은 결국 학생이 의식적이고 고의로 스승에게서 벗어나 숨겠다고 선택하게 할 수 있게 하고, 그 선택이 스승과 제자의 연결을 끊어버립니다. 이런 현상이 일어나는 이유를 충분히 이해하기 위해서는, 많은 사람이 의심의 여지가 없다고 믿도록 양육되어온 신에 대한 잘못된 개념 가운데 하나를 살펴봐야 합니다.

나중에 알게 되겠지만, 인간 에고는 통제에 대한 만족할 줄 모르는 욕망을 가지고 있습니다. 상황을 통제할 수 있는 유일한 방법은 다음에 일어날 일을 예측하는 것이고, 이런 예측은 반드시 순서에 따라야 합니다. 따라서 인간은 우주를 자신이 정의하는 규칙들을 따르는 질서정연한 공간으로 바꾸어 놓으려고 하는 커다란 욕망이 있습니다. 이것은 모든 것이 신의 의지에 따르게 되어 있다고 주장하는 많은 종교에 명확하게 표현되어 있습니다. 역설적으로, 이런 관점에 치명적인 타격을 가한 것이 과학입니다. 먼저 과학의 역사를 살펴보겠습니다.

르네상스 시대부터, 많은 과학자는 물질우주가 개별적인 부품들이 톱니와 바퀴로 연결된 거대한 기계에 지나지 않는다고 믿었습니다. 여러분이 기계의 모든 측면과 시작 지점을 안다면, 여러분은 미래에 일어날 모든 일을 예측할 수 있습니다. 다시 말하자면, 이런 결정론적인 세계관에 불확실성이 존재할 여지가 전혀 없었습니다. 알베르트 아인슈타인은 상대성 이론으로 결정론적인 과학의 토대를 허물기 시작했지만, 과학이 결정론에서 벗어날 수 있게 한 것은 양자물리학자들이었습니다. 이들은 아원자 입자의 형태로 에너지가 물질이 되는 물질우주의 가장 깊은 단계에서, 우주가 결정론적이지 않다는 것을 밝혀냈습니다. 사람들은 확률만을 예측할 수 있으므로, 어떤 상황에서 무슨 일이 일어날지를 예측하는 것이 불가능합니다. 이런 발견은 "신은 우주와 주사위 놀이를 하지 않는다."라고 답했던 아인슈타인에게는 너무 벅찬 것이었습니다.

창조주가 공동창조자들에게 지구를 다스리라고 하면서, 이들에게 자유의지를 부여했다는 측면에서 생각해 보면, 사실 신은 물질우주와 주사위 놀이를 하는 것입니다. 자유의지는 자유로운 것입니다. 자기 인식하는 존재가 무엇을 선택할지 결코 알 수 없습니다. 어떤 특정한 존재가 이전에 선택했던 것을 살펴보고, 그 존재가 주어진 상황에서 어떤 반응을 보일지 확률을 정할 수는 있지만, 결코 확실하게 예측할 수는 없습니다. 의식하는 자아가, 어느 때든, 그 상황이 어떻게 보이는지, 그 상황에 어떻게 반응할지를 바꾸는 것을 피할 수 없기 때문입니다.

이것은 상당한 숙고가 있어야 하는데, 이성적인 마음은 의식하는 자아가 창조주의 존재로부터 창조되었으므로, 창조주로서 반응해야 한다고 추론할 것이기 때문입니다. 하지만 창조주는 모든 것을 망라하는 의식을 지니고 있으므로, 모든 것을 위해 제일 나은 선택을 할 것이라고 의식하는 마음은 예상합니다. 이와 반대로, 개별적 존재의 의식하는 자아는 전체성 속의 한 지점에 초점이 맞추어져 있고, 매우 제한된 특정 관점에서 우주를 볼 가능성이 있습니다. 따라서 그 의식하는 자아는 모두에게 가장 좋은 것과 일치하지는 않지만, 당면한 상황에서 어떤 것이 자신에게 최선인가에 대한 평가를 기반으로 선택할 수 있습니다. 이런 자기 중심적인 선택들은 예측할 수 없습니다. 그 점에 있어서, 창조주는 각 개인의 선택이 예측 가능해지는 것을 원치 않습니다. 존재는 오로지 자유로움 속에서만 자급자족을 키울 수 있기 때문입니다. 그리고 형태의 세계의 전반적인 목적은 신 의식이라는 자급자족으로 이어지는 자기 인식의 성장입니다.

내 말의 요점은 보호받는 환경과 깨달은 스승의 보호 아래에 있는 상황에서조차, 새로운 학생이 자신의 정체성을 어떻게 정의할지를 정확하게 예측할 수 없다는 것입니다. 그러므로 학생은 자기 중심적이고 균형 잡히지 않은 정체감을 구축하게 되어, 스승으로부터 숨으려 하면서, 스승이나 자신의 상위 존재와의 의식적인 연결을 더 이상 유지할 수 없을 정도로, 분리된 존재로서의 정체성을 구축해 나갈 수 있다는 것입니다.

학생은 자신의 스승이나 상위자아, 그리고 신과 분리된 존재로서의 낮은 자기 인식으로 추락할 수 있습니다. 이것은 결국 학생이 지구에서 유전적 환경적 산물인 존재로 자신을 식별하게 하는 하향 나선을 만들 수 있습니다. 지구를 다스리는 영적인 존재로 창조된 존재가 이제는 지구의 지배를 받는 상태로 추락하게 되었습니다. 이것이 바이블에서 인간의 타락이라고 묘사한 과정입니다. 바이블의 얘기와 이 상징 뒤에 있는 진짜 의미에 대해서는 나중에 더 자세하게 살펴보겠습니다.

⁂

이제 우리는 지구 행성의 핵심적인 문제, 즉 모든 인간적인 고통을 일으키는 원인이 무엇인지를 알 수 있는 지점에 와 있습니다. 문제는 대부분의 인간이 자신들의 영적인 스승들과 분리되어 있으며, 분리된 존재로서의 정체감을 키워왔다는 것입니다. 이것이 사람들에게 균형 잡히지 않은 정체감을 구축하게 하였고, 이런 정체성을 통해 사람들은 각자의 개별적인 상황들을 공동창조하게 된 것입니다. 이 행성에 존재하는 현재의 불균형들은 인간이 집단으로 공동창조한 것입니다. 이것은 지구의 원래 계획이 아니라, 인간이 영적인 스승들과 자신을 분리하면서 생겨난 결과입니다. 그들은 창조력을 균형 잡히지 않은 방식으로 사용하기 시작했고, 선택의 결과를 경험하게 되었습니다.

지구는 모든 사람이 학생인 거대한 학교라고 말할 수 있으며, 이들이 원래 어디에서 왔느냐 하는 것은 문제가 되지 않습니다. 학생들은 자신들이 선택한 결과를 경험하면서 배웁니다. 만약 그들의 선택이 분리된 정체감에 기초하고 있다면, 그런 선택은 필연적으로 고통으로 이어질 것입니다. 모든 학생이 고통에서 벗어날 수 있는 유일한 방법은 자신들의 상위 존재와 다시 연결되는 것입니다. 하지만, 물질의 밀도로 인해, 상위 존재의 진동수와 물질우주의 진동수 사이에 엄청난 간격이 존재합니다. 따라서 중재자, 즉 영적인 영역을 직접 인식하고, 학생들에게 그리스도 의식을 대리할 수 있는 영적 스승인 중재자의 도움 없이, 학생이 자신의 상위 존재와 다시 연결되는 것은 불가능합니다. 모든 영적인 구도자가 최우선으로 해야 하는 것은 영적인 스승들과 연결을 다시 구축하는 것입니다. 따라서 여러분은 스승과의 연결이 끊어지게 된 이유에 대해 더욱 깊이 이해해야 하며, 이런 선택을 하게 했던 결정을 의식적으로 되돌려야 합니다. 이것은 적어도 초기 단계에서는, 영적인 여정에서의 핵심이라고 할 수가 있습니다.

각각의 학생은 개별적이며, 스승과 분리된 개인적인 이유가 있습니다. 하지만, 거기에는 일반적으로 어떤 성향이 존재하는데, 중요한 것들에 대해서는 더 설명할 것입니다. 내가 말한 것처럼, 모든 상황에는 알파와 오메가 측면이 있습니다. 하지만, 아들의 원리에 따라, 이 둘은 균형을 이루게 되어 있고, 학생들이 스승들과 연결이 끊어지게 된 데에는 세 가지 기본적인 성향이 있습니다.

알파 측면, 즉 확장하는 힘의 불균형. 역설적으로, 알파 측면에서 균형이 이루어지지 않은 학생들은 대부분 교훈을 열심히 배우고, 모든 일을 올바르게 하려고 했던 학생들이었습니다. 하지만, 지나친 열정으로, 그들은 언제나 옳은 일만 하려고 모든 것을 통제하기 시작했습니다. 이로 인해, 이들은 확장하는 힘을 사용하여, 무엇이 옳은지에 대한 자기 중심적인 감각을 자기 자신과 다른 학생들, 자신이 처한 환경에, 심지어는 스승에게도 투사하면서 힘으로 하늘을 가지려고 했습니다. 앞에서 말한 것처럼, 어느 한쪽의 힘을 불균형하게 사용하는 것은 효과가 없을 것이지만, 학생들은 이것을 인정하려고 하지 않았습니다. 이제 그들은 모든 것을 옳게 하려는 불균형한 욕망의 희생자가 되어, 스승에게 실수를 숨기려고 했습니다. 그들은 스승이 자신들의 잘못을 모른 채 시간을 좀 더 가질 수만 있다면, 그런 잘못을 되돌릴 방법을 생각해 낼 것으로 생각했습니다. 그럴 수 있었다면 스승이 자신들의 잘못을 알지 못하게 하고, 스승에게 다시 돌아갈 수 있을 것입니다.

오메가 측면, 즉 수축하는 힘의 불균형. 수축하는 힘에서 균형을 이루지 못한 학생들은 옳은 일을 하는 것에 대해 가장 적은 관심을 가진 학생들이었습니다. 그들은 실수를 통해 배우는 것을 원하지 않았으며, 그런 잘못이 노출되지 않는 것을 더 좋아했습니다. 따라서 그들은 수축하는 힘을 사용하여, 지구의 여러 상황에 순응하고, 지구를 다스리는 것을 회피하기 시작했습니다. 이로 인해 필연적으로 고통을 받게 되자, 그들은 스승이나 다른 학생들을 비난했고, 결국, 스승이 자신들을 잘못되게 했다고 느꼈습니다. 이제 그들은 스승의 충고를 따르지 않아도 되는 변명거리를 만듭니다. 그들은 자신이 경험한 고통이 자신의 선택에 따른 결과임을 받아들이지 않는 부인(否認) 상태로 들어갑니다. 그들은 단지 혼자 있기를 원했습니다. 따라서 학생들이 자기 선택에 따른 결과를 통해 배우게 하는 것 외에는 대안이 없었습니다.

아들, 즉 그리스도 마음의 불균형. 그리스도 마음의 역할은 확장하고 수축하는 힘 사이의 균형을 유지하는 것입니다. 따라서 앞에서 말한 범주들은 모두 그리스도 마음을 적용하여 두 힘을 사용하는 데 실패함으로써 생겨났습니다. 하지만, 세 번째 잠재력, 즉 학생들이 고의로 그리스도 마음을 남용하거나, 오히려 학생들이 그리스도 마음의 반대 극성인 반그리스도 마음을 사용할 가능성이 있습니다. 그리스도 마음의 역할은 여러분의 행동이 신의 법칙과 조화를 이루도록 하는 것입니다. 그리스도 마음은 건설적인 행동과 건설적이지 않은 행동을 정의할 수 있는 절대적인 기준이 있습니다. 자기 자신과 모든 생명을 끌어올리는 모든 행위는 자신의 창조력을 고양하는 것입니다. 생명의 다른 부분을 제한하는 어떤 행위라도 자기 자신을 제한할 것이며, 따라서 그것은 삶의 질을 떨어뜨리는 행동입니다.

오직 그리스도 마음만이 진정한 선택의 자유를 줄 수 있습니다. 신의 법칙과 그 법칙을 위반했을 때 따라오는 결과를 알고 있을 때만, 법칙을 따를지 따르지 않을지 자유로운 선택을 할 수 있기 때문입니다. 하지만, 그리스도 마음의 창조가 자유의지와 결합함으로써, 반대되는 것, 즉 반그리스도 마음이 생겨났습니다. 이런 마음은 신의 법칙과의 분리에 기초하고 있으며, 이로 인해 학생들은 자신들의 행위를 평가할 수 있는 절대적인 기준을 상실하게 됩니다. 이제 그들은 그리스도의 기준을 활용하는 대신, 자신들의 제한된 세계관과 자기 중심적인 욕구를 바탕으로 자신들만의 기준을 정의하게 됩니다.

이것은 학생과 스승의 분리를 더욱 심화시킵니다. 여러분이 겪고 있는 고통이 확장하는 힘 또는 수축하는 힘을 불균형하게 사용해서 생겼다는 것을 깨닫고 있는 한, 적어도 여러분은 문제가 어디에 있는지는 알고 있는 것입니다. 하지만, 여러분이 반그리스도 의식에 갇히게 되면, 이제 여러분은 옳고 그름, 선과 악에 대해 자신만의 기준을 정의하게 됩니다. 따라서 학생은 자신이 옳은 일을 하고 있다고 확신하면서, 신의 법칙을 위반할 수 있게 됩니다. 학생은 신의 법칙이라는 실재와 연결이 끊어지게 되었고, 이제 자신이 규정한 법칙들을 만들었으며, 이를 신의 법칙이라는 지위로 격상시킵니다. 학생은 자신이 이미 옳은 일을 하고 있다고 생각하므로, 그리스도를 대리하는 영적인 스승이 필요 없다고 믿게 됩니다. 사실, 학생은 진정한 스승이나 가르침을 거부하기 위해 반그리스도 마음의 추론을 이용할 것인데, 이것은 이제 학생이 자유의지의 법칙을 절대로 위반하지 않을 진정한 영적 스승과 접촉할 수 없게 된다는 의미입니다. 따라서 학생은 더 이상 가르침을 받을 수 없습니다.

이제 타락에도 단계가 있다는 것을 알게 되었습니다. 모든 학생은 확장하는 힘이나 수축하는 힘을 불균형한 방식으로 사용함으로써, 자신과 스승을 분리하기 시작했습니다. 하지만, 추락은 반그리스도 마음을 사용하여 분리를 정당화했을 때 비로소 일어납니다. 이들이 이렇게 할 수 있었던 이유는 자기 내면에 있는 그리스도 마음에 닿는 것을 거절했기 때문입니다. 그들의 의식하는 자아들이 그들 존재 안에서 그리스도의 지위를 차지하기를 거부했습니다. 그들은 존재의 낮은 측면과 높은 측면의 균형을 이루게 하고, 물질과 영을 하나로 통합해야 하는 책임을 거부했습니다. 따라서 자기 자신을 다스리고, 그런 다음 지구를 다스리려고 했던 것이 아니라, 그 대신 지구와 반그리스도 의식이 자신을 정의하도록 허용했습니다. 이런 과정을 충분히 이해하기 위해, 반그리스도 의식에 대해 좀 더 자세히 살펴볼 필요가 있습니다. 지구에 존재하는 영적인 구도자는 반드시 반그리스도에 대해 이해를 해야 합니다.

열쇠 9
그리스도와 반-그리스도 이해하기

　여러분은 실제로 울창한 숲속이나 외국 어느 도시를 걸으면서, 자신이 어디에 있는지도 모르고, 목적지에 어떻게 가야 하는지도 모른 채, 길을 잃어본 적이 있습니까? 왜 길을 잃게 되었을까요? 여러분이 제한된 관점이나 제한된 위치 감각을 가졌기 때문이 아니었을까요? 만약 여러분이 헬리콥터를 타고 위에서 내려다볼 수 있었다면, 길을 찾기가 더 쉬웠을 것입니다. 아니면, 헬리콥터에 있는 누군가에게 전화를 걸 수 있었다면, 그 사람이 더 높은 관점에서 여러분을 안내할 수 있었을 것입니다.

　지구에는 구원, 영원한 삶, 니르바나, 고차원적인 의식, 깨달음이나 그 밖의 무엇이라고 부르든, 더 높은 상태의 삶을 추구하면서, 자신을 종교인이나 영성인이라고 주장하는 사람들이 많이 있습니다. 이들 중 몇몇 사람은 더 높은 상태로 이어지는 실행 가능한 길을 실제로 찾았지만, 다른 사람들은 단지 자신을 속이고 있을 뿐입니다. 예수가 곧고 좁은 길이라고 불렀던 것을 발견한 사람들과 파멸로 인도하는 넓은 길을 따르는 사람의 차이점은 무엇일까요? (마태

7:13~14) 그 차이는 참된 길을 찾아낸 사람들은 실행 가능한 진보를 이루게 하는 열쇠가 자신의 관점을 확장하고, 모든 것을 바라보는 방식을 바꾸며, 제한된 의식 상태를 초월하는 것임을 깨달았다는 것입니다. 이와 반대로, 잘못된 길을 따르는 사람들은 자신이 유일한 참된 신념 체계를 찾아냈으며, 이 외적인 진실이 자신들의 구원을 보장해 줄 것이라고 믿습니다.

지구 행성에서 가장 중요한 사실은 인류가 길을 잃었고, 모든 것을 제한적이고 왜곡된 관점으로 바라보는 낮은 의식 상태에 갇히게 되었다는 것입니다. 태초에 신이 자신의 이미지와 모습을 닮은 자기 인식하는 존재들을 창조했다는 것은 사실입니다. 그러나 사람들이 자신의 상위 존재들과의 연결을 상실했으므로, 현재 자기 중심적이고 제한된 의식 상태에 갇혀 있는 것처럼, 그들은 자신들의 이미지와 자신을 닮은 모습으로 신을 창조했습니다. 따라서 그들은 인간적인 속성을 신에게 투사하면서, 신은 분노하며, 무섭고, 멀리 떨어져 있으며, 상냥하지도 않고, 불공정하며, 반-사랑(anti-love)에서 생겨난 인간적인 속성을 가지고 있다고 생각합니다.

여러분은 아마 많은 사람이 지구가 평평하다고 믿었던 시대가 있었음을 알고 있을 것입니다. 여러분은 지금처럼 그때도 지구가 둥글었다는 사실을 알고 있습니다. 다시 말하자면, 인간의 믿음이 바꿀 수 없는 삶의 특정한 측면이 있습니다. 그런 사실들은 인간의 현재 의식 상태보다 더 높은 상태의 마음에 의해 정의되었기 때문입니다. 따라서, 나는 모든 진지한 영적인 구도자가 "신은 업신여김을 받지 아니하며,"(갈라디아서 6:7) "신은 사람의 외모나 제한된 관점을 보지 아니한다."(사도행전 10:34)라는 사실에 대해 깊이 생각해 보기를 바랍니다. 다시 말해서, 신에 대한 사람들의 믿음이 창조주의 실재를 변화시키지 못한다는 것입니다.

하지만, 믿음은 사람들의 관점을 변화시키고, 그들과 창조주와의 관계를 변화시킵니다. 따라서 믿음은 사람들이 자신을 바라보는 방식을 변화시킵니다. 모세에게 "너는 나 외에는 다른 신들을 네게 두지 말라.", "너를 위하여 새긴 우상을 만들지 말라."(출애굽기 20:3-4)를 처음 두 개의 계명으로 준 이유가 있습니다. 사람들이 낮은 의식 상태로 추락했을 때, 정신적 이미지를 창조하기 시작했습니다. 그뿐만 아니라 그들은 나무나 돌, 금으로 만든 우상을 만들었고, 그것들이 참된 신이라고 믿었습니다. 하지만, 참된 신은 모든 것 안에 동시에 존재하면서, 언제나 자신이 창조한 것을 초월하는 창조주입니다. 따라서 형태의 세계에 존재하는 어떤 이미지도 형태의 세계를 창조한 창조주를 표현할 수 없습니다.

오류가 없고, 변할 수 없다고 생각하는 정신적 이미지인 신에 대한 우상을 만들 때, 여러분은 필연적으로 신의 법칙의 실재(reality)와 참된 신과의 연결을 상실하게 됩니다. 그러면, 이미 앞에서 얘기한 것처럼, 여러분은 창조주의 법칙에 기초하지 않은 세계를 만들기 시작합니다. 따라서 여러분이 창조한 것들은 필연적으로 불균형해지고, 오직 고통으로만 이어지게 됩니다. 모든 고통의 원인은 사람들이 신의 법칙의 실재와 연결이 끊어졌기 때문에 생긴 것으로, 그들은 공동창조 능력을 불균형한 세상을 만드는 데 사용하고 있는 것입니다. 다시 말해서, 모든 고통은 무지와 환영의 결과입니다. 이것은 정말 많은 사람이 자신의 고통 때문에 신을 비난하고 있다는 사실을 통해 알 수 있습니다. 사람들은 자신들이 죄인으로 창조되었고, 신이 자신들을 벌하기를 원하며, 신이 공정하지 않다고 생각합니다.

내가 지금 끌어내고자 하는 것은 오늘날 대부분의 사람이 삶에 대해 제한된 관점과 제한된 세계관을 가지고 있다는 깨달음입니다.

하지만, 사람들은 이런 제한된 관점을 신에게 투사하는 경향이 있고, 그들은 현재 의식 상태에 기초해 신이 어떤지 알 수 있으며, 심지어 신을 정의할 수도 있다고 생각합니다. 이런 성향을 인지하고, 이것을 초월하기 위해 진지한 노력을 기울인다면, 여러분의 영적인 성장에 크게 도움이 될 것입니다.

여러분은 많은 사람이 혼란스러워하며, 세상이 어떻게 작동되는지 이해할 수 없다고 생각하는 것부터 숙고할 수 있습니다. 신은 그런 혼란을 겪지 않습니다. 창조주는 우둔하지 않습니다. 그는 자신의 창조가 펼쳐지도록 안내하는 법칙들을 완벽하게 이해하고 있습니다. 따라서 고통을 일으키는 혼란에서 벗어나고 싶다면, 신의 법칙에 대한 이해의 폭을 확장해야 합니다. 이렇게 하려면, 여러분은 삶과 신, 세상에 대한 현재의 믿음을 넘어서야 합니다. 앞에서 언급한 것처럼, 지구의 주된 문제 가운데 하나는 많은 사람이 현재의 믿음에 너무 집착해 있어서, 그들에게 제공되는 고차원적인 이해를 거부한다는 것입니다. 그럼에도 불구하고, 나는 우주의 가장 기본적인 원리에 대한 더 높은 관점을 여러분에게 제공하기 위해 노력을 다하겠습니다.

앞에서 얘기한 것처럼 형태의 세계가 존재하는 목적은, 어느 한 지점에 초점을 맞춘 정체감으로부터 전체 모든 곳에 존재하며 전체성과 하나인 완전한 신 의식으로 자기 인식을 키울 수 있는 능력을, 자기 의식하는 존재들에게 제공하기 위해서입니다. 여기에는 몇 가지 요소가 필요합니다.

존재들은 분리된 개별적 존재로서 정체감을 지닐 수 있는 환경에서 출발해야만 합니다. 내가 설명한 것처럼, 이런 이유로 창조주는 허공과 분리된 구체를 창조하였습니다. 그 구체는 기본적인 구조물들을 포함하고 있었지만, 분리의 환영을 불가능하게 하는 빛으로 가득 채워져 있지는 않았습니다.

존재들은 자신들의 정체감을 구축할 능력을 지녀야 합니다. 이것이 그들이 창조주의 자기 인식의 능력, 무제한의 상상력과 구속받지 않는 자유의지를 가지게 된 이유입니다. 자신의 정체성을 구축하겠다는 선택을 해야만 존재들이 자기 인식에서 성장할 수 있습니다.

존재들에게는 신의 완전한 의식으로 인도해 줄 여정이 반드시 있어야 합니다. 그렇지 않다면, 그들은 제한된 정체감을 구축할 수도 있고, 그 속에 무한정 갇혀 있을 수도 있습니다. 분명히, 이것은 가장 기본적인 창조 원리인 성장에 어긋나는 것이므로, 성장을 보장해 줄 안전장치가 있어야 합니다.

이제 우리는 앞에서 얘기한, 창조주가 설계한 안전장치에 관한 얘기로 돌아갈 필요가 있습니다. 창조주는 자신을 두 가지 힘, 즉 확장하고 수축하는 힘으로 구현하기로 결정했습니다. 이 두 가지 힘은 서로 보완적이며, 서로를 증폭하도록 고안되었습니다. 따라서 그 이상의 것(MORE)이 만들어지고, 허공이 빛으로 채워질 때까지 구체들이 계속 끌어올려지게 됩니다. 하지만, 이 힘이 불균형한 방식으로 사용된다면, 두 가지 힘은 반대되는 것이 되어, 서로를 상쇄시킬 것입니다. 따라서 창조주는 이 세계가 확실하게 균형 잡힌 성장을 할 수 있도록 설계한 다양한 원리에 대한 기록, 형상 세계의 목적, 비전을 담고 있는 의식 상태를 창조하기로 결정했습니다. 이런 모든 것이 허공에서 실제로 창조가 이루어지기 전에 일어났다는 사실에 주목하기 바랍니다. 창조주는 그것이 그리스도 의식을 사용해야만 창조될 수 있다고 결정했습니다. 다시 말해서, 창조주는 오로지 그리스도 의식을 통해서만 창조했습니다. 모든 것이 창조주의 형상, 법칙과 조화를 이루었다는 의미입니다. 창조주는 자신이 만든 법칙과 어긋나는 어떤 것도 창조하지 않았지만, 자유의지를 지닌 자기 인식하는 존재들이 창조되고 난 이후, 이런 존재들이 자신의 원래 설계에서 떨어져 나와, 창조주의 법칙을 거스르는 쪽으로 가게 되었습니다.

공동창조자가 깨달음이나 통달을 성취하게 되면, 공동창조자 역시 모든 것을 그리스도 의식을 통해 공동창조하게 됩니다. 따라서 원래 지구를 창조했던 마스터들은 그리스도 의식을 통해 지구를 창조했습니다. 그들은 완벽하게 균형 잡힌 행성을 창조했습니다.

이제 그리스도 의식이 아버지의 유일한 아들이며, 오로지 그리스도 마음을 통해서만 신을 알 수 있다는 사실로 되돌아갈 필요가 있습니다. 형상 세계의 목적은 존재들에게 제한적이고 분리된 자기 인식의 감각을 지니고 출발하는 경험을 제공하는 것입니다. 다시 말해서, 새로운 존재가 완전한 그리스도 의식을 지닌 채 창조되었다면, 이런 경험은 불가능했을 것입니다. 새로운 존재는 단지 그리스도 의식이라는 씨앗을 가졌을 뿐이고, 이것은 그들이 신의 전반적인 비전이나 법칙을 알지 못한 채, 공동창조함으로써 출발하게 된다는 의미입니다. 따라서 새로운 공동창조자가 신의 법칙을 위반하고, 확장하고 수축하는 힘들을 불균형한 방식으로 사용하는 것은 피할 수 없는 일입니다. 두 가지 기본적인 힘을 불균형한 방식으로 사용하는 것은 고통을 일으키는 불균형한 창조로 이어지고, 따라서 공동창조자들은 고통의 삶 속에서 태어난 것처럼 인식됩니다.

이것이 사실이라면, 그것은 분명히 불공정한 것입니다. 공동창조자들은 신의 법칙에 대해 제한적인 인식을 지닌 채 태어나므로, 자신들의 창조력을 불균형한 방식으로 사용하는 것이 불가피합니다. 정말이지 그들은 더 잘 알지 못하므로, 더 잘 행하지 못합니다. 자신을 어떤 신이 창조했는지 모르는 것 때문에 그들이 벌을 받는다면, 대부분의 사람에게 그것이 불공평해 보일 것입니다. 삶의 목적이 자기 인식에서 성장하는 것이고, 자기 인식에서 성장함으로써 공동창조자들은 고통에서 벗어날 수 있으므로, 사실 이것이 불공정한 것이 아니라고 누군가는 주장할 수 있습니다. 하지만, 진실은 어떤 존재가 구체 속으로 들어갈 때, 그 존재는 영적인 스승의 안내를 받으며 보호받는 학교로 가는 것입니다. 스승은 그리스도를 대신하여, 학생들의 불균형한 행동 결과로부터, 학생들을 보호하면서 자애롭게 안내를 합니다. 따라서 공동창조자는 고통스러운 삶 속에서 태어나는 것이 아니라, 낙원 같은 환경에서 태어납니다. 그곳은 지구에서 직면하고 있는 현재 상황과 비교하면, 정말 파라다이스입니다.

학생이 자신의 짐을 짊어지고, 불균형한 행위에 따른 결과를 경험해야 하는 것은 이처럼 보호받는 환경에서 떠나겠다고 선택할 때뿐입니다. 이런 파라다이스를 떠나기로 선택하는 학생들은 그리 많지 않을 것입니다. 따라서 지구 대부분의 사람이 우주 학교인 보호받는 환경을 떠나도록 이끈 메커니즘을 살펴볼 필요가 있습니다.

꾸꾸꾸꾸꾸

이 책을 읽어감에 따라, 정말 많은 사람이 가지고 있는, 자신이 사는 이 세계가 이해할 수 없고, 예측할 수 없으며, 두렵고 불공평하다는 감각을 여러분이 점차 극복하게 되기를 바랍니다. 외형과 관계없이, 자라면서 믿게 된 것이 무엇이든, 여러분이 특정한 원리에 기초한 세계에 살고 있다는 것을 알기 바랍니다. 이런 원리를 일단 이해하고 나면, 여러분은 그 원리를 사용하여, 원하는 유형의 삶의 경험을 공동창조할 수 있습니다. 내 말의 요지는 삶에 대한 경험을 개선할 수 있는 열쇠가 삶의 경험을 형성하는 바로 그 원리에 대한 이해를 증진하는 것임을 알아야 한다는 것입니다. 이런 원리 중에서 가장 중요한 것은 자유의지의 법칙(Law of Free Will)입니다. 그러니 다른 관점에서 자유의지를 살펴보겠습니다.

"선택"은 사람들 대부분이 '그것이 무엇을 의미'하고, '어떻게 작동하는지'에 대해 생각해 보지도 않고 당연시하는 흥미로운 개념입니다. 이 책을 읽으면서, 여러분은 어떤 선택에 직면하고 있습니다. 이 책을 계속 읽을까? 아니면 그만 읽을까? 여러분에게는 두 가지 선택권이 있지만, 누구도 어떤 것을 선택하라고 강요하지 않습니다. 그럼에도 불구하고, "누군가"가 여러분에게 어떤 선택을 하라고 강요하고 있습니다. 계속 읽을 것인가? 아니면 그만둘 것인가? 둘 사이에는 어떤 것도 존재하지 않습니다. "누가" 또는 "무엇이" 여러분에게 선택을 강요하는 걸까요? 여러분이 자기 인식을 가지고 있고, 각각의 선택권을 다른 형태로 가지고 있는 세상에 살고 있다는 바로 그 사실이, 여러분에게 선택을 강요하는 걸까요? 다시 말해서, 이 책을 읽으면서 여러분은 자신이 존재하며 이 책을 읽는다는 것을 인식합니다. 이 책을 읽고 있는 경우에서처럼, 자기 자신과 자신이 처한 환경에 대한 여러분의 인식이 자신이 처한 환경에 반응하는 방법을 선택하도록 강요합니다. 여러분은 책을 계속 읽을까요? 아니면 그만둘까요? 어느 쪽이든 한쪽을 선택해야 합니다.

나는 어떤 사람들은 대안이 있다고 말할 것을 압니다. 다시 말해, 그들은 여러분이 잠을 자러 가거나, 화학 물질을 사용하여 마음을 마비시키거나, 의식 상태를 변경함으로써 자기 인식을 마비시킬 수 있다고 말할 것입니다. 하지만, 임사 경험의 사례가 보여주는 것처럼, 육체가 죽은 이후에도, 여러분은 여전히 자기 인식을 합니다. 따라서 육체와 두뇌를 마비시킨다 해도, 자기 인식에서 벗어날 수 없습니다. 이때는 자기 인식이 더 이상 육체와 물질계에 초점을 맞추지 않을 뿐입니다. 하지만, 어떤 수준에서 여러분은 여전히 자기 인식이 있으므로, 여러 가지 선택을 해야 하는 상황에 직면합니다.

내 말의 요점은 삶에는 피해 갈 수 없는 어떤 것들이 존재한다는 것입니다. 앞에서 언급한 것처럼, 여러분은 중력을 가진 행성에 살고 있습니다. 여러분은 이런 중력에 역행할 수도 있고, 중력의 힘을 피하려고 할 수도 있습니다. 그렇지 않으면, 중력의 힘을 실제로 아주 많이 도움이 되는 것으로 받아들여, 중력을 가진 행성에서 삶을 살아가는데, 이 힘을 십분 활용할 수도 있습니다. 마찬가지로 여러분은 자기 인식과 자유의지가 있다는 사실에 저항하여, 자기 자신을 마비시키거나, 선택을 거부할 수도 있습니다. 아니면, 이런 사실을 받아들이고, 자유의지를 조화롭게 사용해 자기 인식을 확장하면서, 여러분의 존재 자체를 더 이상 벌(罰)이 아니라, 기회로 보게 될 수도 있습니다. 자유의지 뒤에 있는 메커니즘은 다음과 같습니다.

여러분은 반드시 자기 인식을 지녀야 합니다. 여러분은 자신이 존재한다는 사실을 알고 있어야 하며, 어떤 능력을 지닌 존재로서의 자신을 인식해야 하고, 자신이 처해 있는 환경과 (중력과 같은) 속성에 대해서도 알고 있어야 합니다.

상상력도 반드시 지녀야 합니다. 이것은 여러분의 정체감과 자신이 처한 환경에 대한 지식에 기초하여, 여러분이 가지는 다른 선택들에 대해 상상할 수 있어야 한다는 의미입니다. 또한, 여러분은 선택에 따른 잠재적 결과들에 대해서도 상상할 수 있어야 합니다.

여러분은 의지를 갖춰야 합니다. 또한 자신의 선택과 선택에 따른 결과를 평가하고, 다른 것들에 우선하여 하나를 선택할 수 있는 능력도 있어야 합니다.

여러분은 이성적으로 생각하고, 행위에 따른 결과를 평가할 수 있는 능력을 반드시 지녀야 하며, 그럼으로써 과거 행위로부터 배울 수가 있고, 목표에서 계속 빗나가는 것을 피할 수 있게 됩니다.

한번 선택하면 그 선택은 행동으로 옮겨질 것이며, 우주의 반응을 불러올 것입니다. 자기 인식이 있으므로, 여러분은 필연적으로 그 반응을 경험할 것이며, 이로 인해 분명히 여러분 삶의 경험이 영향받게 될 것입니다. 자기 삶이 자신들이 통제할 수 없는 여러 가지 요소 즉 운명, 운, 우연 또는 분노하는 신에 의해 정해지므로, 자신이 자기 삶의 경험에 거의 영향을 끼칠 수 없다고 프로그래밍되어온 사람들이 많이 있습니다. 여러분이 거대한 바이오피드백 기계(bio-feedback machine) 또는 우주 거울(cosmic mirror)과 같은 우주에서 살아가고 있다는 것을 점차 이해하게 되기를 바랍니다. 우주는 균형 잡히지 않은 행위들에 대해서는 반대되는 반응을 보입니다. 이것은 균형을 회복하기 위해서입니다. 따라서 우주로부터 여러분에게 돌아오는 것은 여러분이 무엇을 보내느냐 하는 것에 달려 있습니다. 여러분이 보내는 것은 선택의 산물이기 때문에, 여러분은 선택뿐만 아니라 선택 과정 전체를 변화시킬 수 있는 선택권을 가집니다. 여기에는 자기 자신과 세상을 어떻게 인식하고, 자신이 가진 선택권을 어떻게 상상하느냐 하는 것도 포함됩니다.

내 말의 요점은 삶에서 여러분이 하는 선택들은 자신과 세상에 대한 인식이나 지식에 의해 크게 영향을 받는다는 것입니다. 많은 사람은 자신이 인간이므로, 자신의 삶을 개선하기 위한 선택권들이 육체로 인해 제한받는다고 생각합니다. 하지만, 자신은 육체 속에 거주하는 영적인 존재로, 마음의 창조적인 힘을 사용해서, 삶의 경험을 무한히 개선할 수 있다는 것을 깨닫기 시작한 사람들의 숫자가 늘어나고 있습니다. 삶에 접근하는 이 두 가지의 방식 사이에는 근본적으로 엄청난 차이가 있습니다. 따라서 상상할 수 있는 선택권들과 이에 따른 선택도 달라집니다. 지난 2000년에 걸쳐, 서구 문명에서 목격할 수 있는 진보를 살펴보면, 대체로는 인간이 자신들이 처한 환경에 대한 인식을 확장함으로써, 이런 진보를 성취할 수 있었다는 것을 알 수 있습니다. 하지만, 이런 외적 지식으로 말미암아 생겨난 일부 문제, 예를 들면 핵무기와 오염 같은 문제들을 살펴보면, 이런 것들이 인간 지식의 확장에 상응해서 자기 인식의 성장을 이루지 못했기 때문에 생겼다는 것을 알게 됩니다. 하지만, 이제 더 많은 사람이 자기 자신에 대해 알고자 하는 오랜 도전을 받아들이면서 변화가 시작되었습니다. 정확하게는 그것이 이 책을 내놓게 된 이유입니다.

⁓⁓⁕⁓⁓

사람들이 바람직하지 못한 결과로 이어지는 선택을 할 때, 그 상황의 메커니즘은 사람들이 창조주가 이 우주를 정의하는 데 사용한 원리들과 조화를 이루지 못하는 선택을 하는 것임을 이제 알 수 있습니다. 하지만, 주어진 선택이 바람직하지 못한 결과를 가져올 것이라는 사실을 알고 있었다면, 그래도 사람들이 그 선택을 했을까요?

사람들이 고통으로 이어지는 선택을 하게 되는 진짜 이유는 무지입니다. 자기 자신에 대해 또는 세상에 대해 사람들이 알지 못하는 무언가가 있습니다. 이런 무지가 사람들이 상상할 수 있는 선택권들을 제한하고, 그들이 볼 수 있는 결과를 제한합니다. 사람들의 행동을 일상적으로 관찰하기만 해도, 더 잘 알고 있는 것처럼 보이는 사람들이, 더 잘하지 못하는 경우를 볼 수 있습니다. 다시 말해서, 사람들이 알고 있는 것을 행한다고 해도, 여전히 바람직하지 못한 결과를 불러올 것입니다. 그들은 대체로 그런 선택으로 이어지는 결과를 변화시킬 힘이 없어 보입니다. 예를 들면, 흡연이 건강에 해롭다는 것은 모든 사람이 알고 있지만, 어쨌든 많은 사람이 흡연을 계속하고 있습니다. 이것은 그들이 흡연이 해롭다는 것을 정말로 깨닫지 못했거나 인정하지 않는 것입니다. 건강에 대한 그들의 지식은 이론으로만 남아 있고, 행동으로 옮겨지지 않고 있거나, 흡연의 위험에도 불구하고 흡연을 정당화시킬 방법을 찾고 있습니다. 사람들이 정말로 더 잘 알지 못하게 방해하는 잃어버린 고리가 무엇일까요?

사람들이 더 잘 알고 있었다면, 더 잘했을 것이라는 말을 살펴봅시다. 궁극적으로는 이 말이 사실이지만, "더 잘 안다[15]."라는 말 속에 포함된 역학 관계를 이해할 때만 이 말이 사실입니다. 다시 말해서, 사람들이 자신들이 처해 있는 상황과 선택권의 모든 측면을 알았고 이해했다면, 그들은 자기 자신들을 해치게 될 선택을 하지 않았을 것입니다. 문제는 인간의 심리 속에 실제로 더 잘 알지 못하게 하는 메커니즘이 존재한다는 것입니다. 그들은 자신들이 더 잘 알고 있다고 생각하거나 의식을 확장하려고 하지 않습니다. 다시 말해서, 사람들이 제한되었거나 왜곡된 현실관으로 눈이 멀어 있어서, 실재를 아는 것을 불가능하게 만드는 애매한 모호한 영역 (gray area)이 있습니다. 그들은 무지하지만, 자신들이 무지하다는

---

[15] knowing better

208

것을 알지 못합니다. 예를 들면, 사람들은 흡연이 해롭다는 것을 지적으로는 알지만, 어쨌든 자신들은 흡연으로 해를 입지는 않을 것이라고 생각하면서, 이것을 자신들과 연결하지 못합니다.

앞에서 했던 논의에 근거해 생각하면, 궁극적으로는 더 잘 알 수 있는 유일한 방법은 온전한 그리스도 의식을 달성하는 것이라는 사실을 알 수 있습니다. 여러분은 창조주의 비전과 법칙들에 대해 충분히 알고 있습니다. 그리스도 의식을 달성해야만 비로소 여러분은 자신이 누구인지, 어떤 창조력을 가졌는지, 세상이 어떻게 돌아가는지를 완전히 알 수 있습니다. 오직 그때에만 현실적인 선택권들과 실제 결과들을 상상할 수 있습니다. 물론, 자신이 가진 선택권들과 이에 따른 결과들을 충분히 알고 있을 때만, 여러분은 진정으로 자유롭게 선택할 수 있습니다.

그리스도 의식은 참된 영적인 자유입니다. 반면에 그리스도 의식보다 못한 것은 무엇이든 영적 속박의 한 형태입니다. 무지는 필연적으로 여러분이 알 수 있는 선택권들과 할 수 있는 선택들을 제한하는 정신적인 감옥에 여러분을 가둘 것입니다. 오로지 그리스도의 진리만이 여러분을 자유롭게 하며, 진정으로 자유로운 선택을 하게 할 것입니다. 이제 그리스도 의식보다 못한 것이 무엇인지를 살펴볼 필요가 있습니다.

내가 말했던 것처럼, 영적인 학교에서 새로운 학생은 그리스도 의식을 지니지 않은 상태로 시작합니다. 여러분이 그리스도 의식을 지닐 때, 자신이 신과 하나이며, 모든 생명과도 하나라는 것을 알게 되며, 이런 앎이 분리된 정체감을 가지는 것을 방지해 줍니다. 따라서 새로운 학생은 자기 중심적인 정체감을 가지고 시작하며, 신의 법칙도 알지 못합니다. 다시 말해서, 새로운 학생은 지구의 아이처럼, 무지의 상태에서 자신의 여정을 시작합니다.

이런 무지가 학생에게 고통의 삶을 맛보게 하겠지만, 학생이 영적인 학교에서 깨달은 스승의 보호를 받고 있으므로, 이런 고통은 완화됩니다. 이론적으로는 학생은 지구에서는 아주 흔한 고통을 경험하지 않고도 그리스도 의식으로 성장할 수 있습니다. 하지만, 실질적으로는 대부분의 학생이 이론과 경험의 결합을 통해 성장합니다. 그래서 이론적이라고 말한 것입니다. 앞에서 설명한 것처럼 학생이 성숙해지면, 학생이 자신의 결정에서 배울 수 있도록 더 많은 자유를 주기 위해, 스승은 뒤로 물러납니다. 여기에는 행동에 따른 결과 일부를 학생이 경험하도록 하는 것도 포함됩니다.

지구의 어린아이들을 생각해 보면, 뜨거운 난로를 만지지 말라고 주의를 환기할 수 있다는 것을 알 수 있습니다. 몇몇 아이들은 이 말을 따르겠지만, 나머지 아이들은 어떤 식으로든 난로를 만져서 여러분이 한 말을 확인해 볼 것입니다. 좋은 부모들은 아이들이 이런 경험을 하는 것을 허용하겠지만, 난로가 화상을 입을 정도로 뜨겁지 않아야 합니다. 마찬가지로 영적인 스승도 학생이 스승의 지시 사항을 시험하는 것과 지시 사항을 따르지 않는 것을 어느 정도까지는 허용할 것입니다. 하지만 돌아오는 카르마가 가르침을 줄 정도라야지 학생을 파괴할 정도여서는 안됩니다.

내 말의 요점은 영적인 스승은 총체적이거나 맹목적인 복종을 요구하지 않는다는 것입니다. 사실, 스승은 학생들이 영적으로 자급자족할 수 있게 하는 방안을 모색하고 있습니다. 이 말은 학생들이 때로는 스승의 안내보다는 내면의 지시를 따르는 법을 익혀야 한다는 의미입니다. 새로운 학생은 신의 법칙에 대한 내적인 지식이 전혀 없으므로 무지한 상태입니다. 학생은 수시로 영적인 스승과 접촉할 수 있지만, 학생 스스로 내적인 지식을 개발하지 않는다면, 스승에게 의존하게 될 것입니다. 외적인 스승은 학생들이 점차 내면의 스승을 의지하게 되기를 바랍니다. 따라서 내면의 스승을 따르기 위해, 학생은 반드시 외적인 스승에게 순종하지 않는 시험에 직면해야 합니다.

학생이 성숙해짐에 따라, 외적인 스승을 거역하는 것은 정상이고 예측된 것입니다. 하지만, 여기에 미묘하지만, 대단히 중요한 차이가 있습니다. 앞에서 설명한 것처럼, 스승이 학생들에게 스스로 결정을 할 수 있는 더 많은 여지를 줄 때, 학생이 스승과의 거리감을 구축하는 것이 가능합니다. 그렇게 되면, 학생은 고의로 어떤 것들을 스승에게 숨길 수가 있습니다. 학생이 스승과의 연결을 유지하는 동안에는, 이것조차도 허용이 될 것입니다. 중요한 문제는 이제 학생이 독립하려고 할 때, 내면의 스승을 따를지, 또 다른 외적인 스승을 따를지 결정해야 한다는 것입니다.

앞에서 말한 것처럼, 성숙한 학생은 반드시 에덴 정원에서 아담과 이브가 보여준 예와 같은 입문에 직면해야 합니다. 이런 입문은 선악에 대한 지식을 의미하는 어떤 의식 상태를 표현하며, 그것은 뱀으로 상징화되어 있습니다. 이런 개념과 이런 개념이 무엇을 의미하는지 나중에 더 자세하게 살펴볼 것입니다. 하지만, 지금은 무지에도 두 가지의 형태가 있다는 사실에 초점을 맞추겠습니다.

학생이 경험이 없을 때, 학생은 순수한 형태의 무지를 가지게 됩니다. 이런 학생은 단지 더 좋은 것을 알지 못하므로 실수를 합니다. 스승과 자신의 경험을 통해 자신이 어떤 것들을 알지 못한다는 것이 입증되면, 학생은 솔직하고 열심히 교훈을 배우고, 새로운 이해를 내면화하면서 특정한 실수를 반복하지 않게 됩니다. 하지만, 학생이 성숙해짐에 따라, 자발적으로 배움을 계속할지, 자신의 실수를 숨기거나 정당화할지 시험받게 됩니다. 이제 학생은 고의적인 무지를 취하고 싶은 유혹과 싸워야 합니다. 이때가 여러분이 진정

더 잘 알 수 있는 기회입니다. 하지만 여러분은 자신의 행동을 바꾸려 하지 않고, 따라서 "더 잘 아는 것"을 상쇄시킬 방법을 찾습니다. 이와 유사한 과정을 지구에서도 찾아볼 수 있습니다. 예를 들면 아이들, 특히 십대들은 지시를 따르지 않거나, 어떤 행위가 옳지 않다는 것을 알면서도 이를 인정하지 않으려고 합니다. 이들은 자신들의 현재 나이와 성숙도에 미치지 못하는 방식으로 계속 행동하는 것을 정당화하기 위해 다양한 계획을 짭니다.

이제 우리는 일반적인 무지는 단순한 지식의 부재이지만, 고의적인 무지는 전혀 다른 형태의 마음가짐이라는 것을 알게 되었습니다. 좀 더 자세히 살펴보겠습니다.

～⁓ᘒ⁓～

어린 시절로 돌아가서, 여러분이 어둠에 대한 공포를 처리하는 입문에 어떻게 직면했는지 생각해 보세요. 그 상황을 분석해 본다면, 실제로는 자신이 어둠을 두려워하지 않았다는 것을 알게 됩니다. 여러분이 두려워했던 것은 밝은 낮에는 존재할 수 없는 괴물들이 어둠 속에 숨어 있다가 나와서, 여러분을 해칠 수도 있다는 사실이었습니다. 여러분을 두렵게 했던 것은 괴물이 존재할 것이라는 가능성이었으며, 이것이 어둠에 대한 두려움으로 바뀌게 된 것입니다. 이 두려움은 두려움을 극복하는 데 도움이 될 수 있는 유일한 일을 여러분이 하지 않았기 때문에, 여러분을 마비시켰습니다. 바로 어두운 방으로 들어가서 괴물들이 없다는 것을 경험하는 일 말입니다. 여러분이 어둠에 대한 두려움을 극복했던 때는, 두려움과 맞닥뜨리고 괴물이 있다고 믿는 것이 합리적이지 않다는 것을 깨달았을 때였습니다.

그리스도 의식은 어떤 것들도 숨길 수 없는 빛에 비유될 수 있습니다. 그리스도 마음은 행위를 평가할 수 있는 절대적인 기준을 가지고 있습니다. 여러분이 하는 행동들은 신의 법칙과 조화를 이루든지, 조화를 이루지 못하든지, 둘 중의 하나입니다. 모호한 영역(gray zone)이나 애매한 부분(fuzzy area)은 없습니다. 따라서 과녁에서 빗나간 행위들을 숨기고, 정당화하거나 변명할 수 없습니다. 여러분의 행위들은 생명을 지속시키거나, 생명을 끌어내리거나 둘 중 하나입니다. 그것이 어떤지 논의할 필요는 없습니다.

앞에서 설명한 것처럼, 새로운 존재는 어느 정도의 어둠이 남아 있는 구체에서 시작합니다. 그 구체는 영적인 영역처럼 빛으로 채워져 있지 않습니다. 바로 이런 이유로 그 존재는 분리되고, 자기 중심적인 정체감을 지니고 시작할 수 있는 기회를 가지게 됩니다. 어둠이 남아 있으므로, 그 존재는 무지의 상태로 태어날 수 있지만, 다른 한편으로 어둠으로 인해 옳지 않은 행위들을 숨기는 것이 허용됩니다. 그 존재가 성숙해짐에 따라, 어둠을 이용하여 고의적인 무지 속에 머물 수가 있으며, 심지어 외적인 가면을 만들어 내적인 생각과 의도를 숨길 수도 있습니다. 이기적인 신념과 욕망, 의도가 있으면서도, 이기적이지 않은 것처럼 겉모습을 만들 수 있습니다. 가슴은 이기적이지만 겉으로는 선한 것처럼, 심지어 종교적인 것처럼 가장할 수 있는 사람들이 지구에 있다는 것을 여러분은 분명히 압니다. 예수가, "거짓 선지자들을 삼가라, 양의 옷을 입고 너희에게 오나, 속에는 노략질하는 이리"(마태 7:15)라고 말씀하셨습니다. 이런 속임수가 가능한 것은 지구 에너지장 속에는 아직도 어둠이 많이 남아 있어, 생각과 감정을 숨길 수 있기 때문입니다. 영적인 영역에서는 누구도 다른 사람에게 자기 생각과 의도를 숨길 수 없습니다. 따라서 영적인 영역에서 거짓말과 속임수는 실제로 존재할 수가 없습니다. 그곳에서는 완전한 정직이 삶의 방식입니다.

　요점은 지구 행성은 숨기는 것이 가능한 무지의 베일이 (여전히) 있는 장소라는 것입니다. 하지만, 무지는 어둠에 불과한 것입니다. 어둠은 빛의 부재이며, 그 자체 안에 어떤 실체나 의도가 없습니다. 하지만, 그리스도의 빛이 존재하지 않으므로, 어둠이 (비록 일시적이긴 하지만) 실체를 가진 "괴물들"과 우주를 창조한 신의 목적에 정렬하지 않는 의도들을 숨길 수 있는 것입니다. 이것은 더 세심하게 살펴봐야 할 개념입니다.

　앞에서 설명한 것처럼, 모든 것은 두 개의 상호 보완적인 힘의 상호 작용으로 창조되었으며, 이 두 힘은 형태의 세계를 창조하고 유지하는 데 필요합니다. 이 행성에는 신이 하나의 극성을 형성하고 다른 극성은 신과 반대되는 것, 즉 종종 악마와 같이 신과 반대되는 것으로 의인화되는, 두 극성을 극단에 놓는 영적이고 종교적인 가르침이 있습니다. 다시 말해서, 선과 악은 우주의 그림을 완성하는 데 필요하며, 하나는 다른 하나 없이는 존재할 수 없다는 것입니다. 따라서 어떤 존재든 둘 중 하나를 선택할 수 있습니다. 그 존재는 선의 길과 악의 길 둘 중 하나를 따름으로써 고향으로 돌아갈 수 있습니다. 앞에서 한 얘기에 근거해서, 명민한 학생들은 이런 가르침들이 진실과 동떨어져 있는 이유를 알 수 있어야 합니다.

　창조주는 가장 먼저 전체성(Allness) 내에 어떤 경계를 설정했으며, 그 후 허공 안의 특이점 속으로 자신의 존재를 수축시켰습니다. 허공은 창조주와 반대되는 것이 아닙니다. 단지 어떤 것들의 부재일 뿐입니다. 따라서 허공에는 아무것도 존재하지 않습니다. 어떤 형태(form)나 질료(substance)도 없었으며, 악이 존재할 수도 없었습니다. 허공 속에 창조된 모든 것은 신의 질료와 존재에서 창조되었으며, 신 없이는 존재하는 어떤 것도 만들어지지 못했을 것입니다. 모든 것이 신의 질료로 만들어지기 때문에, 신이 존재하는 모든 것이라면, 신과 반대되는 어떤 것도 존재할 수 없다는 사실이 뒤따릅니다. 다시 말해서, 신에게는 반대되는 것이 없고, 우주 전체를 완성하기 위해 신에게 반대되는 극성이 필요하지도 않습니다. 창조주는 그 자체로 완전하며, 어떤 극성도 필요하지 않습니다. 이 말을 주의 깊게 들으세요. 악은 그 자체로 실체가 없습니다. 마터 빛 외에는 어떤 실체도 없습니다. 악처럼 보이는 것은 단지 마터 빛이 신의 법칙과 어긋나는 형태를 가지고 있는 것입니다. 따라서 악은 일시적으로만 존재할 수 있습니다. 결국 마터 빛은 원래의 순수한 상태로 돌아갈 것이며, 악의 형태도 더 이상 존재하지 않을 것입니다.

하나인 창조주(One Creator)가 자신을 확장하고 수축하는 두 극성으로 나타냈을 때, 그때 창조가 시작되었습니다. 하지만, 이 두 극성은 상반되는 것이 아니라 서로 보완적인 힘입니다. 따라서 하나가 선이고 다른 하나는 악이라고 하는 것은, 아무런 의미도 없습니다. 악이라는 개념은 그리스도 의식이 창조되고 난 이후에 생겨난 것입니다. 앞서 설명했던 것처럼, 창조의 목적이 개별적 존재들에게 자기 인식을 성장시킬 기회를 주기 위한 것이므로, 그리스도 의식이 만들어지게 된 것입니다. 개별적인 존재에게는 자유의지가 있다는 의미입니다. 하지만, 자유의지가 존재하기 때문에, 존재들이 신의 법칙과 맞지 않는 선택을 할 수 있습니다. 일부러 신의 법칙을 거역할 필요는 없지만, 어떤 존재가 그렇게 할 수 있는 선택권을 가지지 못한다면, 자유의지는 온전하지 못한 것이 됩니다. 이것은 어떤 존재가 분리감 속에서 길을 잃는 것을 가능하게 합니다. 따라서 그리스도 의식은 하나됨으로 돌아오는 길을 상징합니다.

이제 어떤 존재가 신의 법칙을 거역하는 데에 두 가지 길이 있음을 알게 되었습니다. 하나는 무지입니다. 그 존재는 단지 더 좋은 것을 알지 못할 뿐입니다. 아이들이 이기적인 행동을 해도 부모는 대개 벌을 주지는 않는데, 왜냐하면 아이들은 단지 자신이 하는 일이 옳지 않다는 것을 이해하지 못하기 때문입니다. 따라서 아이들은 어떤 행동이 잘못된 것이 아니라고 생각하고, 자신에게 일시적으로 이점을 주는 것처럼 보이기 때문에 어떤 행동을 포기하지 않는 특정한 행동 습관을 키워나갈 수 있습니다. 하지만, 아이가 성숙해짐에 따라, 아이는 더 잘 알게 되고, 거기에 맞춰 행동을 개선할 것이 기대됩니다.

영적 학교에 있는 학생이 성숙해짐에 따라, 그 학생은 더 높은 이해에 기초하여 자신의 습성을 개선할지, 아니면 자기의 습성을 고수할지를 선택해야 하는 상황에 직면하게 됩니다. 학생은 단순한 무지(honest ignorance)에 근거해 자신의 행동을 더 이상 정당화할 수 없게 되며, 다른 형태의 변명거리를 찾아야 합니다. 그 학생은 그리스도 마음과는 대조적으로, 옳고 그름에 대한 절대적 기준을 가지지 못한 마음의 틀을 이용함으로써, 이렇게 할 수 있습니다. 다시 말해서, 고의적인 무지(willful ignorance)는 진실을 숨길 수 있고 심지어 거짓말이 진실인 것처럼 보이게 할 수도 있는 어둠이 존재한다는 것을 바탕으로 합니다.

그리스도 의식은 학생들에게 자신들의 자유의지를 행사하기 위한 절대적인 기준을 주게 되어 있습니다. 그리스도 마음을 사용함으로써, 학생들은 무한한 창조력을 표현할 수 있지만, 여전히 신의 법칙이라는 테두리 안에 머물게 되며, 이것은 그들의 노력이 자기 자신과 모든 생명을 끌어올린다는 의미입니다. 하지만, 그리스도 의식은 자유의지를 안내하게 되어 있으므로, 논리적으로, 그리스도 의식은 존재들이 신의 법칙을 위배하는 것을 허용하는 (반대되는) 것을 가져야 합니다. 다시 말해서, 상호 배타적이며 서로를 상쇄시키는 반대라는 개념은 신의 단계에서는 존재하지 않으며, 확장하고 수축하는 힘 속에 내재되어 있지 않습니다. 반대되는 것들은 아들의 단계, 즉 자유의지를 행사하는 자기 인식하는 존재들의 단계에서만 존재합니다. 따라서 악은 신에 반대되는 것이 아니라 그리스도에게 반대되는 것입니다. 선은 그리스도 마음을 통해, 존재들이 자유의지를 행사한 결과입니다. 악은 단순히 그리스도의 진리가 부재한 무지의 어둠을 통해서가 아니라, 그리스도 마음과 반대되는 것, 즉 반그리스도 마음을 통해, 존재들이 자유의지를 사용한 결과입니다.

반그리스도 마음은 그리스도 마음과 극성을 형성하지 않는다는 것을 분명히 해두겠습니다. 이 둘은 서로 보완적인 힘이 아닙니다. 그리스도 마음은 아버지의 유일한 아들이며, 반대되는 것이 필요치 않습니다. 반그리스도 마음은 신이 창조한 것이 아니며, 우주 전체를 완성하는 데 필요한 것도 아닙니다. 반그리스도 마음은 창조주가 자식(offspring)에게 자유의지를 부여했을 때 선택된 것입니다. 따라서 반그리스도 마음은 "고유한 실재(inherent reality)"가 없는 것입니다. 반그리스도 마음은 자기 인식하는 존재들이 반그리스도 마음을 사용하겠다고 선택할 때만, "일시적인 실재(temporary reality)"를 부여받게 됩니다. 따라서 반그리스도 마음은 그런 존재들의 선택을 통해서만 힘을 얻게 됩니다.

여기에 미묘한 점이 있는데, 처음에는 이것을 파악하는 것이 어려울 수 있습니다. 형태의 세계에 존재하는 어떤 것도 어머니 빛을 사용하지 않고는 창조될 수가 없으며, 이 어머니 빛은 창조주 자신의 존재로부터 창조된 것입니다. 따라서 어떤 존재든 신의 빛을 사용하지 않고는 아무것도 창조할 수 없습니다. 하지만, 마터 빛은 공동창조 능력을 지닌 존재가 부여하는 형태는, 어떤 형태든지 절대적으로 받아들입니다. 자유의지 때문에, 존재는 어머니 빛을 이용하여, 창조주의 목적과 법칙에 어긋나는 것들을 구현할 수 있습니다. 그 존재는 오로지 반그리스도 마음을 이용해야만 그렇게 할 수 있습니다. 이런 반그리스도 마음으로 인해, 그 존재가 신의 법칙과 조화를 이루지 못한 선택들을 상상하고 선택하는 것이 가능해집니다. 그것들은 그리스도 마음을 통해서는 행할 수 없는 것들입니다. 지금 내가 하는 말을 이해하겠습니까? 그 존재는 마음을 이용하여, 정신적 이미지를 만들어내고, 이런 이미지를 마터 빛 위에 겹쳐 놓음으로써 창조합니다. 이런 정신적 이미지를 그리스도 마음의 비전에 따라 창조한다면, 여러분은 자기 자신과 다른 형태의 생명을 해치게 될 이미지는 만들 수조차 없을 것입니다. 이것은 오로지 반그리스도 마음을 통한 정신적 이미지로 만들어질 수 있습니다. 이런 마음은 전체와의 분리에서 생겨납니다.

제한적인 구현물들은 확장하고 수축하는 힘을 균형 잡히지 않은 방식으로 사용할 때만 만들어질 수 있습니다. 두 가지 힘이 불균형한 방식으로 사용될 때, 두 가지 힘은 반대되는 것이 됩니다. 다시 말해서, 반그리스도 마음을 통해, 두 가지 기본적인 힘은 서로 반대되는 것으로 바뀌게 되며, 서로를 상쇄시키게 됩니다. 하지만, 두 가지 힘이 서로 반대된다고 할지라도, 물질우주에서는 여전히 어떤 것들을 창조해 낼 수가 있는데, 이 세계에는 아직 어둠이 남아 있으므로, 불균형한 구현물들을 허용하기 때문입니다. 하지만, 균형 잡히지 않은 모든 구현물에는 긴장감이 내재될 것이며, 이로 인해 그것들은 결국 붕괴할 것입니다. 반그리스도 마음을 통해 창조된 것들은 일시적이며, 궁극적으로는 실재가 없습니다. 그것은 지속 가능한 구현물이 아닙니다. 그런 구현물들은 형태를 유지하기 위해 끊임없이 투쟁해야 합니다. 불균형한 구현물은 끊임없이 재창조되어야 하며, 그렇게 되기 위해서는 지속적인 관심과 노력이 필요합니다. 이렇게 되면 여러분은 자기 창조물의 노예가 됩니다. 예를 들면, 어떤 사람이 불균형한 방법으로 돈을 모았습니다. 그 사람은 자신이 돈을 모았던 것과 같은 수단을 써서 그 돈을 빼앗으려는 사람들로부터 그 돈을 지키기 위해 모든 시간을 소비해야 합니다.

여기서 중요한 점은 반그리스도 마음을 통해 창조된 모든 것은 단지 겉모습일 뿐이고, 환영이나 신기루에 불과하다는 것입니다. 그것들은 신 자신의 질료(substance), 즉 어머니 빛으로 창조되었지만, 신의 완전한 비전에서 벗어나 있는 모습입니다. 하지만, 빛은 진실로 신의 질료이므로, 어머니의 순수한 원래 빛으로 돌아가, 창조와 조화를 이룬 형태를 취할 수 있는 잠재력이 있습니다. 겉으로 보이는 모습이 아무리 불완전하고 추하거나 악할지라도, 이런 잠재력은 결코 사라질 수 없습니다. 따라서 악에 대한 가장 큰 거짓말 중 하나는 악이 영원하다는 것이며, 어떤 힘으로도 바꿀 수 없을 정도로 상황이 안 좋다는 말입니다. 상황이 아무리 나빠 보인다 해도 언제나 초월될 수 있습니다.

어떤 존재는 반그리스도 마음을 사용하여 신과 분리된, 심지어 신에 대적하는 정체감을 창조할 수 있습니다. 하지만 의식하는 자아는 창조주의 확장체이므로, 여러분은 언제나 이런 제한된 정체감을 초월할 수 있습니다. 어떤 존재가 아무리 악해 보인다 해도, 항상 창조주 존재의 핵심, 어둠 속에 있는 빛의 불꽃(spark of light)이 존재합니다. 따라서 근원과 하나가 될 수 있는 잠재 가능성은 절대 사라지지 않습니다.

영적인 스승으로서, 반그리스도 의식을 이해시키려고 노력하는 내 상황을 이해해 주기 바랍니다. 이 어려움은 행성 지구와 인류의 집단의식이 반그리스도 마음에 아주 심하게 영향을 받고 있다는 데 있습니다. 대부분의 사람은 반그리스도 마음에 대한 대안을 결코 경험한 적이 없거나, 비록 이런 경험을 했다 하더라도, 경험했다는 사실조차 인식하지 못합니다. 결과적으로, 그리스도 의식을 파악하는 것이 많은 사람에게 어렵습니다. 이로 인해 사람들이 반그리스도 마음속에 내재된 모순을 보는 것도 어려워집니다. 사람들은 반그리스도 마음이라는 필터를 통해 세상을 바라보는 것에 익숙해 있으며, 이것이 정상이며, 일들이 그렇게 되게 되어 있다고 생각합니다. 그들은 반그리스도 마음이 진리를 대표한다고 생각합니다. 그들은 대개 그리스도 마음에서 나온 참된 진리를 거부하고, 지구에 그리스도 진리를 가져오려는 영적인 스승들을 거부합니다. 하지만, 불가능해 보일지라도 시도해 보겠습니다. 왜냐하면 이 책에 마음이 끌린다면, 그것은 여러분이 이미 직관적인 재능들을 사용하는 법을 알고 있다는 뜻이기 때문입니다. 여러분이 그 재능을 계속 사용한다면, 내가 설명하는 내용뿐만 아니라 내 말을 뛰어넘는 미묘한 진리를 파악할 수 있을 것입니다.

나는 지금까지 두 가지 기본적인 힘을 두 가지 분리된 힘으로 표현했습니다. 이 두 가지 힘은 서로 보완적이면서 전체를 형성한다고 설명했지만, 이것이 뜻하는 진정한 의미를 파악할 수 있는 사람들은 소수에 불과합니다. 그 이유는 여러분이 하나됨보다는 분리에 기초한 세계관을 통해 모든 것을 바라보는 데 익숙해 있기 때문입니다. 영적인 영역에서 모든 불멸의 존재는 이미 깨달음을 성취했습니다. 그들은 그리스도 마음이라는 명료성을 통해 세상을 바라봅니다. 따라서 이들은 기본적인 힘들을 분리된 힘으로 보지 않고, 이 것을 같은 실재, 즉 창조주의 보완적인 구현으로 봅니다. 신이 어떻게 자신에게 반대되는 것일 수 있을까요? 그리스도 마음에는 두 가지 힘이 반대되는 것으로 보일 가능성조차 존재하지 않습니다.

바이블에 분명하게 언급된 것처럼, 오로지 그리스도 의식을 의미하는 독생자(요한 1:18)를 통해서만 아버지, 즉 창조주를 알 수 있습니다. 반그리스도 마음으로는 형태의 세계에 존재하는 모든 것의 근원인 창조주를 알 수 없습니다. 반그리스도 마음은 확장하고 수축하는 힘 너머를 볼 수 없습니다. 반그리스도 마음은 이 두 힘을 반대되는 것으로 보며, 그 뒤에 숨겨진 일관된 원리를 볼 수 없습니다. 반그리스도 마음에서는, 모든 것이 더 높은 실재이거나 그 실재의 표현에 의한 것에 의해서가 아니라, 서로에 대해 정의되는 두 개의 반대되는 것에 의해 정의됩니다. 반그리스도 마음은 반대의 관점에서, 하나는 다른 하나 없이는 존재할 수 없다고 생각합니다. 이것은 모든 것이 반드시 반대되는 것을 가져야 한다는 의미입니다. 예를 들면, 반그리스도 마음은 신의 개념을 다룰 수는 있습니다. 하지만 반그리스도 마음은 신을 반대되는 것을 가져야 하는 상대적 이원성의 한 측면으로 보며, 자기 자신을 신과 반대되는 측면으로 봅니다. 따라서 신과 선의 반대되는 것은 반드시 악마와 악이 되어야 합니다. 즉 전체를 완성하는 데에는 이 둘 모두가 필요하다는 의미입니다. 반그리스도 마음에는 악이 신처럼 실재하는 것입니다.

이것의 직접적인 결과는 반그리스도 마음에는 절대적인 진리나 나눌 수 없는 불가분의 진리 같은 것은 존재하지 않게 된다는 것입니다. 진리란 반드시 반대되는 것을 가져야 하는 개념입니다. 이 말은 진리는 진리가 아닌 것과 관련해서 정의되어야 한다는 의미이며, 반대의 경우도 마찬가지입니다. 이것은 직관적인 숙고를 요구하는 미묘한 내용입니다. 그리스도 마음에서, 진리는 하나입니다. 그것은 나누어지지 않습니다. 그리스도 마음은 신의 법칙을 알고 있으며 그것이 실재하며, 일관되고, 절대적이라는 것을 압니다. 따라서 어떤 개념이 신의 실재와 정렬되어 있다면, 그것은 진실한 것입니다. 그것이 신의 실재와 어긋난다면, 진실하지 않습니다. 의심의 여지가 없고, 잘못 해석될 여지도 없으며, 모호한 영역(gray zone)도 없고, 무지의 베일도 없습니다.

반그리스도 마음은 신의 실재를 볼 수 없습니다. 따라서 반그리스도 마음은 하나이며, 절대적이고, 나뉠 수 없는 진리란 존재하지 않는다고 생각합니다. 이때 진리는 나뉠 수 없는 신의 실재와 하나가 되는 것이 아니라, 그것이 어떻게 정의되느냐에 따라 상대적으로 됩니다. 진리는 반드시 반대되는 것을 가져야 하며, 이것은 진리란 반대되는 것을 가질 수 없는 절대적인 것이 아니라, 상대적이라는 의미입니다. 그리스도 마음에서 진리는 신의 실재에 근거하여 정의되지만, 반그리스도 마음에서는 "진리"는 신의 실재에서 벗어나 있고, 신의 실재와 단절된 세계관에 기초해 정의됩니다. 그리스도 마음은 신의 실재에 의해 정의되기 때문에, 진리를 정의하지 않습니다. 그리스도 마음은 실제로 경험하며, 이 실재와 하나가 되어 있습니다. 그리스도 마음은 정신적 이미지가 필요 없지만, 반그리스도 마음은 신의 실재를 경험할 수 없습니다. 따라서 그것은 모든 것에 대해 정신적 이미지를 만들어야 합니다.

반그리스도 마음은 신의 실재를 볼 수 없으므로, 진리(truth)와 반-진리(anti-truth)를 정의합니다. 반그리스도 마음이 "진리"라고 보는 것은 신의 절대적인 진리가 아니라, 신의 창조물에 대한 상대적인 진리입니다. 그리스도 마음은 절대적인 진리를 인식합니다. 반면에 반그리스도 마음은 "진리"를 상대적으로 정의하며, 그런 다음 그 진리를 절대적이고 오류가 없는 상태로 격상시킵니다.

나는 이것을 파악하는 것이 어려울 수 있음을 잘 알고 있습니다. 하지만 이제 여러분은 이 의미를 알게 되지 않았나요? 우리는 일부 학생들이 자신의 행동을 바꾸려고 하지 않으면서, 자기 행동을 순수한 무지에 기초하여 더 이상 정당화시킬 수 없는 지점에 이르게 된다는 것에 관해 얘기했습니다. 따라서 학생들은 고의적 무지에 기초하여 그렇게 하려고 했으며, 그런 행동을 계속하는 것이 정당화된다고 생각했습니다. 그리스도 마음에서는, 무엇이 생명을 유지하는 것이고, 무엇이 그렇지 않은지에 대해 의심의 여지가 없으므로, 그런 정당화가 불가능합니다. 따라서 고의적인 무지는 반그리스도 마음에만 존재할 수 있습니다. 반그리스도 마음은 무엇이 진리인지, 무엇이 진리가 아닌지에 대한 의심을 근거로 합니다. 하지만, 이런 의구심이 생길 수 있는 것은 진리가, 반그리스도 마음이 정한 조건들 안에서 정의될 수 있는, 상대적 개념이기 때문입니다. 신의 실재를 경험할 수 없는 모호한 영역(gray zone)이 존재하며, 따라서 불확실함, 무지, 속임수, 거짓말이 존재할 수 있는 여지가 있습니다. 여러분이 실재를 경험할 수 없다면, "실재(reality)"는 정신적 이미지가 되고, 마음은 자신이 믿고 싶은 것을 정당화할 수 있는 것처럼 보이도록, 이런 이미지를 왜곡시킬 수 있습니다.

그리스도 마음은 실재를 직접 경험하기 때문에, 어떤 정신적 이미지도 가지지 않습니다. 반그리스도 마음은 직접적인 경험을 하지 못하므로, 정신적 이미지 외에는 어떤 것도 가지지 못합니다. 여러분이 순수한 무지 상태일 때는, 어느 정도 그리스도의 진리를 보지만, 아주 많이 "알지 못하는 상태"입니다. 어느 정도 정신적 이미지를 가지고 있다 해도, 그것들을 절대적인 것으로 보지 않으며, 그것들을 진정한 지식으로 대체하는 데 열려 있습니다. 하지만, 고의적인 무지 상태에 있을 때는, 알지 못하는 것이 존재한다는 사실을 인정하지 않게 됩니다. 그 대신에, 경험하지 못한 실재에 대해 정신적 이미지를 만들게 되며, 그것들을 실재(reality) 그 자체보다도 더 실재하는(real) 상태로 격상시킵니다. 따라서 신의 실재를 직접 경험조차 하지 않으려고 하게 됩니다. 사람들이 순수하게 무지한 상태일 때는, 자신들이 알지 못하는 것이 있다는 사실을 알고 있으며, 지식을 확장하려고 노력합니다. 그들은 가르칠 수 있습니다. 하지만 사람들이 고의적인 무지에 빠져 있으면, 그들은 자신에게 필요한 것을 모두 알고 있다고 생각하며, 자신의 이해를 확장하려고 하지 않습니다. 그들에게는 가르침을 줄 수 없습니다. 순수한 무지 속에 있는 사람들은 작은 상자 속에 살지만, 그 상자는 열려 있습니다. 고의적 무지 속에 있는 사람들은 자신들이 매우 큰 상자 안에 살고 있다고 생각하지만, 그것은 닫힌 상자입니다. 어떤 상자든 닫혀 있다면, 무한한 신의 실재를 담을 수 없습니다.

열쇠 10
에덴 정원에서 실제로 무슨 일이 일어났을까요?

이제 이런 통찰을 바탕으로, 에덴 정원의 얘기를 새로운 각도에서 살펴보겠습니다. 이 얘기는 세계문화의 중심축이 되는 신화 중 하나이며, 특히 사람들과 영적인 스승들 사이의 관계를 이해하는 데 있어 아주 유익한 자료입니다. 분명한 것은 여러분이 글자 그대로의 해석을 뛰어넘는 것을 보려고 할 때만, 이것을 이해할 수 있다는 것입니다. 그렇지 않으면, 명백하게 모순되는 것들이나 얘기를 통해 제기되는 의문들이 절대로 풀리지 않을 것입니다.

가장 먼저, 바이블에서 신이라 부르는 존재는 궁극적인 의미에서의 신이 아니라, 에덴이라는 학교의 학생들에게 신을 대리했던 영적인 스승을 가리키는 것이란 사실을 깨달아야 합니다. 창조주는 모든 형태를 초월하므로, 사람들이 볼 수 있는 형태로는 인간들과 접촉하지 않습니다. 창조주는 이런 일을 우주적 계층구조 안의 적당한 직책을 가진 존재들에게 맡기셨습니다. 구약의 시대에는 "신(God)"이라는 용어가 지금과는 다르게 사용되었으며, 종종 영적인 존재를 지칭하는 것으로 사용되었습니다. 앞에서 언급한 것처럼, 나,

마이트레야는 아담과 이브의 스승이었으며, 따라서 에덴 정원에서 실제로 있었던 일을 설명하는데, 어떤 인간이나 기관보다도 내가 더 적임자라고 생각합니다. 둘째로, 에덴에는 많은 학생이 있었다는 사실을 깨달아야 합니다. 그 얘기는 상황을 단순화하기 위해, 아담과 이브에게 초점이 맞춰져 있습니다. 따라서 아담과 이브 얘기는 에덴에 있던 많은 학생에게 일어난 일에 대한 상징, 여러분이 원한다면 전형(典型)이라고 할 수 있습니다. 이제 얘기에 나오는 중요한 문장 가운데 한 가지를 살펴보겠습니다.

16 주께서 사람에게 명하여 이르시되, 동산에 있는 각종 나무의 열매는 네가 임의로 먹되, (창세기 2:16)

17 선악을 알게 하는 나무의 열매는 먹지 말라, 네가 먹는 날에는 반드시 죽으리라 하셨다. (창세기 2장)

우리가 살펴볼 첫 번째 의문은 왜 영적인 스승이 학생들에게 과일을 먹지 말라고 했느냐 하는 것입니다. 왜 정원에 금단의 열매가 있었을까요? 신은 왜 이런 유혹이 없는 정원을 창조하지 않았을까요? 이제 이런 의문을 풀기 위해, 앞에서 얘기한 자유의지로 돌아가야 합니다. 학생들에게 신의 법칙을 거스를 수 있는 선택권이 없었다면, 그들은 완전한 자유의지를 가진 것이 아니었을 것입니다. 따라서 신의 법칙을 고의로 거스르고 싶은 유혹은 자유의지의 동반자입니다.

이제 우리는 '선악을 알게 하는 과일'이 어떤 의식 상태에 대한 상징, 즉 학생이 의도적인 무지를 이용해 신의 법칙을 거스르는 것을 가능하게 하는 마음의 틀에 대한 상징임을 알고 있습니다. 우리가 보아온 것처럼, 그리스도 마음으로는 신의 법칙을 위반하는 것이 불가능한데, 신의 실재를 인지하고 있다면, 신의 법칙을 위반하는 것이 자기 자신과 자신의 더 큰 자아(모든 생명)를 해치는 것임을 알 수 있기 때문입니다. 따라서 자기 자신(self)이나 자신의 더 큰 자아(Self)를 의식적으로 해치는 선택을 절대로 하지 않을 것입니다.

신의 법칙을 위반하는 것은, 여러분이 무슨 일을 하고 있으며, 그것이 자신에게 어떤 영향을 미치게 될지를 정말로 이해하지 못하는 마음의 틀 안에 있을 때만 가능하다는 사실을 알 수 있습니다. 여러분은 그런 일이 자신을 정말로 다치게 하지 않을 것이며, 부정적인 결과도 가져오지 않을 것이고, 설령 부정적인 결과를 가져온다고 하더라도 어느 정도는 피해 갈 수 있다고 믿어 왔을 수도 있습니다. 따라서 여러분은 자신이 하는 일을 정말로 알지 못하여, 신의 법칙을 위반했을지도 모릅니다. 아니면 신의 법칙을 위반하는 일이 여러분을 어떻게 해칠 수 있는지 충분히 알지 못한 채 고의로 신의 법칙을 위반했을 수도 있습니다.

신의 법칙을 위반하는 것은 오로지 여러분이 특정한 환영으로 고통을 겪고 있어서, 그리스도 마음이라는 실재를 보지 못할 때만 가능합니다. 여러분은 신의 실재와의 연결만이 아니라 그리스도 마음의 산물인 실재에 대한 명확한 비전도 상쇄시켜 왔습니다. 실재(reality)에 대한 인식이 어떻게 사라지게 되었으며, 어떻게 환영으로 대체되었을까요? 세상에 대한 관점이 그리스도 의식보다 더 제한적인 의식 상태로 들어갈 때만 그렇게 될 수 있습니다. 따라서 여러분은 실재는 보지 못하고, 제한적이거나 왜곡된 이미지인, 실재에 대한 정신적 이미지만을 보게 됩니다. 다시 말해서, 그리스도 마음에는, 중간지대(gray zone)가 없으므로 환영, 거짓말, 의심 혹은 해석이 존재할 여지가 없습니다. 따라서 환영과 의심이 존재할 수 있는 여지가 있는 마음의 틀 속으로 들어갈 때만, 여러분이 자신을 해칠 수가 있는데, 이 말은 상황이 확실하지 않은 중간지대가 존재한다는 의미입니다. 그리스도 마음에서 발견되는 신의 실재를 직접 인식하는 것이 아니라, 실재에 대한 정신적 이미지를 만들어낼 여지가 있게 되는 것입니다. 마음속에서 실재와 분리되어 있으므로, 여러분과 실재 사이에는 거리감이 존재하는 것처럼 보입니다.

여러분을 실재로부터 분리하는 마음의 틀은 물론 반그리스도 마음입니다. 이런 마음의 틀로는 실재를 볼 수 없으며, 다만 "실재"에 대한 정신적 이미지만을 볼 수 있습니다. 선과 악은 상대적인 용어가 됩니다. 그것들은 신의 절대적인 실재와 관련되기보다는, 오히려 서로와 관련하여 정의됩니다. "진리"가 상대적일 때, 여러분이 신의 법칙을 위반하는 것을 알고 있다 하더라도, 그런 방식으로 정의될 수 있습니다. 여러분의 인식은 그것이 허용될 수 있고, 정당화될 수 있으며, 유익하거나, 심지어 자신이 할 수 있는 유일한 선택인 것처럼 보이게 합니다.

에덴 정원이 영적인 학교였다는 것을 이해하면, 학생들이 다음 단계로 나아가기 전에 직면하고 성공적으로 통과해야 하는, 어떤 수업이나 입문 과정이 있었다는 것을 분명히 알게 됩니다. 신의 법칙을 위반하고 싶은 유혹에 직면하게 되는 것도 이런 입문 과정의 하나입니다. 앞에서 언급한 것처럼, 새로운 학생은 신의 법칙을 이해할 수 있을 만큼 충분한 의식이 없습니다. 새로운 학생이 그런 법칙을 위반한다고 해도 그것은 순수한 무지로 인한 것이므로, 법칙을 알게 된다면 고의로 신의 법칙을 거역하는 선택을 절대로 하지 않을 것입니다. 스승의 가르침에 따름으로써, 새로운 학생들은 보호를 받습니다. 학생이 스승과 연결되어 있다면, 스승은 학생들이 신의 법칙을 위반하는 것을 피하는 방법을 알 때까지, 그리스도 분별력을 개발할 수 있도록 도울 것입니다.

학생이 성숙해짐에 따라, 신의 법칙을 알게 되므로, 이제 학생은 신의 법칙을 고의로 위반할 수 있는 지식을 습득하게 됩니다. 학생은 신의 법칙을 위반하고 싶은 유혹에 반드시 직면하게 되며, 이것을 정당화하기 위해, 반그리스도 마음과 반그리스도 마음의 상대적인 논리를 이용하게 되는 것입니다. 여기서 대단히 중요한 점을 알수 있나요? 새로운 학생은 단지 더 잘 알지 못하는 순수한 무지 상태에 있습니다. 무지는 반그리스도 마음과 똑같은 것이 아닙니다. 무지는 지식의 부재로 인해 생기는 수동적인 의식 상태입니다. 캄캄한 방 안에 불을 켜면, 어둠은 즉시 사라집니다. 다시 말해서, 무지 속에 있는 학생은 무지로부터 자신을 벗어나게 해줄 지식을 받아들이는 것에 저항하지 않습니다. 이와 반대로, 반그리스도 마음은 순수한 무지가 아니라, 고의적인 무지입니다. 학생은 실재에 대한 정신적 이미지를 만들어서, 이 우상을 유일한 참된 신으로 숭배하기 때문에, 자신이 무지하다는 것을 인식하지 못합니다. 따라서 어두운 방에 숨어 있는 힘이 불을 켜지 못하게 하는 것처럼, 학생은 지식을 받아들이는 데 저항합니다. 아니면, 사람들이 눈을 감게 만들어, 불을 켠 후에 드러나는 것을 보지 못하게 할 것입니다. 학생들이 이런 사고방식에 눈이 멀게 되면, 그들은 스승의 말을 들으려고 하지 않으며, 반그리스도 마음의 논리를 이용하여 이것을 정당화하려고 합니다. 이런 마음은 자신의 세계관을 스스로 규정하므로 무엇이든 정당화할 수 있습니다. 따라서 스승은 그들이 순환 논리(circular logic)를 피할 수 있도록 도울 수 없습니다. 그런 학생들은 더 이상 가르침을 받을 수 없습니다.

내가 앞에서 설명했듯이, 참된 영적인 스승의 목표는 학생들을 끌어올려 영적으로 자급자족하게 만드는 것입니다. 이 말은 학생이 그리스도 의식을 성취하고 깨달음에 이르게 된다는 의미입니다. 하지만, 이것은 외부에서 학생에게 강요될 수 있는 기계적인 과정이 아닙니다. 그것은 자신의 선택을 통해 내면에서 우러나와야 하는 창조적인 과정입니다. 절대적인 진리와 하나됨의 상태인 그리스도 마음을 성취하기 위해서는 반그리스도 마음을 이용하여, 자신만의 "진리"를 정의하고, 또한 성장과 자기 초월을 하지 않는 것을 정당화하려는 유혹을 반드시 극복해야 합니다. 여러분은 반그리스도 마음을 이용해서 현재의 의식 단계를 초월하지 않고, 심지어 스승에게서 멀어진 것을 정당화하는 것처럼 보이는 부정적 이미지를 스승에게 투사하여, 외적인 혹은 내면의 스승으로부터 분리되고 싶은 유혹을 반드시 극복해야 합니다.

~❧~

이제 우리는 위에서 인용된 성경 구절에서 제기될 수 있는 핵심적인 의문 가운데 하나, 즉 "신이 아담에게 거짓말을 했는가?"라는 구절을 살펴볼 수 있습니다. 나는 바이블에 경의를 표하는 많은 사람이 피해 갈 수 없는 이런 의문에 대해 곰곰이 생각해 보지 않았으며, 일부는 이것을 옆으로 제쳐놓고 있다는 것을 알고 있습니다. 하지만, 이 의문은 학생-스승의 관계를 이해하는 데 꼭 필요한 것입니다.

매개변수들은 분명하고 부인할 수 없습니다. 신이, 혹은 더 자세히는 영적인 스승이, 아담이 선악과를 먹게 되면, "확실히" 죽게 될 것이라고(창세기 2:17) 말합니다. 그 후, 아담과 이브는 과일을 먹었지만, 죽은 것이 아니라 파라다이스에서 추방되었다고 바이블에는 기록되어 있습니다. 스승은 분명히 이것을 알고 있었어야 하므로, 스승이 아담에게 거짓말을 한 것처럼 보입니다. 어떤 사람들은 심지어 이것을, 신이 지식의 열매를 사람들이 먹지 못하게 함으로써 사람들을 속박하려 하는 한편, 뱀은 인류를 해방하려고 한다고 해석합니다. 다시 말해서, 신의 법칙을 위반하기 전에는 인간이 진정한 자유를 성취한 것이 아니었다고, 그렇게 말하고 있습니다.

우리는 앞에서의 담화를 통해, 이런 문제를 해결하기 위한 토대를 구축했지만, 그 내용에 대해 더욱 깊이 들어가 볼 필요가 있습니다. 우리가 알고 있는 것처럼, 학생이라는 존재의 중심은 의식하는 자아입니다. 이 자아는 물질우주로 보내진 영적인 자아의 확장체입니다. 영적인 자아가 이곳에 보내진 목적은 제한된 자기 인식을 지니고 시작하여, 자신이 신의 확장체라는 사실을 깨닫고, 자신이 이곳에 보내진 목적, 즉 지구를 다스리고, 지구가 신의 나라의 충만함이 되도록 끌어올려야 한다는 완전한 깨달음을 향해 성장해 가는 것입니다.

물질우주에서 뭔가를 공동창조하려면, 반드시 여러분의 정체감을 통해 창조해야 합니다. 그것이 물질우주에서 여러분을 정의하는 의식하는 자아의 역할입니다. 여러분은 영적인 학교에서 시작하게 되므로, 지구의 어린아이처럼, 제대로 발달하지 못한 정체감을 지니게 됩니다. 하지만, 여러분은 빠르게 정체감을 구축할 수 있으며, 여기에는 두 가지 주요 요소가 바탕을 이룹니다. 한 가지는 여러분이 처한 환경에 대한 경험과 이해입니다. 나머지는 영적인 스승으로부터 받게 되는 가르침입니다. 첫 번째 요소는 당연히 처음에는 제한적입니다. 여러분은 대개 무지에 기초한 정체감을 구축합니다. 심지어는 스승이 가르치는 내용을 이해하는 것조차 제한적인데, 여러분의 이해가 부족하므로, 스승이 여러분에게 가르치는 것도 제한받기 때문입니다. 어린아이들에게 높은 수준의 지식을 가르칠 수 없는 것과 같습니다. 이것은 유치원에 다니는 학생들에게 핵물리학을 가르칠 수 없는 것과 같습니다.

　아동 심리학자들은 일반적으로 아이들이 성장하면서, 몇 개의 뚜렷한 단계를 거치는 것을 발견했습니다. 사실, 각각의 단계는 의식하는 자아가 구축해 온 독특한 정체감을 나타냅니다. 마찬가지로, 새로운 학생도 그런 단계를 거치게 되는데, 각각의 학생은 특정한 세계관에 기초하여 독특한 정체감을 구축합니다. 심리학자들이 아직 이해하지 못하는 것은 아이가 한 단계에서 다음 단계로 이동할 때, 이상적으로는 이전 단계에서 쌓아온 정체감이 죽게 된다는 것입니다.

　앞에서 설명한 것처럼, 적어도 물질계에서는, 의식하는 자아는 자신이 누구라고 여기는 존재가 됩니다. 의식하는 자아는 자신의 정체감을 통해 자신을 표현하고 있습니다. 의식하는 자아는 자신의 정체감을 점차 확장할 수 있지만, 이런 진화적인 변화는 어느 정도까지만 가능합니다. 일정한 간격마다, 혁신적인 변화를 겪으면서 나아가는 엄청난 도약을 해야 합니다. 이것은 나비의 성장 과정에 비유될 수 있습니다. 애벌레는 점차 자라지만, 혁신적인 변화를 겪으며 고치가 됩니다. 고치 속에서 나비는 점진적으로 자라지만, 또 한 번의 혁신적인 변화를 통해, 고치를 깨고 나와 날개를 달게 됩니다.

　심리적인 수준에서, 학생은 먼저 제한적인 세계관에 기초하여 정체감을 구축합니다. 이런 정체성은 진화합니다. 하지만 최초 세계관의 제한으로 말미암아, 어디까지 성장이 이루어질 수 있는지에 대한 변수들이 정해집니다. 더 높은 단계로 올라가기 위해서, 혁신적인 변화가 일어나야 합니다. 낡은 정체감은 마땅히 죽어야 하며, 낡은 세계관은 고치처럼 버려져야 합니다. 하지만, 낡은 정체감의 죽음은 아주 느리게 일어나므로, 대부분은 이런 사실을 알지 못합니다. 낡은 정체감은 아주 부드럽게 새로운 정체감으로 바뀌게 되며,

설령 어떤 변화를 눈치챌 수도 있지만, 사람들은 심리적으로 혹은 영적으로 자신들이 다시 태어나고 있다는 것을 깨닫지 못합니다.

에덴 정원에서 성장함에 따라, 학생은 진화적인 단계와 혁신적인 단계의 정체감 모두를 점진적으로 구축해 나갑니다. 학생이 좀 더 자급자족하는 단계에 도달하게 되면서, 정교한 정체감을 구축하게 되었습니다. 이런 정체성은 자신의 개체성과 세상에 대한 이해를 바탕으로 합니다. 학생이 완전한 그리스도 의식을 성취하지는 못했지만, 내적인 경험과 스승의 가르침을 배경으로, 자신이 물질우주와 에덴 정원 너머 다른 곳에서 유래한 영적 존재라는 사실을 이해하게 되었습니다. 다시 말해서, 학생의 의식하는 자아는 자기 자신이 이 세상에서 생겨난 것이 아니라, 더 큰 영적인 존재의 확장체라는 사실을 깨닫게 된 것입니다. 물론, 이런 깨달음은 학생이 존재하는 이유를 충족시키는 핵심 열쇠입니다. 여러분과 공동창조하고 있는 창조주를 인식하지 못한다면, 이 세상에서 여러분이 맡은 역할은 완수될 수 없습니다. 이처럼, 학생은 그리스도 신성의 씨앗을 지닌 채, 깨달음을 얻기 위해 길을 떠났으며, 자기 자신이 근원과 하나인 영적 존재라는 것을 직접 인식하면서, 자기 존재 모두를 있는 그대로 받아들이게 되는 것입니다.

내가 아담에게 금단의 열매를 먹으면 죽게 될 것이라고 말했을 때, 그에게 거짓말을 했던 것이 아닙니다. 나는 아담이, 그리스도 의식을 개발하기 시작했지만, 아직은 그리스도 의식에 고정되지 못한 학생의 상징으로서, 중요한 단계에 있음을 알았습니다. 이 단계는 학생이 신의 법칙을 거역할 수 있다는 것을 충분히 깨닫게 되는 때입니다. 하지만 그 학생은 그리스도 의식을 충분히 지니고 있지 못하므로, 신의 법칙을 거역하는 것이 자신을 해치게 된다는 것을 인식하지 못합니다. 다시 말해서, 학생은 자신의 상상력을 이용하여,

"신의 법칙을 위반하면, 무슨 일이 일어날까?"라고 물을 수 있습니다. 그러나 학생은 모든 생명과 하나라는 것을 인식하지 못하므로, 이에 따른 결과를 직접 인식하지는 못합니다. 학생은 오직 결과를 상상할 수만 있으며, 이로 인해 학생은 반그리스도 마음의 교묘한 논리에 취약해집니다. 학생은 아직 반그리스도의 거짓말을 꿰뚫어 볼 수 있는 그리스도의 분별력이 충분하지 않습니다.

중요한 점에 유의하세요. 반그리스도 마음을 다루는 것은 신비 학교 학생들이 모두 직면해야 하는 과정이었습니다. 하지만 스승으로서 나는, 학생들이 준비되기 전에 이런 과정과 마주치지 않도록 노력했습니다. 운전 연습을 하는 학생이 사고를 피하는 경험을 충분히 할 때까지는, 혼자 운전하라고 학생을 혼잡한 시간대에 내보낼 수 없습니다. 예수가 금식 후, 광야에서 악마로부터 유혹을 받았을 때(마태 4:1) 보여준 것처럼, 여러분이 어느 정도 그리스도 의식을 지닐 때만, 반그리스도 마음의 유혹을 성공적으로 이겨낼 수 있습니다. 내 말의 요지는 아담과 이브가 준비도 되기 전에 상대적인 선악에 대한 입문을 가지게 되었던 학생들의 상징이라는 것입니다. 나중에 알게 되겠지만, 그것이 그들이 반그리스도 마음 안에서 길을 잃게 된 정확한 이유입니다.

이제, 스승이 아담에게 거짓말을 했느냐 하는 문제로 돌아가겠습니다. 영적인 스승으로서, 나는 아담이 입문 과정, 즉 자유의지라는 창조주의 법칙에 영원히 충실해야 하는 과정에 입문할 준비가 되어 있지 않다는 것을 알았지만, 나에게는 아담에게 금단의 열매를 멀리하도록 강제할 방법이 없었습니다. 따라서 나는 아담에게 과일을 먹지 말라고 강한 자극을 주어야만 했습니다. 이런 이유로, 과일을 먹으면 죽게 될 것이라고 말했던 것이며, 이제 우리는 이것이 거짓말이 아니었다는 것을 알 수 있습니다. 과일을 먹기 전에 아담의 의식하는 자아는 자신의 상위자아와 어느 정도 연결된 정체감이 있었습니다. 하지만, 반그리스도 마음을 취한 이후, 그런 연결은 사라지게 되었습니다. 따라서 영적인 존재로서 아담의 정체감은 글자 그대로 물질우주 안에서 죽고 말았습니다. 그 대신, 무슨 일이 일어났는지 깨닫지도 못한 채, 아담은 낮은 정체감으로 다시 태어났으며, 이로 인해 뚫을 수 없는 장벽에 의해 신과 분리된 물질적인 존재로 자신을 인식하게 되었던 것입니다. 첫 번째 아담은 죽고 두 번째 아담이 태어났습니다. 두 번째 아담의 의식하는 자아는 첫 번째 아담에 대한 기억이 없었습니다. 따라서 자신이 길을 잃었다는 것도 알지 못했습니다. 아담은 단지 새로운 정체감이라는 필터를 통해서, 자신의 상황과 영적인 스승들 사이의 관계를 보았던 것입니다. 이것은 어느 날 갑자기 자신이 더 이상 어린아이가 아니라는 것을 깨닫고, 다른 눈으로 세상을 보는 십대 청소년과 비슷합니다. 십대들이 종종 부모의 말을 거역하지만, 성숙해짐에 따라, 부모를 이해하고 부모와 다시 조화를 이루게 되는 이유가 바로 이것입니다. 요점은 아담의 새로운 정체감은 반그리스도 마음에 토대를 두었고, 그런 마음 상태에서 진리는 상대적인 개념이 된다는 것입니다. 이것은 이후에 일어났던 일을 이해하는 데 중요한 점입니다.

꿈꿈꿈꿈꿈

에덴 정원의 얘기는 아주 오래전부터 시작되었습니다. 하지만, 수천 년 전 중동지역을 떠돌던 유목 민족에게 주어졌던, 공식적인 버전(version)을 살펴보겠습니다. 그들의 세계관과 자신에 대한 이해는 현대인보다 훨씬 수준이 낮았는데, 유치원에 다니는 학생들의 세계관이 대학교 신입생보다 낮은 것과 같습니다. 따라서 그들은 창세기가 창조에 대해 완전하거나 아주 정확한 묘사를 하고 있으며, 타락이 단순한 무지라고 가정했습니다. 하지만, 현대적인 지식에도 불구하고, 에덴 정원의 얘기가 오류가 없는 신의 말씀으로, 글자 그대로 해석돼야 한다고 주장하는 것은 고의적인 무지입니다. 내 말의 요점은 그 얘기에는 무지에서 벗어나야만 극복할 수 있는 어떤 결함이 있다는 것입니다.

그런 결함 가운데 한 가지가 에덴 정원의 얘기가 타락을 매우 갑작스럽게 발생한 하나의 중대한 사건으로 묘사하고 있다는 것입니다. 사실, 정원에 있던 학생들은 점진적인 과정을 따르고 있었습니다. 학생들은 지구의 십대들처럼 중요하면서 격정적인 단계를 통과했습니다. 이런 자아 발견의 과정은 잠정적으로 그들이 새로운 정체감을 규정할 수 있도록 이끌어 주는 건전한 단계였으며, 이를 통해 학생들은 처음으로 정체감을 정의했습니다. 이 점에 대해 꼭 숙고해 주기를 바랍니다. 어느 정도 성숙해지기 전까지는, 학생들은 무슨 일이 일어나고 있는지 깨닫지 못한 채, 정체감을 정의합니다. 하지만, 학생이 성숙해짐에 따라, 어떤 전환점에 이르게 되는데, 이 지점에서 학생들은 무슨 일이 일어나고 있는지를 의식적으로 알게 되고, 새로운 정체감을 정의할 수 있게 됩니다. 이것이 자기 인식의 진정한 의미입니다.

이런 단계는 학생을 학교를 졸업하게 되는 상황으로 이끕니다. 따라서 학생은 자신의 상위 존재와 단단히 연결된 채 세상으로 나가게 됩니다. 이로 인해 학생이 세상에 압도되거나 자신의 진정한 정체성을 망각할 가능성은 아주 낮아지게 됩니다. 하지만, 여러분은 졸업에 앞서, 자신의 정체감을 그리스도 마음에 기초하여 새롭게 정의해야 합니다. 이렇게 하려면, 여러분은 무지에 기초하여 자신의 정체감을 계속 정의하려는 유혹에 반드시 직면해야 하고, 이를 극복해야 합니다. 이렇게 되면, 낡은 정체감을 계속 사용할 수가 없는, 돌아올 수 없는 지점에 도달했다고 말할 수 있습니다. 새로운 정체성이 반드시 형성되어야 합니다. 만약 여러분이 반그리스도 마음의 고의적 무지에 기초하여 정체성을 정의하게 된다면, 여러분은 근원과의 하나됨을 부정하는 거짓된 정체감을 가지게 될 것입니다.

이제 학생들이 혼자 힘으로 이 일을 해야 하므로, 어떤 위험 요소가 존재하게 됩니다. 스승이 과정의 모든 측면을 인도할 수는 없습니다. 여러분을 대신하여 누구도 여러분의 정체감을 정의할 수가 없으므로, 스승은 안전한 경계들을 정의하기 위해 특정한 변수를 설정하는 일만 합니다. 학생들이 그런 변수 안에 머물렀다면, 그들은 안전했을 것입니다. 그런 경계 중 하나가 특정 수준의 학생들이 반그리스도 의식의 과일, 즉 선악과를 먹지 말아야 한다는 것이었습니다.

일반적으로 어린 학생들은 스승의 가르침에 의문을 갖지 않고 잘 따릅니다. 하지만, 성숙해짐에 따라, 학생은 스승이 어떤 것들을 하지 말라고 하는 이유에 대해 의문을 가지기 시작합니다. "스승의 가르침을 따르지 않는다면, 무슨 일이 일어날까?" 다시 말하지만, 너무 멀리 나가지 않는 한, 이것은 자급자족하게 되는 건전한 과정 일부입니다. 스승의 가르침을 맹목적으로 따르는 것보다, 이런 의문을 통해, 가르침을 더 잘 이해할 수 있기 때문입니다. 따라서 한 그룹의 학생들에게 어떤 것들을 하지 말라고 해도, 그들 중 보다 창의적이고 자급자족하는 학생들이, 어떻게든지 그 일을 하리라는 것을 예견하는 것이 어렵지는 않습니다.

문제는 반그리스도 의식이 아주 교묘하고 설득력이 있다는 것입니다. 그것은 울창한 숲속으로 걸어 들어가는 것에 비유될 수 있습니다. 여러분이 숲의 가장자리에 머물러 있으면서 숲 밖의 불빛을 볼 수 있다면, 언제든지 길을 쉽게 찾을 수 있습니다. 하지만, 숲의 경계선을 보지 못하게 된다면, 쉽게 길을 잃게 되고, 밖으로 이어지는 길을 더 이상 알 수 없게 됩니다. 숲속에서 금방 길을 잃을 수 있고, 속담처럼, 이제 여러분은 더 이상 숲을 보지 못하고 나무만 보게 될 것입니다. 스승으로서 나는, 학생들이 스승의 가르침에 따르지 않고, 숲속으로 들어가기 시작하는 때를 잘 알고 있었습니다. 하지만, 다시 말하지만, 나는 자유의지라는 창조주의 법칙을 엄격하게 지키고 있었고, 지금도 그렇습니다. 따라서 학생을 강제로 멈추게 할 수 없으며, 그러고 싶지도 않습니다. 하지만, 학생이 나와의 관계를 유지하는 한, 학생들이 숲에서 돌아오도록 언제든지 안내할 수 있다는 사실에 어느 정도 위안을 삼고 있습니다. 따라서 학생들의 실험은 잠재적으로 가치 있는 배움의 경험이 될 수 있습니다.

이제 우리는 반그리스도 의식으로 실험하고자 하는 결정이 타락으로 이어지는 그 자체가 아님을 알았습니다. 앞에서 말했던 것처럼, 모든 학생은 어느 시점에는 반그리스도의 유혹과 마주해야 합니다. 학생이 준비가 잘되어 있다면, 반그리스도 의식이 어떻게 작용하는지 충분히 이해할 때까지, 보통은 반그리스도 의식을 가지고 실험합니다. 그런 다음, 예수가 악마의 유혹을 크게 꾸짖었던 것처럼, 학생은 그리스도 마음에 모든 관심을 두고 집중할 것입니다. 실제로 학생들을 타락하게 만들었던 것은, 일부 학생이 스승과의 연결을 유지하지 않았기 때문입니다. 그들은 반그리스도 마음으로 실험을 했으며, 그 후 반그리스도의 상대적이고, 이원적인 논리를 이용하여, 스승과 연결된 탯줄을 자르는 것을 정당화했습니다. 이렇게 함으로써, 그들은 신의 실재, 즉 그리스도 마음과의 연결을 상실했습니다. 이제 그들은 자신들을 숲 밖으로 나오게 할, 반그리스도 마음이라는 이원적 환영에서 꺼내줄 생명의 줄을 잃어버렸습니다. 이것이 타락의 진짜 이유입니다. 창세기 얘기의 행간에 숨어 있는 의미를 이해한다면 이 사실을 알 수 있습니다.

7 그러자 두 사람의 눈이 밝아져서, 자기들이 벗은 몸인 것을 알고, 무화과나무 잎으로 치마를 엮어서, 몸을 가렸다. (창세기 2:7)

8 그 남자와 그 아내는, 날이 저물고 바람이 서늘할 때, 주님이 동산을 거니시는 소리를 들었다. 남자와 그 아내는 주님의 낯을 피해서, 동산의 나무 사이에 숨었다. (창세기 2:8)

이것은 글자 그대로 해석하는 것이 얼마나 불충분한지를 보여주는 하나의 예입니다. 벌거벗은 이브가 물리적인 사과를 먹고 있는 그림을 수도 없이 많이 볼 수 있습니다. 사실, 정원에 있던 학생들이 물리적으로 벌거벗었던 것이 아닙니다. 우리는 마음속에서 일어났던 과정에 관해 얘기하고 있습니다. 창세기를 전해 받은 사람들의 원초적인 마음이 이 얘기에 물리적인 상징을 입힐 필요를 느꼈던 것입니다.

여러분이 숲속에서 산책하고 있다고 상상해 보세요. 처음에는 숲의 가장자리나 오솔길, 혹은 특정한 경계 표시에서 눈을 떼지 않을 것입니다. 하지만, 점차 나무와 동물들에게 관심이 가면서, 뒤돌아보는 것을 잊게 됩니다. 그것을 눈치도 채기 전에, 여러분은 이미 너무 멀리 가버렸고 길을 잃어버리게 되었습니다. 그런데도, 처음에는 경치에 사로잡혀서 무슨 일이 일어났는지 깨닫지 못하며, 자기도 모르게 더 깊은 숲속으로 들어가게 되는 것입니다. 그런 다음, 갑자기 집으로 돌아가야겠다는 생각이 들어 주위를 살펴봅니다. 그 진실의 순간, 여러분은 출구를 찾을 수 없다는 것을 알게 되고, "길을 잃었어."라는 충격적인 깨달음이 옵니다. 중요한 문제는 그런 알아차림에 여러분이 어떻게 반응하느냐 하는 것입니다. 마음이 차분해지나요? 아니면 공포에 질려 목적도 없이 숲을 가로질러 달리게 되나요?

에덴 정원에 있던 일부 학생이 이원적인 마음으로 실험을 하게 됨에 따라, 그들은 이원성에 점점 갇히게 되고 눈이 멀게 되었습니다. 이런 일은 아주 천천히 일어났으므로, 학생들은 자신에게 무슨 일이 일어나는지 깨닫지도 못했습니다. 하지만, 어느 시점에서, 모든 학생은 진실의 순간과 마주하게 되었고, 갑자기 "길을 잃었다."라는 것을 깨달았습니다. 학생은 자신이 스승의 가르침을 어겼고, 이제 더 낮은 의식 상태에 사로잡혀 있으며, 이것을 스승에게 숨길 수 없다는 것, 자신이 벌거벗고 있다는 것을 깨달았습니다. 이제 중요한 문제는 이런 깨우침에 학생이 어떻게 반응했느냐 하는 것입니다.

～◦◦◦◦◦◦◦～

앞장에서 나는, 에덴 정원이라는 학습 환경이 사랑이 가득하고 학생을 지지해 주는 곳이었다는 사실을 전달하기 위해 매우 자세하게 얘기했습니다. 학생들이 하는 모든 행위는 단지 실험이었습니다. 모든 실험은 결과를 만들어내기 마련입니다. 그런 결과에 따라, 학생들의 창조력은 확장되거나 아니면 제한받게 됩니다. 하지만, 제한적인 결과라 하더라도 여전히 배움의 경험으로 바뀔 수 있습니다. 학생의 의식을 확장하게 했던 실험은 실패한 실험이 아니었습니다. 학생이 배우려고 하는 한, 진정한 의미에서 실수를 할 수 없습니다. 에덴 정원에는, 지울 수 없는 실수나 영원한 결과라는 개념이 없습니다. 되돌릴 수 없는 실수는 없습니다.

이렇게 되는 이유를 이해하는 것이 대단히 중요합니다. 이제 이것을 좀 더 자세히 살펴보겠습니다. 그리스도 마음에서는, 형태의 세계에 존재하는 모든 것이 어떤 형태를 일시적으로 지닐 수 있는 어머니 빛으로 창조되었다는 것을 분명히 알 수 있습니다. 형태가 신의 법칙과 조화를 이룬다면, 그 형태는 유지될 수 있습니다. 만약 어떤 형태가 신의 법칙과 조화를 이루지 못한다면, 그것은 결국 붕괴되어 사라질 것입니다. 불완전한 형태가 마치 존재하지 않았던 것처럼, 어머니 빛은 순수한 상태로 돌아갈 것입니다. 따라서 그리스도 마음은, 모든 불완전한 형태가 영원할 수 없으며, 또는 소멸할 수밖에 없다는 것을 명백하게 압니다. 깨달음을 향한 성장의 길에 있는 학생을 영원히 성장을 멈추게 하고, 원래의 순수한 상태로 돌아올 수 없게 하는 실수는 절대 없다는 의미입니다. 많은 크리스천이 죄에 대한 구원이라고 여기는 열쇠가 그리스도 마음인 이유가 이것입니다. 이에 대한 참된 의미는 나중에 설명할 것입니다.

이해의 또 다른 수준을 살펴보겠습니다. 앞에서 나는, 모든 것이 진동이 낮춰진 어머니 빛으로부터 어떻게 만들어졌는지 설명했습니다. 영적인 영역은 물질우주보다 더 높은 진동들로 이루어져 있습니다. 여러분의 진정한 정체성은 영적인 영역에 존재하는 여러분의 아이앰 현존(I AM Presence)에 고정되어 있습니다. 여러분의 의식하는 자아는 여러분 아이앰 현존의 확장체로서, 아이앰 현존은 의식과 자기 인식을 증대시키기 위한 실험의 과정에 참여하기 위해 물질우주 속으로 하강했습니다. 그 실험은 영적인 영역에 있는 어떤 것보다 진동이 더 낮은, 물질계의 에너지를 사용해서 이루어집니다.

여기서 중요한 점은 의식하는 자아가 물질우주에서 하는 어떤 실험도 여러분의 신성한 정체성을 훼손하거나 없앨 수 없다는 점입니다. 왜냐하면 의식하는 자아는 더 높은 진동을 가진 영역에 고정되어 있기 때문입니다. 여러분이 지구에서 어떤 일을 해도 태양을 해칠 수는 없습니다. 결론은 여러분이 물질우주에서 한 어떤 실수도 영원할 수 없다는 것입니다. 전체 물질우주는 영적인 영역보다 진동이 낮습니다. 따라서 영적인 영역의 빛은 물질계에 창조된 모든 불완전한 것들을 소멸하고, 정화하며, 변형시킬 수 있습니다.

실수로 여러분이 생겨나게 한 더 낮은 진동을 띤 에너지를 오용된 에너지라고 부를 수 있습니다. 하지만, 이런 에너지는 영적인 에너지의 흐름에 의해, 원래의 진동으로 끌어올려질 수 있고, 다시 적합해질 수 있습니다. 중요한 것은 영적인 빛은 그리스도 마음을 통해서만 물질계로 흘러들어올 수 있다는 것입니다. 따라서 그리스도 마음은 영적인 세계와 물질계 사이의 열린 문(요한 10:9)이 됩니다. 에덴 정원에서도, 상급반 학생들만이 내면의 힘을 통해 자신들의 실수를 충분히 되돌릴 수 있는 그리스도 의식을 가지고 있었습니다. 그런 학생은 반그리스도 마음의 유혹을 극복할 수 있었고, 그런 유혹을 극복하지 못한 학생들은 자신들의 실수를 되돌릴만한 힘을 지니지 못한 학생들이었습니다. 하지만, 그들의 스승으로서, 나에게는 그런 힘이 있었습니다. 그리스도가 되지 못한 존재가 실수를 되돌릴만한 힘이 있었다면, 그는 실수를 계속할 것이며, 실수하게 했던 의식을 버리지 않은 채 실수를 없었던 것으로 하게 되므로, 절대로 성장할 수 없게 됩니다.

요지는 학생이 어떤 실수를 했다 하더라도, 내가 그런 실수를 되돌릴 수 있었다는 것입니다. 하나의 영적인 존재로서 학생의 정체감이 죽었다 할지라도, 내가 학생을 도와 영적인 정체성에서 다시 태어나게 할 수 있었습니다. 하지만, 나 역시도 영적인 학교의 규칙에 따라 움직여야 했으며, 학교에서 가장 중요한 것은 자유의지입니다. 따라서 학생이 요청하지 않는 한, 나는 학생의 실수를 되돌릴 수 없었습니다. 물론 여기에도 중요한 점이 있습니다. 잘못을 되돌려 달라고 요청하기 위해서, 학생은 두 가지 일을 해야 했습니다.

학생은 자신의 실수를 깨닫고, 이것을 인정해야 했습니다.

학생은 그런 실수를 기꺼이 스승에게 알려야 했습니다. (물론, 스승은 이미 알고 있었지만, 학생은 스승에게 오려고 하지 않았습니다.)

학생이 자신의 실수를 인정하지 않거나, 스승에게 오려고 하지 않는다면, 명백한 것은 그 실수를 내가 되돌릴 수 없게 된다는 것입니다. 학생은 혼자 힘으로 실수를 되돌릴 수 없으므로, 실수는 영원한 것이며, 실수에서 절대 벗어날 수 없다는 환영을 믿을 수도 있습니다. 앞에서 설명하려고 했던 것처럼, 그런 환영은 분명히 반그리스도 마음에서만 생겨날 수 있습니다. 따라서 학생이 스승에게 가지 않으려고 하도록 만드는 것은 반그리스도 마음이었고, 학생이 처음 실수하게 만든 것도 이 마음이었습니다. 여기서 요점은 반그리스도 마음으로 인해, 학생이 영적인 진퇴양난(catch-22)이라고 부를 수 있는, 출구가 전혀 보이지 않는 상황에 빠지게 되었으며, 반그리스도 마음이 위험하다는 것을 우리가 알게 되었다는 것입니다. "여기서는 거기까지 갈 수 없다.[16]"라는 속담을, 우리는 "반그리스도 마음을 사용해서는 하늘나라에 갈 수 없다."로 고쳐 말할 수 있습니다. 내 말의 요지는 추락하게 된 진짜 원인은 아담과 이브가 스승에게 돌아가려고 하지 않았으며, 자신들의 실수를 공개적으로 인정하려고 하지 않았던 것이라는 겁니다. 그 대신에, 그들은 자기 자신과 그들의 벌거벗은 모습, 자신들의 실수를 스승에게 숨기려고 했습니다. 창세기에 이것이 명확하게 표현돼 있습니다:

---

[16] You can't get there from here

... 아담과 그의 아내가 신의 낯을 피하여 숨은지라... (창세기 3:8)

이제 학생들이 스승에게서 숨고자 하는 운명적인 결정을 하게 했던 심리적인 메커니즘에 대해 이해할 필요가 있습니다. 이런 결정은 그 이후 인류에게 자주 나타났으며, 아직도 사람들의 영적인 자유를 가로막는 유일한 진짜 장벽이 되고 있습니다.

❧

같은 말을 되풀이하는 것 같지만, 지구인들이 에덴 정원에서 볼 수 있는 학습 환경을 상상한다는 것이 얼마나 어려운지를 알고 있으므로, 이렇게 되풀이해서 설명하는 것입니다. 학생들은 상대적인 선악이라는 필터를 통해 모든 것을 바라보는 데 아주 익숙해져 있었으므로, 에덴 정원이 조건 없는 사랑에 기초한 환경이었다는 사실을 상상하거나 혹은 인정할 수 없습니다. 따라서 스승이 스승의 가르침에 따르지 않는 학생들에게 화내지 않고 책망하지도 않았다는 것을 받아들이기가 어려웠을 것입니다. 하지만, 실제로 나는 어떤 학생에게도 부정적인 감정을 가지지 않았습니다. 학생들은 내가 조건 없는 사랑보다 못한 감정을 표현했다고 여길 만한 경험을 절대로 하지 않았습니다. 요점은 내가 학생들을 사랑으로 대하지 않고, 학생들이 실수를 극복할 수 있도록 도와주지 않았을 것이라고 믿게 할 만한 실질적인 경험을 학생들이 하지 않았다는 것입니다.

이런 사실을 알기 시작하면서, 에덴 정원 얘기를 통해 여러분이 가지게 되는 중요한 의문은, 금방 도움이 올 것이라고 믿을 만한 충분한 이유가 있는데도, 학생들이 왜 도움을 요청하지 않고, 스승에게서 숨으려고 했느냐 하는 것입니다. 학생들의 마음속에 도대체

무슨 일이 일어나, 스승에게서 숨는 것이 최선이거나 유일한 선택으로 보이게 만든 걸까요?

그 질문에 들어가기 전에, 먼저 기록을 바로잡겠습니다. 창세기의 또 다른 결점은 스승에게 돌아오지 않았던 학생들에 관해서만 얘기하고 있다는 것입니다. 사실, 준비되기도 전에 금단의 열매를 먹기로 마음먹은 학생들이 정원에는 많이 있었고, 그들 역시 낮은 의식 상태로 추락하였습니다. 하지만, 이들 가운데 상당수가 도움을 요청했습니다. 그들은 명백하게, 필요한 선택을 기꺼이 하는 테두리 내에서, 깨달음의 길로 돌아오는 데 필요한 모든 지원을 받았습니다. 이 학생들 대부분이 재육화의 욕구를 극복했지만, 이 학생들 가운데 일부는 인류의 영적인 스승으로 봉사하기 위해 자발적으로 지구로 돌아왔습니다.

이제 반그리스도 의식의 일부가 된 학생들의 마음에 무슨 일이 일어났는지에 대한 의문으로 돌아가겠습니다. 앞에서 말했던 것처럼, 초급반 학생들은 대개 무지 때문에 신의 법칙을 위반했습니다. 그들의 무지는 아직 순수합니다. 그들은 가르침을 받는 것을 거부하지 않았으며, 자신들이 실수한 것을 알았을 때, 그것을 즉시 바로잡았습니다. 학생들이 신의 법칙을 고의로 어기는 방법을 알게 된 것은, 신의 법칙이 어떻게 작용하는지 이해하기 시작했을 때였습니다. 설명했듯이, 학생이 결과를 진정으로 이해했다면, 어떤 학생도 법칙을 위반하지 않았을 것입니다. 학생들이 순수한 무지에서 고의적인 무지로 전환할 수 있게 했던 것은 반그리스도 의식이었습니다. 어떻게 해서 이런 일이 일어났을까요? 이제 또 다른 관점에서 창세기를 살펴보겠습니다.

1 주님이신 신의 지으신 야수 중에 뱀이 가장 간교하더라. 뱀이 여자에게 물어 가로되, 신이 참으로 너희더러 동산 모든 나무의 실

과를 먹지 말라 하더냐?

2 여자가 뱀에게 말하되, 동산 나무의 실과를 우리가 먹을 수 있으나,(창세기 3:2)

3 동산 중앙에 있는 나무의 실과는 신의 말씀에 너희는 먹지도 말고 만지지도 말라 너희가 죽을까 하노라 했느니라(창세기 3:3)

4 뱀이 여자에게 이르되, 너희가 결코 죽지 아니하리라(창세기 3:4)

이제 우리는 반그리스도 마음이 학생들의 마음을 끌어들이는 첫 번째 요소는 의심, 특히 스승의 가르침에 대한 의심이라는 것을 알았습니다. 그 지점에 이르기까지, 학생은 스승을 의심할 이유가 없었습니다. 스승의 가르침은 언제나 진실했고, 학생들의 경험과도 조화를 이루었습니다. 하지만, 학생이 반그리스도 마음과 마주하게 되자, 학생은 갑자기 스승의 가르침이 진실인지 의심하기 시작했으며, 이것을 계기로 반그리스도 마음이 학생의 마음을 통제하기 시작했습니다.

하지만, 왜 학생의 마음에 의심이 생겨날 여지가 있었을까요? 그 이유는 학생이 아직 진정한 지식, 즉 오로지 그리스도 마음을 통해서만 가능한 실재에 대한 지식을 얻지 못했기 때문입니다. 참된 지식이 무엇일까요?

❧

어린아이들에게 뜨거운 난로를 만지지 말라는 것을 어떻게 가르치죠? 아이들은 뜨겁다는 것이 무엇을 의미하는지 아직 개념이 없으며 또한 뜨거운 물체에 닿는 것이 어떤 느낌인지 아직 경험하지 못했습니다. 아이에게 겁을 줘서 난로 가까이 가지 못하게 할 수는 있지만, 이것은 아이를 진짜 가르치는 것이라고 할 수 없습니다. 이런 방법은 난로를 만지지 말아야 하는 이유에 대해 어떤 이해도 주지 않습니다. 난로를 만지지 말아야 하는 이유를 배우기 위해, 아이에게는 두 가지가 필요합니다.

아이에게는 물질계에 대한 경험의 토대가 필요합니다. 아이는, 심한 화상을 입지 않고, 어떤 물건이 뜨겁다는 것을 경험할 필요가 있습니다. 그리고 어떤 것들은 상처를 입힌다는 것을 경험할 필요가 있습니다.

아이는 하나의 경험을 다른 상황에 적용할 수 있도록 추론하는 마음을 개발해야 합니다. 다시 말해서, 어떤 물체가 뜨겁고, 고통을 유발한다는 것을 경험함으로써, 아이는 이것을 다른 물체에도 적용할 수 있게 되는 것입니다. 따라서 어떤 물체가 뜨겁다는 말을 들었을 때, 그것을 만지지 말아야 한다는 것을 알게 됩니다.

아이가 경험과 이해 두 가지 요소를 모두 지니게 될 때, 아이는 둘 모두를 바탕으로 물체를 만지지 말아야 한다고 결정할 수 있습니다. 그럼으로써, 아이는 지식을 내면화하게 되고, 지식이 아이 존재의 일부가 되는 것입니다. 내 말의 요지는 지적이고 이론적인 지식과 부분적으로 경험에 기초해 내면화된 지식 사이에는 근본적인 차이가 존재한다는 것입니다. 예를 들면, 여러 가지 상황에서, 일부 사람들은 오직 이론적인 지식만 가지고 늘 "원칙대로" 하지만, 일부 사람들은 임무를 수행하기 위한 제일 나은 방법에 대해 더욱 깊은 감각, 즉 이론과 경험 두 가지 요소가 하나로 결합된 감각을 개발합니다. 오로지 이론적인 지식만 가지고 있다면, 이론이 정확하다는 것을 실제로 어떻게 알 수 있겠습니까? 그것이 바로 과학적인 방법이 실제 실험을 통해 이론들을 테스트해 보는 데 기반을 둔 이유이며, 서구 문명이 중세 시대의 미신을 초월하게 된 것도 실재에 대해 이론을 시험하려고 했던 이런 의지 때문이었습니다.

지식의 내면화를 통해 사람들은 할 수 있는 실수를 하지 않고도 배울 수 있게 됩니다. 다시 말해서, 여러분은 고통을 일으키는지를 경험하기 위해, 행성 위의 뜨거운 물체를 모두 만져볼 필요가 없습니다. 단지 약간의 경험만이 필요하며, 그다음에는 물체를 만지지 않아도 알게 되는 것입니다. 내 말의 요지는 여러분이 어느 정도의 경험을 하고 나면, 추론하는 마음을 이용할 수 있고, 직접적인 경험을 하지 않아도 배울 수 있다는 것입니다. 하지만, 어느 정도의 경험을 할 때까지는, 추론하는 마음 그 자체만으로는 충분하지 않습니다.

이제 우리는 여러분이 성숙해질 때, 지식을 고양하기 위한 토대가 마련되기 시작한다는 것을 알 수 있습니다. 예를 들면, 여러분이 새로운 개념에 대해 듣게 되면, 곧바로 그 개념을 내면화한 지식과 비교할 것입니다. 여러분이 들었던 것이 이전의 경험과 모순된다면, 당연히 의심할 것이고, 어쩌면 그 개념을 좀 더 자세히 살펴보지 않고 거부할 것입니다. 이것은 강점이기도 하고 또한 약점이기도 합니다. 왜냐하면 이전의 경험은 새로운 개념들을 평가하기 위한 기반(platform)이 될 수 있거나, 새로운 개념을 거부하게 만드는 마음의 감옥이 될 수 있기 때문입니다.

내면화한 지식은 세속적인 정체감, 즉 여러분이 이 세상에서의 경험을 기반으로 하여 구축한 정체감 일부가 됩니다. 어쩌면 여러분은 자신이 인간의 몸속에 존재하는 영적인 존재라는 사실을 인정하지 않는 정체감을 구축할 수 있습니다. 현대 사회에서 대부분의 아이는, 설령 종교적인 가정에서 양육되었다고 해도, 자신들의 영적인 정체성에 대해 제대로 이해를 하지 못합니다. 따라서 그들은 자신이 영적인 존재라는 가르침을 받게 되면, 그것을 부정하고, 내면화된 지식을 이용하여 이것을 정당화하려고 할 것입니다. 내 말의 요지는 여러분의 정체감이 폐쇄계가 될 수 있다는 것입니다. 이것은 종종 순환 논리(circular logic)라고 하는 것으로 이어집니다. 어린 시절에 받았던 경험과 지식이 여러분이 하나의 인간에 불과하다고 말한다면, 여러분은 자신이 인간보다 훨씬 더 큰 존재라는 사실을 거부할 것입니다. 차이는 여러분이, 신의 실재에 대해 참된 지식을 제공하는 그리스도 마음에 기초하여 추론하느냐, 아니면 신의 실재와 완전히 분리된 환영인 정신적 이미지를 주는 반그리스도 마음에 기초하여 추론하느냐 하는 것입니다.

핵심적인 문제는 물질계에서 습득한 지식과 경험 때문에 여러분이 영적인 세계에 대한 아주 제한된 시각을 가지게 된다는 것입니다. 물질적인 감각으로는 영적인 세계를 알 수 없습니다. 또한 아직은 과학기기들로도 이를 감지할 수 없습니다. 따라서 대부분의 종교인은 영적인 세계에 대해 지적이고 이론적인 지식만을 가지고 있습니다. 하지만 그들은 영적인 세계를 뒷받침해 줄 수 있는 아주 약간의 경험은 가지고 있습니다. 이런 이유로, 아주 많은 종교인이 자신이 믿는다고 주장하는 영적인 가르침대로 살아가는 것이 어렵다고 생각합니다. 그들은 이론적인 지식을 내면화할 수 없으며, 자신이 말한 대로 살지 못합니다. 이것이 종교계에 아주 많은 위선이 존재하는 이유입니다.

방정식을 바꾸기 위해 무엇을 할 수 있을까요? 어떻게 하면 영적인 영역과 신의 존재 그리고 신의 법칙을 직접 경험할 수 있을까요? 그리스도 마음을 사용해야만 그렇게 할 수 있습니다. 여기에서 난제는, 많은 종교가 신 혹은 신의 나라에 다다르기 위해서는 외적인 종교가 필요하므로, 개인적으로는 그리스도 마음과 접촉할 수 없다고 주장한다는 것입니다. 여러분은 일종의 외적인 중재자가 필요하며, 그 중재자는 교회나 심지어는 외적인 구원자가 될 수 있습니다. 하지만, 예수와 붓다, 그 외의 많은 참된 영적인 스승이 말했듯이, 신의 나라는 진실로 여러분의 내면에 있습니다. 신은 자신의 법칙을 여러분의 내면에 기록해 두셨으며(예레미야 31:33), 여러분은 자신의 내면에서 바로 그리스도 마음에 접근할 수 있습니다. 따라서 영적인 영역에 대한 참된 지식을 얻기 위해, 외적인 개인이나 기관이 필요하지 않습니다. 모든 참된 영적인 스승의 목표가, 여러분이 자신의 근원을 깨닫고 영적으로 자급자족할 수 있게 되는 지점으로 여러분을 데려오는 것인 이유가 바로 이 때문입니다.

그리스도 마음은 추론하는 재능이 있으며, 이런 재능은 지적이고 인간적인 이성과 논리보다 더 고차원적입니다. 따라서 그리스도 마음은 여러분에게 영적인 영역에 대해, 일반적이고 논리적인 지식을 제공할 수 있습니다. 지구의 많은 영적인 사람이 이런 고차원적인 추론에 접근하는 방법을 실제로 익혔습니다. 하지만, 이런 추론은 그 자체만으로는 충분하지 않습니다. 그리스도 마음은 또한, 신의 존재, 신의 실재와 신의 법칙에 대한 직접적인 경험을 제공해 줄 수 있는 능력이 있습니다. 여러분이 직접적인 경험과 더 높은 추론의 능력을 지닐 때만, 영적인 지식을 충분히 내면화할 수 있게 될 것입니다.

우리는 이제 지구에서 대부분의 사람이 배우고 있는 방법을 초월해야 할 미묘한 지점에 도착했습니다. 그리스도 마음은 여러분에게 외적인 지식을 주지는 않을 것입니다. 영적인 개념에 대해 이론적이고 지적인 지식을 지니는 것과 그리스도 의식을 지니는 것은 같은 것이 아닙니다. 그리스도 마음은 고대 그리스인들이 "신비적 직관(gnosis)"이라 불렀던 특별한 형태의 지식을 줍니다. 신비적 직관

250

(gnosis)의 진정한 의미는 인식 주체(the knower)와 인식 대상(the known)이 하나가 되는 것입니다.

지구에서 대부분의 사람은 자신들과 명확하게 분리되어 있다고 인식하는 어떤 객체에 대한 지식을 습득함으로써 배우게 됩니다. 여러분은 직접적인 경험과 단순한 정신적인 개념을 가지는 것의 차이에 대해 내가 앞에서 얘기한 것을 기억할 것입니다. 지질학자들은 광물의 생성에 관해 전문가일 수 있고, 심지어 지질학적 과정이 어떻게 작용하는지에 대해 훌륭한 직감을 가질 수는 있지만, 돌이 되는 것이 어떤 느낌인지는 경험하지 못합니다. 진실은 그리스도 의식 없이는 어떤 것들도 만들어지지 않았다는 것이며, 따라서 돌멩이 속에도 그리스도 마음이 있습니다. 돌에 자기 인식은 없지만, 그래도 그리스도 의식으로부터 만들어졌습니다. 마찬가지로, 여러분의 의식하는 자아도 그리스도 의식으로부터 만들어졌습니다. 이것은 그리스도 의식이 의식하는 자아에게 자신이 선택한 어떤 것으로든 자신을 동일시할 수 있는 능력을 준다는 말이며, 의식하는 자아는 자신을 돌멩이에 투사하여, 돌멩이 안에서 의식을 경험할 수 있다는 의미입니다.

이것이 어리석어 보이는 사례이기는 하지만, 분명히, 중요한 부분을 설명해 주고 있습니다. 어떤 영적인 스승들은 실제로 학생들이 물체와 하나가 되는 것을 경험할 때까지, 생명이 없는 물체에 대해 명상을 하게 합니다. 이런 훈련이 의식하는 자아가 자신의 상위 존재, 자신의 근원인 창조주 자체와 자신을 동일시할 수 있는 능력을 확장하는 데 효과적으로 준비가 되게 할 수 있습니다. 영적인 영역에 존재하는 어떤 것들에 대한 참된 지식을 습득하기 위해, 알고자 하는 것이 무엇이든, 여러분은 의식하는 자아가 그것과 동일시하는 상태에 도달할 필요가 있습니다. 만약 영적인 스승에게 온전한 지식을 받고자 한다면, 여러분은 스승과 하나가 됨으로써, 스승의 의식을 경험해야 합니다. 신의 법칙을 알고 싶다면, 법칙과 하나가 되고, 법칙을 정의하는 마음, 즉 보편적인 그리스도 마음과 하나가 되어야 합니다. 이렇게 함으로써, 여러분은 활동 중인 법칙이 됩니다. 신을 알고 싶다면, 신과 하나가 되어야 합니다. 이런 하나됨은 그리스도 마음을 통해야만 가능합니다. 이런 까닭에 예수가 완전한 그리스도 의식을 성취하고 난 후, "나와 아버지는 하나(요한 10:30)"라고 말했던 것입니다. 우리는 이제 많은 사람이 신성모독이라고 여기도록 프로그램되어 온, 오래된 어떤 진실에 도달했습니다. 하지만, 인간의 견해가 진실을 바꾸지는 못합니다. 신을 알기 위한 유일한 방법은 신이 되는 것입니다!

내 말의 전반적인 요지는 인식 주체(the knower)인 여러분과 인식 대상인 객체 사이에 분리가 존재하는 한, 의심이 생겨날 여지가 있다는 것입니다. 인식 주체(the knower)와 인식 대상(the known) 사이에 하나됨을 이룰 때만 의심하는 것이 불가능합니다. 그리고 하나됨은 존재하는 모든 것 안에 내재된 통합하는 요소인 그리스도 마음을 통해서만 얻을 수 있습니다.

<hr>

이제 에덴 정원에서 일어났던 일을 이해할 수 있는 중요한 열쇠를 주겠습니다. 그리스도 마음과 반그리스도 마음 사이의 핵심적인 차이는 그리스도 마음이 하나됨을 바탕으로 하지만, 반그리스도는 분리에 기초한다는 것입니다. 그리스도 마음의 목적은 창조의 모든 요소가 하나되게 하는 것입니다. 이런 통합을 이루는 하나의 측면은 어머니 빛으로 창조된 형태들이 반드시 창조주의 의도와 법칙들

을 표현하도록 하는 것입니다. 하지만, 이것은 모든 존재가 자신이 창조주 및 그의 법칙들과 하나라는 감각을 가져야만 일어날 수 있습니다. 따라서 그들은 순수한 사랑의 발로에서 그리고 신과 하나이며, 서로가 하나라는 의식에서, 창조주가 정해 놓은 테두리 안에서 자신의 창조력을 표현하게 됩니다. 반그리스도 마음은 여러분이 스승, 그리고 그리스도 마음과 하나가 될 수 있거나 하나가 되려고 하는 것을 의심하게 만듭니다. 반그리스도 마음은, 여러분이 정신적 이미지를 초월하여 하나됨(gnosis; 신비적 직관)을 경험하는 대신, 정신적 이미지에 집착할 수 있거나 그래야 한다고 믿게 만듭니다.

진실로 그리스도 마음은 자기 인식하는 존재들에게 항상 진리를 알 수 있는 방법을 제공하도록 설계되었습니다. 이것으로 인해 그들의 창조적인 노력은 언제나 모든 생명을 부양할 것입니다. 이런 까닭에, 예수가 "내가 곧 길이요 진리요 생명이니, 나로 말미암지 않고는 아버지께로 올 자가 없느니라(요한 14:6)"라고 말했습니다. 예수는 그리스도 의식으로 인도하는 길을 보여주기 위해 왔으며, 여정의 궁극적인 목표를 성취할 때까지, 스스로 그리스도 의식에 이르는 길을 걸으며 그 본보기를 보여주었습니다. 그러면, 그 여정의 궁극적인 목표가 무엇일까요? 그것은 보편적인 그리스도 마음과 하나 되는 것이며, 그렇게 함으로써 여러분도 살아 있는 그리스도가 됩니다. 그런 다음, 여러분이 아버지, 즉 창조주와 하나라는 것을 알게 되며, 그리스도 의식이 아버지에게 올 수 있는 유일한 길이라는 것을 깨닫게 됩니다. 그리스도 의식은 진리에 이르는 길이며, 여러분에게 영원한 생명을 줍니다.

이것이 여러분이 지구에서 도달할 수 있는 최고의 가능성입니다. 예수가 그런 하나됨의 상태를 성취했을 때 앞의 그 유명한 말을 했습니다. 분명한 것은 많은 크리스천이, 그리스도교라는 외적인 종교가 구원에 이르는 유일한 길이라고 말하면서, 그 말을 잘못 해석해 왔다는 것입니다. 이런 해석은 오로지 반그리스도 마음에서만 나올 수 있습니다. 그리스도 마음은 어떤 외적 종교에 속하는 것으로는 구원받지 못한다는 것을 분명히 알고 있습니다. 여러분은 오로지 그리스도 마음 그 자체와 하나가 되어야만 구원받게 될 것입니다. 이것이 지구상의 모든 참된 영적인 스승들이 전해 준 메시지입니다. 예수는 하나됨의 길을 시범 보이기 위해 왔습니다. 예수를 따르는 참된 구도자가 되기 위한 유일한 길은 예수와 하나가 되는 것이며, 그럼으로써 여러분도 지구에서 살아 있는 그리스도가 될 수 있습니다. 또한, 고타마 붓다 역시 하나됨의 길을 보여주었습니다. 붓다를 따르는 참된 구도자가 되기 위한 유일한 길 역시 붓다와 하나가 되고자 노력하는 것이며, 그럼으로써 여러분도 지구에서 살아 있는 붓다가 될 수 있습니다.

진정한 영적인 여정은 하나됨의 길입니다. 궁극적으로, 이것은 여러분의 상위자아와 하나됨을 이루고, 그런 다음 여러분의 창조주까지 이어지는 영적인 계층구조(hierarchy)와 하나가 되어야 한다는 의미입니다. 하지만, 여러분의 상위자아와 창조주를 직접 경험할 때까지, 여러분이 현재 보고 있는 외적인 스승과 하나가 되기 위해 노력해야 합니다. 다시 말해서, 에덴 정원은 영적인 학교였습니다. 이 학교는 학생들이 하나됨의 길을 발견하고, 그 길을 성공적으로 마무리할 수 있도록 돕는, 오직 하나의 목적만을 가지고 있었습니다. 나, 마이트레야는 그 학교의 수석 교사(head teacher)였으며, 나는 학생들에게 자신들의 상위 존재와 하나되는 중간단계로 나와 하나되게 함으로써, 하나가 되는 길을 가르쳤던 것입니다. 하나가 되는 길이 왜 그렇게 중요할까요? 앞에서의 담화를 통해, 우리는 오로지 대상(객체)과 하나가 되어야만 대상에 대한 참된 지식을 얻을 수 있다는 것을 알 수 있게 되었습니다. 따라서 영적인 스승이 학생에게 자신의 지식을 전달하기 위한 유일한 방법은 학생이 스승과 하나가 되게 하는 것입니다. 오직 하나됨을 통해서만, 학생은 스승이 알고 있는 모든 것을 알 수 있게 됩니다. 마찬가지로, 신을 알 수 있는 유일한 길은 신과 하나가 되는 것입니다. 여러분이 이것을 깨달을 때, 신을 알 수 있는 유일한 방법은 자신이 신이 되는 것임을 알게 됩니다.

앞에서 얘기했듯이, 이런 얘기는 많은 사람, 즉 이 말에 즉시 신성모독의 꼬리표를 붙일 사람들에게는 매우 자극적일 것입니다. 그러나 이런 판단이 어디에서 올까요? 그것은 창조주와 언제나 하나인, 그리스도 마음에서 올 수는 없습니다. 따라서 그것이 올 수 있는 유일한 장소는 반그리스도 마음입니다. 이 마음은 그리스도 마음과는 반대이며 자기 스스로를 신과 더 정확히는 우상화된 신과 언제나 분리된 것으로 보고 있습니다.

근본적인 요점은 여러분은 진실로 영적인 존재로 창조되었다는 것입니다. 진실로 여러분은 현재 의식 상태에서부터 신의 온전한 의식으로 성장해 갈 수 있는 잠재력이 있습니다. 하지만, 이렇게 되기 위해, 여러분은 자신의 상위자아와 하나가 되고, 그런 다음 자신의 근원과 하나됨으로 이끄는 여정을 반드시 걸어야 합니다. 이런 여정은 내면의 과정입니다. 이것은 오로지 여러분과 여러분의 신 사이의 문제가 되어야 합니다. 형태의 세계에 존재하는 어떤 힘도 여러분의 의식하는 자아와 의식하는 자아의 상위자아 및 창조주와의 직접적이고 내적인 관계 사이에 끼어들게 해서는 안 됩니다. 정확하게 말해, 이런 이유로, 첫 번째 계명이 '하나이신 참된 신 앞에 다른 어떤 신도 두지 말라'가 된 것입니다. 또한, 두 번째 계명이 '의식하는 자아가 자신의 근원과 직접적이고 내적인 경험을 하는 것 사이에, 어떤 우상도 두지 말라'라고 한 이유입니다. 또한, 이런 이유로, 바이블에서는 "내가 속히 오리니 네가 가진 것을 굳게 잡아 아무도 네 면류관을 빼앗지 못하게 하라(계시록 3:11)"라고 말하는 것입니다. 여러분의 면류관(crown), 여러분의 가장 귀중한 재산은 여러분의 상위 존재와의 내적이고 직접적인 접촉입니다.

"우상(graven image)"이라는 말의 참된 의미를 알고 있나요? 그것은 의식하는 자아가 자신의 근원을 직접적이고 내면적으로 경험을 하는 것으로부터 분리하는 어떤 이미지입니다. 그것은 인식 주체(the knower)와 인식 대상(the known)을 분리하는 이미지입니다. 우상은 여러분과 신 사이에 끼어든 어떤 이미지로서, 신과의 하나됨의 여정에서 여러분을 분리합니다. 분명한 것은 여러분을 신에게서 분리하는 이미지는 오로지 반그리스도 마음에서만 나올 수가 있고, 반그리스도 마음은 자신을 신과 분리된 것으로 볼 수 있는 유일한 마음입니다. 따라서 우상은 진실로 반그리스도 마음에서 생겨나는 신, 세상, 그리고 여러분 자신에 대한 이미지입니다. 이런 이미지가 가지는 가장 직접적인 효과는 여러분이 자신의 창조주와 하나됨에 이를 수 있다는 것을 의심하게 된다는 것입니다. 이런 의심은 자신의 신성한 잠재력을 부정하게 하고, 자기 자신인 신을 부정하게 만듭니다. 이것이 신성모독의 참된 의미입니다. 모든 정신적 이미지는 거리를 암시합니다. 참된 지식은 모든 거리가 사라지는 것입니다. 이제 여러분은 앎의 대상과 하나가 되었기 때문입니다. 여러분은 앎의 대상과 하나가 되었기 때문에 압니다. 여러분은 영(Spirit)과 진리 안에서 신을 경배하고 있습니다.

진실로, 반그리스도 마음은 모든 신성모독의 근원입니다. 하지만, 반그리스도 마음 역시 신성모독이라는 이원적인 이미지들을 만들어냈고, 많은 사람이 그것을 믿고 있습니다. 이런 이유로, 사람들은 자신들의 신성한 근원과 잠재력을 인정하는 것을 신성모독이라고 믿게 되는 것입니다. 예수가 자신이 신임을 밝혔을 때, 이런 사람들이 예수를 신성모독으로 고발했던 이유를 이것이 잘 설명해 주고 있습니다. 신성모독의 참된 의미는 신에 대한 정신적 이미지를 만들어서, 이 우상을 섬기는 것입니다. 하지만, 반그리스도 마음에 갇혀 있는 사람들은 자신의 우상을 정말로 신이라고 생각합니다. 따라서 그들은 자신들의 정신적 이미지를 의심하는 것이야말로 신성모독이며, 지옥으로 가게 된다고 여러분이 믿기를 바랍니다. 그런 사람들이 이 책을 신성모독으로 꼬리표를 붙이다는 것을 충분히 예상할 수 있습니다. 그렇게 함으로써 그들은 자신들이 반그리스도라는 거짓 교사를 따르는 추종자라는 것을 진실로 증명하는 것입니다.

이제 우리는 창세기가 에덴 정원에 있었던 일들에 대해 충분한 얘기를 전하지 않고 있다는 것을 알 수 있습니다. 창세기는 하나됨의 길을 떠나 분리의 길을 따르기로 결정했던 학생들에 관해서만 얘기하고 있습니다. 결과적으로, 이런 학생들은 (에덴 정원에서 나 자신으로 상징되는) 참된 영적인 스승들과의 연결이 끊어지게 되었습니다. 그들은 거짓 교사를 따르기 시작했으며, 그 교사들은 반그리스도 마음과 자신을 동일시함으로써 이미 눈이 멀어 있었습니다. 하나됨의 길은 영원한 생명의 길입니다. 분리의 길은 영적인 죽음의 길입니다. 이런 이유로 내가 아담에게 금단의 열매를 먹으면, 죽게 될 것이라고 말했던 것입니다. 그가 분리의 길로 들어서자, 끌어내리는 힘은 아담을 죽음의 의식으로 점점 더 깊숙이 내려가게 했습니다. 그의 진정한 정체성은 완전히 사라졌고, 아무것도 남지 않았습니다. 진정한 의미에서 그는 죽었습니다. 신의 개체화로서의 그의 자기 인식은 사라지고 말았습니다. 그것이 예수가 "여러분이 영적으로 다시 태어나지 아니하면, 신의 나라를 볼 수 없다."(요한 3:3)

라고 말했던 이유입니다.

이 때문에, 정원에 뱀이 왜 존재했었는지, 뱀이 누구이며, 어디에서 왔는지에 대한 의문이 생기게 된 것입니다. 이에 대한 답은 다음 장에서 설명하겠지만, 나는 먼저 반그리스도 의식에 대한 더 깊은 이해를 주고 싶습니다. 또한 여러분이 신의 실재에 이르는 생명줄을 잃게 되는 단계를 밟게 되면, 고의적인 무지라는 베일을 꿰뚫어 보기가 왜 그렇게 어렵게 되는지에 대한 더 깊은 이해도 주고 싶습니다. 자기 인식하는 존재가 모든 것을 안다고 여기는 눈먼 지도자를 맹목적으로 따르게 될 때, 무슨 일이 일어날까요?

열쇠 11
영적으로 다시 태어난다는 말의 의미

이제 앞장에서 살펴보았던 개념들을 종합해 볼 필요가 있습니다. 그렇게 함으로써 우리는 스승과 분리된 학생들에게 무슨 일이 일어났는지를 더 명확하게 알 수 있습니다. 새로운 학생은 지구의 어린 아이처럼, 제한된 자기 인식과 정체성을 지니고 시작합니다. 학생은 성장하면서 정체감을 구축합니다. 하지만 그 정체성은 지구의 아이들처럼 환경의 영향을 심하게 받습니다. 지구의 아이들이 두 가지 요소에 영향을 받는 것처럼, 학교에 있는 학생 역시 두 가지 요소의 영향을 받습니다. 두 가지 요소란 부모와 동료입니다. 에덴 정원에서 학생들에 대한 부모 역할은 내가 대리했고, 동료는 물론 다른 학생들이었습니다. 학생은 두 가지 방향 중 한쪽으로 정체성을 개발할 수 있습니다. 학생은 성장하면서 스승에게 더 가까워질 수도 있고 더 멀어질 수도 있는데, 이것은 지구의 아이들이 성장하면서, 부모에게 더 가까워지기도 하고 더 멀어지기도 하는 것과 비슷합니다.

이제 미묘하지만 아주 중요한 지점에 도달했습니다. 앞에서 말했던 것처럼, 내가 학생들에게 제시한 것은 하나됨의 길이었으며, 학생들은 나와 하나가 되게 되어 있었습니다. 나는 이 말이 지구에 있는 사람들에게는 학생들이 내 노예나 로봇이 되거나, 아니면 내 뜻에 복종해야 한다는 소리로 들릴 수 있다는 것을 압니다. 하지만, 여러분은 하나가 된다는 것이 모두 똑같이 된다는 의미가 아니라는 것을 이해해야 합니다.

내가 설명한 것처럼, 새로운 공동창조자는 신의 존재가 개체화한 것이며, 그들은 분리된 정체성을 지니고 시작하여, 신의 완전한 의식으로 성장해 갈 목적으로 창조되었습니다. 그렇게 함으로써, 공동창조자는 다시 창조주의 존재에 섞이지 않고, 창조주와 하나가 됩니다. 독특한 개별적인 존재로서, 공동창조자가 창조주와 똑같아진다면, 개별적인 존재는 존재하지 않는 것이 될 것입니다. 개별적인 존재는 마치 태풍이 가라앉을 때 파도가 다시 바다에 섞이는 것처럼, 단지 자신이 나왔던 창조주의 존재 속으로 섞여 돌아가게 될 것입니다.

창조의 진정한 목적은 정체성을 구축하고 더 높은 의식 상태에 도달하기 위해 오랜 시간 고군분투하였다가, 개체화된 생명흐름으로 사라져 버리는 것이 아닙니다. 그와는 반대로, 창조의 목적은 여러분의 개체성이 불멸이 될 때까지 성장하는 것입니다. 이것은 여러분의 개체성이 계속해서 무한히 성장할 수 있다는 의미입니다. 하지만, 모든 것이 창조주의 존재로부터 창조되었기 때문에, 신 의식을 향해 가는 길은 여러분을 자신의 근원으로 돌아가도록 인도해 주는 흔적을 따라갑니다. 자기 인식하는 존재가 자신의 개체성을 유지하면서, 자신의 근원과 하나라는 감각을 얻는다면, 그 존재는 신 의식을 성취한 것입니다. 그는 스스로 신이 된 것입니다. 창조주에게 돌아가도록 이끄는 흔적을 따르기 위해, 생명흐름은 자신의 상위 존재와 자신에게서 시작하여 창조주에게로 이르는 영적인 계층구조와 하나가 되어야 합니다. 하지만 새로운 공동창조자에게는 이것이 어려울 수 있습니다. 따라서 새로운 공동창조자들은 스승과 하나됨이라는 중간단계를 거칩니다.

이 여정의 메커니즘은 단순합니다. 여정의 목적은 자기 자신보다 더 크다고 여기는 어떤 것과 여러분이 하나가 되도록 도와 여러분이 아주 좁고 자기 중심적인 정체감에서 벗어나 성장하도록 하는 것입니다. 이렇게 함에 따라, 여러분은 궁극적으로 자아감의 경계를 넓히게 될 것입니다. 따라서 여러분은 신이 여러분의 진정한 자아(Self)이기 때문에, 신이 여러분보다 더 크지 않으며, 자신의 외부에 존재하지 않음을 깨닫습니다.

나는 에덴 정원에 있는 학생들에게 이런 하나됨의 길을 제시했습니다. 새로운 학생이 창조주와 하나가 되는 것은 큰 도전입니다. 따라서 나는 먼저 그들이 상호교류할 수 있는 창조주의 대리자와 함께 하나됨의 길을 걸으라고 제안했습니다. 먼저 나와 하나됨으로써, 학생은 자신의 상위 존재와 하나가 될 수 있었습니다. 그런 후 학생들은 영적인 영역의 수준들을 통과해 올라가며, 창조주와 하나됨을 이룰 수 있었습니다. 학생이 분리된 존재로 시작했으므로, 스승과 하나됨으로 들어가는 첫걸음은 분명히 가장 어렵습니다. 하지만 여러분이 더 큰 존재와 하나가 되는 것을 경험하고 나면, 훨씬 더 큰 존재와 다시 하나 되기가 더 쉬워지며, 그것은 창조주로까지 계속 이어질 것입니다.

이것의 참된 의미를 알고 있나요? 나는 또한, 현재 의식 상태에 있는 대부분의 많은 학생은 자신이 갑자기 분리된 존재로 나타났다고 생각한다는 것을 알고 있습니다. 이 사실이 정확하게는 학생에게 자신을 분리된 존재로 보고 시작할 기회를 준 다음, 점차 자신의 근원과 다시 연결하도록 하는 이유입니다. 진실은 여러분이 아무것도 없는 곳에서 갑자기 나타나지 않았다는 것입니다. 앞에서 설명했던 것처럼, 창조주는 첫 번째 구체 속에 자기 자신을 자기 의식하는 존재들의 형태로 투사했습니다. 그런 후 이 존재들은 두 번째 구체 속으로 자신들의 확장체들을 투사했으며, 물질우주에 이를 때까지 이런 과정이 계속된 것입니다. 여러분은 아무것도 없는 곳에서 나타난 분리된 존재가 아닙니다. 여러분은 물질우주를 초월한 영역에 존재하는 영적 존재의 확장체입니다. 하지만, 그런 존재 역시 상위 영역에 있는 존재의 확장체이며, 이런 식으로 계속 이어지면서 여러분은 창조주 자체에 이르게 됩니다.

다시 말해서, 모든 생명은 진실로 이런 존재 사슬 일부이며, 하나됨의 여정은 여러분의 자아감을 여러분이 나온 창조주와 하나됨에 이를 때까지 점진적으로 확장해 가는 과정입니다. 계속 그렇게 함으로써, 여러분은 창조주에 이르게 되고 신 의식을 성취하게 됩니다. 여러분은 영적인 존재의 과정, 즉 자신의 확장체를 하위 구체에 투사했던 영적인 계층구조의 마지막 연결고리로 생겨났다고 할 수 있습니다. 여러분의 삶에서 최고의 가능성은 궁극의 근원으로 돌아가는 존재의 사슬(Chain of Being)을 따라가는 것입니다. 그렇게 하는 것이 삶의 의미와 목적의식을 성취하는 것이며 또한 외롭고 버려졌다는 느낌을 극복할 수 있는 유일한 방법입니다. 여러분이 더 큰 전체 중 일부라는 것을 깨닫게 될 때만, 그렇게 느낄 수 있고 평화롭게 될 수 있습니다. 분명한 것은 창조주를 포함하여, 존재의 사슬에서 여러분보다 위에 있는 모든 영적인 존재는, 여러분이 그런 느낌이 받기를 바라며, 지속적인 고통만을 주는 분리의 상태에 여러분이 남아 있는 것을 보고 싶어 하지 않는다는 것입니다. 여러분의 영적인 "부모"는 여러분을 자기 자신처럼 사랑합니다. 부모는 여러분을 자신이라고 여깁니다. 신은 여러분 자신이고, 여러분의 상위자아입니다. 따라서 여러분이 신을 사랑할 때 자기 자신을 사랑하는 것이라는 깨달음에 도달해야만, 여러분은 사랑에 완전히 둘러싸여 있음을 느낄 것입니다.

에덴 정원에 있던 학생들에게, 나 마이트레야는 존재의 사슬에서 가장 낮은 위치에 있던 대리자였습니다. 학생들은 존재의 사슬 자체를 볼 수 없었습니다. 그들의 기회는 첫 번째 단계로 나와 하나가 되는 것이었으며, 이어서 다음 단계의 존재와 하나가 되는 것이었습니다.

지구에 있는 더욱 성숙한 많은 영적인 구도자는 이 행성에 있는 불완전한 영적인 스승이나 종교 지도자들을 볼 것입니다. 나는 그들이 그런 스승과 하나됨에 이르고 싶은 바람이 없다는 것을 잘 알고 있습니다. 이것은 이해할만한 일입니다. 하지만 이 책의 요점은 여러분에게 대안이 있음을 알려주는 것입니다. 이 책은 여러분이 자신의 그리스도 자아와 하나가 되고, 반그리스도 의식을 초월해 있는 상승한 스승들과 하나가 되는 방법을 알려줍니다. 여러분은 외적인 스승과 메신저를 뛰어넘어, 에고의 이원성을 초월한 영적인 스승과 직접적이고 개별적으로, 내면에서 접촉할 수 있습니다. 그리고 만약 여러분이 존재의 사슬에서 여러분 위에 있는 존재와 하나가 되는 것을 주저한다면, 나는 그 주저함을 느끼는 것은 에고라는 사실을 여러분에게 말해 주어야 하겠습니다. 의식하는 자아(conscious self)가 분리를 극복하고 하나됨에 이르면, 에고는 자신이 죽게 된다는 것을 알고 있습니다.

하지만, 물리적 스승이나 메신저가 여러분이 직접적이고 내적인 관계를 구축할 수 있도록 여전히 도울 수 있으므로, 이런 스승에게 배우고, 하나됨의 여정에서 본보기가 되는 사람들을 공경하는 것은 가치 있는 일임을 숙고하기 바랍니다. 따라서 스승에게 주의를 기울이세요. 설령 스승이 보잘것없는 개미로 변장하고 나타난다 해도 말입니다. 에고의 도전은 여러분의 마음 주위에 닫힌 상자를 만드는 것입니다. 이 상자에서 벗어나려면, 멘탈 박스를 벗어난 무언가와 연결되어야 합니다. 여러분이 상자 안에 있을 때는, 그 너머를 볼 수 없습니다. 따라서 상자 밖에 있는 다른 사람이 여러분의 스승이 될 수 있습니다. 나중에 설명하겠지만, 그것은 진정한 영적 공동체의 중요한 가치 중 하나입니다.

❧

앞에서 말했듯이, 지구에서 아이들이 성장할 때, 아이들은 하나의 정체감에서 다음 정체감으로 부드럽게 전환됩니다. 이런 일이 일어날 때, 이전의 정체감은 죽고, 새로운 정체감이 태어납니다. 하나의 정체성이 죽고 또 다른 정체성이 태어나는 이 일은 분명 뚜렷한 사건이지만, 아이는 지속적인 의식을 가지고 있으며, 따라서 변화를 좀처럼 눈치채지 못합니다. 에덴 정원에 있던 어린 학생들도 이와 아주 비슷했습니다. 그들은 점차 제한된 정체감에서 훨씬 더 정교한 정체감으로 전환해 갔습니다.

하지만, 지구의 아이조차 결국은 어떤 정체감의 단계에 도달하여, 더 많은 자기 인식을 하게 됩니다. 아이는 자신의 정체감을 외부 요인이 형성하게 하는 대신, 자신이 의도적으로 바꿀 수 있는 힘을 가졌다는 사실을 더욱 자각하게 됩니다. 이 지점이 바로 아이가 자기 자신에 대한 책임을 지고 어른이 되는 시점입니다. 사실 나는 이상적인 시나리오를 묘사하고 있습니다. 나는 지구상의 많은 사람이 자신의 삶에 대해 실제로 책임지지 않고, 의식적으로 자신을 바꾸려 하지 않아도 평생을 살아갈 수 있다는 것을 잘 알고 있습니다. 내 말의 요점은, 그럼에도 불구하고, 정원에 있었던 학생들은 성숙해지면서, 의식적으로 낡은 정체성을 죽게 하고 새로운 정체성을 구축해야 하는 어느 시점에 접근하게 된다는 것입니다. 이것은 지구에서 십대들이 어른이 되는 변화처럼 충분히 극적인 변화로, 학생들은 광범위한 반응을 나타냈습니다.

일부 학생들은 어린 시절의 정체감을 고수하면서 변화를 늦추려고 했습니다. 다른 학생들은 어떤 일도 일어날 필요가 없는 척하면서, 변화에 저항하고 낡은 정체성을 놓지 않으려고 했습니다. 앞에서 얘기했던 것처럼, 에덴 정원은 사랑이 가득한 환경이었으며, 나는 학생들의 자유의지를 충분히 존중했습니다. 따라서, 학생들이 어떤 종류의 정체성을 구축할지 하는 것뿐만 아니라, 우주 학교의 최종 시험을 치르는 데 시간이 얼마나 걸릴 것인가 하는 측면에서도 나는 아주 넓은 범위를 허용했습니다.

그럼에도 불구하고, 자유의지의 법칙은 학생이 자신의 삶에 대한 책임을 지고 자급자족하는 지점에 도달하는 데, 무한한 시간을 가질 수 없다는 것입니다. 지구에 있는 사람들이 많은 오해를 했던 지점이 이 부분입니다. 다음 부분에서는 이것을 살펴보겠습니다. 여기에서 요점은 책임감 있는 스승으로서 내가 학생들과 대면하고 꼭 필요한 선택을 더 이상 미룰 수 없다는 사실을 말해 줘야 했던 시점이 왔다는 것입니다. 이런 선택은 셰익스피어의 유명한 희극 햄릿에서 표현되었듯이, "사느냐 아니면 죽느냐?"라는 선택입니다.

결국, 학생은 삶의 길과 죽음의 길, 그 이상이 되는 길과 더 적어지는 길, 하나됨의 길과 분리의 길, 참된 길과 사람이 보기에 바르나 그 끝은 죽음에 이르는 길 사이에서 선택해야만 하는 전환점에 이르게 됩니다. 담당교사로서 나는, 그런 선택을 해야 한다는 사실을 얘기하기 위해 학생들과 대면해야 했으며, 일부 학생이 선택하기를 거부하는 위험도 감수해야 했습니다. 학생들은 어떤 것도 선택하지 않겠다는 선택을 할 수 있었습니다. 그렇게 함으로써 그 학생들은 나와 분리되었고 에덴 정원에서 추방되었습니다. 여기에 대해서는 나중에 더 자세하게 설명하겠지만, 먼저 자유의지에 대한 일반적인 오해를 극복할 필요가 있습니다.

｡ﾟﾟ･｡✿｡ﾟ･｡

앞에서 나는 자유의지를 가지는 데에는 대가가 따른다는 얘기를 했습니다. 여러분은 선택하는 것을 멈출 수 없습니다. 모든 상황마다, 매 순간 여러분에게는 최소한 두 가지의 선택이 제시됩니다. 반드시 하나를 선택해야 합니다. 나는 지구에 있는 여러분의 관점에서는 선택해야 하는 것이 부담으로 느껴진다는 것을 잘 알고 있습니다. 하지만, 에덴 정원은 학생이 선택과 관련된 불명예를 피할 수 있는 모든 기회를 가진 사랑이 가득하고 학생을 완전히 지지해 주는 환경이었음을 느낄 수 있기 바랍니다. 사실, 선택한다는 것은 여러분의 자기 인식과 정체성을 개발하는 열쇠입니다.

선택을 하고 그 선택에 따르는 특정한 결과를 경험함으로써, 여러분은 그 결과가 자신이 바라던 개성을 반영하고 있는지를 평가할 수 있습니다. 그렇지 않다면, 여러분은 그냥 자신의 선택만을 바꾸고, 자기 자신만을 바꾸어서 자신이 원하는 결과를 만들어내게 됩니다. 이것은 많은 사람이 이해하지 못하는 자유의지의 또 다른 측면으로 우리를 데려갑니다. 선택이 결과를 가져오지 않는다면, 여러분은 실제로 선택한 것이 아닙니다.

유쾌하지 않은 결과, 그러니까 오랫동안 여러분을 괴롭히는 결과로 이어지는 선택을 경험할 때, 여러분이 결과에 대해 부정적인 관점을 가질 수가 있다는 것을 나는 알고 있습니다. 그럼에도 불구하고, 그 결과에 대해 생각해 볼 때, 선택에 따른 결과가 없었다면, 실제로는 선택할 수 없었다는 것을 알게 됩니다. 무슨 일을 하든 아무 일도 일어나지 않는다면, 어떻게 다른 선택권을 가질 수 있을까요? 아니면, 무슨 일을 하든 똑같은 일이 일어난다면, 어떻게 다른 선택을 할 수 있을까요? 다른 말로, 선택하는 것은 둘 이상의 선택권을 가진다는 의미이고, 여러분의 선택권을 정의하는 것은 결과의 차이입니다. 결과가 없다면, 선택도 없습니다. 갈림길에 서 있다면 하나를 선택해야 합니다. 하지만 그 길들이 모두 여러분을 같은 곳으로 데려간다면, 여러분의 선택은 결과가 없고, 따라서 그것은 실제로 선택한 것이 아닙니다.

여러분이 해야 할 마지막 통찰은, 물질우주에서, 자유의지는 필연적으로 시간과 연결되어 있다는 것입니다. 형상 세계의 전반적인 목적은 여러분이 신 의식을 향해 성장하는 것이기 때문입니다. 이런 성장의 추동력은 여러분의 자유의지입니다. 여러분에게는 두 가지 기본적인 선택권이 있습니다. 여러분은 신 의식에 더 가까이 다가가도록 선택할 수도 있고, 신 의식에서 더 멀어지도록 선택할 수도 있습니다. 하지만, 창조주는 자기 존재의 일부를 여러분 안에 새겨놓았다는 사실을 기억하기 바랍니다. 말 그대로 여러분이 신 의식을 성취하고, 전체성과 통합하여 자족적인 자기 인식, 즉 여러분 자신을 되찾을 때까지, 여러분은 창조주의 일부를 빌려 쓰고 있는 것입니다.

창조주는 자기 존재의 일부를 여러분에게 주었고, 자유의지를 주어 이를 통해 여러분이 원하는 무엇이든지 할 수 있게 하였습니다. 말 그대로 여러분은 창조주 존재의 일부를 제한된 정체감 속에 가두어 둘 수 있으며, 심지어는 전체와 통합하기 위해서 창조주의 존재로 돌아가기를 거부하고, 창조주의 법칙과 비전을 거스르겠다고 선택할 수도 있습니다. 창조주는 여러분이 이렇게 하는 것을 허용하겠지만, 자기 존재의 일부가 전체와 영원히 분리되는 것은 원하지 않습니다. 따라서 형태의 세계가 목표를 향해 진화해 가고 있다는 사실은 여러분이 성장을 거부할 수 있는 시간의 한계를 설정합니다.

이 말은 에덴 정원의 어린 학생에게도 하나됨의 길에 전념하겠다는 선택을 거부할 수 있는 시간의 범위가 정해져 있다는 의미입니다. 따라서 학생은 영원히 하나됨을 거부할 수 없었고, 내가 어떤 특정한 학생과 대면해야만 하는 시점이 왔던 것입니다. 학생이 자신이 만든 분리된 정체성을 놓아버리려고 하지 않는다면, 그 학생은 정원에 남아 있을 수 없습니다. 그 학생은 "추방"되겠지만, 분노한 신이 불타는 검을 지닌 천사들을 시켜 추방한 것이 아닙니다. 그것은 창세기를 받은 사람들의 의식이 만들어낸 각색일 뿐입니다. 사실은, 그 학생의 의식이 더 낮은 진동으로 가라앉을 정도로 지나치게 자기 중심적으로 되었던 것입니다. 따라서 그 학생은 더 이상 정원을 인식조차 할 수 없었으며, 이제는 오로지 진동이 더 낮은 영역만을 볼 수 있었습니다.

모든 것이 에너지라는 사실을 깨닫는다면, 영적인 영역과 물질우주처럼, 진동이 서로 다른 단계들이 있다는 사실을 알게 됩니다. 하지만, 물질우주에도 여러 층이 있습니다. 정확하게는 네 층이 존재합니다. 에덴 정원은 가장 높은 단계, 즉 정체성층 또는 에테르층으로 규정된 진동 스펙트럼에서 진동했습니다. 그 아래에는 멘탈층, 그 아래에는 감정층이 있으며, 마지막으로 육체적 감각으로 인식할 수 있는 영역인 물질층 혹은 물리층이 존재합니다. 이 단계는 보다 낮은 진동을 가졌는데, 이 말은 이 단계가 다른 영역들보다 밀도가 높다는 의미입니다. 의식하는 자아가 일단 물질계로 내려오면, 자신의 상위자아와 영적인 스승들과 연결을 유지하기가 훨씬 더 어려워집니다. 여러분의 비전은 단단한 물질 너머에 존재하는 것을 볼 수 없을 정도로 완전히 또는 부분적으로 모호해질 것입니다. 이것이 여러분이 영적인 근원을 잊게 되는 이유입니다. 여러분은 물질우주 너머에 뭔가가 존재한다는 직접적인 증거를 보여줄 영적인 영역에 대한 경험을 하지 못합니다.

에덴 정원은 여러분이 육체적인 감각으로 지구를 보는 것처럼, 특정한 장소에 존재했던 물리적인 정원이 아니었습니다. 에덴 정원은 지구상에 존재했지만, 정체성층에 존재했으며, 지금도 존재하고 있습니다. 이 영역은 물질 영역처럼 같은 "공간"에 공존하지만, 진동이 더 높으므로 감각을 통해서는 인지할 수 없습니다. 이것은 주파수가 서로 다른 TV나 라디오 전파들과 비슷합니다. 이런 전파들은 서로를 간섭하지 않고, 눈에 보이지 않으면서 거실을 관통합니다. 여러분이 알맞은 주파수에 맞춰 TV를 켜면, 특정한 채널을 보게 됩니다. 마찬가지로, 마음의 다이얼을 돌리는 법을 배우면, 물질우주보다 더 높은 영역들을 인식하는 방법을 배울 수 있습니다.

학생이 할당된 시간의 마지막에 도달했는데도, 하나됨의 길에 전념하는 것을 여전히 거부했을 때, 반그리스도 마음의 낮은 진동에 눈이 멀게 되어, 더 이상 에덴 정원을 인식할 수 없게 된 것입니다. 말 그대로 학생은 물질계로 하강했으며, 육체를 지니게 되었습니다.

이것은 여러분이 육체 이상의 존재라는 것을 깨닫게 될 때, 전혀 이상한 것이 아닙니다. 지구의 사람 대부분은 영적인 영역에 있는 존재들로 창조되었으며, 그 후 물질계로 내려왔습니다. 그들은 먼저 정체성층으로 내려갔으며, 그곳에 있는 우주 학교에서 훈련을 받았습니다. 그들이 준비되었을 때 그곳을 졸업하며, 그들은 자기 자신을 육체와 동일시할 가능성이 거의 없는 수준의 의식을 지니고 물질계로 내려가게 됩니다. 그들은 자신들의 영적인 근원과 정체성에 대한 인식을 상실하지 않고, 물질계의 밀도 짙은 진동으로 들어갈 수 있습니다. 따라서 그들에게 물질계의 삶은 투쟁이 아니었으며, 고통으로 이어지지도 않았습니다.

하지만, 영적인 학교의 시험을 통과하지 못한 학생들은, 주어진 시간이 지나버렸을 때, 충분한 자기 인식을 성취하지 못한 채 육체 속으로 하강하게 되었습니다. 이런 학생은 자기 자신을 곧바로 육체와 동일시하였고, 자신을 육체로 인식하였습니다. 학생이 상위 영역에 대한 기억을 일부 지닌 예도 있었지만, 이런 기억은 쉽게 잃어버릴 수 있는 것이었습니다. 그는 자신을 무작위적인 진화 과정의 산물인 물질적인 존재로 인식하게 되었습니다. 그리고, 의식하는 자아는 자신이 그렇다고 생각하는 존재이기 때문에, 그 후 학생은 육체 속에 깃든 영적인 존재가 아니라 인간으로 행동하기 시작했습니다. 우주는 거울입니다. 여러분이 내보낸 것은 여러분에게 다시 반사됩니다. 따라서 여러분이 자신이 인간이라는 이미지를 투사한다면, 이것은 자기충족적인 예언이 됩니다.

우리는 새로운 학생이 제한된 정체감을 지니고 출발하는 것을 압니다. 에덴 정원에 있던 학생이 성숙해짐에 따라 학생은 실험, 그리고 스승과 동료 학생들과의 상호 교류를 통해, 더 정교한 정체성을 구축할 것입니다. 그러나 이런 일이 너무 천천히 일어나면, 학생은 영적인 여정에 분명한 단계들이 존재하며, 자신이 더 높은 단계로 올라서면, 낡은 정체감은 죽고 새로운 정체감이 태어난다는 사실을 충분히 깨닫지 못하게 됩니다. 대부분의 학생에게 있어서, 이런 죽음과 재탄생은 의식적인 인식의 수준 아래에서 일어납니다. 이런 일은 지구의 아이들과 십대들, 심지어 성인들에게도 마찬가지입니다.

하지만, 학생은 영적인 여정의 주요 단계 가운데 하나, 즉 무의식적인 성장에서 의식적인 성장으로 가는 단계를 밟아야 하는 시기를 맞이합니다. 학생은 이 시점에서 자급자족하기 시작합니다. 여러분이 성장의 과정을 알지 못하고, 자신에 대해 스스로 책임을 지려고 하지 않는다면, 어떻게 자급자족할 수 있겠습니까? 지구에서 이상적으로 일어났어야 했던 것이 이것입니다. 어른에 대한 영적인 정의는 의식적이고 자발적으로 자신을 변화시킬 수 있는 자신의 능력을 잘 알고 있는 사람입니다. 안타깝게도, 이런 정의는 널리 알려지지 않습니다. 그 이유는 많은 사람이 자신의 삶에 대해 책임지지 않은 채 어른이 되었기 때문입니다. 대체로 사람들은 자신이 누구인지를 외부 환경에 따라 정의하는 것을 선호합니다.

여기서 중요한 것이 무엇인지 알 수 있나요? 어린 학생은 성장 과정과 단계들을 의식적으로 알지 못한다는 것입니다. 그들은 대체로 외부 환경에 의해 결정되는 과정을 따라가고 있습니다. 분명히, 에덴은 학교였으며, 모든 측면이 학생의 성장을 돕도록 계획되어 있었습니다. 지구의 학교와는 명백하게 다릅니다. 그럼에도 불구하고, 어린 학생들은 주로 외적인 요소들에 의해 성장하도록 떠밀렸습니다. 일부 학생들은 받은 도구들을 활용하여 더욱 열심히 작업했고 더 빨리 더 많이 성장할 수 있었으며, 자기 자신의 성장을 관리하도록 도울 수 있는 인식을 개발하게 되었습니다. 반면에 다른 학생들은 이런 과정에 저항했습니다. 그들은 무슨 일이 일어나고 있는지, 과정을 어떻게 관리해야 하는지에 대해 명확한 인식을 구축하지 못했습니다.

과정의 목적은 학생들을 자급자족하게 만드는 것입니다. 이런 자급자족은 학생들이 성장의 메커니즘을 의식적으로 인식하게 되고, 외부 요인에 떠밀려서가 아니라, 스스로 자신의 성장을 관리하기로 결심했을 때만 일어납니다. 지구의 십대들을 살펴보면, 대개 그들이 부모를 멀리하거나, 심지어 부모와 사회에 저항하는 시기를 거치는 것을 볼 것입니다. 하지만, 이런 물러남(pulling back)은 학생이 자신의 분명한 정체성을 구축하는 과정에서 실제로 꼭 필요한 단계입니다. 이상적인 결과는 학생이 자신이 누구이며, 삶에서 무엇을 하고 싶어 하는지를 깨닫는 것입니다. 그런 다음, 학생은 이것을 목표로 정하고, 자신의 방식으로 부모의 사회에 복귀합니다. 부모나 동료들 또는 사회로부터 떠밀려서가 아니라, 이제 학생은 의식적으로 사회에 복귀하기로 선택합니다. 학생은 이것이 목표에 도달하기 위한 제일 나은 방법임을 깨달았습니다. 다시 말해서, 학생은 등이 떠밀리는 대신에, 삶이 어떻게 작용하는지를 완전히 이해하게 되었고, 가족과 사회라는 테두리 안에서 자신의 삶을 의식적으로 관리해 나가겠다고 결심합니다. 따라서 학생은 자기 자신의 의식적인 선택으로부터 사회에 복귀하기 위해, 뒤로 물러나 더 큰 그림을 볼 수 있게 되었다고 말할 수 있습니다.

이것이 바로 내가 에덴 정원에 있던 모든 학생에게 일어나기를 바랐던 것입니다. 학생들에게 스스로 선택할 수 있는 기회를 주기 위해, 나는 그들로부터 뒤로 물러나, 학생들이 자신들의 정체성을 개발할 수 있도록 많은 자유를 주었습니다. 하지만, 그렇게 하는 것이 내재된 위험을 불러왔습니다. 그렇게 된 이유를 이해해야 합니다.

위기란 학생들이 스승에게서 멀어짐에 따라, 반그리스도 마음에 기초한 정체감을 구축하려는 유혹의 먹잇감이 될 수 있다는 것입니다. 아니면, 학생들은 반그리스도 마음의 이원론적 추론을 사용할 수도 있습니다. 그 마음은, 겉으로 보기에는, 학생들이 순수한 무지로 구축해 온 낡은 정체감을 죽게 하지 않는 것을 정당화합니다.

앞에서 보았듯이, 새로운 학생은 영적인 자아와 신의 법칙에 대해 제한된 의식을 가졌습니다. 다시 말해서, 학생의 세계관이 무지에 의해 지배됩니다. 학생이 성장함에 따라, 더 다양한 지식을 습득하게 되지만, 그럼에도 학생의 세계관에는 여전히 상당한 무지가 존재할 것입니다. 이 말은 학생의 정체감이 부분적으로는 무지에 토대를 두게 된다는 의미입니다. 자신이 성장하고 있다는 것을 의식하지 못하는 동안에도, 학생은 삶에 대한 더 높은 이해를 정기적으로 습득하며, 이로써 낡은 정체감이 자연스럽게 죽고 새로운 정체감이 태어납니다. 학생은 이것을 알지 못했지만, 이런 인식의 결핍은 학생이 자급자족해야 하는 시점에 이르게 되면 지속될 수가 없습니다. 이제 학생은 의식적으로 더 낮은 정체성에서 더 높은 정체성으로 전환해야 합니다. 학생은 낡은 정체성을 의식적으로 죽게 해야 합니다. 외적인 환경이 전환을 가져오도록 하는 것이 아니라, 이제 학생은 더 높은 단계로 올라갈 필요가 있음을 의식적으로 알게 되며, 이에 따라 변화를 가로막았던 마음 자세와 신념을 놓아버리게 됩니다.

영적인 사람 대부분은 이런 과정에 익숙할 것입니다. 영적인 성장을 추구하면서, 분명 여러분은 삶을 변화시키는 결정을 했습니다.

다시 말해 삶을 극적으로 변화시키고, 낡은 행동들, 믿음 그리고 자신의 이미지를 놓아버리려고 의식적으로 결심했을 것입니다. 이 점과 관련해, 삶의 전환기에는 초등학교에서 고등학교로 진학하고, 졸업한 후 직장을 다니고, 배우자를 찾고, 자녀를 가지는 것처럼, 그런 변화가 필요합니다. 아마 그 점에 대해서는 생각해 보지 않았겠지만, 삶을 변화시키는 그런 과정에서 여러분의 낡은 정체감은 죽고 새로운 정체성, 즉 새로운 상황에 적합한 정체성이 태어납니다. 임사 경험을 했던 많은 사람이 그 점에 관해 얘기한 것처럼, 육체의 죽음은 단지 또 다른 변화일 뿐입니다.

많은 학생이 사랑을 가지고 기꺼이 이런 전환을 했습니다. 이것은 제한된 정체감을 죽게 하는 것이 더 높은 수준의 정체감으로 즉시 다시 태어나는 것이며, 이렇게 함으로써 오직 얻기만 할 뿐 잃는 것이 없음을 그들이 이해했기 때문입니다. 하지만, 반그리스도 마음의 이원성에 부분적으로 눈이 먼 학생들은 이것을 정말 이해할 수가 없었습니다. 그들은 낡은 정체성을 죽게 하는 것이 손실을 뜻한다고 믿게 되었고, 정체성을 잃는 것을 두려워했습니다. 일부 학생들은 내가 자신들에게 낡은 정체성을 포기하도록 강요했으며, 이것이 공정하지 않다고 느꼈습니다. 나는 이것을 충분히 알고 있었습니다. 실제로 나는 학생들에게 강요하려는 의도가 전혀 없었습니다. 따라서 나는 이런 학생이 가능한 한 오랫동안 뒤로 물러나 있게 함으로써, 결국에는 자신들에게 최선의 이익이 되는 것이 어떤지를 알고, 성장의 과정에 복귀해 주기를 희망할 수밖에 없었습니다. 이것은 지구의 부모들이 때로는 자녀들이 십대를 무사히 극복하고, 어른들처럼 생산적인 삶을 살아가게 되기를 희망하는 것과 매우 유사합니다.

결정적인 시점은 반그리스도 마음에 의해 영향을 받은 학생들이 이 마음의 모순과 비일관성을 꿰뚫어 보기 시작할 때였습니다. 이런 사고방식(반그리스도)이 학생 자신들을 실제로 환영의 베일에 갇혀 있게 했으며, 성장도 멈추게 했다는 사실을 깨달았을까요? 일부 학생들은 실제로 이것을 깨달았습니다. 그들은 자신들의 낡은 정체감이 감옥이 되어 자기 마음이 제한받게 되었으며, 삶의 과정에서 자신들이 분리되게 했다는 것을 알았습니다. 하지만, 나머지 학생들은 내가 학생들에게 강요하려고 했다는 것에 관심을 지나치게 집중한 나머지, 내가 대리하는 모든 것에 대해 원망했습니다. 그들은 특히 내가 하나됨의 길과 분리의 길 중에서 하나를 선택해야 하는 절대적인 필요성을 그들에게 제시했다는 사실에 분개했습니다. 그들은 이미 자신의 행동을 제한하는 것에 분개하는 버릇없는 아이들이 되어버렸으며, 자신들이 원하는 한, 그들이 원하는 것은 무엇이든지 허용돼야 한다고 생각했습니다.

이것은 자유의지에 대한 또 다른 오해, 즉 어떤 것이든 제한이 존재한다면, 진정한 자유의지를 가지는 것이 아니라는 오해로 이어집니다. 정원에 있던 어떤 학생들은 그와 같은 방식으로 느끼게 되었으며, 이것이 뱀에게 이어지는 사고방식입니다. 뱀의 정체는 나중에 밝혀질 것입니다. 여기서 요점은 여러분이 실제로 자유의지를 갖추고 있지만, 자유의지에는 피할 수 없는 기계 같은 측면(mechanical aspects)이 있다는 것입니다. 우리가 보아온 것처럼, 결과가 없는 자유의지는 의미가 없습니다. 삶의 목적은 성장이며, 여러분은 선택하고, 선택에 따른 결과를 경험함으로써 성장합니다. 따라서 말 그대로 여러분은 원하는 것은 무엇이든 할 수 있지만, 선택에 따른 결과를 경험하는 것은 피할 수 없습니다. 지금까지 내가 한 말을 제대로 이해한다면, 이것이 여러분의 자유의지를 제한하는 것이 아니라는 사실을 알 것입니다. 실제로는 이것은 어떤 의식 상태에 갇혀, 여러분이 무한정 고통받는 상태로 남겨지는 것을 방지하기 위해 설계된 안전장치입니다.

내 말의 전반적인 요점은 에덴 정원이 영적인 학교로 특별히 설계되었고, 학생들은 이곳에서 성장의 과정을 따라갔다는 것입니다. 따라서 성장은 에덴 정원의 전반적인 목적이었습니다. 학생은 자유의지를 가졌으므로, 성장의 과정에서 스스로 분리되는 것을 선택할 수도 있었습니다. 하지만, 학생에게는 분리된 채 영원히 남아 있을 권리는 없었습니다. 어떤 시점 이후에도 학생이 성장의 과정에 합류하려고 하지 않는다면, 그 학생이 정원에 남아 있을 목적은 사라집니다. 대학에 들어가서 배우려고 하지 않는다면, 대학에 남아 있을 필요가 없지 않나요? 배우려고 하지 않는다면, 여러분은 다른 환경을 통해 배울 수 있는 다른 곳을 찾는 것이 더 나을 것입니다.

정원에 있던 학생들에게는 시한(時限)이 주어졌으며, 그 시기가 지나면, 학생들은 성장의 과정에 합류하든지, 아니면 스승과 분리되든지 선택해야 했습니다. 후자를 선택한다면, 그들은 정원에 남아 있을 수가 없었으며, 더 낮은 영역으로 하강해야 했습니다. 대개는 물질 영역에 있는 육체 속으로 하강했습니다. 그 이후 그들은 더 이상 스승의 가르침을 받을 수 없게 되었고, 스승도 더 이상 학생의 카르마를 균형 잡아 줄 수 없었습니다. 따라서 학생들은 이제 고난의 학교에 있게 되었습니다. 그곳에서 그들은 자신의 선택에 따른 결과를 전부 경험하면서 배우게 될 것입니다.

～∽∾ꕥ∽∾～

하나됨의 길에 의식적으로 합류하기 위해, 학생들이 놓아버려야만 했던 것이 정확히 무엇이었을까요? 자, 그것은 분리된 존재로서의 정체감이었습니다. 그 정체감은 학생들이 제한되고 좁게 집중된 자기 인식을 지니고 시작한 결과 자연스럽게 구축된 것입니다. 이 정체감은 무지 위에 쌓아 올린 것입니다. 이 말은 학생들이 자기 자신이 존재의 사슬에서 확장된 존재임을 알지 못했고 경험하지 못했다는 의미입니다. 무지가 학생들이 아무것도 알지 못했다는 의미가 아닙니다. 학생들은 자신들의 환경에 대해 많은 것을 알았습니다. 하지만, 그들은 자신의 진정한 정체성과 근원에 대한 진실은 알지 못했습니다. 그들은 영적인 자아 대신에 물질계에 기초한 정체감을 구축했습니다. 결과적으로, 그들은 자신들이 상위자아나 스승과 하나라는 것을 알지 못했고, 서로와도 하나라는 것을 알지 못했습니다. 그들은 자신이 진정한 자아라는 바다 일부와 연결되어 있다는 것을 깨닫지 못한 파도와 같았습니다.

참고로, 지구의 많은 영적인 사람이 '깨닫게 된다'는 개념을 오해하고 있다는 점을 언급하고 싶습니다. 그들은 깨달은 사람은 자신들이 알지 못하는 것을 알고 있으며, 자신들에게 특별한 힘을 줄 수 있는 어떤 비밀 공식들을 가지고 있다고 생각합니다. 따라서 일부 영적인 구도자들이 이런 비밀 공식을 찾으려는 목적으로 영적인 가르침을 배우고 있는데, 이것은 연금술사들이 현자의 돌(philosopher's stone)을 찾고 있는 것과 매우 비슷합니다. 다른 구도자들은 삶의 영적인 측면을 매우 정교하고 지적으로 이해할 수만 있다면, 자신들이 비밀 공식을 찾아낼 것이고, 외적인 가르침을 연구하여 태양 아래 어떤 주제에 대해서도 논의할 수 있다고 생각합니다. 하지만, 예수가 말했듯이, 여러분이 어린아이처럼 되지 않으면, 신의 나라에 들어갈 수 없는 것입니다. (마가복음 10:15) 나는 이 책을 읽는 일부 독자는 내가 비밀 공식을 말해 줄 페이지를 애타게 찾고 있다는 것을 잘 알고 있습니다. 하지만, 사실은, 어떤 비밀 공식도 존재하지 않습니다. 영적인 주제에 대한 지식이 아무리 많다고 해도 깨달음의 단계로 들어갈 수는 없습니다. 진정한 깨달음은 여러분이 분리된 존재라는 환영을 극복하는 것입니다. 여러분은 자신이 존재의 사슬, 자신의 창조주, 다른 존재들과 분리되어 있다는 환영을 극복해야 합니다. 깨달았다는 것은 더 다양한 지식을 습득한다는 뜻이 아니라, 여러분의 관점을 변화시켜 이제 분리의 베일 뒤에 숨겨진 진실을 보게 된다는 의미입니다. 그것은 외적인 지식에서의 변화가 아니라, 내적인 관점에서의 변화입니다. 사실, 지적으로 정교한 지식을 가지는 것은 때때로 깨달음을 성취하는 것을 방해합니다. 이것은 예수가 실제로 그들 앞에 서 있었을 때, 살아있는 그리스도를 부정하기 위해 영적인 지식을 이용했던 서기관들과 바리새인들의 예에서 증명됩니다. (마태 5:20)

이제 정원으로 다시 돌아가겠습니다. 새로운 학생들은 스승을 자기 외부에 존재하는 인물로 인식했으며, 그것은 당연한 단계였습니다. 하지만, 학생이 성숙해짐에 따라, 스승은 학생을 위해 최선의 것만을 원했다는 사실을 깨닫게 되는데, 이 또한 자연스러운 것입니다. 따라서 스승에 대한 학생의 신뢰는 자연적으로 커질 것이며, 마침내 학생은 스승이 자기 뜻을 학생에게 강요하려는 외적인 힘이 아니라는 사실을 깨닫게 됩니다. 그와 반대로, 스승은 학생 자신의 영적인 자아가 지닌 상위 의지를 대리했던 것입니다. 제한된 자기인식을 지닌 채 시작하기 위해 의식하는 자아를 물질우주로 보낸 것은 여러분 상위 존재의 선택이었습니다. 의식하는 자아가 자기인식에서 성장해 가며, 자신이 애초에 어디에서 왔으며, 무슨 이유로 이곳에 왔는지를 깨닫게 되는 것은, 여러분의 상위자아의 바람이며 소망입니다. 스승은 학생이 이런 깨달음에 이르도록 도움을 주는 역할을 맡고 있습니다. 그렇게 함으로써 여러분이 신의 의지가 어떤 외적인 존재, 즉 하늘에 계신 분노하는 신의 의지가 아니라는 것을 알게 됩니다. 이와는 반대로, 신의 의지는 실제로 여러분 자신의 상위 존재의 의지이며, 상위 존재는 존재의 사슬 일부로서, 계속 올라가면 창조주에 이르게 됩니다. 따라서 자신의 상위 의지를 따르는 것이 신의 의지를 따르는 것입니다.

신의 의지나 스승의 의지를 따른다는 것이 자신의 자유의지를 포기하고 선택의 여지가 없게 된다는 의미가 아니라는 것에 주목하기 바랍니다. 여러분은 여전히 자신의 창조력을 표현할 수 있는 무한한 가능성을 가지지만, 이제 신의 법칙이라는 테두리 안에서 그렇게 하고 있으므로, 자신과 다른 생명을 해치지 않게 됩니다.

열쇠 12

진정한 스승을 따르느냐?
아니면 거짓 교사를 따르느냐?

앞에서 살펴본 것처럼, 삶의 전반적인 목적은 자기 인식의 성장에 있는데, 이 말은 여러분이 여정을 시작할 때 지녔던 제한되고 좁게 초점이 맞추어진 자기 인식을 극복한다는 의미입니다. 여러분은 자기 인식을 확장해 나가며, 신의 완전한 의식으로 이어지는 존재의 사슬에서 위로 올라가게 됩니다. 하지만 또 다른 단계로 올라서기 위해, 여러분은 자신의 상위 존재와 하나됨을 이루어야 합니다. 이런 과정의 첫 번째 단계로, 영적인 스승과 하나가 되어야 합니다.

여기에서 도전은 학생이 분리 의식으로, 즉 반그리스도의 이원성으로 눈이 멀어 있다면, 그 학생은 존재의 사슬을 볼 수 없고, 따라서 스승을 자기 외부에 있는 존재로만 인식하게 된다는 것입니다. 그러므로 학생은 분리된 정체감을 놓아버린다면, 어떤 정체성도 남지 않게 되어 상실의 고통을 받게 될 것이라고 느끼게 됩니다. 또는 스승을 따른다면, 선택의 자유를 포기하는 것이라고 느낄 것입니다. 심지어 일부 학생은 자신들의 선택이 다른 학생들에게 끼치는 영향을 고려해야 하는 것은 자신의 자유의지를 구속하는 것이라고 느꼈습니다. 자기 인식하는 존재는 누구나 어떤 정체성을 지녀야 한다고 생각하기 때문에, 분리의 환영에 눈이 먼 학생들은 자신들의 낡은 정체감을 버릴 수 없었고, 따라서 새로운 정체감도 태어날 수 없었습니다.

학생이 반그리스도 마음을 극복하고 그 환영을 꿰뚫어 본다면, 그 학생은 낡은 정체감을 놓아버리는 일이 즉시 새롭고 더 높은 정체감을 태어나게 하는 일임을 알게 됩니다. 따라서 이런 학생은 손실에 대한 두려움 없이, 더 이상의 것을 얻기 위해 적은 것을 기꺼이 놓아버리려고 할 것입니다. 하지만, 눈이 멀게 되면, 그 학생에게는 뭔가를 포기하는 것은 손실로만 이어진다고 생각합니다. 학생은 생사가 걸린 문제처럼, 낡은 것을 고수하려고 합니다. 이로 인해, 학생은 글자 그대로 출구가 전혀 보이지 않는 진퇴양난(catch-22)에 빠집니다.

여기서 빠져나올 방법이 있을까요? 물론 있습니다. 유일한 방법은 학생의 의식하는 자아(conscious self)가 자신이 환영에 눈이 멀어 있다는 것을 깨닫는 것입니다. 실제로 일어났던 일은 의식하는 자아가 학생의 현재 정체감을 자기 자신으로 동일시한 것입니다. 따라서 의식하는 자아는 그 정체성이 죽는다면, 자신도 죽게 될 것으로 생각합니다.

그런 사고방식에 대해 상세하게 설명하겠습니다. 지금까지 나는 학생의 의식하는 자아가 학생의 오메가 정체성을 구축하는 데 책임이 있다고 말했습니다. 오메가 정체성으로 인해 학생은 주위 환경과 상호 작용하게 되며, 자신의 영적인 정체성과 창조력을 표현합니다. 의식하는 자아가 자신이 구축한 정체성을 자신과 동일시하는 것이 자연스럽지만, 의식하는 자아는 어떤 정체성보다도 항상 더 큰 존재입니다. 정체성은 의식하는 자아라는 배우가 극장에서 연기하는 동안 입고 있는 의상과 같은 것입니다. 따라서 정체감이 사라진다고 해도, 의식하는 자아는 죽지 않을 것이며, 어떤 정체성도 없어지는 것이 아닙니다. 의식하는 자아는 즉시 새로운 정체감을 창조할 것입니다.

진퇴양난의 상황에서 빠져나올 수 있는 유일한 방법은 의식하는 자아가 자신이 현재의 정체감보다 더 큰 존재라는 사실을 깨닫는 것이며, 자신의 자아 인식은 정체감이 아니라 단지 그런 정체감을 통해 자기 자신을 표현하고 있는 것임을 깨닫는 것입니다. 하지만, 고차원적인 정체감을 성취하기 전에, 의식하는 자아는 자신과 동일시해 온 낡은 정체성을 반드시 놓아버려야 합니다. 의식하는 자아는 낡은 정체성을 죽게 해야 하는데, 이것은 정확하게 예수가 십자가에 못 박혀 있었을 때 행동으로 보여주었던 과정입니다.

십자가는 무엇보다도, 여러분을 움직일 수 없는 위치에 놓이게 하는 낡은 정체성을 상징합니다. 여러분은 스스로 창조한 제한으로 인해 마비되어 있습니다. 심지어 예수조차 십자가에서 이렇게 느꼈으며, 신이 자신을 버렸다고 부르짖었습니다. (마태 27:46) 이것은 예수조차 어떤 기대를 했으며, 이런 기대감이 낡은 정체감을 버리는 것을 힘들게 했음을 보여주는 것입니다. 이런 진퇴양난의 상황에서 예수를 자유롭게 해주었던 핵심적인 열쇠가 무엇이었을까요? 그것은 마침내 자신을 자신의 상위 의지에 내맡기고, 유령(ghost)을 내어 주는 것이었습니다. (마태 27:50) 예수는 낡은 정체감이라는 허상을 놓아버리고 낡은 자아를 죽게 함으로써, 더 높은 자아감으로 부활하기 위한 문을 열었던 것입니다. 자아라는 나비가 되어 날기 위해서는, 반드시 고치를 버려야 합니다.

우리는 이제 곰곰이 생각해 보아야 할 미묘한 개념에 이르렀습니다. 말했다시피 나의 목표는 학생들을 자급자족하도록 끌어올리는 것입니다. 그리고 나는 학생들이 나와 하나가 되어야 한다는 것을 설명했습니다. 내가 자기모순에 빠진 것처럼 들리나요? 정확히 말해, 일부 학생이 느꼈던 것이 바로 그것입니다. 그렇다면 그들은 왜 그렇게 느끼게 되었을까요?

그들이 그렇게 느끼게 된 이유는, 그들이 이원성 의식으로 인해 눈이 너무 멀게 되어 그 길이 무엇에 관한 것인지를 알 수 없게 되었기 때문입니다. 생명의 진실은 여러분이 존재의 사슬 일부라는 것입니다. 개체성을 가지고 있다는 의미에서 여러분은 분리된 존재이지만, 자신의 근원이나 다른 존재들과 분리되어 있지 않다는 의미에서 보면, 여러분은 분리되어 있지 않습니다. 여러분은 제한된 인식을 지니고 시작했으므로, 분리의 환영에 기초하여 정체성을 구축하였습니다. 이로 인해 여러분은 자기 자신을 다른 학생들, 스승 그리고 자신의 근원과 분리된 존재로 인식하게 되었습니다. 이런 정체감은 무지에 기초한 것이므로, 여러분을 제한된 상태에 가두어 두었습니다.

영적인 여정에서 자연스럽게 취하는 다음 단계는 무엇일까요? 그것은 이런 제한된 정체감에서 벗어나는 것입니다. 그런데 어떻게 해야 그렇게 될까요? 비록 여러분이 개체성을 가졌다 할지라도, 여러분은 단절된 존재가 아니라, 더 큰 영적인 존재의 일부라는 사실을 깨달음으로써, 그렇게 할 수 있습니다. 여러분은 허공에 떠다니는 한 방울의 물이 아니라 자아라는 바다에 있는 파도입니다. 정원에 있던 학생들에게 내가 제시했던 것은, 제한된 자아보다 훨씬 더 큰, 제한된 자아감을 초월한 무언가의 일부가 됨으로써, 분리되고 제한된 자아감에서 벗어날 수 있는 방법이었습니다. 영적인 자유에 이르는 참된 길은 여러분이 단절된 존재라고 하는 제한된 정체감에 그대로 갇혀 있는 것이 아니라, 자신의 상위 존재와 하나가 되는 것입니다.

학생들이 성숙해지는 데 필요했던 것은 의식적으로 이런 역학을 인식하고, 스승과 동료들, 자신의 상위자아와 단절되어 있다는 존재감을 자발적으로 놓아버리는 것이었습니다. 진실로 내가 정원의 상급반 학생들에게 제시했던 것은, 모든 것이 자기 인식 안에서 성장하고, 물질계를 다스리기 위해 창조의 참된 목적에 통합해 있거나 통합해 가는, 참된 공동체에 대한 의식이었습니다. 아담과 이브의 얘기는 이런 기회를 보는 데 실패한, 또는 제한된 정체감을 놓아버리고 더 큰 정체감과 하나로 통합되는 것을 고의로 거절한 학생들의 얘기입니다. 그들은 통합되려고 하지 않았습니다. 따라서 그들은 정원이라는 공동체에 남아 있을 수 없었습니다.

여기서 요점이 보이나요? 스승인 나와 하나가 된다는 것은 여러분의 개체성이나 자유의지를 상실한다는 의미가 아닙니다. 그것은 여러분 상위 존재의 의지와 하나가 되는 것이며, 여러분을 물질계로 내려보낸 여러분 상위 존재의 목적과도 하나가 되는 것입니다. 내가 여러분이 되고 싶어 하지 않은 것을 여러분에게 강요하는 것이 아닙니다. 나는 여러분 상위 존재의 의지와 비전에 여러분이 다시 연결될 수 있도록 돕고 있었으며, 또한 이것이 여러분이 보람을 느끼고 평화롭게 있을 수 있는 유일한 방법입니다. 여러분의 하위 존재가 상위 존재와 조화를 이루지 못하면, 여러분은 예수가 말한 내분이 일어난 집이 됩니다. (마가 3:25)

하나됨의 길은 어딘가에서 시작해야 합니다. 따라서 에덴 정원에 있던 학생들은 스승인 나와 하나가 되는 것에서 시작했습니다. 여러분은 단절된 존재라는 낡은 정체감에서 벗어나기 위해 스승과 하나됨의 상태가 됩니다. 여러분은 상위 존재와 분리된 채 남아 있는 것이 아니라, 상위 존재와 하나라는 새로운 정체감을 의식적으로 받아들이면서 이렇게 합니다. 하지만 하나됨은 신의 법칙을 따르는 것이 성장으로 이어지지만, 신의 법칙을 거스르는 것은 고통으로 이어진다는 지식과 비전, 목적에서 하나됨을 의미합니다. 그것이 개체성과 자유의지의 상실을 의미하지는 않습니다. 사실, 분리된 정체성은 자유를 빼앗아가는 것으로, 여러분은 오로지 자신의 상위 존재와 하나가 되어야만 참된 영적인 자유를 경험할 수 있습니다.

◦◦◦◦◦◦◦◦◦◦◦

이것을 다른 방식으로 말해 보겠습니다. 새로운 학생은 제한된 정체감을 지니고 시작했습니다. 하지만, 정체성을 지니지 않고는 어떤 작용도 할 수 없기에, 새로운 학생은 자신의 지식과 경험에 기초하여 정체성을 구축할 수밖에 없었습니다. 다시 말해서, 새로운 학생들은 대체로, 어쩔 수 없이, 무지에 기초한 정체감을 구축한 것입니다. 물론 이 과정은 학생이 분리된 존재로서 정체성을 지닌 채 시작하여 의식을 키워가는, 창조의 목적에 완벽하게 정렬한 것입니다. 이것은 생의 첫해에 직면한 매우 좁은 환경에 기초하여 정체감을 구축하는 지구의 아이들과 비슷합니다. 아이의 정체성은 대개는 부모, 어쩌면 형제자매 그리고 가정이나 유치원에 의해 정의됩니다. 하지만 아이가 성장함에 따라, 세상이 어린 시절의 환경보다 훨씬 크다는 것을 깨닫게 되며, 아이는 점차 폭넓은 정체감을 구축해갑니다. 심지어 일부 사람은 가족, 출신 민족, 국적에 기초한 정체성을 초월합니다. 그들은 세계 시민으로서, 심지어는 이 세상에 일시적으로 존재하는 영적 존재라는 더욱 큰 보편적인 정체성을 구축합니다.

이런 성장이 어떻게 일어날 수 있을까요? 학생이 이전의 정체감이 무지에 근거했고, 불완전한 세계관에 기초했다는 사실을 깨닫게 될 때만 일어날 수 있습니다. 그런 다음, 학생은 이전의 자아감을 의식적으로 기꺼이 죽게 해야 합니다. 그래야만 더 높은 이해에 기초한 새로운 정체감을 창조할 수 있습니다.

내 말의 요점은 학생이 제한된 정체감을 구축하는 것이 잘못된 것이거나 비정상적인 것이 아니라는 말입니다. 이것은 정말이지 자연스러운 성장 과정의 일부였습니다. 학생이 제한된 정체감을 죽게 하고, 더 높은 정체감으로 다시 태어나는 것 역시 성장의 일부였습니다. 학생들은 여러 번 이렇게 했지만, 정원에 있던 학생들이 직면한 것은 이것을 의식적으로 하는 입문이었습니다. 의식적으로 이렇게 하면서, 그들은 "선악을 알게 하는 열매"로 상징되는 유혹을 다루어야만 했습니다.

낡은 정체감을 의도적으로 죽게 하려면, 학생은 낡은 정체감이 무지에 기반을 두고 있으므로 궁극적으로는 실재하지 않는다는 사실을 의식적으로 깨달아야 했습니다. 그렇게 하기 위해서는 그리스도 의식을 사용해야 했습니다. 그리스도 의식은 실재와 비실재를 측정하는 궁극적인 수단입니다. 스승으로서 나는 학생들에게 자신들의 정체감에 대한, 무엇이 실재이고 무엇이 비실재인지에 대한, 그리스도의 비전을 제시했습니다. 하지만, 선악의 지식을 알게 하는 열매는 절대적인 실체가 존재하지 않는 의식의 상태입니다. 다시 말해서, 이런 의식 상태를 취함으로써, 학생은 자신의 낡은 정체감이 실재하지 않음을 인정하는 것을 거절할 수 있었습니다. 학생은 반그리스도 마음의 상대적이고 이원적인 논리를 이용하여, 자신이 낡은 정체감을 버릴 필요가 없거나, 이로 인해 제한받지 않는다고 판단했습니다. 따라서 순수한 무지에 기초한 정체감은 이제 고의적 무지에 기초한 정체감으로 바뀌게 되었습니다. 학생은 스승이 제시하는 실재에 대한 비전을 받아들이려고 하지 않게 됩니다.

이로 인해, 학생과 진정한 스승은 연결이 끊어지게 되며, 학생은 결국 진퇴양난의 상태에 갇히고 맙니다. 반그리스도 마음으로 인해, 학생은 자신의 정체감을 점검할 필요가 없다고 생각하게 됩니다. 그 이유는 학생이 자신의 이원적 믿음을 절대적 실재로 생각하거나, 어떤 진술이든 논쟁할 수 있으므로 절대적 진실이란 없다고 생각하기 때문입니다. 학생은 자신의 삶과 정체성을 의식적으로 점검하지 않는 의식 상태 속에서 아주 빠르게 길을 잃게 됩니다. 학생의 의식하는 자아는 의식적인 선택들을 강요당하는 것을 피하려고 작은 동굴로 숨어버립니다. 학생은 자신의 삶을 다스리려고 하는 것이 아니라, 이제는 의식적으로 통제할 수 없는 힘의 희생양으로 전락하고 맙니다. 목적지에 대한 명확한 비전을 가지고 운전하는 것이 아니라, 단지 교통의 흐름을 따를 뿐, 어디로 가야 할지도 모릅니다.

이것은 소크라테스가 살아갈 가치가 없다고 얘기했던 점검하지 않는 삶(unexamined life)입니다. 하지만, 학생이 자신의 삶을 점검하기를 거부하면, 자신의 삶이 살아갈 가치조차 없다는 것을 깨닫지 못할 것입니다. 최종 결과는 다음과 같습니다. 이제 학생은 참된 영적인 스승에게 도달할 수 없게 됩니다. 학생은 더 이상 가르침을 받을 수 없습니다. 물론, 영적인 스승에게 더 이상의 가르침을 받을 수 없다면, 학생이 우주의 학교에 남아 있을 의미가 없게 됩니다. 따라서 학생은 어쩔 수 없이, 이원적 논리를 통해 설명하거나 무시하기가 (불가능한 것은 아니지만) 더 어려운, 물리적 결과가 스승으로 작동하는 고난의 학교로 떨어집니다.

~ ❦ ~

내 말의 요점은 정원에 있던 어떤 학생들은 분리의 환영이 아니라, 모든 생명이 하나라는 참된 지식에 기초하여, 의식적으로 새로운 정체감을 구축해가면서, 자신을 일깨우고 자급자족할 수 있는 입문에 도달했다는 것입니다. 하지만, 이런 과정에 도달하기 위해, 학생들은 그동안 누렸던 어떤 것들을 놓아버려야만 했습니다. 자신의 상위 존재, 그리고 다른 학생들과 분리되어 있다는 정체감을 지님으로써, 모든 생명이 하나라는 것을 알고 있다면 실제로 생각조차 할 수 없는 방식으로 행동하는 것이 가능해집니다. 예를 들면, 여러분은 자신을 해치지 않고도 다른 사람들을 해칠 수 있다는 환영을 유지할 수 있게 됩니다. 아니면 자신이 다른 사람들보다 더 낮거나 더 중요하다고 느낄 수 있으며, 다른 사람들과 비교하여 자기 자신만을 끌어올리려고 할 수 있습니다. 또는 자기 삶에 대해 더 높은 목적을 정말로 가지고 있지 않은 척하면서, 어린 시절의 장난감을 계속 가지고 놀 수도 있습니다. 요약하면, 여러분은 아직은 정말로 성장할 필요가 없는 척하거나, 이미 충분히 성장한 척 꾸밀 수 있습니다. 어떤 경우든, 자신은 스승의 말을 들을 필요가 없다고 생각하게 됩니다.

분리된 정체성을 유지함으로써 여러분이 할 수 있는 또 다른 일은 스승에게 어떤 것들을 실제로 숨길 수 있다고 믿는 것입니다. 내가 여러 차례 얘기했듯이, 삶의 전반적인 목적은 분리된 존재로 출발하는 것입니다. 하지만, 모든 생명은 진실로 하나입니다. 모든 생명이 같은 근원으로부터 나왔으며, 창조주 자신의 존재로부터 창조되었기 때문에, 분리되어 있다는 느낌은 무지에 근거합니다. 그것은 환영에 바탕을 두고 있습니다. 정원에서도 이런 환영이 존재할 여지가 있었으므로, 나는 학생들에게 여러 가지 지침을 전해 주고, 학생들이 스스로 결정할 수 있는 여지를 주기 위해 뒤로 물러났습니다. 하지만, 나는 이미 분리감을 극복했으므로, 실제로 정원에 있던 학생들을 포함하여 모든 생명과 하나됨의 의식을 가지고 있었습니다. 따라서 진실로, 학생들은 나에게 어떤 것도 숨길 수가 없었습니다. 하지만 학생들은 분리된 정체성을 가지고 있었으므로, 나에게 어떤 것들을 숨길 수 있다고 생각했으며, 그렇게 생각함으로써 학생들은 근원적으로 우리가 하나라는 사실을 깨달았다면 하지 말았어야 할 어떤 것들을 하게 되었습니다. 다시 말하지만, 이것은 학생들이 어린 시절 장난감을 실컷 가지고 논 후, 이제 성장할 시기라고 결심할 수 있게 하기 위해 허용된 것입니다. 학생은 이 중간지대(twilight zone)에서 오랫동안 놀 수는 있지만, 설명했듯이 영원히 이렇게 할 수는 없었습니다.

나에게 어떤 것도 숨길 수 없다는 것을 학생들이 깨닫게 되는 시점이 필연적으로 찾아옵니다. 바이블을 인용하여 다시 살펴보겠습니다.

6 여자가 그 나무를 본즉 먹음직도 하고, 보암직도 하고, 지혜롭게 할 만큼 탐스럽기도 한 나무인지라, 여자가 그 열매를 따 먹고, 자기와 함께 있는 남편에게도 주매, 그도 먹은지라

7 그러자 두 사람의 눈이 밝아져서, 자기들이 벗은 몸인 것을 알고, 무화과나무 잎으로 치마를 엮어서, 몸을 가렸다. (창세기 2장)

진실은 학생들이 순수했을 때는, 스승에게 어떤 것도 숨길 필요가 없었다는 것입니다. 오로지 반그리스도 의식을 취하기 시작했을

때, 그들은 나에게 뭔가를 숨기고 싶다거나 숨겨야 한다는 생각을 의식적으로 품기 시작한 것입니다. 따라서 학생들이 마음에 부끄러움이나 죄책감과 같은 느낌을 처음으로 알게 했던 것은 오직 반그리스도 마음이었습니다. 나는 그런 느낌을 하나도 알려주지 않았습니다. 이와는 반대로, 나는 학생들에게 어떤 것도 숨길 필요가 없으며, 어떤 것에 대해서도 기분 나빠할 필요가 전혀 없다는 것을 확신시켜 주기 위해 최선을 다했습니다. 오로지 반그리스도 마음의 상대적인 논리만이, 어떤 행동은 나쁜 것이며 그런 행동을 하면 스승이나 신으로부터 숨어야 하는 나쁜 학생이 된다는, 가치 판단이 가능해지게 만듭니다.

학생들이 그런 지점에 도달하지 않도록 돕기 위해 내가 최선을 다했음에도, 학생들이 내게서 숨어야 한다고 느끼게 했던 심리적인 메커니즘은 무엇이었을까요? 그것은 학생들이 반그리스도 마음을 사용하여, 나라는 존재(who I AM)의 실체와 상관이 없는 속성들을 나에게 투사했기 때문입니다. 그들은 말 그대로 모세에게 주었던 처음 두 가지 계명을 위반하기 시작한 것입니다. 스승인 나에 대해 그들은 우상을 만들어냈으며, 그런 이미지를 나에게 투사하면서, 그것이 진짜 나라고 생각했던 것입니다. 그 이미지로 말미암아 학생들은 내게서 숨는 것이 더 낫다고 믿게 되었습니다. 그러므로 내가 어떻게 그들의 자유의지를 침해하지 않고, 그들이 가진 이미지가 진짜가 아니라는 사실을 알려줄 수 있었겠습니까? 그들은 내가 자신들에게 엄하고 비판적일 것으로 생각하기 시작했으며, 모두 함께 나를 피하는 것이 더 낫다고 느꼈습니다. 그런 후, 그들은 나에게서 멀어졌습니다. 따라서 그들의 우상을 실재와 비교하여 잘못되었다는 것을 증명할 수 없게 되었습니다.

이것이 반그리스도 마음의 핵심적인 속성을 보여줍니다. 여기에 대해서는 나중에 더 자세하게 얘기하겠습니다. 이런 마음은 모든 것에 대해 우상을 만들어서, 우상화된 이미지를 실재에 투사합니다. 그런 후 어떤 것도 증명할 수 없는 이원적 논리를 이용하여, 그런 이미지는 실재와 비교할 필요조차 없으며, 의심하거나 그 너머를 볼 필요도 절대 없다고 주장합니다. 여러분이 세상의 이미지에 대해 의문을 제기하는 것을 꺼리는 것은 정확히 말해 자신을 꼼짝달싹할 수 없게 하는 진퇴양난의 상태에 오랫동안 갇혀 있게 하는 것입니다. 또 다른 문제는 여러분이 정신적 이미지를 타인에게 투사하려면, 먼저 그런 이미지를 자신에게 투사해야 한다는 것입니다. 다시 말해서, 학생들이 나에게 투사했던 이미지는 그들이 자기 자신에 대해 창조했던 이원적 이미지의 반영이었습니다. 학생들이 나를 화내는 스승이라고 생각했다면, 그것은 학생들이 자기 자신을 화가 난 것으로 보았기 때문입니다. 나에 대한 그들의 분노는 단지 자기 자신에 대한 분노의 반영이었습니다. 나의 유일한 바람은 그들이 심하게 손상된 자신의 이미지와 부정적인 느낌에서 벗어나게 하는 것이었습니다. 하지만, 자유의지가 최우선이므로, 여러분의 의식하는 자아를 제외하고는 누구도 여러분을 구해 줄 수 없습니다. 오로지 자기 자신을 외면의 자아감보다 그 이상의 존재로 인식해야만 그렇게 할 수 있습니다.

이제 우리는 몇 가지 숙고해야 할 필요가 있는 또 다른 미묘한 지점에 도달했습니다. 앞에서 설명한 것처럼, 학생들은 성장해 가면서, 주로 무지에 기초한 정체감을 구축했습니다. 하지만 학생들은 결국 정체성을 구축하는 방법의 "메커니즘"을 의식적으로 알게 되는 논리적 다음 단계에 도달합니다. 그들은 스승과 하나라는 느낌, 자신의 상위 존재뿐만 아니라 모든 생명과도 하나라는 점차 확장해 가는 느낌에 기초하여 새로운 정체감을 의식적으로 구축하기 시작합니다.

학생이 그런 의식 단계를 밟으려고 하지 않는다면, 학생은 분리된 존재로서의 낡은 정체성을 고수하려고 할 것입니다. 하지만 순수한 무지에 기초하여 더 이상 이렇게 할 수는 없습니다. 따라서 실제로 일어난 일은 학생의 낡은 정체감, 즉 학생이 놓아버리려고 하지 않고 고수하려고 했던 정체성은, 어쨌든 죽었다는 것입니다. 그것이 학생이 선악과를 먹으면 죽게 될 것이라고 내가 말한 이유입니다. 그것은 그들의 낡은 정체감이 죽게 될 것이라는 의미였습니다. 하지만, 낡은 정체감이 죽었을 때, 학생은 새로운 정체감으로 즉시 다시 태어났습니다. 문제는 그리스도의 실재(모든 생명과 하나됨)에 기초한 더 높은 정체감으로 다시 태어나는 대신, 반그리스도라는 비실재(모든 생명은 분리되어 있음)에 기초한 더 낮은 정체감으로 다시 태어났다는 점입니다.

이제 미묘한 지점에 도달했습니다. 여러분의 의식하는 자아가 이렇게 불리는 이유는, 정확히 말해, 의식이 있기 때문입니다. 이 말의 의미는 그리스도의 실재가 여러분에게 주어진 이상, 여러분의 의식하는 자아는 그런 실재를 부인할 수도 없고, 동시에 그리스도의 실재를 부정하는 의식 상태로 남아 있을 수도 없다는 것입니다. 일단 그 실재를 알게 되면 의식적으로는 실재를 부인할 수 없습니다. 따라서 학생이 의식적으로 성장하는 지점에 서는 것을 거부하면, 학생의 의식하는 자아는 필연적으로 작은 동굴 속에 은둔할 것이며, 그곳에 머물면서 학생의 삶에 대해 책임지려고 하지 않게 됩니다. 근본적으로, 여러분의 삶에 대한 지배권을 갖게 되어 있는 여러분의 의식하는 자아는 지휘권을 거부하게 되며, 삶에서의 중요한 결정을 내리려 하지 않게 됩니다. 의식적으로 지휘하는 것을 거절하고, 그런 부정 상태를 유지하기 위해, 의식하는 자아는 의식적인 결정을 멈추어야 합니다. 하지만, 의식하는 자아는 순수한 무지 속에서 은둔할 수는 없습니다. 의식하는 자아는 고의적인 무지의 동굴에 은둔해야 하며, 동굴 속에서 의식하는 자아는 무의식적인 결정만 하게 됩니다. 의식하는 자아는 선택의 진짜 결과를 인식하려 하지 않게 됩니다. 이것은 의식하는 자아가 의식적으로 되는 것을 부정하는 것으로, 의식하는 자아는 잠에 빠지게 됩니다. 이런 결정으로부터 회복되는 과정은 잠자는 공주라는 의식하는 자아를 다시 깨우는 과정으로, 여러분은 다시 의식적으로 되고 자신의 삶에 대한 책임을 질 수 있게 됩니다. 이런 이유로, '당신은 누구이며 무엇이냐'고 물었을 때, 붓다께서 단지 "나는 깨어 있다."라고 대답했던 것입니다.

결정을 내리지 않겠다고 결정한 의식하는 자아의 문제는 결정을 내리지 않고서는 존재할 수 없다는 것입니다. 따라서 삶을 변화시키는 커다란 결정에서부터 일상적인 사소한 결정에 이르기까지 의식하는 자아가 결정을 하지 않는다면, 다른 누군가가 그런 결정을 해야 합니다. 다른 누군가란 의식하는 자아가 여러분의 삶을 의식적으로 지배하지 않겠다는 결정적인 결심을 하는 순간에 만들어지는 새로운 영체(entity)입니다. 이 새로운 영체가 내가 에고(ego)라고 부르는 것입니다.

에고에 대해서는 나중에 자세하게 얘기하겠습니다. 하지만 이 시점에서 숙고해야 할 핵심적인 개념은 에고가 여러분이 창조한 영체라는 것입니다. 에고는 신이 창조한 것이 아니므로 궁극적인 실재가 없을 뿐만 아니라 불멸의 영적인 존재가 될 가능성도 전혀 없습니다. 에고는 환영으로 태어났으며, 생명이 분리되어 있다는 기본적인 환영에서 벗어날 수 없습니다. 에고는 모든 생명이 하나라는 것을 부인하는 데에서 생겨났으며, 컴퓨터 프로그램과 아주 흡사합니다. 컴퓨터는 어떤 일을 하도록 프로그램되어 있습니다. 그것은 프로그래밍된 자신을 변화시킬 수 없습니다. 컴퓨터에서 프로그램을 제거하지 않는 한, 에고는 똑같은 것을 무한정 반복할 것입니다. 에고는 의식하는 자아가 삶을 지배하지 않고 그리스도가 되지 않겠다고 결심함으로써 생겨났습니다. 에고는 그리스도가 되지 않겠다는 결정을 방어하고 이것을 정당화하도록 프로그램되어 있습니다. 여러분의 의식하는 자아가 여러분의 삶을 다시 지휘하고 잠재의식이라는 컴퓨터에서 에고를 제거하겠다고 결심할 때까지 계속 그렇게 할 것입니다.

사실, 에고는 단순한 컴퓨터 프로그램이 아니라, 의식이 없는 컴퓨터를 작동하는 방법을 결정하는 운영체제(OS)에 더 가깝습니다. 숲을 볼 수 없게 하는 개개의 나무처럼, 에고가 지닌 기본적인 속성의 틀 안에는 특정한 컴퓨터 프로그램들이 수도 없이 깔려 있어서, 에고와 에고의 참된 본성을 감출 수 있습니다. 이런 프로그램들은 변할 수 있습니다. 따라서 여러분이 영적인 여정을 걷기 시작하면, 에고는 여러분의 새로운 세계관에 맞춰 적응할 수 있습니다. 하지만, 에고는 모든 생명이 하나이며 그리스도가 되어야 한다는 여러분의 책무를 부정하는 기본적인 프로그래밍은 절대 바꿀 수 없습니다. 따라서 여러분이 실제로 영적인 진보를 이루고 있다고 믿고 있는 동안에도, 에고는 새로운 믿음과 어휘를 사용하여, 여러분을 하나됨의 길에서 멀어지게 만들 것입니다.

에고가 하나됨을 부인하면서 생기는 가장 중대한 결과는, 에고가 하나됨의 길을 상징하는 영적인 스승의 타당성을 부인한다는 것입니다. 에고는, 여러분이 의식적인 성장을 하는 과정에서, 하나됨의 여정에서 다음 단계를 밟을 필요성에 직면하게 하려는 스승을 꺼리는 마음으로부터 생겨납니다. 따라서 에고는 언제나 하나됨의 길을 부정할 것이며, 의식하는 자아가 삶을 지휘해야 한다는 것도 부정할 것입니다. 이것은 에고가 악해서 그런 것이 아닙니다. 에고는 단순한 컴퓨터 프로그램처럼 중립적이고 악한 의도가 없습니다. 하지만, 에고는 반그리스도 의식인 고의적인 분리에서 태어났습니다. 따라서 에고는 그리스도 마음의 실재를 정녕 이해할 수 없으며, 모든 생명이 하나라는 것도 알 수 없습니다. 결과적으로 에고는 여러분이 분리된 존재이며, 언제나 그렇게 남아 있으리라고 확고하게 믿습니다. 에고는 분리된 정체성이 죽는다면 자신도 죽게 될 것이라고 믿습니다. 진실은 에고가 죽겠지만, 여러분은 원래 창조된 존재, 즉 영적인 존재로 다시 태어납니다.

에고는 여러분이 여러분의 근원과 신으로부터 분리되어 있다고 여깁니다. 에고는 신을 하나의 개념으로 다룰 수 있지만, 신을 단지 여러분에게 자신의 의지를 강요하는 외적인 존재로만 인식할 수 있습니다. 에고는 절대로 신을 상위 존재의 일부로 여기지 않습니다. 마찬가지로, 에고는 여러분 역시 다른 존재들과 분리된 존재로만 이해합니다. 에고는 타인을 경쟁 상대나 위협으로 여기게 되며, 이로 인해 온갖 형태의 이기적인 행위들이 생겨납니다. 에고는 모든 생명이 근원적으로 하나라는 것을 결코 이해할 수 없습니다. 따라서 자기 자신을 해하지 않고도 타인들을 해칠 수 있다는 환영을 절대로 극복할 수 없습니다. 에고는 행위에는 반드시 (여러분 자신을 위한) 결과가 따른다는 것을 영원히 부정하거나, 그런 결과에 대해서 변명하려고 할 것입니다. 에고는 삶에 접근하는 자신의 기본적인 방식이 잘못되었다는 것을 절대 인정하지 않을 것입니다. 에고는 자신의 접근 방식을 정당화하는 방법을 언제나 찾을 것이며, 그렇게 하려고 영적이거나 종교적인 가르침까지도 동원하려고 할 것입니다. 이런 이유로, 일부 사람들은 신의 이름으로 다른 사람들을 죽이는 것이 정당화된다고 느낄 수 있습니다.

에고는 결정하지 않으려는 여러분의 무의지(unwillingness)에서 탄생합니다. 어떤 의미에서 에고는 여러분을 대신하여 결정하고 싶어 하는데, 이것은 에고가 의식하는 자아가 결정하지 않아도 될 때를 대비해 창조되었기 때문입니다. 하지만 이와 동시에, 컴퓨터가 자신의 행위에 대해 책임감을 느끼지 않는 것처럼, 에고 역시 여러분의 삶에 대해 책임감을 느끼지 않습니다. 에고가 실수를 인정한다는 말은 컴퓨터가 프로그램을 실행하는 것이 잘못이라고 여기는 것과 같다는 말입니다. 따라서 에고는 어떤 책임도 받아들이지 않거나, 아니면 자신의 결정이 잘못되었다고 인정하지 않을 것입니다. 책임을 회피하기 위해, 에고는 외적인 권위를 따르려고 합니다. 그렇게 해야 에고는 "내가 한 것이 아니야. 나는 시키는 대로 했어."라고 말할 수 있게 됩니다.

어떤 의미에서는 이것이 정원에 있던 학생들이 순수한 무지의 상태에서 내 가르침을 따르고 있는 동안 사용할 수 있던 변명거리입니다. 하지만, 학생들은 성숙해지면서, 맹목적으로 내 가르침을 따르는 것이 아니라 이해를 바탕으로 따르는 지점으로 나아가야 했습니다. 만약 그렇게 하려고 하지 않는다면, 학생들은 자신들의 삶에 대해 책임지기를 거부하게 될 것입니다. 참된 스승으로서 나는 학생들을 성장시키는 데 완전히 헌신하고 있었습니다. 따라서 학생들이 이 단계를 넘어서야 할 필요성을 가지고 학생들과 부딪칠 수밖에 없었습니다. 학생이 그렇게 하려고 하지 않는다면, 그는 자신의 성장에 대한 책임을 지는 것이 아니라 외적인 스승을 따르려고 할 것입니다. 진정한 교사로서 나는 학생들이 더 이상 맹목적으로 나를 따르게 하지 않을 것이기 때문에, 학생들은 다른 외적인 스승을 맹목적으로 따르려고 하는 에고를 창조할 것입니다. 분명한 것은 이런 교사는 진정한 스승이 될 수 없다는 것입니다. 그 교사는 틀림없이 반그리스도 마음의 환영에 갇힌 스승일 것입니다. 따라서 에고는 의식적인 결정을 하지 않아도, "구원받을 수 있다."라고 주장하는 거짓 교사를 따르는 성향이 있습니다.

분명히, 그런 거짓 교사가 어디에서 왔으며, 그런 스승이 에덴 정원에 존재할 수 있었던 이유에 대해 의문이 생겨납니다. 여기에 대해서는 다음 장에서 대답하겠습니다. 하지만, 일부 독자의 마음에 떠오를 만한 의문을 먼저 살펴보겠습니다.

∼✿∼

나는 새로운 학생이 상호 교류할 수 있는 구명밧줄 없이 이 세상에 내동댕이쳐진 것이 아니라고 얘기했는데, 그 구명밧줄은 상위 존재와 교감할 수 있는 스승의 형태입니다. 또한, 깨달음이나 하나 됨을 향해 성장해 가기 위해서는, 학생은 진정한 스승을 따라야 하며, 그 스승과 하나가 되어야 한다고도 얘기했습니다. 그런데 하나 됨에 더 가까이 다가가기 위해, 스승이 필요한 이유가 뭘까요?

삶이 작동하는 원리는 아주 간단합니다. 새로운 학생은 자신이 왔던 영적인 계보에 대한 앎이나 기억 없이 태어납니다. 따라서 학생은 자기 자신과 직면한 환경에만 아주 좁게 초점이 맞추어진 매우 제한된 자기 인식을 가지고 있습니다. 이것은 지구의 갓난아기와 흡사합니다. 아기는 혼자서는 생존할 수가 없으며, 반드시 누군가가 돌보아 주어야 합니다. 내가 설명했던 것처럼, 새로운 학생은 이런 직접적인 이유로 스승이 필요합니다.

스승은 학생이 생존하며 자신의 창조력을 표현할 수 있도록 생명 유지에 필수적인 생명 에너지를 제공합니다.

스승은 학생에게 자기 자신을 해치지 않고, 그 에너지를 사용하는 방법을 알려줍니다.

스승은 학생이 자기 자신과 자신이 직면한 환경에 대한 자기 인식 안에서 성장할 수 있도록 의견(feedback)을 제시합니다.

스승은 학생들이 자기 자신이나 다른 사람들을 파괴하는 것을 방지하여, 불균형한 행위의 파괴적인 결과로부터 학생을 보호합니다.

새로운 학생에게 스승이 없다면 무슨 일이 일어날지 생각해 보세요. 물질우주에서는 물질의 밀도가 아주 높으므로, 지구에 사는 대부분의 사람은 물질 너머에 뭔가가 존재한다는 것을 알 수 없습니다. 따라서 물질우주는 쉽게 폐쇄계가 될 수 있습니다. 그 속에 거주하는 사람들은 물질우주 너머에는 아무것도 존재하지 않는다고 믿게 됩니다. 이런 이유로, 지구에 사는 사람들은 자신들이 진화한 동물에 불과하다고 믿으며, 두뇌가 죽으면 자신의 정체성도 사라진다고 믿습니다. 학생은 아주 작은 상자, 즉 아주 좁은 자아감에서 시작한다고 말할 수 있습니다. 학생이 정체성 상자 바깥에 존재하는 어떤 것과 직접적이고 가시적으로 연결되어 있지 않다면, 학생은 자신이 혼자라고 생각하거나 어떤 단계 너머로 오를 수 없다고 생각할 수 있습니다. 학생의 정체성은 자신의 인식을 통해 자신의 홀로 있음과 분리된 정체성을 확인하는 폐쇄계가 될 것입니다.

영적인 존재가 밀도가 높은 세계로 하강하는 과정에는 내재된 위험이 있습니다. 그런 영역에는 여전히 어둠이 남아 있습니다. 그 영역이 독립적인 것이 아니라 상위 영역이 확장한 것이라는 사실을 감출 수 있는 환영이 존재합니다. 따라서 영적인 존재가 하강할 때, 새로운 영역을 제외한 모든 것을 불가피하게 망각할 것이며, 자신이 상위 영역에 있는 영적인 존재의 확장체라는 것을 기억하지 못할 것입니다. 새로운 학생이 현재의 환경에 기초하여 정체성을 키워갈 실질적 가능성은 매우 큽니다. 학생은 그런 정체성을 초월하여, 자신의 환경을 지배할 잠재력이 있다는 것도 망각할 수 있습니다. 분명히 말해, 이것은 창조주가 원하는 것이 아닙니다. 삶의 목적은 자기 의식하는 존재들이 자기 인식에서 성장하는 것입니다.

내가 말했던 것처럼, 새로운 학생은 주로 순수한 무지에 기초하여 정체성을 구축합니다. 학생이 참된 지식의 원천과 연결되지 않고, 어떻게 이런 무지에서 벗어날 수 있을까요? 무지는 어둠과 같고, 그 자체에 실체가 없습니다. 방에서 어둠을 제거할 수 없는 것과 마찬가지로 여러분은 마음에서 무지를 제거할 수 없습니다. 어둠은 다른 어떤 것, 즉 빛으로 대체되어야만 제거될 수 있습니다. 따라서 이렇게 하기 위해서는, 여러분은 빛의 근원을 지니고 있어야만 합니다. 빛은 어둠에서 나올 수 없기 때문입니다.

마찬가지로, 무지 역시 앎으로 대체돼야만 제거될 수 있습니다. 앎은 무지에서 나올 수 없습니다. 참된 지식으로 바뀔 무지를 가지고 여러분이 할 수 있는 것은 아무것도 없습니다. 이 말은 설령 여러분이 물질우주가 작동하는 방법에 대해 (물질적 과학이 현재 성취하려고 애쓰는) 모든 것을 알고 있다 하더라도, 이 세상의 지식은 이 세계 너머에 무언가가 있다는 사실을 말해 주지 못한다는 의미입니다. 내 말은 영적인 의미에서, 무지는 아무것도 알지 못한다는 것과 똑같은 뜻이 아니라는 것입니다. 영적인 무지란 자신의 환경 너머에 무언가가 존재하며, 모든 것은 창조주의 존재에서 나왔으며, 존재의 사슬과 하나가 될 수 있다는 사실에 대해 여러분이 모른다는 의미입니다. 따라서 학생은 오로지 참된 지식의 근원, 즉 자신의 근원과 하나됨을 성취한 스승과 연결되어야만 무지를 극복할 수 있습니다.

영적인 스승의 전반적인 역할은 학생이 정체성의 상자 바깥에 존재하는 무언가에 연결되도록 하는 것입니다. 스승과 상호 교류함으로써, 학생은 자신이 혼자가 아니라는 것을 깨닫습니다. 또한, 학생은 스승이 이미 더 높은 의식의 단계에 도달했으며, 자신보다 더 폭넓은 정체성을 가졌다는 사실을 깨닫게 되는데, 이것은 학생에게 추구할 무언가를 줍니다. 그러면 학생은 스승을 본보기로 삼아 배울 수 있습니다.

그렇다고 학생이 혼자서 절대로 성장할 수 없다는 말은 아닙니다. 나중에 얘기하겠지만, 마터 빛에는 진화하는 힘이 내재되어 있습니다. 이 힘은 어느 정도 학생이 성장할 수 있게 합니다. 하지만, 그 힘이 학생을 깨달음의 지점으로 데려가지는 못합니다. 그런 정체성의 변화는 이미 깨달음을 성취한 존재와의 상호 교류를 통해서만 일어날 수 있습니다. 설명한 것처럼, 생명이 생명을 낳습니다. 상위 영역에 있는 존재들이 여러분을 창조했습니다. 그런 존재는 더 높은 상위 존재들이 창조했으며, 이런 식으로 계속 올라가면 창조주에게 이르게 됩니다. 지구에 존재하는 개인들은 존재의 사슬에서 가장 최근의 고리입니다. 깨닫는다는 말의 의미는 개인이 자신의 정체성을 확장하여, 마침내 자기 위에 있는 존재의 사슬과 자신이 하나라는 것을 알게 된다는 의미입니다. 학생이 어떻게 이런 정체성에 도달할 수 있을까요? 여정을 시작할 때에 지녔던 좁은 정체성을 확장해야만 가능합니다. 그러면 어떻게 하면 정체성을 확장할 수 있을까요? 자신의 정체성 틀 바깥에 존재하는 어떤 것들과 연결되어야만 가능합니다.

◈◈◈

궁극적인 목표는 학생이 존재의 사슬과 하나가 되는 것입니다. 하지만, 새로운 학생은 아주 작은 정체성의 틀을 가지고 있으므로, 단 한 번의 큰 도약으로 그런 큰 변화를 만들어낼 수 없습니다. 학생은 자신의 정체감을 점차 확장해야 하는데, 그래야만 정체감이 흩어지지 않게 됩니다. 따라서 새로운 학생은 자기보다 더 많이 진보한 존재와 하나가 되는 것부터 시작하게 됩니다. 하지만 그 존재는 학생이 관계를 맺을 수 없을 정도로 아주 많이 진보해 있지는 않습니다. 이 존재가 영적인 스승입니다. 따라서 영적인 스승은 학생이 존재의 사슬로 들어올 수 있게 하는 열린 문이 됩니다. 이런 이유로, 예수가 자신이 열린 문(요한 10:9)이라고 말했으며, 지구에 사는 사람들에게 그리스도 의식을 보여주었던 것입니다.

'내 말의 요점은 성장의 과정은 자기 정체감의 틀 외부에 존재하는, 자신보다 그 이상(MORE)인 존재와 하나가 되어 정체감을 확장하는 것입니다. 그렇지 않으면, 여러분의 정체감은 닫힌 상자가 되고 맙니다. 여러분이 스승과 더 큰 하나됨을 이루게 되면, 스승이 비록 여러분의 정체성을 넘어선다고 할지라도, 여러분은 그 스승 역시 더 큰 어떤 것, 즉 존재의 사슬 일부라는 것을 이해하게 됩니다. 그 지점에서, 여러분은 자급자족하기 시작합니다. 이 말은 존재의 사슬과 연결되기 위해, 더 이상 외적인 스승이 필요하지 않게 된다는 의미입니다. 여러분은 신의 나라가 여러분의 내면에 존재한다는 예수님의 말에 담긴 진리를 비로소 깨닫게 됩니다. 이 말의 의미는 여러분이 비록 존재의 사슬을 통해 창조되었지만, 창조주라는 존재가 확장한 것이 의식하는 자아이므로, 외적인 스승을 통할 필요 없이 자신의 내면에서 직접 존재의 사슬과 연결될 수 있다는 의미입니다.

참된 스승의 역할은 여러분이 여러분과 여러분 근원 사이의 중개자 역할을 하는 외부 스승을 더 이상 필요로 하지 않는 상태에 이르도록 이끌어 줌으로써, 자신을 더 이상 필요 없게 만드는 것이라고 할 수 있습니다. 하지만, 깨달은 학생들에게 실제로 일어나는 일은 스승을 자신의 외부에 있는 존재로 인식하는 것 이상이 된다는 것입니다. 그 대신에, 그들은 스승을 자신들의 영적 계보의 일부인 존재의 사슬 일부로 인식하게 됩니다. 따라서 스승을 놓아버리거나 우회하는 대신, 스승을 통하면 스승 위에 존재하는 모든 것에 접근할 수 있다는 것을 알게 됩니다.

이것이 반그리스도 마음이라는 이원성에 눈이 멀게 되어 스승과 분리된 학생들이 가진 특별한 문제를 제시합니다. 그런 학생들이 하나됨의 길로 되돌아올 수 있는 유일한 방법이 실제로 있는데, 그것은 자신을 길에서 벗어나게 했던 과정을 역으로 되돌리는 것입니다. 그들은 스승과 하나가 되어야 하지만 쉽지가 않습니다. 그들에게 스승이 필요한 이유를 결코 이해할 수 없는 에고가 만들어졌기 때문입니다. 일단 에고가 만들어지면, 에고는 사람들을 진퇴양난의 상황에 가두어 놓습니다. 유일한 탈출구는 의식하는 자아가 에고 환영의 모순(불일치)을 발견하면서, 의식하는 자아가 에고보다 그 이상의 존재라는 것을 깨닫는 것입니다.

여기에 대해서는 다음 장에서 좀 더 자세하게 얘기하겠습니다. 여기서 내 말의 요점은 반그리스도 마음이 만들어낸 환영과 관계없이, 즉 여러분을 분리된 존재로 묘사하고, 스승이 필요하지 않다고 말하는 환영과 관계없이, 여러분은 자신의 상위 존재와 화해하지 않으면 깨달음을 이룰 수 없다는 것입니다. 깨달음이란 자신의 근원과 하나가 된다는 의미입니다. 따라서 분리 의식을 극복하지 않고서, 깨달음을 이룰 수는 없습니다. 분리 의식을 극복한다는 것은 스승과의 분리감 역시 극복한다는 의미입니다. 나중에 알게 되겠지만, 거짓 교사가 구원에 이르는 대안처럼 보이는 길을 만들려고 했을지라도, 다른 방법은 없습니다. 구원에 이르는 유효한 유일한 길은 항상 하나됨의 길이었고, 앞으로도 그럴 것입니다.

더 나아가기 전에, 지금까지 얘기했던 것을 요약해 보겠습니다. 삶의 과정, 즉 성장의 과정은 나선형의 계단에 비유할 수 있습니다. 새로운 자기 인식하는 존재는 특정한 (자)의식 단계에서 창조되었습니다. 이것은 건물의 1층 또는 온도계의 영점에 비유될 수 있습니다. 에덴 정원은 학생들에게 그들이 출발했던 단계로부터 위로 이끌어올리는 나선형의 계단을 제공했습니다. 처음에는, 학생들이 위로 올라가는 것 이외에 다른 방법은 없었습니다. 학생들은 여전히 순수하게 무지했으므로, 스승의 가르침을 의식적으로 거스르는 것을 생각할 수도 없었습니다. 하지만, 학생들이 계단을 올라감에 따라, 그들은 결과적으로 본질적인 전환점에 도달했습니다. 그곳에서 학생들은 하나가 되는 길에 의식적으로 헌신하거나, 혹은 (적어도 당분간일지라도) 의식적으로 그 길을 거부하거나 해야 했습니다.

하나가 되는 길을 거부한다면, 학생은 서서히 더욱 낮은 의식의 단계를 향해, 계단을 내려가게 될 것입니다. 이 길은 건물의 아래층으로 내려가는 것에 비유할 수 있습니다. 그 길은 결국에는 지하로 이어져 있습니다. 이 길을 따라간다면, 학생은 자신이 출발했던 의식의 단계 아래로 빠르게 내려갈 것입니다. 출발 단계에서는, 학생은 천진한 아이였으며, 이기적인 생각은 전혀 없었습니다. 하지만, 부인(denial)의 길을 따름으로써, 학생은 어쩔 수 없이 점점 더 자기 중심적이고 이기적으로 되며, 점차 다른 형태의 생명을 고려하지 않는 생각과 행동들을 만들어내게 되었습니다.

분명한 것은 새로운 학생이 상향 계단을 만들지 않았듯이, 실제로는 하향 계단도 만들지 않았다는 것입니다. 하향 계단은 이미 분리의 길을 선택했던 다른 존재들이 만들었으며, 여러 단계의 하향 계단이 생겨났습니다. 이들은 거짓 교사들입니다. 이들에 대해서는 다음 장에서 얘기하겠습니다.

내 말의 요점은 현재 여러분이 두 가지 기본적인 선택권을 가진 것처럼, 학생 역시 기본적으로 두 가지 선택권이 있었다는 것입니다. 여러분은 진정한 스승을 선택하여, 삶의 나선 계단 위로 올라갈 수 있거나, 아니면 에고가 거짓 교사를 선택하도록 놔둠으로써 죽음의 계단 아래로 내려갈 수도 있습니다. 다른 선택은 없습니다. 여러분이 의식적으로 올라가지 않는다면, 여러분은 무의식적으로 아래로 끌어당겨집니다. 따라서 여러분은 삶을 선택하든지 죽음을 선택하든지 해야 합니다. 반그리스도 마음의 환영이 그사이에 길이 있는 것처럼 보이게 할지라도, 그사이에는 어떤 것도 존재하지 않습니다.

삶의 계단, 하나됨의 길에는 오래된 성(城) 안에 있는 나선 계단처럼 많은 층이 있습니다. 그 각각의 층은 독특한 정체성을 나타냅니다. 일단 특정한 층에 도달하면, 여러분은 그 층을 돌아다니며 다양한 방을 살펴보면서 꽤 많은 시간을 보낼 수 있습니다. 하지만, 결국에는 계단으로 되돌아가 다음 층으로 올라갈 것입니다. 하지만,

이렇게 하려면 머무르고 있는 현재 층을 기꺼이 떠나려고 해야 합니다. 그렇게 하면서 그 층에서 구축된 정체성을 죽게 해야 합니다.

다음의 층으로 올라가며 낡은 정체감을 놓아버리겠다고 결정하는 것은, 옛사람을 벗고 새사람을 입겠다는(에베소서 4:22~24) 생명의 결정(LIFE decision)입니다. 여러분이 특정한 층에 머무는 동안에, 여러분은 그 층을 탐험하고 그 층이 상징하는 지식을 내면화하기 위해 수많은 결정을 합니다. 하지만, 이것들은 여러분을 더 높은 수준으로 데려가지도 못하고, 여러분이 성장하는 것을 방해하지도 않는다는 측면에서 생명의 결정들이라고 할 수는 없습니다. 사실, 그런 결정은 여러분이 상승해 온 수준의 의식을 내면화하는 것을 도와줍니다. 일정한 시간이 지난 후에, 여러분은 나선형의 계단으로 다시 돌아가는 길을 발견해야 하며, 다음 층으로 오르겠다는 생명의 결정을 해야 합니다.

건물의 각 층은 의식의 단계, 즉 정체감을 상징합니다. 각 층은 여러분에게 점진적으로 높아지는 삶에 대한 비전을 주는데, 이것은 건물의 높은 층으로 올라갈수록 건물 주변을 더 잘 볼 수 있는 것과 비슷합니다. 여러분이 계속해서 생명의 결정을 한다면, 결국에는 건물의 꼭대기에 도달할 것이고, 여러분은 지붕 때문에 가로막혀 방해받지 않으면서 자유로운 세계관을 가지게 될 것입니다. 이것은 자신을 영적인 영역에서, 지구에서, 자신의 근원과 하나이고 신의 몸과도 하나로 보는 그리스도 의식에 비유됩니다.

내려가는 계단 역시 많은 층이 있습니다. 여러분은 한 층을 내려갈 때마다 결정을 해야 합니다. 이것은 여러분을 저 아래 죽음과 분리의 의식 속으로 데려가므로 죽음의 결정(Death decision)이라고 할 수 있습니다. 여러분이 특정한 층에 머무는 동안, 에고가 여러분을 대신하여 결정합니다. 하지만 다음 층으로 내려가는 결정은 에고가 할 수 없습니다. 생명과 죽음의 결정은 오로지 의식하는 자아만이 할 수 있습니다. 의식하는 자아가 지휘를 거부하는 한, 여러분이 의식적인 결정을 내리지 않는다는 것은 속임수입니다. 여러분은 결정을 회피하려 할 것이고, 결정을 내릴 필요성과 결정의 기초가 되는 정보를 에고가 제시하도록 허용할 것입니다. 에고는 여러분을 대신하여 죽음의 결정을 할 수 없습니다. 에고는 다만 그런 결정을 하는 데 영향을 미칠 수 있을 뿐입니다. 에고를 활용하여 여러분의 의식 속으로 침투하려는 거짓 교사들에게도 이것은 똑같이 적용됩니다. 진정한 스승은 여러분에게 정확하고 완전한 정보를 줄 것이고, 여러분이 선택하게 맡길 것입니다. 거짓 교사와 에고는 진정한 의미에서 자유로운 선택을 할 수 없게 하는 불완전하고 왜곡된 정보를 제공할 것입니다. 그 점을 유념하고, 이제 이들 거짓 교사들이 어디에서 왔으며, 그들이 에덴 정원에 존재하게 된 이유에 대해 살펴보겠습니다.

열쇠 13
뱀이 에덴 정원에 있었던 이유

이 시점에서, 일부 독자는 내가 에덴 정원에 있었던 학생들에게 일어난 일에 대해 많은 시간을 할애하여 너무 자세하게 설명하고 있다고 느낄 수도 있을 것 같습니다. 일부는 내 설명이 특히 자신들에게는 해당하지 않는다고 느낄 수 있습니다. 그렇게 느끼는 이유는 그들이 에덴 정원이 아니라, 상위 영역의 다른 영적인 학교에서 왔기 때문에 그렇습니다. 앞에서 설명한 것처럼, 형태의 세계에는 다른 형태의 진화가 있습니다. 그것은 공동창조자가 아니라 다른 기능들을 수행하도록 설계된 것입니다. 나중에 알게 되겠지만, 현재 지구에 육화해 있는 인간들은 기원(起源)이 서로 다른 곳에서 왔습니다. 따라서 지구의 모든 사람에게 적용되는 말을 하기는 대단히 어렵습니다

하지만, 에덴 정원에 관한 설명은 현재 지구에 육화해 있는 모든 사람에게 적용되는 어떤 보편적인 요소들이 있으며, 그런 이유로 이처럼 상세하게 설명하는 것입니다. 예를 들면, 지구에서의 삶의 모든 측면은 이원성 의식의 영향을 받아왔습니다. 지구에서 영적인

성장을 이룰 수 있는 유일한 방법은 이원성 의식을 초월하는 것입니다. 이렇게 하려면, 자기 의식하는 존재들이 이원성 의식으로 말미암아 무슨 일이 일어나고 있는지 깨닫지도 못한 채 눈이 멀 수도 있다는 것을 깨달아야 합니다. 모든 사람은 이원성 의식이 어떻게 자신의 눈을 멀게 하는지를 이해해야 합니다. 또한 의식하는 자아가 낡은 정체성을 죽게 함으로써, 그리고 자신의 삶을 책임지려 하지 않는 한 결코 벗어날 수 없는 진퇴양난(catch-22)에 자신을 어떻게 가두어 놓는지를 이해함으로써, 더 높은 정체감으로 다시 태어나는 것이 중요합니다.

여러분이 어디에서 왔으며 어떻게 해서 지구 행성에 육화하게 되었느냐 하는 것과는 관계없이, 깨달음에 이르는 유일한 방법은 하나됨의 길을 따르는 것뿐입니다. 그렇게 함으로써 여러분은 분리된 정체성을 극복하고, 여러분으로부터 시작하여 창조주에게 이르는 존재의 사슬과 하나가 될 수 있습니다. 그리고 앞장에서 설명한 것처럼, 분리된 정체성의 진퇴양난을 극복하는 유일한 방법은 여러분의 정체성 상자 안에 있지 않은 스승과 연결되어, 스승이 여러분을 상자 밖으로 인도해 주는 것입니다. 여러분은 이원성 환영에 눈멀지 않은 존재와 상호 교류를 통해서만, 모든 환영을 극복할 수 있습니다.

이런 사실이 일부에게는 명백하게 보이겠지만, 다른 사람에게는 자기 존재의 어느 부분에서 부정적인 반응을 보인다고 느낄 것입니다. 현재 지구에 육화해 있는 존재 가운데 일부는 하나됨의 길을 거부하는 경향이 있는데, 그들은 특히 스승을 따르고 스승과 하나가 될 필요가 없다는 생각을 하고 있습니다. 말하자면, 그들은 이런 과정을 부정하도록 프로그램되어 있으며, 실제로 프로그램된 것은 그들의 에고입니다. 따라서 이런 프로그래밍을 극복하는 유일한 방법은 이 존재들의 에고가 어떻게 창조되었는지, 이 존재들을 추락하게 만든 그 환영이 그들의 추락을 극복하고 하나가 되는 길에 합류하는 것을 어떻게 방해하는지를 이해하는 것입니다. 사실, 추락한 존재들의 의식은 지구 삶의 모든 측면에 영향을 미쳐 왔습니다. 그러므로 모든 사람은 영적인 존재들이 왜 그리고 어떻게 원래의 상태에서 추락하여, 지구 행성에 오게 되었는지를 이해하는 것이 대단히 중요합니다. 이것이 우리가 다음에 탐구할 주제입니다. 먼저 에덴 정원의 뱀(Serpent)부터 살펴보겠습니다.

～◌～

뱀이 누구이며 어디에서 왔는지를 완전히 이해하기 위해서는 바이블, 특히 창세기에 대한 일반적인 믿음 일부를 넘어서야 합니다. 분명한 것은, 여러분이 구약에 대한 근본주의자들의 해석을 믿고 있다면, 이 책을 오래전에 부정했을 것입니다. 따라서 나는 여러분이 바이블이 전혀 오류가 없는 신의 말씀이 아니라는 것을 이미 인정했다고 가정하겠습니다. 따라서 바이블에 언급된 모든 세대를 받아들여, 우주가 6000년 전에 창조되었다는 연대표를 구성하는 것은 말이 안 된다는 것을 알아야 합니다.

사실, 물질우주는 지구와 마찬가지로 아주 오래되었습니다. 확실한 것은 현대 과학이 지구의 나이를 45억 년으로 추정함으로써, 바이블을 문자 그대로 해석하는 사람들보다, 실제 나이에 더 근접해 있습니다. 하지만, 과학조차도 과학 이론, 즉 공간, 중력, 시간 사이의 연관성에 대한 아인슈타인의 증명을 완전히 이해하지 못합니다. 1초라는 시간을 태초부터 지금까지 길이가 똑같은 상수로 생각하면서, 시간을 선형적으로 생각하는 것은 정말이지 옳지 않습니다. 사실, 시간은 선형적이지 않습니다. 1초의 길이는 중력의 상황에 따라 변합니다. 1초의 길이가 지구보다 더 짧거나 더 긴 곳이 현재 우주 여러 곳에 있습니다. 이 행성의 오랜 역사 동안, 지구에서 1초의 길이는 행성이 이동한 중력장에 따라, 그리고 물질 자체의 밀도를 포함한 지구 중력의 조건에 따라 다양했습니다.

참고로, 아인슈타인조차 자신의 이론들을 완전히 이해하지 못했으며, 언젠가는 옳지 않은 것으로 밝혀질 가정들도 만들었습니다. 이런 가정 중에서 가장 중요한 것은 빛의 속도가 일정하다는 것이 었습니다. 분명한 것은 아인슈타인이 밝혔던 것처럼, 빛이 중력에 의해 휘어질 수 있다면, 빛의 속도가 일정할 수 없습니다. 빛이 중력의 영향을 받는다면, 중력의 끌어당기는 힘으로 빛의 속도는 느려질 수도 있고, 빨라질 수도 있습니다. 빛의 속도를 "절대" 공간이라는 움직이지 않는 배경과 비교해 측정하는 것은 가능합니다. 나는 이것을 허공이라고 불렀습니다. 움직일 수 없는 허공과 비교하면 빛을 측정할 수 있는 관찰자에게 빛의 속도는 빛이 통과하는 중력의 조건에 따라 변합니다. 움직일 수 없는 허공은, 아인슈타인과 다른 과학자들이 찾고 있었던, 진정한 상수, 즉 절대 정지(absolute rest)의 기저 상태입니다. 사실, 상대성 이론이 실제로 증명한 것은 물질우주에는 변하지 않는 것이 없고 모든 것은 상대적이며, 심지어 빛의 속도도 상대적이라는 것입니다. 수학적인 계산을 하기 위해, 변하지 않는 것이 필요합니다. 하지만, 진정한 상수(constant)는 물질우주의 상대성을 초월해야 발견할 수 있습니다. 따라서 아인슈타인은, 영성 없이는 과학이 우주와 생명의 기원을 설명하는 궁극적인 목표에 절대 도달할 수 없다는 것을 실제로 증명한 것입니다.

시간을 허공과 비교함으로써, 공간의 팽창과 수축, 중력에 따라 변하지 않는 절대 시간(absolute time)을 설정할 수 있습니다. 언젠가는 이것이 가능해질 것입니다. 하지만 현재 가장 뛰어난 슈퍼컴퓨터라 하더라도 필요한 계산을 해낼 수 없습니다. 게다가 과학은, 다른 중력의 중심점들에 의해 여러 방향으로 끌어당겨지면서, 빈 공간을 헤치고 지나가는 지구가, 얼마나 복잡한 길을 따라가고 있는지 아직 인식하지 못합니다. 지구의 경로를 절대 불변인 허공 자체와 비교할 때만, 과학은 지구의 진짜 경로를 추적할 수 있고, 지구의 절대 나이도 계산할 수 있습니다. 이것은 또한 절대 공간을 통해 지구의 정확한 경로를 따라가면서, 시간을 거슬러 여행하는 것도 가능하게 해줍니다.

이런 얘기를 꺼내는 요점은 지구의 나이에 대해 선형적인 연대표를 설정하거나, 추락이 언제 일어났으며, 에덴 정원이 언제 만들어졌는지 정확한 날짜를 얘기하는 것이 현재 무의미하다는 것을 보여주기 위함입니다. 중요한 것은 에덴 정원의 얘기가 훨씬 이전으로 거슬러 올라가지만, 그것은 이 행성에서의 지적인 생명체의 기원에 대한 기록이 아니라는 인식입니다. 에덴 정원보다 훨씬 이전에, 자기 의식하는 존재들이 오늘날 지구라고 부르는 에너지장에서 살고 있었습니다. 이런 존재와 이들이 이룩한 문명에 대한 기록을 현재 고고학적인 발견이나 고대의 신화를 통해서 입증할 수는 없습니다. 하지만, 창세기 자체에는 이런 존재가 있었다는 암시가 포함되어 있습니다. 창세기가 제기하는 몇 가지 명백한 의문 가운데 하나를 살펴보겠습니다.

카인이 아내와 한자리에 들었더니, 아내가 임신하여 에녹을 낳았다. 카인은 도시를 지어... (창세기 4:17)

아담과 이브에게 아들이 셋 있었는데, 그중 하나는 형이 살해했다고 창세기 앞장에 기록되어 있습니다. 따라서 바이블의 얘기를 글자 그대로 받아들인다면, 아담과 이브에게는 아들만 있었는데, 가인의 아내가 어디에서 왔는가 하는 의문이 생깁니다. 물론, 이것은 미스터리지만, 유대인이든, 크리스천 또는 무슬림이든 관계없이, 대부분의 원리주의자는 이것을 무시합니다. 하지만, 창세기에 결점이 있거나 무언가 빠진 부분이 있다는 것은 부인할 수 없는 사실입니다. 이 말은 여러분이 바이블을 받아들이지 않거나, 아니면 잃어버린 통찰력을 찾을 수 있어야 한다는 의미입니다.

우리가 이 미스터리를 풀 수 있을까요? 우리는 그 미스터리를 풀 수 있습니다. 그러려면 모든 것은 에너지로 만들어졌고, 물질우주는 특정한 스펙트럼 안에서 진동하는 진동들로 만들어졌다는, 앞에서 말한 가르침으로 돌아가야 합니다. 우리는 육체적 감각으로 볼 수 있는 진동수 너머에 영적인 영역이 존재한다는 것을 이미 알고 있습니다. 그 영역에는 여러 개의 층 또는 단계가 존재합니다. 이제 물질 영역도 음계의 옥타브와 같은 진동하는 특성으로 구분되는 단계들이 있음을 고려해야 합니다. 물질계에도 기본적인 네 층이 존재합니다. 각 층은 세분되지만, 혼란을 줄이기 위해 네 가지 주요한 층을 살펴보는 것부터 시작하겠습니다. 이 네 층이 여러분의 개인적인 에너지장, 즉 여러분의 마음의 네 층과 일치한다는 사실을 이해하면, 더 쉽게 심상화할 수 있습니다.

～～～～～

이 책에 마음을 열고 있는 대부분은 아마 이런 에너지장 또는 오라(aura)에 대해 이미 알고 있겠지만, 간략하게 설명하겠습니다. 모든 것이 에너지이므로, 여러분의 육체 또한 에너지장입니다. 이것은 상대성 이론에 따른 단순한 결과입니다. 육체가 밀도 짙게 나타나는 것은, 여러분의 육체적 감각이 신체의 진동 스펙트럼에 동조되어 있기 때문입니다. 따라서 여러분은 물질 너머를 볼 수 없고, 물질이 실제로 진동하는 에너지라는 사실을 알 수 없습니다. 상대성의 또 다른 결과는 물질이 더 근본적인 에너지, 즉 더 높은 진동수를 가진 에너지로 만들어졌다는 것입니다. 다시 말해서, 물질우주의 전체 진동은 진동이 낮춰진 더 미세한 에너지로 만들어졌습니다. 과학은 이미 육체뿐만 아니라 감정, 생각의 진동 수준을 측정할 수 있습니다. 어떤 생각의 진동은 육체의 진동보다 훨씬 높아서, 두뇌가 이런 생각을 만들어낸다고 말하는 것은 물리적인 발견과 일반적인 상식에 어긋납니다. 더 높은 진동을 더 낮은 진동이 생성한다고 말할 수 없습니다. 이와는 반대입니다. 어떤 생각은 물리적인 뇌보다 진동이 더 높은 수준에서 비롯됩니다.

라디오가 라디오 방송국에서 제작해서 방송하는 프로그램을 수신하는 것처럼, 두뇌는 그런 생각을 위한 수신기이자 변환기 역할을 합니다. 뇌는 라디오 수신기가 음파를 왜곡하듯이, 생각의 파동을 왜곡시킬 수 있습니다. 뇌는 특히 번식을 포함하여 육체적인 생존과 관련된 낮은 생각들을 만들어낼 수 있습니다. 신체를 둘러싸고 관통하는 더 높은 진동을 가진 에너지장이 있는 것을 보기는 비교적 쉽습니다. 이 에너지장은 여러분이 생각하고 느낄 수 있게 해주며, 여러분의 잠재의식을 수용합니다. 생각과 감정은 이런 에너지장, 즉 여러분의 상위 마음에서 비롯됩니다. 그런 후 그것들은, 때로는 왜곡된 형태로, 이를 의식하는 마음에 전달하는 두뇌로 보내집니다. 이제 물질우주와 마음의 네 층을 살펴보겠습니다.

정체성층 또는 에테르층. 이 층은 가장 높은 단계입니다. 이 단계는 가장 낮은 영적인 영역과 가장 가깝습니다. 이곳에는 지구 행성을 창조하기 위한 최초의 청사진이 보관되어 있습니다. 개인적인 차원에서는, 이곳에 여러분의 정체성이 담겨있으며, 의식하는 자아가 그것을 창조합니다. 정체성은 물질계에서 여러분이 자신을 표현하기 위한 토대가 됩니다.

멘탈층은 생각의 단계로, 생각이 좀 더 구체적인 형태를 취하게 되는 곳입니다.

감정층은 분명 느낌의 수준입니다. 이곳에서 생각들은 행동으로 옮기는 데 필요한 방향과 추진력을 가지게 됩니다.

물질층은 물질적인 감각을 통해 관찰할 수 있는 단계입니다. 감각을 연마한 일부 사람은 더 높은 단계들도 인지할 수 있지만, 대부분의 사람은 물리적인 신체를 벗어난 것을 인식할 수 없습니다. 이 단계에서 여러분은 물리적인 행동을 할 수 있고, 물리적 결과를 얻습니다. 하지만, 여러분의 행동은 정체성층에서 시작됩니다. 그것들은 궁극적으로 여러분이 자신을 어떻게 인식하느냐의 표현입니다.

이 개략적인 설명에서 얻어야 할 주요 이미지는 더 높은 진동에서 더 낮은 진동으로 에너지가 흐르거나 낮추어진다는 것입니다. 내가 설명한 것처럼, 모든 것은 진동수가 낮춰진 마터 빛으로 만들어졌습니다. 따라서 가장 낮은 영적인 영역의 에너지는 정체성층을 창조하기 위해 진동이 낮춰졌습니다. 정체성층의 에너지는 멘탈층을 창조하기 위해 진동이 낮춰졌으며, 이런 식으로 진행되면서 물질층까지 이르게 된 것입니다. 개인적인 측면에서 보면, 여러분은 여러분의 아이앰 현존(I AM Presence)에게서 영적인 에너지를 받고, 이 에너지는 정체성체로 들어갑니다. 이제, 에너지는 여러분의 정체감에 의해 채색되고, 진동수가 낮춰지면서 멘탈체로 들어갑니다. 여러분의 생각은 빛(에너지)을 훨씬 더 물들이며 진동수가 다시 낮춰지면서, 감정체로 들어갑니다. 이곳에서도 여러분의 감정은 이전과 똑같은 방식으로 물리적 신체 수준으로 들어가서, 의식적인 생각과 물리적인 행동으로 변환됩니다.

모든 것이 진동수가 높은 곳에서 낮은 곳으로 이동함에 따라, 밀도가 더 높아집니다. 모든 것이 덜 유동적으로 되면서 변하기가 더 힘들어집니다. 생각은 비현실적이고 쉽게 변할 수 있다는 것을 분명히 알 수 있어야 합니다. 어떤 생각이 분노와 같은 감정으로 물들면, 그 생각은 변하기가 훨씬 더 어려워집니다. 그리고 분명한 것은 일단 생각/감정이 행동으로 옮겨지면, 바꾸거나 되돌리는 것이 매우 어려운 물리적인 반작용이 생깁니다. 실제로 하지 않고도 많은 것을 생각할 수 있다는 것은 상식입니다. 하지만, 특정한 생각에 강한 감정이 주입되고 시간이 흐르면서 이런 생각이 강화되면, 생각을 행동으로 옮기고 싶은 유혹에 저항하기가 훨씬 더 어려워집니다. 그런데도, 다른 사람을 해칠 수 있다고 생각하면서 그것에 대해 강렬하게 생각하는 것이 불법은 아닙니다. 하지만, 일단 행동으로 옮기게 되면, 시간을 되돌릴 수 없으며, 했던 행동과 이에 따른 결과를 무효로 할 수 없게 됩니다.

내가 주고 있는 비전은 물질우주에는 같은 "공간"에 공존하는 네 수준이 존재한다는 것입니다. 진동수만 다를 뿐입니다. 라디오 전파, 텔레비전 전파, 많은 타입의 우주 광선이 여러분의 생활 공간을 관통하는 것을 생각하면, 이것을 쉽게 상상할 수 있습니다. 이런 것은 서로 다른 주파수를 가지고 있으므로, 서로 간섭하지 않습니다. 이 때문에 라디오의 다이얼을 돌려 다른 방송국들에 조율할 수 있는 것입니다. 그러고 싶다면, 여러분은 같은 방에서 라디오도 듣고 TV도 시청할 수 있습니다. 마찬가지로, 물리적 의미에서 영적인 영역은 여러분 위에 있는 것이 아닙니다. 하늘나라는 사람들이 믿어왔던 것처럼 지구를 덮은 투명 덮개(canopy)가 아닙니다. 영적인 영역도 물질우주처럼 같은 공간에 존재합니다. 단지 진동수가 더 높을 뿐입니다.

이제 우리는 비교적 간단한 설명을 통해, 가인의 아내가 어디에서 왔는지 알 수 있습니다. 이 문제의 진실은 에덴 정원은 실제로 물질 지구의 어떤 장소에 존재했던 것이 아닙니다. 에덴 정원은 진동수가 더 높은 정체성층 또는 옥타브에 존재했습니다. 아담과 이브가 추락했을 때 실제로 일어났던 것은 그들이 의식의 진동수가 떨어지는 것을 경험했으며, 정원의 더 높은 진동을 더 이상 인지할 수 없게 되었다는 것입니다. 의식하는 마음은 라디오 수신기와 흡사합니다. 의식하는 자아는 자신이 선택한 어떤 것이든 자신과 동일시할 수 있습니다. 이 말은 의식하는 자아는 자신이 선택한 곳이 어느 곳이든 자신을 투사할 수 있다는 의미입니다. 추락하기 전까지는, 아담과 이브의 의식하는 마음은 에덴 정원이라는 라디오 방송국에 조율되어 있었습니다. 추락하고 난 이후, 그들의 의식하는 마음은 물질적인 진동 스펙트럼에 맞춰졌습니다.

의식하는 자아는 정체성의 핵심이기 때문에, 여러분의 전체 존재(total being)는 여러분이 가지고 있는 관심의 노예가 됩니다. 의식적인 주의가 집중된 곳에는, 나머지 에너지가 따라올 것입니다. 따라서 아담과 이브의 생명흐름, 에너지장, 오메가의 정체성은 글자 그대로 물질적 진동 스펙트럼으로 떨어지게 되었고, 그곳에서 육체와 통합되었습니다. 그 스펙트럼에는, 이미 많은 존재가 인간과 같은 육체를 지니고 살아가고 있었습니다. 따라서 가인(Cain)과 셋(Seth)은 이들 가운데에서 아내를 찾아 자손을 낳았던 것입니다.

분명히, 이 설명은 이런 사람들은 어디에서 왔는가 하는 추가적인 의문으로 이어집니다. 하지만 지금은 이 얘기는 잠시 접어 두겠습니다. 우리가 이에 대한 더 좋은 이해의 토대를 가지게 되고, 그것이 이 장의 핵심적인 주제, 즉 뱀이 어디에서 왔느냐 하는 주제를 복잡하게 만들지 않을 때, 다시 언급하겠습니다.

앞에서 얘기한 것처럼, 물질우주에도 네 층이 존재합니다. 우주에는 진동과 밀도가 다른 네 층이 존재한다는 의미입니다. 그렇다면, 네 층이 왜 존재할까요? 왜 하나가 되지 못할까요? 자, 형태의 세계에서 첫 번째 구체가 창조되었을 때, 그 구체는 오직 하나의 진동 스펙트럼만을 가지고 있었습니다. 이 구체는 특정한 수준에서 창조되었고, 거기에서부터 진동이 상승하였습니다. 이것은 그 밖의 몇 가지 다른 높은 단계들에도 똑같이 적용됩니다.

앞에서 설명했듯이, 허공과 분리된 구체를 창조한 목적은 자기 초월적인 존재들에게 분리된 존재로 시작할 수 있는 기회를 주기 위해서였습니다. 이 일은 빛의 강도가 아주 낮아서 분리의 환영이 존재할 수 있는 구체를 창조함으로써 이루어질 수 있습니다. 구체의 존재들은 자기 자신을 창조주와 하나이고 모든 생명과도 하나라고 인식할 수 있을 때까지 의식을 확장하게 되어 있습니다. 의식을 끌어올리는 과정에서, 그들은 구체가 마침내 상승하고, 영적인 세계의 일부가 될 때까지, 더 많은 빛을 구체로 가져오며, 구체의 진동수를 끌어올립니다.

하지만, 새로운 구체를 창조하는 과정이 진행되면서, 구체의 모든 존재가 상승할 준비가 되지 않았을 때, 구체가 상승해야 하는 시점이 찾아왔습니다. 따라서 의식을 끌어올리려 하지 않는 존재들을 어떻게 처리해야 하는지 의문이 생겨났습니다. 분명한 답은 그들을 새로 만들어진 구체, 즉 허공과 분리된 다음 구체로 내려가도록 하는 것이었습니다. 이런 새 구체에는 충분한 어둠이 남아 있었기에 빛의 강도가 여전히 낮았으므로, 낮은 수준의 자기 의식하는 존재들이 그곳에 계속 머물 수 있었습니다. 그들은 이전의 구체에서는 더 이상 가능하지 않았던 분리된 존재라는 환영을 유지할 수 있었습니다. 그렇게 함으로써, 이런 존재들은 그 이상이 되고 생명의 강과 합류할 수 있는 길로 돌아갈 추가적인 기회를 가질 수 있었습니다.

새로운 구체를 창조할 때, 원래 모델은 특정한 진동, 즉 특정한 밀도에서 구체를 만드는 것입니다. 이런 모델에 따르자면, 여러분이 사는 구체에는 오직 한 단계의 진동만이 존재했을 것입니다. 하지만, 여러분(여러분 중 일부는 상위 구체들에서 왔습니다) 위의 구체에는 몇 개 그룹이 있었습니다. 이들은 낡은 의식 상태를 초월하여, 자신의 구체와 함께 상승하려고 하지 않았던 존재들입니다. 따라서 그들에게 의식 수준에 적합한 장소를 제공해 주기 위해 새로운 구체를 설계할 필요가 있었습니다. 다시 말해서, 새로운 구체의 밀도가 이들 그룹 존재들의 의식 밀도에 적합하게 맞춰졌다는 뜻입니다. 그것이 이 구체가 밀도가 그다지 높지 않은 정체성층부터 밀도가 높은 물질층에 이르기까지 네 층으로 설계된 이유입니다.

이제, 이런 구체의 목적에 복잡성이 더해집니다. 더 높은 영적인 영역에서는 목적이 아주 분명하고, 단순합니다. 자기 의식하는 존재들은 기본적으로 자기 성장에 초점을 맞추고, 더 높은 수준으로 상승할 준비가 될 때까지, 그 이상이 되는 여정을 걸을 수 있었습니다. 다른 존재들이 얼마나 성장했느냐 하는 것은 그들의 관심사가 아니었습니다. 구체가 상승할 때, 성장하지 못한 존재들은 그냥 남겨질 것입니다. 하지만, 여러분의 구체가 창조되었을 때, "뒤에 남겨진" 존재들이 너무 많아서, 구체의 목적에 변화가 일어났습니다. 존재들이 단순히 자신의 성장에 초점을 맞추게 되어 있는 구체를 설계하는 대신, 이 구체는 처음부터 두 가지 목적을 위해 설계되었습니다. 하나는 새로운 공동창조자들에게, 분리된 존재로서 출발하여, 인식의 성장을 이룰 수 있는 기회를 주는 것입니다. 다른 하나는 이전의 구체가 상승했을 때, 남겨진 사람들을 일깨우도록 하는 것입니다.

이제 특정한 존재가 물질우주에 존재하게 된 데에는, (적어도) 세 가지의 분명한 이유가 있다는 것을 알 수 있습니다.

특정한 존재는 지금 가장 낮은 영적인 영역인 구체가 상승했을 때, 자기 초월을 하려고 하지 않았기 때문에 이 영역으로 추락했을 지도 모릅니다. 그런 존재들은 실제로 더 높은 구체에서 유래하여 여러 단계를 거쳐 추락했을지도 모릅니다.

특정한 존재는 물질계로 내려가 그곳에서 성장하도록 창조된 새로운 공동창조자일 수도 있습니다.

어떤 존재는 추락한 존재들이나 새로운 공동창조자들이 의식을 키울 수 있도록 돕기 위해 상위 영역에서 자발적으로 하강한 존재 일지도 모릅니다. 이들은 상위 영역에서 영적으로 이미 자급자족을 이루었던 존재들입니다. 하지만, 이들은 개인적인 성장을 지속하는 대신, 자신들보다 아래에 있는 존재들을 돕기 위해 자원했습니다. 이것은 동양의 종교에서 보살(Boddhisatva)로 알려진 개념입니다.

이제 우리는 '뱀(Serpent)은 상위 영역에서 추락해서 가장 최근에 만들어진 이 구체로 내려온 존재'라고 하는 것이 뱀의 기원에 대한 가장 일반적인 설명임을 알 수 있습니다. 이제 에덴 정원은 대부분 의 사람이 성장해 오면서 믿게 된 것처럼, 깔끔하게 잘 정돈된 장 소도 아니고, 파라다이스 같지도 않았다는 사실을 분명하게 알 수 있습니다. 사실, 에덴 정원은 혼합된 환경이었습니다. 이런 사실은 몇 가지 의문을 생기게 하는데, 이에 대해서는 나중에 살펴보겠습니다.

아주 많은 사람이 에덴 정원을 파라다이스, 즉 나쁜 것과 악한 것이 전혀 존재하지 않는 이상적인 장소로 생각하도록 양육됐습니다. 이 점을 고려하면, 그들이 잘못된 느낌을 가지고 자랐다는 말을 들을 때, 복잡한 감정을 느끼게 되는 것이 이해됩니다. 일부는 신에게 배반당했다고 느낄 수도 있습니다. 그들은 신은 정말로 어떤 유혹도 없고, 추락의 위험도 존재하지 않는 이상적인 환경에 자신들을 창조했어야 한다고 생각할지도 모릅니다. 사람들이 이런 식으로 느끼는 것은 충분히 이해할 수 있지만, 이제 우리는 이것이 현실적이지 않은 기대임을 알 수 있습니다. 사실, 이런 기대는 어떤 진실을 숨기려는 존재들이 고의로 인류에게 강요해 온 비현실적인 기대입니다. 이것에 대해서는 나중에 더 설명하겠습니다.

에덴 정원이 순수한 파라다이스였다는 기대는 영적인 구도자에게는 건설적이지 못합니다. 그런 기대는 개인적인 성장을 방해할 뿐임을 인정해야 합니다. 에덴 정원의 이야기는 산타클로스나 이빨 요정처럼 여러분이 성장하면서 반드시 버려야 할 얘기 가운데 하나일 뿐입니다. 하지만, 이것을 더욱 쉽게 버릴 수 있기 위해, 이런 신화가 설득력이 있는 이유와 이것이 정말로 신화인 이유에 대해 살펴보겠습니다.

지구에 사는 모든 존재에게는, 이 행성에서, 자기 주변에서 볼 수 있는 것보다 더 좋은 장소를 갈망하는 내재된 열망이 있습니다. 이것은 마터 빛 자체에 내재된 안전장치입니다. 이것으로 인해 모든 것은 그 이상의 어떤 것을 동경하게 됩니다. 영적인 영역에서 내려온 존재는 그 영역에 대한 의식적인 기억은 없을지라도, 지구에는 무언가가 빠져 있는 것 같고, 일들이 옳지 않으며 더 좋아져야 한다는 것을 무의식적으로 느끼게 됩니다. 이것은 부분적으로는 영적인 영역에서 상황이 어떠했는지에 대한 더 깊은 기억입니다. 그곳에는 악이 더 이상 존재하지 않았고, 뱀이 이브에게 제안했던 것과 같은 속임수나 거짓말이 존재할 여지가 없었습니다. 하지만, 육화해 있는 공동창조자들에게는, 그것은 상황을 더 좋게 만들고, 지구에 파라다이스를 실현하기 위해, 자신들이 여기에 있다는 느낌이기도 합니다.

지구에 파라다이스를 가져오려는 희망을 포기하라는 말이 아닙니다. 왜냐하면 그것은 여러분이 이 행성에 온 이유일 수 있고, 현실적인 목표로 남아 있기 때문입니다. 사실, 에덴 정원에 관한 얘기는, 적어도 현재의 형태로는, 영적인 영역에 대한 가장 깊은 기억과 여러분의 가장 깊은 곳에 있는 미래에 대한 희망을 고의로 이용하기 위해 고안된 것입니다. 이런 얘기는 그런 꿈과 희망을 자극하며, 지구에서 낙원은 영원히 사라졌고, 이런 일이 지구에서 다시는 일어날 수가 없다는 잠재적인 메시지를 주면서, 그런 꿈과 희망을 억압하기 위해 고안된 것입니다. 이런 신화를 누가, 왜 만들었는지는 나중에 더 자세하게 살펴보겠습니다.

내가 여기서 말하려는 것은 지구상의 낙원에 대한 꿈속의 진리가 존재한다는 사실을 여러분이 내면에서 알고 있다는 것입니다. 나는 여러분이 이런 내면의 앎이나 파라다이스가 실현될 수 있다는 희망을 버리지 않기를 바랍니다. 여러분이 버려야 하는 것은 창세기가 진정한 파라다이스를 묘사하고 있다는 거짓말입니다. 에덴이라는 장소는 지구에 존재한 적이 없습니다. 앞에서도 설명한 것처럼, 애초의 계획은 물질우주를 포함해서 이 구체는 더 이상 어둠이나 악이 존재할 공간이 없을 때까지 진동을 끌어올리며 상승하여, 영적인 영역 일부가 되는 것입니다. 하지만, 지구에 진정한 에덴이 존재한 적은 없습니다. 지금 여러분이 보고 있는 것보다 더 정교한 수준의 공동체나 문명이 과거에 있었다 할지라도 말입니다.

에덴이 진정한 낙원이었다는 신화는 처음부터 현실적이지 않았습니다. 이것은 얘기 자체에서 입증됩니다. 진짜 파라다이스에는 어떤 뱀도 존재할 수 없습니다. 문제는 창세기를 존중하는 주류 종교들이 뱀의 존재에 대해 얼버무리고 넘어갔다는 것입니다. 그 이유는 그들이 뱀의 진짜 정체를 알지 못했기 때문입니다. 이런 무지로 인해 원래의 얘기가 바뀌게 된 것입니다. 여기에 대해서도 나중에 살펴보겠습니다.

앞장에서, 나는 자유의지의 본질에 대해 아주 길게 설명했습니다. 따라서 자유의지에는 창조주의 목적, 비전 그리고 법칙들을 거스르고자 하는 유혹이 필연적으로 뒤따르게 된다는 것을 알 수 있습니다. 여러분이 이것을 이해할 때, 어떤 유혹도 없었던 낙원이 존재했을 것이라는 기대감이 비현실적임을 깨닫게 됩니다. 자유의지가 있는 한, 적어도 이론적으로는 자유의지를 남용하려는 유혹이 존재할 것입니다. 하지만, 여러분의 그리스도 신성의 단계가 높아질수록, 그리고 모든 생명과 창조주, 여러분 상위 존재와의 하나됨의 수준이 높아질수록, 유혹은 줄어듭니다. 그리스도 신성을 성취하면서, 여러분은 내면에 낙원을 창조하게 됩니다. 그러나 신이 처음부터 여러분을 그런 상태로 창조했어야 한다고 기대하는 것은 현실적이지 않습니다. 이것은 내가 순수한 무지라고 불렀던 것에서 생겨나는 꿈입니다. 따라서 그것에 대해 자기 자신을 책망할 필요는 없습니다. 하지만, 지금은 어린 시절의 아주 많은 믿음처럼, 그런 꿈을 버려야 할 때입니다.

이제 우리는 에덴 정원 얘기의 본질적인 문제, 즉 신은 왜 동산에 뱀이 존재하도록 허용했는가 하는 문제를 다룰 수 있습니다. 우리는 정원이 하나 이상의 목적으로 창조되었다는 것을 알 수가 있습니다. 이런 목적 가운데 하나는 상위 영역에서 추락한 존재들의 그룹에 또 다른 기회를 주는 것입니다. 바이블은 그런 존재를 하나로만 묘사하고 있지만, 사실 추락한 존재들이 많이 있었습니다. 다시 말해서, 뱀 의식을 가진 결과 추락한 존재들이 정원에 많이 있었습니다. 에덴 정원은 부분적으로는 그들에게 그런 의식 상태를 초월할 수 있는 기회를 주기 위해 세워졌습니다. 어떻게 해야 이것이 이루어질까요?

동산에는 그런 환경 안에서 자아 발견의 여정을 시작했던 새로운 공동창조자들이 있었습니다. 이런 순수한 생명흐름들과 상호 교류함으로써, 뱀 의식을 가진 자들이 삶에 대한 접근방법을 개선할 수 있는 기회를 가지는 것입니다. 이것은 어린아이들과 함께 일함으로써 변모하는 지구의 어른들과 흡사합니다. 분명히, 이런 계획에는 추락한 존재들로 인해 새로운 공동창조자들이 잘못된 길로 이끌릴 수 있는 위험이 내재되어 있었습니다. 하지만 순수한 생명흐름들이 내던져져 먹이를 찾아 헤매는 늑대들의 손에 맡겨졌다는 뜻은 아닙니다.

이미 언급한 것처럼, 정원에는 뱀 의식에 빠지게 하는 유혹을 성공적으로 통과한 수석 교사가 있었습니다. 마찬가지로, 상위 영역에는 이런 입문을 통과한 생명흐름들과 뱀 의식을 가진 생명흐름들에 대한 평형추 역할을 하기 위해, 정원에 자원해서 내려온 존재들이 많이 있었습니다. 따라서 뱀 의식을 초월한 존재들과 그렇지 못한 존재들 사이의 균형이 이루어졌던 것입니다. 이런 유혹을 초월한 존재와의 상호 교류를 통해, 추락한 존재들에게 자신의 선택을 재고할 수 있는 기회가 주어졌습니다. 자연스럽게, 유혹을 초월한 존재들은 새로운 공동창조자들이 뱀의 유혹에서 벗어날 수 있도록 도움을 줄 수도 있었습니다. 따라서 그때까지만 해도 정원은 균형이 잡혀 있는 역동적인 환경이었습니다. 그곳은 물론 잘 알려진 신화처럼 영원한 안식을 취하는 정적인 장소는 아니었습니다. 앞에서 설명하려고 했던 것처럼, 정적인 안식 장소는 없습니다. 영적인 영역조차도 끊임없이 자신을 초월합니다. 삶은 계속 진행되는 과정이며, 생명의 강입니다. 오직 이런 과정에서 분리된 에고와 추락한 존재들만이, 그들의 힘과 통제력이 생명의 힘에 도전받지 않는 정적인 장소를 만들려고 합니다. 이런 일은 절대 일어날 수 없는 불가능한 꿈이라는 것을 여러분이 알았으면 합니다.

이미 언급한 바와 같이, 에덴 정원은 물질 진동 스펙트럼 내에 존재하지 않았습니다. 그것은 물질우주의 네 영역 가운데 가장 높은 영역인 정체성층에 존재했습니다. 이런 영역은 "하늘과 지구", 즉 영적인 영역과 물질우주 사이의 접점으로서 역할을 하게 되어 있습니다. 다른 세 층에서 온 생명흐름들은 자신들의 의식을 정체성층으로 끌어올린 후, 영적인 영역으로 상승할 수 있는 과정을 시작할 수 있습니다. 따라서 정체성층은 순수성이 유지되어야 하며, 이런 순수성을 유지하기 위해 정체성층이 나누어지게 된 것입니다. 에덴 정원은 정체성층에서 가장 낮은 곳에 있었습니다. 뱀들도 이곳에 거주할 수 있었고, 낮은 영역에서 상승한 생명흐름들을 위한 학교의 역할도 할 수 있었습니다.

이것이 어떻게 가능했었는지를 이해하기 위해, 지구가 매우 오래되었고, 에덴 정원이 지구의 역사가 시작될 때 만들어지지 않았다는 앞의 설명으로 돌아갈 필요가 있습니다. 이것은 가인과 셋이 결혼할 수 있었던 사람들이 이미 물질계에 존재했었다는 사실로 증명할 수 있습니다. 물질계에서 출발했던 일부 존재도 실제로 의식이 높아지게 되었으며, 이제 정원에서 가르침을 받을 수 있게 되었습니다. 이 부분에 대해서는 나중에 자세히 설명하겠습니다. 지금은 단지 물질우주에 네 층이 존재하는 이유에 대해 더 잘 이해할 필요가 있습니다.

⁓ೲ᯼ೱ⁓

창세기는 뱀의 기원에 대해서 명확하게 설명하지 않습니다. 따라서 영적인 세계에서 추락하여 지구로 내려온 존재들에 대한 언급도 없습니다. 하지만, 이런 존재들을 암시하는 문구들은 바이블의 여러 곳에서 찾아볼 수 있습니다. 몇몇 인용을 살펴보겠습니다.

1 사람이 땅 위에 번성하기 시작할 때에 그들에게서 딸들이 나니,

2 신의 아들이 사람의 딸들의 아름다움을 보고, 자기들의 좋아하는 모든 자로 아내를 삼는지라. (창세기 5장)

오 아침의 아들 루시퍼(Lucifer)야. 네가 어찌 하늘에서 떨어졌느냐! 민족들을 연약하게 했던 네가 어찌 땅으로 끊어져 내렸느냐! (이사야 14:12)

그러므로 하늘과 그 가운데에 있는 자들은 즐거워하라. 그러나 땅과 바다는 화 있을진저, 이는 악마가 자기의 때가 얼마 남지 않은 줄을 알므로 크게 분을 내어 너희에게 내려갔음이라 하더라. (계시록 12:12)

이런 인용들은 상위 영역에 있던 존재들이 다양한 이유로 지구로 내려왔다는 것을 보여줍니다. 현재 공식적인 바이블의 일부는 아니

지만, 에녹서(The Book of Enoch)는 지구에서 육체를 가졌던 추락한 천사들에 대해서 보다 상세하게 설명하고 있습니다. 내 말의 요점은, 다른 형태의 영적 진화로부터, 아주 많은 존재가 영적인 영역 가운데 한 곳으로 추락했으며, 이들은 지구에 육화해 있는 존재들을 포함하여, 물질우주의 네 층 가운데 어느 한 곳에 거주하고 있다는 것입니다. 이 존재들은 추락한 이유에 따라 네 가지 부류로 나눌 수 있습니다.

나는 앞에서 이 우주가 두 가지 기본적인 힘, 즉 확장하고 수축하는 힘들의 상호 작용을 통해 창조되었다고 설명했습니다. 그리스도교에서는 확장하는 힘을 아버지(Father)라 부르고 있으며, 반면에 수축하는 힘을 일부 종교에서는 어머니(Mother)라고 부르고 있습니다. 하지만 슬프게도 그리스도교와 이슬람, 유대교는 창세기를 글자 그대로 해석하여 추락하도록 유혹한 여성을 비난하면서, 창조의 한 측면인 어머니를 무시해 왔습니다. 사실 이것은 책임을 지려 하지 않는 남성의 에고입니다. 그리스도교에서 아들(Son)이라 부르는 그리스도 마음이라는 요소도 있습니다. 마지막으로, 물질우주에서의 성장을 보장하기 위한 요소가 있습니다. 이 요소는 살아 있는 모든 생명체가 한계를 극복할 수 있도록 유도하고, 그들이 초월할 수 있는 영적 영역으로 생명줄(lifeline)을 줌으로써 물질우주에서의 성장을 보장해 줍니다. 그리스도교에서는 이 요소를 성령이라고 부릅니다.

이런 요소들 각각은 어떤 의식 상태, 일련의 입문을 상징합니다. 따라서 각각의 요소는 신 의식으로 가는 여정에서 거쳐야 하는 어떤 입문을 상징합니다. 결과적으로, 존재들은 이런 입문을 통과하든지 아니면 피하든지, 둘 중 한 가지를 할 수 있습니다. 여러분은 의식에 상응하는 상태를 구현함으로써, 하나가 됨으로써, 이런 입문을 통과하게 됩니다. 그렇게 하지 않으려고 한다면, 입문에서 실패하게 됩니다. 이제 이 네 가지 요소가 물질우주의 층에 어떻게 대응되는지 살펴보겠습니다. (지금 내가 공동창조자와 다른 형태로 진화하는 존재들 모두에 관해 얘기하고 있다는 것에 주목하기 바랍니다. 이들 모두는 방식은 약간 다르더라도, 이런 입문을 반드시 통과해야 합니다.)

정체성층은 확장하는 힘인 아버지의 요소에 해당합니다. 주요 원리는 자기 초월입니다. 이것은 허공을 채우는 것뿐만 아니라, 무엇보다도 자기 초월적인 존재들이 창조주 자신인 모든 것, 즉 그 이상이 되게 하는 것입니다. 이런 입문을 통과하기 위해 존재들은 정체성을 확장해야 합니다. 아버지 요소의 입문들을 통과하면, 그들은 자신들이 개체화되어 나온 존재들의 계보, 즉 창조주에게까지 거슬러 올라가는 계보인 영적인 정체성에 기초한 정체감을 구축하게 됩니다. 아버지의 입문에서 존재들은 자신들이 근원과 하나이고, 자신들의 상위 존재들과도 하나이며, 마음의 평화와 궁극적인 충족감의 유일한 원천인, 모든 생명과도 하나라는 감각을 창조하고 이를 유지해야 합니다. 더 높은 차원에서, 아버지의 요소는 모든 생명에 대한 책임을 지고 있으며, 모든 생명을 끌어올리기 위해 일합니다. 아버지는 영적 가족의 모든 구성원을 위해 최선이 되는 일을 합니다.

어떤 존재가 아버지 요소의 입문에 실패할 때, 그 존재는 자신을 신과 분리된 존재로 보고, 그런 분리에 기초한 정체감을 구축합니다. 이것이 뱀이 이브에게 그녀가 분명히 죽지 않을 것이라고 암시했던 것입니다. 이 말의 의미는 이브가 영적인 계보와 하나라는 것에서 벗어난 정체성을 실제로 구축할 수 있다는 의미입니다. 뱀이 잊고 말하지 않은 것은, 그렇게 되면 삶은 끝없는 긴장과 고통이 될 것이며, 결코 마음의 평화로 이어질 수 없다는 것입니다. 물론 그런 삶은 절대적으로 시간제한이 있는 삶이 될 것인데, 창조주는 자기 존재의 일부가 전체와 분리된 채로 무한정 남아 있는 것을 허용하지 않을 것이기 때문입니다. 타락한 아버지의 의식은 형태의 세계를 창조한 신의 목적에 대한 절대적 반란이며, 삶의 목적을 거부하며, 생명의 강으로 들어가려고 하지 않는 것을 상징합니다. 또한, 그것은 영적 가족의 모든 구성원의 성장을 돕는 아버지의 역할을 하지 않고 거부하는 것으로 나타납니다.

멘탈층, 즉 사고(思考)의 단계는 그리스도 마음인 아들의 요소에 해당합니다. 이것은 존재에게 무엇이 실재인지를 알 수 있는 능력을 부여합니다. 실재하는 것은 신의 비전, 신의 목적과 법칙의 틀 안에서라는 의미입니다. 실재하지 않는 것은 신과 하나됨에서 벗어나 있다는 의미입니다. 아들의 입문들을 통과한 존재는 실재와 비실재를 분별할 수 있는 능력을 얻습니다. 실재하는 것은 그리스도 마음의 오직 하나됨의 진리(one truth)를 뜻하며, 실재하지 않는 것은 반그리스도 마음에서 나온 이원적인 많은 "진리(truths)"를 의미합니다. 그런 존재는 "진리의 말씀을 올바로 나눌 수"(디모데후서 2:15) 있습니다.

아들의 입문들을 통과하지 못하면, 그 존재는 그리스도 마음이라는 실체에서 벗어나게 되며, 진실과 오류, 선과 악이 상대적인 용어가 되는 이원성 마음에 갇히게 됩니다. 하지만, 그 존재는 이런 것을 볼 수 없으며, 따라서 자신이 선과 악을 정의할 수 있는 권리를 가진다고 믿게 됩니다. 심지어 그 존재는 자신이 그리스도의 대리자 또는 신보다 더 잘 안다고 믿게 됩니다. 이로 인해 지적이고 영적인 자만이 생깁니다. 이런 자만으로 말미암아 빠져나오기가 매우 힘든 진퇴양난의 상황이 만들어질 수 있습니다.

감정층, 즉 느낌의 단계는 어머니의 요소에 해당합니다. 이 입문들을 통과할 때, 존재는 완전히 성장했다고 느끼게 되지만, 이것은 그들이 아버지의 법칙들과 조화를 이루면서 어머니 빛을 사용하는 방법을 익힐 때만 일어날 수 있습니다. 그 후 그들은 자기 존재 안의 어머니와 아버지 요소들 사이에서 조화(하나됨)를 이루게 됩니다. 어머니의 입문을 통과하기 위해 존재들은 모든 생명을 양육하는 일을 해야 하며, 신의 나라를 실현할 수 있도록 이 구체를 끌어올려야 합니다. 다시 말해서, 그런 존재들은 환경의 지배를 받는 것이 아니라, 자신이 환경을 통제합니다. 예를 들면, 그들은 물질계가 목적 그 자체가 아니라는 것을 깨닫게 됩니다. 물질 지구가 제공하는 것에 만족하는 것을 뛰어넘어, 삶에는 더 높은 목적이 있습니다. 삶에는 어머니의 요소를 아버지의 요소와 하나되게 하는 더 큰 목적이 있습니다.

어머니의 입문에 실패할 때, 그 존재들은 제대로 양육받지 못했다고 느끼게 되고, 삶이 기대에 부응하지 않는 것을 경험합니다. 그들의 희망은 충족되지 못합니다. 모든 것은 무너져 내리는 것 같으며, 삶은 끝없는 투쟁이 됩니다. 하지만 그들은 어머니를 아버지와 다시 하나되게 하는 유일한 해결책을 찾으려 하는 것이 아니라, 모든 것이 잘못되어 가는 것에 대해, 심지어 자신들이 존재한다는 사실에 대해 아버지를 비난하기 시작합니다. 그 외 다른 존재들은 어머니의 원리와 어머니 빛에 대해 증오심을 키우게 됩니다. 이로 인해 그들은 이 세계에 존재하는 모든 것을 통제하려고 하거나 물질계에 존재하는 것들을 파괴하려고 합니다. 일부 존재는 공격적이지는 않지만, 물질계에 너무 집중해 있는 나머지, 물질계를 목적 그 자체로 인식하게 됩니다. 그들은 물질적인 쾌락이나 부를 추구하는 데 모든 관심을 집중하게 되지만, 결국에는 그런 것으로는 자신들의 욕구가 충족되지 않는다는 것을 깨닫게 됩니다.

물질계는 성령의 요소에 해당합니다. 그 핵심은 제한된 상태에서 더 높은 상태로 변형되는 것, 다시 말해 여러분의 재능을 증식하고, 그 이상의 것이 되는 것입니다. 이 입문을 통과하면, 그들은 자신들에게 주어진 정당한 역할이 지구를 다스리는 것이라는 사실을 알게 됩니다. 따라서 불완전한 상황에 순종하거나 적응하는 대신, 그리스도의 비전에 따라 그 상황을 바꾸려고 합니다. 그들은 자신을 모든 제한에서 벗어나게 하려고 하며, 다른 사람들, 심지어 사회 혹은 행성 자체까지 끌어올리려고 합니다.

이런 입문에 실패하면, 이런 존재들은 삶에 대한 지휘를 거부하게 되고, 그리스도의 비전에 기초한 결정도 거부하게 됩니다. 그 대신에, 그들은 이런 조건을 정당화하고, 그런 상황을 불가피한 것으로, 또는 가능한 최고의 상황으로 묘사하면서, 불완전한 상황에 적응하게 됩니다. 물론 반그리스도 마음의 이원성 논리를 이용하면 이런 일을 쉽게 할 수 있습니다. 어떤 문명에서 임계수치의 사람들이 이런 의식 상태로 들어가게 되면, 그 사회는 자신을 초월할 수 없게 되며, 필연적으로 수축하는 힘의 지배를 받게 됩니다. 사회가 무너져 내리면서 전 문명이 붕괴하거나 사라질 수도 있습니다. 나중에 얘기하겠지만, 이런 현상이 물질 지구의 수많은 문명에서 이미 일어났습니다. 물질계는 특히 이런 과정을 겪기가 쉽습니다. 물질의 밀도가 너무 높아, 수축하는 힘이 더 많은 것을 끌어당기게 되고, 신의 법칙과 정렬하지 않는 구조물들을 무엇이든 더욱 쉽게 무너뜨릴 수 있기 때문입니다.

이제 입문들을 통과하지 못하고 물질우주의 네 층으로 추락한 존재들의 의식 상태를 살펴보겠습니다.

아버지, 정체성층. 정체성층은 아버지의 입문에 실패한 사람들을 돕기 위해 설계되었습니다. 여기에 있는 존재들은 신에게, 특히 모든 생명이 하나라는 것에 저항합니다. 그들은 분리된 존재로서의 정체성을 유지하려고 하는데, 이 말은 자신들이 신의 몸 외부에 존재해야 한다는 의미입니다. 그것은 또한 (어떤 것을 "유지할 수 있는" 유일한 방법인) 자기 초월을 부정하며, 자신을 생명의 강에서 벗어나게 한다는 의미이기도 합니다. 그리고 그들은 모든 생명을 끌어올려야 하는 책임을 지기를 거부합니다.

이렇게 하려는 근본적인 동기 가운데 하나는 자신이 타인들보다 더 낫다고 믿는 것으로, 그들은 자신의 우월감을 강화하고 싶어 합니다. 이로 인해 영적인 자만이 생겨납니다. 다른 모든 자만과 마찬가지로, 이런 영적인 자만은 여러분이 현실을 직시하지 못하게 하고, 진퇴양난의 상황에 갇히게 합니다. 이런 존재 중에는 말 그대로 신의 내부에 구축할 수 있는 것보다 더 나은 정체성을 신의 외부에 구축해 놓았다고 믿는 존재가 많습니다. 어떤 것도 신을 벗어나서 존재할 수가 없으므로, 이것은 명백히 환영이지만, 이런 존재들은 자신들이 신의 외부에 있을 뿐만 아니라, 신의 세계보다 더 좋은 세계를 만들고 있거나, 만들었다고 믿고 있습니다. 이들은 이런 환영을 매우 강렬하게 옹호합니다. 어머니의 수축하는 힘이 이런 환영을 끊임없이 무너뜨리고 있으므로, 그들은 완강해질 수밖에 없습니다. 사실 이런 존재들은 신이 되고자 하는 열망이 있습니다. 그들은 자신들을 신처럼 떠받드는 세상을 만들려고 합니다. 그들은 종종 원시적인 무력을 포함해서 가능한 모든 수단을 동원해 권력을 잡으려고 합니다. 여러분이 신이 되는 방법은 여러분의 창조주와 하나가 되어야만 가능하다는 것에 주목하기 바랍니다. 하지만, 균형을 이루지 못한 이런 존재들은 자신의 분리된 자아가 신으로 추앙받기를 원하므로, 창조주와 하나가 되는 것을 바라지 않습니다.

아들, 멘탈층. 멘탈층은 아들의 입문에 실패한 사람들을 돕기 위해 설계된 곳입니다. 이런 존재들은 우월성을 추구합니다. 그 때문에 이들은 분리된 채로 존재하고 싶다는 열망을 많이 가지고 있습니다. 하지만, 이들은 기본적으로 권력과 원시적인 무력과는 반대가 되는 마음을 사용합니다. 이들은 분석적인 마음이나 지성을 사용하여 우월성을 구축합니다. 앞에서 설명한 것처럼, 반그리스도 마음의 이원적 논리는 여러분이 어떤 것을 "증명"하거나, "정당화"하는 것을 허용합니다. 따라서 멘탈층에서 이원적 논리를 능숙하게 구사하는 존재들은 우월성에 대한 환영을 구축할 수 있습니다. 이런 존재 가운데 많은 사람이 자신들이 다른 존재들보다 더 지성적이라고 믿고 있습니다. 이들은 완전히 이원적 사고방식을 가지고 있어서, 항상 지성에 기초하여 자신을 타인과 비교합니다. 이들 중 많은 사람이 이성과 논리를 사용하는 데는 자신이 신보다 더 낫다고 믿고 있습니다. 신은 이원적 논리를 전혀 사용하지 않으므로, 역설적으로는, 이 말이 사실입니다. 따라서 이런 존재들은 우주를 운영하는 방법에 대해서 자신들이 신보다 더 잘 알고 있다고 믿고 있습니다. 그들 스스로가 정의한 이원론적 세계관이 다른 존재들의 세계관보다 더 낫다는 의미에서 보면, 그들이 더 나을 수도 있지만, 우주는 그들의 환영에 따라 작동하지 않습니다. 이런 존재들은 비록 자신을 신이 아니라, 신의 진정한 대리자로 세우려고 하지만, 그러함에도 불구하고 우주를 자신들이 책임져야 한다고 믿습니다. 이들은 자신보다 아래에 있는 존재들에게 자신을 그리스도의 대리자, 즉 진정한 영적 스승으로 보이게 하려고 합니다.

어머니, 감정층. 감정층은 어머니의 입문에 실패한 사람들을 돕기 위해 설계된 곳입니다. 여기 있는 존재들은 신과 신을 대리하는 존재들, 또한 그들의 기대에 순순히 따르지 않거나 자기 초월의 필요성을 대변하는 존재들에 대한 부정적인 감정에 깊이 빠져 있습니다.

이런 존재들은 종종 앞에서 설명한 두 가지 부류가 만든 환영 일부를 믿지만, 이들은 한 걸음 더 나아가서 이 환영들을 사용하여, 자신이 적으로 여기는 것과 맞서는 아주 강렬한 감정들을 만들어냈습니다. 이들은 대개 신과 신이 상징하는 모든 것을 싫어합니다. 이로 인해 그들은 신에게 복수하려는 강한 분노와 열망을 가집니다. 분명한 것은, 자신들이 어떤 영향력을 가질 수 있다고 믿는다고 할지라도, 그들은 신을 해칠 수 없습니다. 하지만, 그들은 신을 믿는 다른 존재들은 해칠 수 있습니다. 이것은 그들에게 신의 대리자들, 특히 자신의 환영에 도전하는 참된 영적인 스승에 대한 살의(殺意)를 가지게 합니다. 이런 존재는 방해받고 싶어 하지 않습니다. 이들은 자기 초월의 필요성을 대면하지 않고, 계속해서 똑같은 일을 하고 싶어 합니다. 그들은 제한된 상태에 집착해 있으며 더 높이 오르려고 하지 않습니다.

성령, 물질계. 물질계는 성령의 입문에 실패한 사람만이 아니라 세 상위층에서 추락한 존재들을 돕기 위해 설계되었습니다. 따라서 이곳에는 세 상위 영역들에서 내려온 존재들이 육화해 있습니다. 세 상위 영역에 있는 존재들은 신이나, 적어도 그들이 보는 신이라는 개념에 훨씬 더 많이 집중되어 있다는 것을 알아챘을 것입니다. 그들이 실제로는 신의 존재를 부정하지 않습니다. 신을 부정하면 신의 세계보다 더 나은 세계를 만들고, 신보다 더 영리하게 되거나, 신을 증오하고 복수하려는 그들의 작업 방식(modus operandi)을 빼앗기 때문입니다. 따라서 물질계는 원래 완전히 신의 외부에 있고 싶어 하는 존재들을 위해 마련되었습니다. 물질계는 진동이 가장 낮고, 밀도가 가장 높습니다. 따라서 이 영역에 있는 존재들은 신이 존재하지 않으며, 창조주가 필요 없다는 환영을 만들 수 있습니다. 내 말의 요점은 오직 물질계에서만, 신이 존재하지 않으며 자신들이 사는 세계가 절대자에 의해 창조되지 않았다는 환영을 만들어낼 수 있다는 것입니다. 여기에는 여러분이 지구 행성에서 성장해 오면서 마주쳤던 많은 상황을 설명하는 깊은 암시가 담겨 있습니다. 이것에 대해서 다음 장에서 더 자세히 살펴보겠습니다.

이 가르침의 중요성에 주목하기 바랍니다. 어떤 존재가 자신이 태어난 구체와 함께 상승하려고 하지 않는다면, 그 존재는 새로 만들어지는 구체로 추락하게 됩니다. 하지만, 신의 은총은 끝이 없으므로, 추락한 존재는 그냥 바닷속으로 내동댕이쳐져서 가라앉거나 수영을 하게 되는 것이 아닙니다. 그 존재는 처음에 보호받는 환경으로 내려가며, 그곳에서 새로운 공동창조자와 노련한 스승들을 포함한, 다른 존재들과 교류할 수 있는 기회를 가집니다. 예를 들면, 에덴 정원은 부분적으로는 아버지의 입문에 실패한 추락한 존재들을 돕기 위해 세워졌습니다. 이런 존재들이 정원에서 주어진 기회를 활용하지 않는다면 더 아래로 추락할 수도 있으며, 멘탈층으로, 감정층으로, 심하면 물질층으로 직접 추락할 수도 있습니다. 하지만, 그 존재가 어디에 있든 상관없이, 그 존재는 언제나 우주적 계층구조와 연결되어 있으며, 그런 연결고리를 통해, 추락한 존재는 하나됨의 길로 돌아올 수 있는 길을 제공받습니다.

꩜

이제 지금까지 얘기한 것을 요약하면, 이 행성이 여러 생명흐름의 일시적인 고향이라는 것을 알 수 있습니다. 그렇지 않다면, 지구에서 무슨 일이 일어나고 있는지, 어떤 일이 일어났었는지 결코 이해할 수 없을 것입니다. 나는 이 행성에서 일어났었고, 지금도 일어나고 있는 몇 가지 일에 대해 아주 영적인 사람들이 혐오감을 느낀다는 것을 알고 있습니다. 나는 많은 사람이, 일부 사람들이 왜 그렇게 명백하게 악하며, 타인들을 향해 어떻게 그처럼 폭력적인 행위를 할 수 있는지 궁금해한다는 것도 잘 알고 있습니다. 어떤 사람들은 어떻게 해서 타인에게 가하는 고통에 대해 아예 무감각하고 관심도 없으며, 행위에 따른 결과도 의식하지 못하는 걸까요? 어떤 사람들은 어떻게 다른 사람들을 통제하고 억압하려고 하면서, 다른 사람들을 재산이나 노예처럼 취급하려는 욕망을 가질 수 있을까요?

이제 부분적이라도 인간의 악에 대한 설명을 살펴보겠습니다. 엄연한 사실은 이 작은 행성에서 인간의 몸을 가지고 사는 일부 존재들은 처음부터 이 행성에 존재하도록 창조되지 않았다는 것입니다. 그들은 새로운 공동창조자들처럼 정체성층으로 내려가 궁극적으로 육체를 지니도록 창조되지 않았습니다. 이런 존재 중 일부는 실제 공동창조자로 창조되었지만, 그들은 상위 영역에서 창조되었습니다. 그들이 태어났던 세계가 상승하게 되었을 때, 그들은 분리된 정체성을 버리고, 생명의 강에 합류하려고 하지 않았습니다. 따라서 그들은 새로 만들어진 구체로 추락하게 된 것입니다.

하지만, 그들이 추락하기 전, 이런 존재 중 일부는 자신들이 태어난 구체에 대한 정교한 이해와 형태의 세계가 어떻게 작동하는가 하는 것을 습득했습니다. 이런 존재들은 순수한 무지가 아니라 고의적인 무지로 추락하게 된 것입니다. 이 말은 그들이 우주가 작동하는 원리에 대해 아주 수준 높은 이해를 가지고 있지만, 그리스도 의식은 성취하지 못했다는 의미입니다. 그리스도 의식을 성취해야만 이기적이지 않은 방식으로 이런 이해를 활용할 수 있습니다. 따라서 그들은 자신들이 습득한 지식과 태어난 구체 내 사회에서 누렸던 외적인 지위를 사용하여 모든 생명을 끌어올리려고 하는 대신, 자신을 다른 사람들과 비교할 수 없는 높은 곳에 세우려는 이원적인 욕망에 눈이 멀게 되었습니다. 이로 인해 그들은 자신들이 가진 지식과 힘을 이용하여 다른 존재들을 실제로 제한하고 통제하게 되었습니다. 그들은 다른 존재들을 끌어내림으로써 자신을 높이려고 했습니다. 이것은 그 이상이 되는 법칙(Law of MORE)을 명백하게 위반하는 것입니다. 이 법칙에 따르면, 자기 자신을 끌어올릴 수 있는 유일한 참된 방법은 모든 생명을 끌어올리는 것입니다. 따라서 여러분이 다른 모든 형태의 생명을 제한하면서 자기 자신을 높이려고 한다면, 여러분은 정말로 생명 자체와 접촉할 수 없게 됩니다.

이런 자기 중심적인 존재 가운데 일부는 몇몇 구체 속에서 분리된 정체감을 유지해 왔습니다. 그들은 형태의 세계에서 여러 단계를 거쳐 추락했습니다. 그들은 오랜 세월에 걸쳐 현재의 정체감을 구축했습니다. 그들은 자기 자신을 확신하며, 다른 존재들을 억압할 수 있는 권리를 가지고 있다고 믿었습니다. 따라서 그들이 지구에 육화할 때, 그들은 대부분의 다른 사람보다 자신들이 뛰어나다고 느끼게 되며, 곧바로 강력한 지위를 가진 존재로 군림하려고 합니다. 이런 존재 중 일부는 정말이지 자기 중심적입니다. 그들은 자신들의 우월감을 확장하기 위해, 주로 자신을 위한 권력과 특권을 얻으려고 타인들을 통제합니다. 하지만, 일부 추락한 존재들은 우주가 어떻게 작동되어야 하는지에 대해 자신들이 신보다 더 잘 알고 있다는 믿음에 갇히게 되었습니다. 이로 인해 그들은 신이 틀렸음을 증명하려는 욕망을 가지게 되었습니다. 따라서 다른 사람들을 통제하려는 욕망은 극소수의 사람만 이해하고 있는 더 큰 의도(agenda) 일부입니다. 이 주제는 더 적절한 토대를 다지고 난 후, 다음 장에서 자세하게 얘기하겠습니다.

이 시점에서의 내 목표는 대부분의 사람과 같은 방식으로 삶을 바라보지 않는 존재들이 실제로 지구에 있음을 여러분이 알 수 있게 하는 것입니다. 이런 존재들은 인간의 형상을 하고 있으며, 너무나 자기 중심적이어서, 다른 사람들이 당하는 고통을 전혀 느끼지 못합니다. 방정식은 간단합니다. 이원성 의식에서 길을 잃으면 잃을수록, 하향 계단 아래로 더 멀리 내려가면 갈수록, 여러분은 더 자기 중심적인 존재가 됩니다. 자기 중심적으로 되면 필연적으로 다른 형태의 생명에 대해 점점 더 무감각해집니다. 중요한 것은 오직 자신이며, 다른 사람들은 전혀 중요하지 않습니다. 지극히 자기 중심적인 사람들은 자신이 정의한 목표를 추구할 수 있는 더 큰 권리를 가지고 있다고 믿습니다. 그들은 목적이 수단을 정당화할 수 있다고 믿습니다. 심지어 그들 중 일부는 그들이 가진 더 높은 목적이 모든 수단과 타인에게 가하는 모든 고통을 정당화할 수 있다고 믿습니다. 이런 존재들은 지속해서 그리고 무자비하게 타인들을 통제하려고 합니다. 즉 이들은 다른 사람들의 영적인 자유를 빼앗으려고 합니다. 나는 이 주제가 많은 영적인 구도자를 불편하게 한다는 것을 알고 있습니다. 그들은 이 주제에 대해 생각조차 하기 싫어합니다. 하지만, 진지한 영적인 구도자라면, 그 목표가 영적인 자유를 성취하는 것이 되어야 합니다. 영적인 자유를 빼앗으려는 세력들을 이해하지 않고서, 어떻게 영적인 자유를 성취하기를 바랄 수 있을까요? 따라서 성숙한 구도자로서, 여러분은 모든 사람의 영적인 자유를 고의로 그리고 공격적으로 빼앗으려는 세력이 지구에 있다는 사실을 깨달아야 합니다. 이런 세력이 작업하는 방법을 이해하고 나면, 그들이 여러분을 개인적으로 통제하지 못하게 하고 쉽게 피할 수 있습니다. 임계수치의 영적인 사람들이 이런 세력을 충분히 이해하게 되면, 그런 세력을 지구에서 영원히 제거할 수도 있습니다. 여기에 대해서는 나중에 훨씬 더 자세하게 얘기하겠습니다. 지금은 주제를 바꿔, 분리의 환영 속으로 추락한 결과, 지구에 육화하게 된 다른 형태의 영적인 존재들을 살펴보겠습니다.

열쇠 14
공동창조자와 천사의 차이

일부 영적인 추구자들은 내가 묘사하고 있는 그림에 천사들이 어떻게 들어맞는지 궁금해할 것입니다. 이것을 살펴보겠습니다. 일부 영적인 가르침은 천사들이 창조된 목적에 따라 신의 생각으로 형성되었다고 얘기합니다. 어떤 사람들은 천사를 신과 그의 피조물 사이의 메신저로 알고 있고, 또 다른 사람들은 천사들이 신과 인간의 종(servants)이라고 알고 있습니다. 이런 견해가 모두 틀린 것은 아니지만, 천사들의 진화는 매우 다양하며, 천사들은 매우 다른 기능이 있다는 것을 이해해야 합니다. 그러므로 천사에 대해 지나치게 일반화하기는 어렵습니다. 영적인 추구자들은 천사들을 단순하게 이해하지 않도록 주의해야 합니다.

이 책의 의도는 형태가 다른 많은 천사에 관해 설명하는 것이 아닙니다. 나의 목적은 일부 영적인 추구자들에게 모순이나 역설처럼 보이는 것을 해결할 수 있도록 사람들에게 도움을 줄 수 있는 가르침을 주는 것입니다. 천사들이 이 세상이나 다른 어떤 세계에 물리적인 육화를 하도록 창조된 것이 아니라고 주장하는 영적인 스승이 지구에는 더러 있습니다. 하지만, 많은 영적인 추구자는 자신이 육화한 천사라는 내적인 앎을 가지고 있습니다. 이 둘이 모두 옳은 것이 가능할까요? 또한 우리는 더 깊은 이해를 통해 이런 역설을 이해할 수 있을까요?

⚜

구체들이 연속해서 창조되는 과정을 더 자세히 살펴보면서, 이해의 토대를 만들어보겠습니다. 앞에서 설명한 것처럼, 각각의 새로운 구체는 이전의 구체보다 더 다양해지고, 더 자세히 표현되었으며, 더 복잡합니다. 창조의 패턴은 하나이신 창조주가 자기 자신을 다양하게 만드는 것이며, 각각의 새로운 구체는 이런 다양성을 새로운 단계로 가져갑니다. 따라서 여러분의 구체가 창조주의 하나됨에 이르는 거리는 최초의 구체보다 훨씬 더 멀어지게 됩니다.

또 다른 측면은 첫 번째 구체들이 정지해 있지 않다는 것입니다. 어떤 구체가 상승하면, 그 구체에는 더 이상 이원성이 존재할 여지가 없지만, 이것이 구체가 전체성(Allness)의 단계에 도달했다는 뜻은 아닙니다. 결과적으로, 상승한 구체 안에서도 성장할 수 있는 여지는 여전히 남아 있습니다. 영적인 영역에 존재하는 모든 구체는 지속해서 스스로를 초월합니다. 그 결과, 상위 구체들은 더 정교해지고, 더 진화합니다. 반면에 새로운 구체들은 덜 정교하고, 더 높은 밀도를 지닌 상태로 시작합니다.

다른 한편으로는, 우리는 점점 더 다양해지고 있습니다. 다양성의 증가는 개별적인 존재들에게 분리된 정체감을 경험할 수 있는 기회를 준다는 목적과 부합합니다. 하지만 다른 한편으로 형상 세계의 목적은 모든 분리된 존재를 하나됨으로 돌아가게 하는 것입니다.

이 말은 그들이 뚜렷한 정체성을 상실하지 않고도 분리감을 버리게 된다는 의미입니다. 다양성이 커짐에 따라, 새로운 존재들은 분리된 정체성을 경험하기가 더 쉬워집니다. 각각의 새로운 세대는 밀도가 더 높은 단계에서 시작하게 되며, 하나됨의 상태에서 한 걸음 더 멀어집니다. 그들이 하나됨으로 돌아오기 위해서는 더 먼 거리를 올라와야 하므로, 분리감 속에서 길을 잃게 될 위험성도 자연스럽게 높아집니다. 연속되는 각각의 구체에서는, 구체의 밀도가 이원성 의식을 더 설득력 있게 만들고 더 극복하기 어렵게 한다고 말할 수도 있습니다. 반그리스도 마음은 환영의 베일을 형성하며, 새로운 구체의 밀도는 더 높아집니다.

이제 문제는 가장 최근에 만들어진 구체 안의 존재들이 분리감과 이원성 안에서 길을 잃는 것을 어떻게 막을 수 있는가 하는 것입니다. 이와 관련된 문제는 가장 최근에 만들어진 구체가 신의 법칙과 어떻게 조화를 이루는가? 상위 구체에 존재하며 새로운 구체를 설계하는 데 참여했던 마스터들의 비전에 어떻게 조화를 이루는가 하는 것입니다. "거리감"과 "하나됨"을 유지해야 할 필요성이 결합하면, 의사소통의 필요성이 명백하게 대두됩니다. 하지만, 상위 구체에 존재하는 마스터들은 하위 구체에 내려오게 되어 있지 않습니다. 영적인 영역 가운데 가장 낮은 단계에 있는 마스터들은 새로운 구체를 공동창조하고 새로운 공동창조자들을 지도하는 데 여념이 없으므로, 상위 구체들을 계속 여행할 수 없습니다. 논리적인 해결책은 새로운 형태로 진화하는 존재들을 창조하는 것입니다. 그들은 마스터나 공동창조자는 아니지만, 형태의 세계 모든 수준 간의 의사소통과 하나됨을 쉽게 하려고 특별히 고안되었습니다. 이제 천사의 탄생에 관한 얘기가 등장합니다. 이제 우리는 형태가 진화하는 방식에는 서로 다른 두 가지 방식이 있다는 것을 알 수 있습니다.

공동창조자들은 가장 낮은 단계로 내려가서, 그곳에서부터 위로 올라오도록 창조되었습니다. 그들은 그리스도 의식 없이 창조되었지만, 살아 있는 그리스도가 되고 하나됨에 이를 때까지 그들을 양육해 줄 그리스도의 씨앗은 지니고 있습니다. 이런 과정을 거치면서, 그들은 분리에서 하나됨으로 나아가는 것이 어떤지를 경험하게 됩니다.

천사들은 가장 낮은 단계로 내려가도록 창조되지는 않았습니다. 하지만 그들은 새로운 구체를 창조하고 공동창조자들이 쉽게 성장하도록 돕기 위해 창조되었습니다. 천사들은 어느 정도의 그리스도 의식을 지니도록 창조되었지만, 그들이 그리스도 의식을 확장한다고 하더라도, 분리된 존재로 창조되지 않았으므로, 분리에서 하나됨으로 나아가지는 않습니다. 그들 모두는 자신이 상위 존재의 확장체라는 것을 어느 정도 인식하고 있습니다.

✦

앞에서 언급한 것처럼, 창조주는 자신의 존재로부터 창조해야 합니다. 즉 창조주는 형태의 세계에 자신의 의식을 심어 놓았습니다. 외적인 형태와 관계없이, 이 세계에 존재하는 모든 것은 창조주의 의식에서 창조되었습니다. 모든 것은 어떤 형태의 의식을 가지고 있습니다. 말했듯이, 돌조차 의식을 가지고 있지만, 물체의 의식과 살아 있는 존재의 의식 사이에는 차이가 있습니다. 하지만, 그 차이는 지구의 생물과 무생물 사이의 차이와 똑같은 것이 아닙니다. 예를 들면, 대부분의 사람은 바위는 죽은 것이며 의식이 없다고 말하고, 반면 동물은 살아 있으며 의식을 가지고 있다고 말합니다. 사실, 둘 다 생명의 형태입니다. 둘 다 의식의 형태를 가지고 있지만, 대체로 구조(entity)의 복잡성에서 차이가 납니다. 분명히 바위는 동물보다 훨씬 덜 복잡하며, 덜 특화된 형태의 의식을 가집니다. 원숭이처럼 많이 진화된 동물들은 더 원시적인 동물보다 더욱 정교한 형태의 의식을 가진다는 것을 분명히 알 수 있습니다. 사실, 의식의 측면에서의 진정한 구분은 다음과 같습니다.

바위나 행성 같은 무생물. 이것들은 실제 행동은 하지 못하지만, 살아 있는 존재들에 의해 움직이게 됩니다.

자기 인식이 없는 생물. 이런 존재는 의식이 있지만, 자신들이 존재한다는 의식이나 정체감에 대한 인식이 충분하지는 않습니다.

자기 인식하는 존재들. 이 존재들은 자기 인식이 있으며, 이로 인해 자유의지에 대한 토대를 가지게 됩니다. 예를 들면, 물고기는 자신이 물고기라는 것을 알지 못하며, 단지 물고기가 하는 일을 할 뿐입니다. 물고기는 자기 자신에게 "나는 물고기이지만, 물에서 숨 쉬는 것에 싫증이 났어, 이제는 개가 되고 싶어"라고 말할 수 없습니다.

이것이 천사들과 무슨 관계가 있을까요? 천사들은 모두 물질 이상입니다. 하지만 어떤 천사는, 비록 설계는 다르다 할지라도, 자기 인식 없이 살아 있는 존재의 수준에서 기능합니다. 이들 낮은 천사들은 특정한 기능을 수행하도록 창조되었습니다. 그들은 자신을 변화시킬 가능성 없이, 하게 되어 있는 일을 하는 지구의 동물과 매우 흡사하게 기능합니다. 이런 천사들은 여러분의 구체를 위해 빛의 진동수를 내리고, 여러분의 구체와 가장 낮은 영적인 영역 사이의 소통에 관계된 매우 특정한 기능을 하고 있습니다. 그들은 영적인 영역의 더 높은 수준으로 올라갈 수 없습니다.

상위 천사들은 훨씬 더 정교한 수준의 의식을 가집니다. 그들은 자신들이 가지도록 창조된 기능과 나이 또는 경험에 따라 매우 폭넓은 범위를 포괄합니다. 어떤 천사들은 대부분의 인간보다 우주에 대해 원시적인 자기 인식과 이해를 가졌지만, 다른 천사들은 대부분의 인간보다 훨씬 더 진보해 있습니다. 의식의 단계가 높아짐에 따라 자기 인식이 나타나는데, 여기에는 자신의 결정에 따라 스스로를 변화시키는 능력이 포함됩니다.

천사들은 살아 있는 존재로 창조됩니다. 살아 있는 모든 존재는 성장하고, 진보하면서 결국에는 창조될 당시의 단계를 초월할 수 있는 잠재력이 있습니다. 따라서 천사들은 아무 생각 없이 특정한 기능을 수행하는 우주 로봇의 일종으로 창조되지 않았습니다. 천사들도 실제로 진보할 수 있습니다. 경험이 많은 더욱 세련된 천사들은 (특정한 범위 내에서) 자신의 행위를 의식적으로 변화시킬 수 있습니다. 사실, 상위 천사들은 더 높은 의식 상태로 이끄는 하나됨의 길을 따릅니다. 이것이 공동창조자의 길과 유사하게 들릴 수도 있지만, 몇 가지의 근본적인 차이가 있습니다.

공동창조자들은 창조될 당시에 가장 낮은 단계의 형상 세계로 내려가도록 창조되었습니다. 그곳에서, 그들은 그 단계의 에너지로 만들어진 "육체"를 지니게 될 것입니다. 여러분의 구체에서 이것은 물질적 스펙트럼을 가진 에너지로 만들어진 육체를 지닌다는 의미입니다. 천사들은 가장 낮은 단계에서 창조되지 않았으며, 가장 낮은 단계로 내려가 육체를 지니도록 창조되지도 않았습니다. 천사들은 메시지를 전달하기 위해 일시적으로 하강할 수 있습니다. 비록 인간과 같은 형태로 나타날 수도 있지만, 천사들은 이런 일을 하기 위해 실제로 육체를 가지지는 않습니다.

공동창조자들은 상위 영역에 있는 존재들의 확장체로 창조되었습니다. 그들은 자신들을 창조한 존재들의 단계보다 아래로 내려가서, 그곳에서부터 위로 올라가도록 창조되었습니다. 하지만 천사들은 자신들이 창조된 단계 아래로 내려가서 육화하도록 창조되지 않았습니다. 그들은 자신들이 창조된 단계에서 위로 올라갈 수는 있지만, 그 아래로 내려가게 되어 있지는 않습니다.

공동창조자들은 제대로 발달하지 않은 정체감을 가지고 시작하여, 거기에서부터 성장하게 되어 있습니다. 내가 비록 공동창조자들이 아이엠 현존(I AM Presence)에 고정된 영적인 정체성을 지닌다고 말을 했지만, 공동창조자는 물질계에서 자기 자신을 표현하는 정체성인 오메가 정체성을 설계할 수 있는 엄청난 자유가 있습니다. 공동창조자의 그리스도 같은(Christ-like) 결정은 공동창조자의 알파 정체성을 확장하고 정교하게 다듬기까지 합니다. 천사들은 아주 분명하게 정의된 정체성을 지니도록 창조되었습니다. 그들은 물질적인 육체 속에 존재하지 않으며, 공동창조자들처럼 정의된 오메가 정체성이 필요하지 않습니다. 천사들도 오메가 정체성을 발전시킬 수는 있지만, 알파 정체성과 완벽하게 일치해야 합니다. 천사는 미리 정의된 정체성을 개발하고, 그 정체성에 더 가까워질 수 있지만, 공동창조자는 미리 정의된 정체성을 초월할 수 있으며, 그 정체성 이상이 될 수 있다고 할 수 있습니다.

원칙적으로 공동창조자는 완전한 자유의지가 있습니다. 신의 법칙과 조화를 이루는 새로운 정체성을 창조하는 한, 공동창조자는 자신의 신성한 정체성을 찾아내고 그것을 넘어서겠다고 결정할 수 있습니다. 그래서 지구에 있는 어떤 사람들은 자신이 양육된 환경과 사회를 초월할 수 있습니다. 천사들은 자유의지를 가지고 있습니다. 하지만 특정한 기능을 수행하도록 창조되었기 때문에, 기본적인 구조를 변화시킬 수 있는 자유의지와 자기 인식을 가지고 있지는 않습니다. 예를 들면, 특정한 천사들은 인간을 보호하도록 설계되었습니다. 그리고 특정한 천사들은 치유하는 천사로 설계되었습니다. 치유하는 천사는 치유를 더 잘하는 천사가 되겠다고 선택할 수는 있지만, 보호하는 천사가 되겠다고 선택할 수는 없습니다.

공동창조자의 기본적인 설계는 제한된 자기 인식을 지니고 출발하여 성장하는 것입니다. 다시 말해서, 공동창조자의 기본적인 구조는 성장하고, 자신을 초월하며, 그 이상이 되는 것입니다. 공동창조자에게는 자기 초월을 통해서만 도달할 수 있는 더 높은 상태에 대한 욕망이 내재되어 있습니다. 공동창조자의 관심은 위를 향하는 것이지, 자기보다 아래 단계에 있는 것에는 거의 관심을 가지지 않는다고 할 수 있습니다. 이에 반해 천사들은 특정한 기능을 수행하도록 창조되었으며, 그 역할을 초월하도록 설계되지 않았습니다. 많은 천사는 공동창조자의 성장을 돕도록 창조되었습니다. 그들은 자신이 볼 수 있는 자기 위의 수준에도 자연스럽게 관심을 가지지만, 그들의 관심은 자신들보다 아래 수준에 있는 사람들에게 집중돼 있습니다. 기본적으로 천사들은 자기들보다 아래에 있는 존재들의 성장을 촉진하거나, 자기들보다 위에 있는 존재들에게 봉사하도록 창조되었습니다. 천사들은 본래 그대로의 존재가 됨으로써 성장하지만, 공동창조자는 자신이 창조된 것보다 그 이상의 존재가 되면서 성장합니다.

공동창조자는 자신의 정체성을 발전시킨 다음 자신의 고유 영역에 대한 지배권을 갖도록 특별히 설계되었습니다. 따라서 공동창조자는 천사보다 더 자기 중심적이라고 말할 수 있습니다. 하지만 사실은 공동창조자는 단지 하기로 되어 있던 것, 다시 말해 자신의 정체감을 정의하고, 그 이상이 되기 위해 지속해서 초월하고 있는 것입니다. 천사는 다른 사람들에게 봉사하도록 고안되었고, 따라서 자아감을 초월하는 것은 천사의 설계에 있는 부분이 아닙니다. 공동창조자들이 전적으로 자신의 발전에 집중함으로써 (어느 단계까지) 성장할 수 있지만, 천사들은 오로지 타인에게 봉사하는 데 집중함으로써 성장할 수 있습니다. 그래서 자기 중심적인 천사는 성장할 수 없습니다.

공동창조자는 영적인 스승이 있는 보호받는 환경에 태어납니다. 공동창조자가 지닌 기본적인 구조가 배우고 성장하는 것이기 때문에, 스승을 따른다는 개념은 공동창조자에게는 자연스러운 것입니다. 천사는 기본적으로 성장하도록 설계되지 않았으며, 학습공간에서 태어나지도 않습니다. 공동창조자는 어린아이로 태어나지만, 천사는 자기 일을 수행하는 데 필요한 모든 훈련을 마친 어른으로 태어난다고 할 수 있습니다. 천사들에게는 지도자가 필요하지 않다는 의미가 아닙니다. 천사들은 그룹 또는 천사 무리의 일원으로, 대천사를 지도자로 따르고 있습니다. 하지만, 천사들의 지도자들은 스승이 아닙니다. 그들도 일하는 존재입니다. 따라서 배우는 환경 안에서 스승을 따르는 것이 천사들에게는 자연스럽지 않습니다. 이것은 중요한 의미가 있는데, 여기에 대해서는 나중에 살펴보겠습니다.

요약하자면, 가장 중요한 차이점은 공동창조자는 제한되고 특별하지 않은(non-specific) 정체감을 지니고 시작하여, 신의 완전한 의식에 이를 때까지 성장해 가지만, 천사들은 미리 정해진 매우 특화된 정체성을 지니고 시작합니다. 이로 인해, 두 유형의 존재들이 자유의지를 행사하는 데 있어서, 미묘하지만 아주 중요한 차이가 생깁니다. 신의 계획과 형태의 세계에 대한 설계를 구현하는 것을 돕도록 창조되었다는 의미에서, 천사는 이것 아니면 저것인 양자택일적 자유의지를 가졌다고 할 수 있습니다. 천사는 신의 법칙이라는 틀 안에서 독자적으로 일하도록 창조되었습니다. 상위 천사들은 자신의 임무를 수행하는 방법과 관련된 자유의지를 가지고 있습니다. 하지만, 신의 법칙을 거스를 수 있는 선택권은 없습니다. 천사가 신의 법칙에 거스르며 간다면, 그것은 모든 것을 거스르는 것이 되어, 천사는 즉시 신의 법칙에서 분리됩니다. 천사는 완전히 법칙 안에 있거나, 완전히 법칙 밖에서만 존재할 수 있습니다. 그사이에는 존재하지 못합니다. 중간지대(gray zone)가 없습니다.

앞장에서 설명한 것처럼, 새로운 공동창조자는 이와는 반대로, 신의 법칙에 대한 인식 없이 창조됩니다. 따라서 공동창조자는 실험을 통해 배우게 되어 있는데, 이 말은 신의 법칙을 거스르는 것도 허용된다는 의미입니다. 공동창조자는 신의 법칙 전체를 거스르지는 못하고, 신의 법칙 중 특정한 부분에 대해서만 거역할 수 있습니다. 공동창조자는 배우도록 창조되었습니다. 그는 법칙을 위반할 수 있고, 여전히 배울 수 있습니다. 이렇게 함으로써 공동창조자는 실제로 하나됨에 더 가까이 다가가게 됩니다. 천사는 어느 정도는 하나가 된 상태에서 창조되며, 법칙을 위반할 때만 분리됩니다. 천사는 법칙을 구현하도록 창조되었으며, 그것을 벗어나면 아무것도 배울 수 없게 됩니다.

───── ❦ ─────

이제, 신이 천사들을 창조했으며, 이들이 영원하거나 불멸의 존재로 창조되었다고 생각하는 데 익숙한 많은 영적인 추구자들이 놀라게 될 사실을 살펴보겠습니다. 이것은 구체들의 진보에 대한 더 깊은 이해를 바탕으로 다듬어져야 할 얘기입니다. 천사들은 처음 구체와 그 이후의 모든 구체에서 봉사하도록 창조되었지만, 구체들이 다양해지면서, 천사들의 역할도 자연스럽게 변해 왔습니다. 처음 세 개의 구체에서 창조된 존재들은 자유의지를 가지고 있었지만, 이 구체들은 더 높은 강도의 빛으로 창조되었으므로 밀도가 비교적 낮았고, 그 존재들이 분리의 환영에 갇히거나 신의 법칙을 위반할 가능성이 매우 낮았습니다. 따라서 이런 구체에 있던 존재들은 신의 비전과 법칙들이 정한 매개변수 범위 안에서 자유의지를 행사했으며, 신의 목적과 설계를 위반한다는 것을 생각하지도 못했습니다. 첫 번째 구체에서는, 천사들과 공동창조자들의 자유의지 사이에 차이가 작았다고 말할 수 있습니다. 밀도가 낮을수록 모든 존재가 자신보다 더 큰 무언가에 연결되어 있음을 쉽게 볼 수 있기 때문입니다. 그곳에서는 존재들이 분리의 환영을 믿기가 매우 어려웠습니다.

네 번째 구체가 창조되면서 전환이 일어났습니다. 이 구체는 분리 환영을 만드는 유혹이 더 높은 밀도 수준에서 창조되었습니다. 공동창조자들은 항상 자유의지를 가지고 있었지만, 그들이 분리의 환영 속에서 실제로 길을 잃을 위험이 있던 것은 네 번째 구체가 창조될 때부터였다고 말할 수 있습니다. 상위 구체에서는 신의 법칙과 정렬된 실재와 비실재(unreal) 사이의 차이를 쉽게 알 수 있었다고 말할 수 있습니다. 네 번째 구체는 중간지대(gray zone)가 있을 정도의 밀도로 창조되었습니다. 중간지대에서는 실재와 비실재 사이의 차이를 알기 어렵습니다. 상위 구체들은 빛의 강도가 매우 강렬하여, 그림자가 생기지 않을 정도로 "물질"이 투명했습니다. 네 번째 구체에서는, "물질"의 밀도가 매우 높고 빛도 아주 희미했으며, 처음으로 어둠(shadows)이 나타났습니다.

네 번째 구체는 해 질 무렵의 방과 유사했습니다. 무엇이 있는지 제대로 보기가 어려웠습니다. 결과적으로, 이제 공동창조자들은 반그리스도 마음의 이원성 속에 갇힐 가능성이 훨씬 커지게 되었습니다. 공동창조자들은 어슴푸레한 어둠(shadows)에 눈이 멀게 되어, 신의 실재와 정렬하지 않는 세계관을 정의하기 시작했습니다. 따라서 이들은 진퇴양난(catch-22)의 상황을 만들어낼 수 있었습니다.

그들 스스로 정의한 선과 악에 대한 견해는 닫힌 상자가 되어, 상자 너머에 어떤 실재가 존재하는지를 더 이상 볼 수 없게 만들었습니다.

요점이 보입니까? 첫 번째 구체를 창조한 질료의 진동은 매우 높아, 구체 안에 있던 공동창조자들은 구체 너머에 무언가가 존재한다는 것을 쉽게 알 수 있었고, 그들의 구체가 구체 너머에서 오는 에너지로 창조되었다는 사실도 알 수 있었습니다. 따라서 그들이 폐쇄된 멘탈 박스를 만들기는 실제로 불가능했습니다. 하지만 구체들의 밀도가 더욱 짙어지자, 자연스럽게 최근에 만들어진 구체 너머에 무언가가 있음을 더 이상 분명하게 알 수 없는 상태가 찾아왔습니다. 이제 공동창조자들은 자신들의 구체가 존재하는 모든 것이라고 믿게 되었습니다. 다시 말해 그들은 자신들의 구체를 폐쇄계로써 독립적(self-contained)이라고 보게 되었습니다. 이전의 구체들에서 새로운 공동창조자들은 자기 자신을 상위 영역에 있는 존재들의 확장체로 보았으며, 자신들이 태어난 영역 너머로 올라갈 수 있는 잠재력이 있음을 알았습니다. 네 번째 구체에서 시작하면서, 새로운 공동창조자들은 진실로 분리된 정체감을 지닌 채 출발하게 되었습니다. 네 번째 구체에도 에덴 정원과 같은 학습공간이 존재했습니다. 그들은 여전히 영적인 스승과 접촉했지만, 이제 새로운 공동창조자들은 자신이 이 구체의 산물이며, 그 구체를 벗어날 가능성이 없다고 믿을 수 있게 되었습니다. 이것이 가능했던 것은 모든 것이 창조주의 빛으로 만들어졌다는 사실을 더 높은 밀도가 감출 수 있었기 때문입니다. 따라서 공동창조자들은 이원성 의식을 이용하여 자신들의 구체 너머에는 어떤 것도 존재하지 않는다는 독립된(self-contained) 세계관을 만들어낼 수 있었습니다. 이런 환영은 상위 구체들 속에서는 존재할 수 없는 것입니다. 네 번째 구체

이후 공동창조자들이 길을 잃어버릴 위험이 증가했습니다. 공동창조자들이 그 이상이 되는 길을 떠나, 결국에는 자신의 정체성을 없애버릴 수도 있는, 더 작게 되는 길에 갇히게 됩니다. 또한, 공동창조자들이 생명보다 죽음을 선택하는 것이 가능하게 되었습니다.

이것이 천사들과 무슨 관계가 있을까요? 자, 각각의 새로운 구체를 위해, 그 구체에 봉사하도록 특별히 창조된 천사의 무리가 있습니다. 분명한 것은 천사들의 특성과 설계는 그들이 봉사하도록 창조된 구체의 특별한 조건에 적합하도록 맞춰졌습니다. 네 번째 구체에 봉사하도록 창조된 천사들은 그 구체의 밀도를 염두에 두고 설계되었습니다. 이 천사들이 사실은 불멸의 존재로 창조되지 않았다는 의미입니다. 천사들은 구체와 구체에 있는 공동창조자에게 봉사함으로써 불멸을 성취해야 했으며, 그 구체가 상승하기 전에 천사들은 불멸의 존재가 될 수 없었습니다.

이런 천사들은 특정한 정체성을 가지고 창조되므로, 새로운 공동창조자들처럼 자신의 정체성을 정의할 필요는 없었지만, 자신에게 주어진 것에 기반을 두어 쌓아가야만 했습니다. 또한, 천사들은 분리된 정체감은 없었지만, 자신들이 상위 존재들의 확장체라는 것을 명확하게 알 수 있습니다. 다시 말해서, 천사들은 공동창조자들처럼 네 번째 구체 안에 있지 않았으므로, 그 구체 너머에 무언가가 존재한다는 것을 알았습니다. 네 번째 구체의 밀도 때문에, 새로운 천사들은 상위 영역과의 외적인 연결 없이 싸움판에 내던져지지 않았습니다. 새로운 천사들에게는 상위 영역에서 리더들이 보내졌습니다. 그들은 상위 영역에 있는 전체 구체 혹은 하나의 구체에서 봉사했던 천사들입니다. 사람들 대부분은 이 존재들을 대천사라고 부릅니다.

여기서 상황이 미묘해집니다. 이것을 설명하기 위해, 첫 번째 구체에서 창조된 천사를 상상해 보세요. 구체가 상승할 때까지 천사는 이 구체에 봉사합니다. 그리고 두 번째 구체가 창조됩니다. 천사는 첫 번째 구체에 계속 남아 있거나, 자원해서 두 번째 구체에서 봉사할 수 있습니다. 하지만, 두 번째 구체가 첫 번째 구체보다 밀도가 아주 높지는 않으므로, 천사는 과거 봉사의 기억을 잊지 않을 수 있습니다. 내 말의 요점은 네 번째 구체가 창조되었을 때, 경험과 지식에서 성장한 일부 천사들이 있었고, 따라서 그들이 신의 법칙을 이해하는 데 있어서 상당히 높은 수준에 있었다는 것입니다.

이제 우리는 두 가지 평행 진화(parallel evolution)가 존재한다는 것을 알 수 있습니다. 천사들의 진화는 경험이 더 많고 더욱 세련된 천사들을 만들어냅니다. 반면, 공동창조자들의 진화는 밀도가 더 높아지는 구체들을 만듭니다. 즉 각각의 구체와 그 구체 안에 있는 공동창조자들은 이전의 구체보다 점점 더 원시적으로 되어 갑니다. 따라서 천사들은 더욱 세련되어 가면서, 더욱 원시적인 존재와 구체들에 봉사해야 합니다. 이로 인해 일부 천사들이 자신들의 수준이 아주 높으므로, 자신들이 책임을 져야 한다고 생각할 가능성이 생깁니다. 이것이 천사들에게 자신들이 봉사하게 되어 있는 공동창조자들보다 뛰어나다고 느끼게 하는, 매우 미묘하지만, 설득력 있는 자만을 불러올 수 있습니다. 이런 영적인 자만이 커지게 되면, 천사들은 창조주가 밀도가 더 높은 구체들을 창조함으로써, 자신들에게 너무 많은 위험을 짊어지게 한다고 느낄 수 있습니다. 그들은 신에 대한 분노도 느낄 수 있습니다. 이에 따라 천사들은 신의 목적과 법칙과의 하나됨에서 자신을 분리하게 됩니다.

하지만, 천사들은 봉사하도록 창조되었습니다. 그들은 신의 법칙을 유지함으로써, 신의 전반적인 비전이 구현되는 것을 돕도록 창조되었습니다. 분명한 것은 형상 세계의 목적이 공동창조자들의 성장이며, 따라서 새로운 구체에 봉사하기 위해, 천사들은 공동창조자와 공동창조자가 자유의지를 행사하는 것에 순종해야 합니다. 또한, 천사들은 각각의 새로운 구체를 감독하는 마스터들에게도 복종해야 합니다. 따라서, 천사들이 자신을 종이라 여기기를 멈춘다면, 필연적으로 그들은 공동창조자들의 자유의지를 무시하려는 오만한 폭군이 되며, 공동창조자들의 자유의지를 중대한 문제로 여길 것입니다. 따라서 그런 천사들은 분명히 창조의 목적에 역행하게 되고, 필연적으로 추락하게 됩니다. 네 번째 구체에서 시작하여, 그런 천사들은 그 구체가 상승할 때까지 하나의 구체에 머물 수 있었으나, 허공과 분리되자 다음 구체로 추락하게 되었습니다.

참고로, 마스터들도 자만하게 되는지 궁금해할 수 있지만, 이렇게될 위험은 적습니다. 마스터들은 자신의 확장체들을 창조하여 새로운 구체로 내려보내고, 그곳에서 성장하도록 하기 때문입니다. 이것이 마스터들을 겸손하게 지켜주고, 새로운 공동창조자들이 직면하는 상황에 대해 더 깊게 이해하도록 해줍니다.

❧

천사들은 특정한 구체, 즉 아직 상승하지 않은 구체에 봉사하도록 창조되었습니다. 따라서 새로운 천사들은 그 구체의 창조와 성장 그리고 상승을 촉진하는 일을 돕습니다. 그 구체가 상승하게 됨에 따라, 새로운 천사들도 불멸을 성취할 수 있습니다. 하지만 이렇게 되기 위해서, 그들은 내가 에덴 정원에서 공동창조자들에 관해 설명한 것과 같은 입문을 일부 거쳐야 하고, 이를 통과해야 합니다. 네 번째 구체가 창조된 이후에는, 천사들도 이원성 의식을 극복하는 유혹의 입문을 거쳐야 했습니다.

형태의 세계는 뚜렷한 두 개의 칸막이, 즉 영적인 영역과 여전히 이원성이 존재할 여지가 있는 가장 낮은 구체로 나누어집니다. 자유의지를 지닌 어떤 존재든(천사 또는 공동창조자) 이기심을 극복하고, 이원성 의식의 유혹을 극복할 때까지는 불멸의 존재가 될 수 없습니다. 선악과를 나누어 먹어야 한다는 말은 아니지만, 선악과를 먹고 싶은 유혹을 다루어야 한다는 말입니다.

공동창조자들은 가장 하위 구체로 내려가 그곳에서부터 상승하게 되어 있습니다. 천사들은 본래부터 상위 구체에서 창조되지만, 그들도 자기 인식과 자유의지가 있으므로, 그들이 불멸을 성취하기 위해서는 이원성을 극복해야 합니다. 물론 이로 인해 천사들이 시험에 실패하여 추락할 가능성이 있습니다. 이에 대해서는 다음에 다루겠습니다.

공동창조자는 제한된 정체감을 지니도록 창조되며, 그 이상이 되는 길을 따름으로써 제한된 정체감을 확장하게 되어 있습니다. 공동창조자는 경계를 허물어야 하고 멘탈 박스에 갇히지 말아야 한다고 말할 수 있습니다. 공동창조자의 궁극적인 과제는 신의 법칙이라는 틀 안에서 정체감을 창조하는 것이며, 신의 법칙이 모든 것의 성장을 촉진하기 위해 창조되었음을 알게 됨으로써 그렇게 할 수 있습니다. 따라서 공동창조자는 신의 법칙이 현명한 이익(enlightened self-interest)을 상징하며, 사랑의 발로에서 그 법칙을 따른다는 것을 이해합니다.

천사는 자신의 정체성을 정의하기 위해 창조되지는 않았지만, 자신에게 주어진 일에 충실함으로써 정체성을 확장해야 합니다. 천사들은 신의 법칙을 구현하기 위해 창조된다고 말할 수 있는데, 이런 이유로 천사는 존재하느냐 존재하지 않느냐, 다시 말해 신의 법칙과 완벽하게 일치하느냐, 신의 법칙에서 완전히 벗어나느냐 하는 근본적인 선택권을 지닌 채 창조됩니다. 이와 반대로, 공동창조자는 그 이상이 되느냐 아니면 그 이상이 되지 않느냐 하는 선택권을 지니고 창조됩니다. 처음에 공동창조자는 신의 법칙에서 벗어나 그것을 통해 배우면서 실제로 그 이상이 될 수 있지만, 결국에는 신의 법칙에서 벗어나는 것보다 신의 법칙 안에서 그 이상이 될 수 있다는 것을 깨닫게 됩니다. 그 이상이 되는 궁극적인 방법은 창조주와 하나가 되는 것이기 때문입니다.

천사에게 기본적인 선택은 신의 법칙과 신의 설계에 충실한 것입니다. 공동창조자는 그리스도 의식을 향해 성장해 감에 따라, 실제로 신의 기본 설계 위에 기반을 둘 수 있습니다. 예를 들면, 지구상의 공동창조자들은 이 행성에 대한 기본 설계 위에 쌓아갈 수 있습니다. 천사들은 창조주와 마스터들이 정해 놓은 기본 설계에서 벗어날 수 없습니다. 그들은 다른 존재들이 정해 놓은 틀 안에서 일해야 합니다. 새로운 천사는 신의 법칙과 설계에 대한 완전한 인식은 없지만, 자신이 창조된 임무를 수행하기에 충분한 이해는 가지고 있습니다. 천사는 봉사를 하면서 이해를 확장할 수 있습니다. 하지만 천사는 신이 정해 놓은 설계에 충실해야 한다는 기본적인 과제에 직면해야 합니다. 그렇지만, 보다 수준 높은 이해를 성취해 가면서, 천사는 신의 설계나 자신들이 다른 존재들의 종이 되어야 하는 역할에 동의하지 않을 수도 있습니다. 이로 인해 수준이 높아진 천사들은 신의 계획을 거스르도록 이끌릴 수 있었고, 신의 계획을 거스르면 그들은 곧바로 분리됩니다. 천사는 완전히 신의 법칙 안에 존재하거나 완전히 신의 법칙 밖에 존재해야 합니다. 추락하지 않고도 법칙을 위반하면서 실험을 할 수 있는 중간지대는 없습니다.

공동창조자들은 자신의 선택과 행동에 따라 추락하거나 상승할 수 있지만, 천사들은 일반적으로 다른 존재가 한 선택들에 대해 반응하는 방식 때문에 추락한다는 것을 이해하는 것이 중요합니다. 궁극적으로, 천사들은 창조주와 마스터들이 만들어 놓은 선택들에 저항하면서 추락합니다. 이런 저항은 대개는 공동창조자들의 운명 (fate)에 대해 천사들이 지나치게 우려를 하면서 촉발됩니다. 천사들은 구체가 상승해야 한다는 것을 알고 있습니다. 그들은 상승이 특정한 행위를 해야 하는 작업으로 여기는 경향이 있습니다. 따라서 천사들은 공동창조자들이 이러저러한 행동을 하면서 자신들의 구체를 끌어올리는 일을 지연시키고 주저하는 이유를 이해하지 못합니다. 일반적으로 천사들은 형상 세계의 진정한 목적이 구체의 상승이 아니라, 개별적인 존재들의 의식 상승이라는 것을 이해하지 못합니다. 따라서 천사들은 가능한 한 빨리 구체를 상승시키는 것이 창조주의 기본 목적이 아니라는 것을 이해할 수 없습니다. 모든 일이 더 오랜 시간이 걸린다고 해도, 중요한 것은 공동창조자들의 성장을 촉진하는 일입니다.

좀 더 경험이 많은 천사들은, 특히 창조주가 공동창조자들에게 자유의지를 부여한 것이 잘못이라고 느낄 수도 있으며, 그들에게는 이것이 문제가 되었습니다. 그 대신에 공동창조자들은 세련된(경험이 많은) 천사들에게 통제를 받아야 합니다. 그래야만 공동창조자들이 길을 잃지 않을 수 있습니다. 말하자면 구원받게 할 수 있습니다. 하지만, 앞에서 자세하게 설명했던 것처럼, 구원을 받는다는 진정한 의미는 영적으로 자급자족하게 된다는 의미이며, 이런 상태는 강요로 얻어질 수 없습니다. 구원은 의식하는 자아(conscious self)가 자신의 상위 존재와 하나가 됨으로써, 오직 내면으로부터만

올 수 있습니다. 따라서 천사들은 창조주의 진정한 목적을 완전히 잘못 이해하면서 반항할 수 있게 됩니다.

꙰꙰꙰ ꙰ ꙰꙰꙰

구체들의 밀도 증가가 좀 더 세련된 천사들에게 그런 문제를 가져다주는 이유는 무엇일까요? 일반적으로 천사들은 그들 창조의 목적인 임무를 수행하는 데 능숙합니다. 그들은 전문가입니다. 자신의 능력을 확장하기로 결정한 천사들은 맡은 일을 수행하는 데 대단히 뛰어납니다. 하지만, 그런 천사조차도 자신의 전문분야와 크게 다른 일에 대해서는 이해를 거의 하지 못합니다. 다시 말해서, 천사들은 유연성(flexible)이 매우 부족하며, 환경의 변화에 적응하는 데 능숙하지 못합니다. 이와 반대로, 공동창조자들은 적응력이 매우 높아야 하며, "팔방미인[17]"이 되어야 합니다. 이로 인해 "한 가지도 제대로 할 수 없는" 사람이 된다고 할지라도, 지구 같은 행성에서 직면할 수 있는, 변화하는 환경에 적응해야 하는 공동창조자에게 이런 점은 받아들일 만한 것입니다.

이어지는 구체들이 더 복잡해지고 더 다양해지면서, 공동창조자들과 천사들 모두 완고해졌으며, 자기 초월을 거부하는 경향이 증가하게 되었습니다. 엄청나게 복잡해지면서 구체가 어떻게 진화할지 예측하기가 점점 어려워졌다고 말할 수 있습니다. 따라서 구체의 운명은 구체에 육화한 존재들에게 점점 더 의존하게 되었습니다. 성장하고 자신의 구체를 다스리기 위해서, 공동창조자들은 점점 더 어려운 도전에 직면하게 됩니다. 앞에서 설명한 것처럼, 새로운 세

---

[17] jack of all trades

대의 공동창조자들은 각각 이것을 염두에 두고 설계됩니다. 그들은 자신이 직면하고 있는 것이 무엇인지를 아는 스승들에게 가르침을 받습니다. 하지만, 각각의 새로운 구체에서 맡게 되는 도전인 개인적인 성장과 전반적인 성장이라는 임무는 모두 더 많은 것을 요구하며, 심지어는 압도적으로 보일 수 있습니다. 따라서 공동창조자가 도전에 임하는 데 더 큰 결심과 더 큰 결정이 요구되고, 도전을 통과하는 데 더 많은 적응력과 인내가 필요합니다. 물론 이것은 창조주의 설계 일부입니다. 하지만 공동창조자들이 선뜻 도전에 응하지 않으려 한다면, 그들은 더욱 쉽게 압도당하고 의욕을 잃을 수 있습니다.

천사들의 문제는 그들이 봉사하기 위해 창조된다는 것입니다. 일반적으로 천사들은 스스로 많은 결정을 할 필요가 없습니다. 새로운 공동창조자들처럼, 천사들도 잘 정의된 환경에서 시작하지만, 공동창조자들과는 대조적으로 천사들은 잘 정립된 정체성이 있습니다. 하지만, 아주 복잡한 환경에서 공동창조자들에게 봉사하기 위해, 천사들도 더욱 유연해질 필요가 있습니다. 천사들도 독자적으로 어떤 결정을 해야 합니다. 천사들의 원래 기능은 단지 상위 영역과 하위 영역 간의 메신저로 봉사하는 것이었습니다. 따라서 천사들은 지구에서 우편물을 접수하고, 이것을 뜯어보지 않고 수취인에게 배달하는 집배원과 유사합니다. 하지만, 구체가 점점 더 복잡해지면서, 더이상 이런 단순한 형태의 전달 기능만으로는 충분치 않게 되었습니다. 이제 천사들은 메시지의 진동을 잠시 낮추어, 수취인이 직면한 상황에 맞도록 조정해야 합니다. 이제 천사들의 임무는 메시지만 전달하는 것이 아니라, 수취인에게 메시지를 어떻게 전달해 맡기느냐 하는 것이 됩니다. 수취인이 직면한 상황에 맞추기 위해 천사들은 메시지를 해석해야 했습니다. 천사들의 임무는 더 이상 메시지를 단순히 전달하는 것이 아니라, 신의 전반적인 비전과 법칙들에 충실하면서, 수취인이 메시지를 가장 잘 활용할 수 있도록 돕는 것이 되었습니다.

사실 이것은 천사들에게는 기회입니다. 그렇게 함으로써 천사들은 더 빨리 성장할 수 있는 잠재력을 가질 수 있습니다. 하지만, 그렇게 되기 위해 천사들은 더 뛰어난 분별력을 지녀야 합니다. 따라서 그들은 이원적 극단 가운데 어느 하나에 치우치지 않고, 반드시 그리스도의 분별력이라는 중도에 머물러야 합니다. 예를 들면, 천사들은 아주 복잡한 환경에서, 공동창조자들이 항상 가장 직접적인 방식으로 일을 처리할 수 없다는 사실을 더 잘 살펴봐야 합니다. 더욱 높은 관점에서 천사들에게 명백해 보이는 것이 내부에서 상황을 바라보는 공동창조자들에게는 불가능해 보일 수 있습니다. 따라서 천사들은 자신이 최선이라고 여기는 것을 공동창조자에게 강요하고 싶은 유혹을 받을 수 있습니다. 하지만, 창조의 목적은 공동창조자가 강요에 의해서가 아니라, 무엇이 자신에게 가장 이익이 되는지를 이해함으로써, 모든 것을 행하는 단계로 성장하는 것입니다.

<hr />

자유의지의 목적과 본질을 이해하지 못하는 것은, 특히 자만심과 통제하려는 야망에 눈이 멀게 된 경험 많은 세련된 천사들에게는, 신이 되고자 하는 유혹이 됩니다. 이런 천사들은 창조주가 공동창조자들에게 자유의지를 부여한 것이 잘못임을 증명하려는 야망을 키울 수 있었습니다. 따라서 그들은 자신이 봉사하기로 되어 있는 공동창조자들의 자유의지를 통제하거나 무시하려고 하게 됩니다. 이로 인해, 일부 천사는 전해 주어야 할 메시지의 내용을 왜곡하게

되고, 그렇게 함으로써 반그리스도 마음에 의해 점점 더 눈이 멀게 됩니다. 그래서 우리는 천사들이 메시지를 전달하는 데 있어 융통성을 지녀야 하지만, 문제는 천사들이 그리스도 마음을 사용하느냐, 반그리스도 마음을 사용하느냐 하는 것임을 알 수 있습니다. 천사들은 공동창조자들이 내면에서 제일 나은 선택을 하도록 도우려 할까요? 아니면 천사들이 옳다고 여기는 것을 공동창조자들이 선택하도록 강요할까요? 만약 후자를 선택한다면, 천사들은 공동창조자들의 자유의지를 침해하지 않는 진정한 스승의 자리를 빼앗으려고 하는 것입니다. 따라서 천사들은 추락했습니다. 심지어 추락한 이후에도 천사들은 자신을 진정한 스승, 심지어는 공동창조자들의 구원자로 내세우면서 계속 거짓 교사로 행동합니다.

많은 사람이 크리스천 종교의 엄격함에 기반을 두고 생각하는 것과는 달리, 그리스도 마음은 한없이 유연합니다. 그리스도 마음은 모든 창조물 사이의 동일성을 유지하도록 고안되어 있으며, 그런 목적에서 절대 벗어나지 않습니다. 이런 이유로, 바이블에서 그리스도는 어제와 오늘 그리고 영원토록 동일하다.(히브리서 13:8)라고 말하는 것입니다. 하지만, 이 말이 그리스도가 절대로 변하지 않는다는 뜻은 아닙니다. 그리스도 마음은 근원과 하나됨을 유지하면서, 어떤 상황에서도 표현될 수 있는 궁극적인 적응력이 있습니다. 이것이 예수가 지구에서의 육화를 통해 진정으로 시범 보여주셨던 것입니다. 그리스도는 정확히 말해 구원자입니다. 자기 인식하는 존재들이 이원성 속에서 얼마나 멀리 내려갔는지에 관계없이, 그리스도는 그곳에서 그들을 만날 수 있으며, 그들이 의식을 끌어올리도록 도울 수 있습니다. 그것이 예수가 구원받을 수 있는 방법에 대해 설교하지 않고, 일부 사람들을 육체적으로 치유하는 것을 보여준 바로 그 이유입니다. 다시 말해서, 그리스도 마음은 생명이 어디에 있든 생명과 만남으로써 생명을 끌어올리려고 하며, 생명이 하나됨의 길에서 다음 단계로 올라설 수 있도록 돕습니다.

이와 반대로, 반그리스도 마음은 신의 실재에 대한 비전이 없습니다. 반그리스도 마음은 스스로 "실재(reality)"에 대한 비전을 만들어, 이를 세상 사람들에게 강요하려고 합니다. 반그리스도 마음으로 눈이 먼 천사들은 이것을 이용하여, 공동창조자들이 행동해야 할 기준을 정의하고, 그런 기준을 공동창조자들에게 강요하려고 할 것입니다. 따라서 천사들은 자신들의 메시지를 이원적 비전이라는 멘탈 박스에 맞게 각색할 것입니다. 어쩌면 천사들은 실제로는 자신들이 공동창조자들을 구원할 수 있지만, 신의 설계는 그들을 파멸로 이끈다고 생각할 것입니다. 하지만 이것은 단지 그들 스스로가 정의한 세계관에 바탕을 두고 창조한 환상에 불과합니다.

반그리스도의 비전은 언제나 신의 진리와 절충하기 때문에, 절대적인 기준이 없다는 점에서 더 유연해 보일 수 있습니다. 하지만, 그리스도의 진리는 하나이고, 반그리스도 마음속에는 수없이 많은 "진리들"이 있습니다. 반그리스도의 비전은 존재들에게 신의 실재와 하나가 되어야 하는 책임에서 벗어나는 길을 제공하는 것처럼 보입니다. 하지만, 외견상 보이는 반그리스도의 융통성은 심판하려는 태도에 의해 상쇄됩니다. 그리스도 마음이 언제나 모든 생명이 그 이상이 되도록 돕고자 하지만, 반그리스도 마음은 실재(reality)에 엄격한 정신적 이미지를 따르도록 강요하려고 합니다. 따라서 반그리스도 마음은 실제로 그리스도 마음보다도 더 경직되어 있습니다. 그 안에 갇히게 되면, 그곳에서 벗어나기가 몹시 어렵습니다. 이것은 특히 자신이 수준이 아주 높다고 느끼는 천사들에게는 분명한 사실입니다. 자신이 신보다도 더 잘 안다고 생각하게 되면, 여러분은 분명히 자신의 이원적 믿음 너머의 어떤 권위도 존중하지 않을 것입니다. 이 말은 그런 이원적인 믿음은 궁극에는 닫힌 상자가 된다는 뜻입니다. 그런 존재들은 자신이 신을 통제하고 있다고 느낍니다. 이제 신은 자신의 멘탈 박스 안에 있습니다. 그들은 우상을 섬기면서, 우상을 참된 신이라고 믿습니다.

신에 대한 저항 때문에 추락한 천사들이 하나됨의 길로 돌아오기란 대단히 어렵습니다. 네 번째 구체에서부터 시작하여, 아주 높은 계급의 천사들(대천사들) 소수가 추락했으며, 아주 많은 수의 낮은 천사들이 그들을 따랐습니다. 이런 낮은 천사들이 하나됨의 길을 받아들이기는 훨씬 더 쉽지만, 외적인 지도자를 맹목적으로 따르는 것을 그만두어야만 가능합니다. 따라서 그들은 수준이 높은 더욱 세련된 천사들을 따르게 되었던 원래의 결정을 반드시 번복해야 합니다.

～ꙮ～

천사들의 기능 가운데 또 다른 측면은 천사들이 신의 빛의 진동수를 떨어뜨리는 변압기 역할을 한다는 것입니다. 나는 많은 사람이, 예를 들어 신이 떨기나무에서 모세에게 얘기했을 때처럼(출애굽기 3:2), 구약시대의 사람들은 최고신과 직접 교류했다는 것을 믿으면서 성장했다는 것을 알고 있습니다. 하지만, 이제 우리는 이런 얘기가 현실적이지 않다는 것을 알 수 있습니다. 창조주의 순수하고 분화되지 않은 빛과 물질우주를 창조하는 데 사용한 빛은 진동수에서 엄청난 "차이"가 있습니다. 창조주가 지구에 자신의 현존을 완전히 구현하려고 했다면, 창조주의 빛의 강도로 인해 지구 행성 전체는 즉시 소멸하고 말았을 것입니다. 그래서 바이블에서 "우리의 신은 소멸하는 불(히브리서 12:29)"이라 말한 것입니다. 인간에게 창조주는 여러분 필사의 정체성을 포함하여, 모든 것을 소멸하는 불로 보일 것입니다.

사실, 창조주의 빛은 단지 신의 법칙과 조화를 이루지 않는 것, 즉 아직 불멸이 되지 못한 것들만을 소멸합니다. 정확하게 말하자면, 창조주가 물질우주 어디에도 나타날 수 없는 이유가 이것입니다. 창조주는 천사들을 포함한 영적인 존재들을 이용해 자기 빛의 진동을 떨어뜨려, 이 세상이 상승하지 않은 상태로 존재하면서도, 빛이 물질계에서 기능을 수행할 수 있게 합니다. 창조주의 빛이 이 세상 속으로 들어온다면, 모든 어둠은 즉시 소멸하겠지만, 이것은 공동창조자들에게 성장할 시간을 주려는 목적에 역행하는 것입니다.

천사들의 중요한 기능은 상위 영역에서 내려오는 빛의 진동수를 떨어뜨리는 것입니다. 그런데 상위 영역에서 빛이 보내지는 이유가 무엇일까요? 주요한 이유는 다음과 같습니다.

물질우주는 영적인 빛의 "흐름" 때문에 유지됩니다. 이 빛은 물질적 진동 스펙트럼 안에서 진동할 때까지 진동수가 낮춰집니다. 그런 흐름이 단절된다면, 우주는 머지않아 수축하는 힘으로 인해 붕괴하기 시작할 것입니다.

공동창조자들은 자신의 재능을 증식함으로써, 더 많은 빛을 받게 됩니다. 그 빛을 천사들이 전달하며, 천사들은 특정한 공동창조자의 의식에 맞게 빛의 진동수를 낮춥니다.

빛은 대개 지구에 존재하는 사람들이 제한들을 초월할 수 있도록 돕기 위해, 메시지와 결합한 형태로 보내집니다. 위로부터 내려오는 메시지에는 한계를 극복할 수 있는 방법과 사람들이 그 빛을 받아들이고 증식한다면, 실제로 과거에서 벗어나도록 추진력을 주는 빛의 다발(packet of light)을 담고 있다고 말할 수 있습니다.

빛을 전달할 때, 천사들은 빛이 제일 나은 방법으로 기능할 수 있도록 빛을 낮추어야 합니다. 빛의 강도 때문에 사람들이 손상을 입지 않고도, 사람들이 상승하는 데 도움을 줄 수 있도록, 정확하게 빛의 진동을 낮춰야 한다는 의미입니다. 모세가 산에 있었을 때, 불타는 떨기나무에서 메시지를 말로 전달했던 존재는 천사였습니다. 또한, 천사는 모세가 요청했던 일을 할 수 있는 힘을 주도록 고안된 빛의 다발을 모세에게 주었습니다. 이 빛은 모세가 받을 수 있도록, 모세의 능력에 세심하게 균형이 맞춰져 있었습니다. 이런 사실은 불타는 떨기나무가 연소하지 않았다는 사실로 미루어 알 수 있습니다. 영적인 빛의 기능은 여러분의 정체감을 연소시키지 않고도 의식을 빠르게 끌어올리도록 가속하는 것입니다.

문제는 천사들이 균형을 이루지 못할 때 생깁니다. 그럴 때 천사들은 더욱 낮거나 더욱 빠른 결과를 만들기 위해 더 높은 강도의 빛을 전해 주겠다고 결정할 수 있습니다. 이럴 경우, 빛을 받은 사람들이 때로는 특정한 작업을 원만하게 수행할 수는 있지만, 그들의 정체성은 손상을 입거나 사방으로 흩어져버리는 피할 수 없는 결과가 생깁니다. 에너지장이 찢어지거나 균열이 생기면서, 그들이 낮은 에너지에 취약하게 되고, 정체성과 연속성을 상실할 우려도 있게 됩니다. 약물이나 균형 잡히지 않은 영적인 기법을 사용하면서, 혹은 단순히 빛을 요구함으로써, "힘으로 하늘을 가지려고"(마태 11:12) 시도했던 사람들에 대한 아주 많은 예가 있습니다. 이처럼 균형 잡히지 않은 사람들은 대개 불균형한 천사들, 심지어는 거짓된 신들(false gods)과 야수들을 끌어당기게 됩니다. 이런 존재들은 사람들이 다룰 수 있는 것보다 더 많은 빛을 줍니다. 이런 사람에게는 한동안은 커다란 영적인 빛, 심지어는 초자연적인 힘이 있는 것처럼 보일 수 있습니다. 하지만 균형 잡히지 못한 접근 방식으로 인해, 그들의 정체성은 빛의 강도를 견디지 못하고 연소하며, 결국에는 그런 존재들에게 발목이 잡힙니다. 이것이 "파탄(破綻)나다[18]."라는 속어로 묘사될 수 있는 패턴을 만들어냅니다.

⚜

앞장에서 설명한 것들을 요약하겠습니다. 우리는 구체들이 점점 증가하는 밀도로 창조된다는 것을 알 수 있습니다. 네 번째 구체에서부터 시작하여, 새로운 구체는 불멸이 아닌 불완전한 상태로 창조됩니다. 이로 인해 어둠이 존재할 수 있게 되며, 공동창조자들은 분리된 정체감으로 시작하여, 하나됨을 향해 성장할 수 있는 기회를 가지게 됩니다. 하지만 어둠이 공동창조자들과 천사들을 반그리스도 의식이라는 함정에 빠지게 할 수 있어, 상대적이고 이원적인 논리가 지닌 오류를 명확하게 볼 수 없게 됩니다. 이것은 그런 존재들이 자기 초월을 거부하게 만들고, 구체가 상승할 때 그들이 상승하지 못하게 합니다. 그런 존재들은 자신들의 구체가 상승할 때, 새로 만들어지는 구체로 "추락"할 것입니다.

이제 구체가 상승하는데, 지구의 시간으로 측정하여, 아주 오랜 시간이 걸린다는 사실을 덧붙일 필요가 있습니다. 이 말은 정해진 구체에 사는 존재들이 성장하여 자신의 정체성을 키우는 데 아주 오랜 시간이 소요된다는 의미입니다. 이것은 천사들이나 공동창조자들 모두에게 해당합니다. 이 둘 다 자신의 정체성을 확장해 가는 길을 따를 수 있고, 둘 다 자신들이 봉사하게 되어 있는 구체에서 여러 단계의 봉사를 거쳐 위로 올라갈 수 있습니다. 따라서 구체가 상승할 때까지, 공동창조자들과 천사들은 자신이 봉사하는 분야에

---

[18] crash and burn

서 높은 지위를 얻을 수 있습니다. 예를 들면, 천사는 천사 무리의 지도자가 될 수 있으며, 반면에 공동창조자는 지구와 같은 행성에서 위대한 문명의 지도자가 될 수 있습니다. 하지만, 그들 중 누구도 구체가 상승하기 전에는 불멸의 존재가 되지 못합니다. 구체가 상승할 때, 그 구체에 봉사하도록 창조된 공동창조자들과 천사들은 마지막 입문, 즉 이타심이라는 마지막 시험에 직면하게 됩니다.

이런 입문에 대해서는 나중에 설명하겠지만, 먼저 더 나은 토대를 마련하고 싶습니다. 하지만 방금 설명한 개념이 이전에 상승 호스트들이 전해 준 상승에 대한 가르침과 모순된 것처럼 보일 수도 있다는 점을 언급하겠습니다. 여러 메신저와 단체들을 통해 전해 준 가르침에는, 지구에 있는 사람은, 예수가 보여주셨던 것처럼, 상승하여 불멸의 존재인 상승 마스터가 될 수 있다고 얘기합니다. 하지만 지금 내가 공동창조자들과 일부 천사들은 그들이 창조되었던 구체가 상승할 때까지는 완전히 불멸할 수 없다고 말하는 것으로 보일 것입니다. 모순처럼 보이는 이것을 해결하기 위한 더 깊은 이해가 필요합니다. 여러분이 이에 대한 더 좋은 이해의 토대를 갖추게 되면, 이것에 대해 언급하겠습니다.

이 시점에서 내가 하게 될 말은 천사든 공동창조자든 어떤 존재가 이타심이라는 마지막의 입문을 통과하지 못한다면, 그 존재는 구체가 상승할 때 상승할 수 없다는 것입니다. 그런 존재는 다음 구체로 "추락"할 것입니다. 말하자면 그들은 아버지의 회사에 가서 밑바닥부터 출발하여 점차 위로 다시 올라가야 합니다. 그런 추락한 존재는 자신이 어디에서 왔는지를 잊어버리게 되겠지만, 과거의 성취를 잃지는 않을 것입니다. 다시 말해서, 그 존재는 제한된 정체감으로 시작하지만, 이전에 쌓아 올린 성취와 다시 연결될 수 있습니다. 이 말은 추락한 천사들이 새로운 공동창조자들보다 더 진보해 있다는 의미입니다. 추락한 천사가 자신을 추락하게 만든 의식 상태를 초월하기 위해서는 새로운 공동창조자와 같은 길, 즉 우주적인 학습공간에서 시작하여 스승과 하나됨을 이루는 길을 반드시 따라야 합니다. 천사들은 학교에서부터 시작하도록 창조되지 않았습니다. 따라서 이것은 더 세련된 추락한 천사들에게 겸손함을 보여주는 시험을 제시할 수 있습니다.

우리는 이제 뱀이 에덴 정원에 존재하게 된 이유를 알게 되었습니다. 뱀은 (특정한 그룹의 천사뿐만 아니라) 추락한 천사들을 상징적으로 표현합니다. 이제 우리는 이브가 왜 아주 강한 정체감과 반그리스도 마음을 사용하는 데 뛰어난 기술을 가진 뱀에게 속게 되었는지 알 수 있습니다. 분명히, 에덴 정원에 있는 스승과 일부 학생들은 뱀과 비슷하거나 더 뛰어난 기술을 가지고 있었습니다. 이브에게는 진정한 스승을 따를지 거짓 교사를 따를지를 선택할 수 있는 균형 잡힌 기회가 주어졌습니다.

앞에서 내가 얘기한 것처럼, 지구의 많은 영적인 사람 가운데는 자신들이 육화해 있는 천사라는 내면의 앎을 가지고 있는 사람들이 있습니다. 우리는 천사들이 육화하도록 창조되지는 않았지만, 추락 이후 육화하도록 창조되었다는 것을 알 수 있습니다. 하지만, 이 말은 자신이 천사인 것을 알고 있는 모든 사람이 꼭 추락한 천사라는 얘기는 아닙니다. 천사들이 처음 추락한 이후, 추락한 천사들을 구하는 임무를 지니고, 자발적으로 육화해서 지구에 내려와 있는 다른 천사들도 존재합니다. 이것에 대해서는 나중에 더 설명하겠습니다.

추락하기 이전에 천사가 엄청난 지식과 기술을 가졌다고 할지라도, 그런 전문지식은 천사가 추락해 있는 현재의 구체와는 다른 환경에서 습득된 것임에 주목해야 합니다. 왜냐하면, 각각의 새로운 구체는 이전의 구체보다 더 복잡하고, 밀도가 높으며, 법칙들도 약간 다르기 때문입니다. 최고 등급의 추락한 천사라고 해도 새로운 구체에서 생각했던 것만큼의 성취를 이룰 수 없습니다. 그들은 새로운 구체가 어떻게 작동하는지를 배우는 것부터 시작해야 합니다. 차이점은 그들이 결국에는 이전의 경험을 활용하기 시작할 수 있고, 새로운 공동창조자들보다 더 빨리 자신이 처한 환경에 대해 통달할 수 있다는 것입니다.

추락한 존재가 새로운 구체로 들어갈 때, 이 존재는 이전의 정체성과 성취를 망각하게 됩니다. 따라서 이 존재는 새로운 공동창조자들처럼, 제한된 정체감을 지니고 시작합니다. 추락한 존재들은, 학생이 스승과 자신을 분리하는 것을 경험하는, 앞에서 설명했던 형태의 재탄생 과정을 겪게 됩니다. 낡은 정체감은 죽습니다. 이제 이 존재는 자신을 자신의 근원과 분리되었다고 생각하는 새로운 정체감으로 재탄생합니다. 이것은 추락한 존재들에게 백지상태에서 새로 출발할 수 있는 기회를 줍니다. 공동창조자들이 우주의 학교에서 성장하듯이, 추락한 존재들도 완전히 새로운 정체감을 구축할 수 있으며, 추락했다는 정체감에 대한 기억으로 인해 오염되지 않을 수 있습니다.

추락한 존재는 성숙해지면서 새로운 공동창조자와는 다른 입문을 거쳐야 합니다. 새로운 공동창조자는 완전한 백지상태에서 시작하게 되므로, 나중에 처리해야 하는 남모를 비밀(skeletons in the closet)이 없습니다. 추락한 존재들은 필연적으로 이전의 정체성을 재발견하는 입문을 거쳐야 합니다. 그런 다음 자신이 창조해낸 더욱 순수한 새로운 정체성을 선택할지, 과거의 더욱 세련된 정체성으로 되돌아갈지를 선택해야 하는 어려운 시험에 직면하게 됩니다. 타락한 정체성을 죽게 할지, 아니면 또 한 번의 육화를 선택할지를 선택해야 하는 갈림길에 서게 된다고 말할 수 있습니다. 새로운 공동창조자가 단순히 자신의 신성한 정체성을 발견해야 하지만, 추락한 존재들은 자신의 신성한 정체성을 찾아내 구체화하기 전에, 먼저 자신의 타락한 정체성을 반드시 버려야 합니다.

분명히, 이것이 복잡한 도전 과제입니다. 하지만 영적인 학교의 스승들은 이것을 잘 알고 있으며, 그런 시험을 통과할 수 있도록 가능한 모든 도움을 제공할 준비가 되어 있다는 것을 확신해도 됩니다. 일부 추락한 존재들은 이런 도움을 받아들여 스스로 돌아서지만, 다른 존재들은 스승의 도움을 받아들이지 않을 것입니다. 따라서 대체로 그들은 학교를 졸업하지 못하고, 영적으로 자급자족하지 못한 채 새로운 구체로 내려가게 됩니다. 이것은 다음 장에서 살펴볼 많은 파급효과를 만들어냅니다.

실질적인 문제로서, 지금부터 나는 추락한 공동창조자들과 추락한 천사들을 단순히 "추락한 존재들[19]"로 지칭하겠습니다. 그 이유는 두 유형의 존재 모두 타락한 의식을 초월하여 불멸의 존재가 되기 위해서는 같은 길을 따라야 하기 때문입니다. 일반적으로 공동창조자로 시작한 존재들을 지칭하는 경우를 제외하고는, 다음 장에서는 공동창조자라는 용어를 사용하지 않겠습니다. 분명한 이유는 지구에 육화한 존재가 반드시 공동창조자가 아니라 천사일 수도 있기 때문입니다.

구체적으로 말하자면, 육화해 있는 천사들은 없다고 말할 수 있

---

[19] fallen beings

습니다. 천사는 신의 의지의 확장이라는 특정한 정체성을 지니도록 창조된 존재이기 때문입니다. 천사는 이런 목적에 저항하면서 추락하며, 자신의 진정한 정체성과 분리됩니다. 진정한 정체성은 죽고, 천사는 새로운 정체성으로 다시 태어납니다. 엄밀하게 말하면 새로운 정체성은 천사의 정체성이 아니라, 자기 자신을 신의 의지와 법칙으로부터 분리되어 있다고 보는 존재의 정체성입니다. 하지만, 육화한 많은 존재가 천사로 창조되었으며, 그런 정체성에서 추락했다는 사실을 무시하지는 못합니다.

다음 장에서는, 영적인 학교에서 스승과 함께했지만, 스승의 충고를 들으려고 하지 않았던 존재들, 혹은 그런 학생들에 대해 자세히 얘기하겠습니다. 이것은 공동창조자들과 천사들 모두를 지칭할 수 있습니다. 이미 언급했지만, 그 이유는 존재들이 추락할 때, 그들은 영적인 학교에 배치되어 이원성을 버릴 수 있는 또 다른 기회를 받기 때문입니다. 이것을 거부한다면, 그들은 지구에서 육체를 지니는 것을 포함하여 더 멀리 내려갈 수도 있습니다. 이제 여러분은 내가 에덴 정원에 대해 그처럼 많이 얘기했던 것들이, 육화해 있는 천사들에게도 적용되는 이유를 알 수 있습니다. 추락한 천사든 추락한 천사들을 돕기 위해 내려왔든, 그들이 상승하기 위해서는 여전히 하나됨의 길을 따라야 합니다. 하나됨의 길을 따르기 위해 그들은 스승과 화해하고, 그들에게 추락을 일으켰던 입문을 스승이 제시하도록 허용해야 합니다. 입문을 통과하기 위해서 그들은 반드시 스승의 도움을 받아들여야 합니다. 스승과 하나됨을 이루어야 합니다. 천사들은 종종 자신은 스승이 필요 없다고 생각합니다. 하지만 실제로는 이원성에 눈이 멀게 되면, 상자 밖에 있는 존재와 연결되지 않고서는 어떤 존재도 자신의 멘탈 박스를 극복할 수 없습니다.

열쇠 15
행성 지구의 간략한 역사

이 장의 목적은 현재 여러분이 주의를 집중하고 있는 환경에 대한 보다 온전한 이해를 주는 것입니다. 이런 이해를 하는 것은 여러분의 영적인 성장을 가속하고 그 성장에 대한 장애물 일부를 극복하는 데 도움이 될 많은 관점을 가져다줄 것입니다. 다음 장들에서는 이런 관점들을 살펴보겠지만, 먼저 기초를 다져야 합니다. 내가 이번 장에서 줄 정보는 여러분이 유치원에서 배운 것을 훨씬 넘어설 것이기에, 처음에는 압도적으로 보일 수 있습니다. 하지만 다음 장들에서 보게 되겠지만, '아는 것이 힘'입니다.

과학이 지구의 나이와 인류의 출현에 대한 연대표에 관해서 말하는 것을 요약해 보겠습니다. 지구가 45억 년 전에 형성되었고, 우주는 150억 년 된 것으로 추정됩니다. 생명의 기원은 38억 년 전에 발생한 것으로 추정하고 있습니다. 현대 인류는 현대 문명과 함께 45,000년 전에 출현했다고 하며, 5,500년 전에 역사적 시대가 시작되었다고 합니다.

과학이 주장하는 것은, 현대 인류가 생겨나는 데 38억 년의 진화가 있었다는 것입니다. 하지만, 불과 5,500년 만에 이들 인간은, 도구를 겨우 활용하는 원숭이에서 핵전쟁의 대학살로 지구 대부분의 생명을 파괴할 수 있는 존재로 진화했습니다. 선사시대의 인류로부터 현대 문명까지의 진화에서 도약이 엄청나다는 것을 부인할 수 없습니다. 하지만, 과학은 단세포 유기체에서 인간으로 가는 데 3억 8천만 년의 진화 과정이 있었지만, 선사시대 인류에서 현대 인류로 가는 같은 과정이 단지 5,500년이 걸렸다고 주장합니다.

분명하게도, 이것은 생물학적 진화가 사회, 문화, 그리고 기술적인 진화와 다르다고 말함으로써 설명될 수 있습니다. 생물학적 진화의 느린 과정이 의식적으로 환경을 바꿀 수 있는 종(species)을 만들었다면, 이 종은 빠르게 거대한 진화적인 도약을 이룩할 수 있습니다. 그럼에도 불구하고, 단세포 유기체에서 현대 인류로 가는 데 38억 년이 걸렸다는 것이 논리적으로 보일까요? 아니면 현대 인류가 의식적으로 환경을 바꿀 수 있는 최초의 종이 아니었다는 것이 가능할까요? 현대 과학이 인식하지 못하거나 현재 알려지지 않은, 이런 능력을 갖췄던 다른 문명이 있었을 수도 있지 않을까요?

확실히, 그런 문명들은 이제 사라졌고, 따라서 지금 내가 제시하는 것은, 과학의 주장들과는 다르게 진화는 매우 원시적인 생명 형태에서 더욱 정교한 생명 형태로 가는 단방향의 순조로운 과정이 아니며, 일단 어떤 수준에 도달하면 되돌릴 수 없는 과정도 아니라는 것입니다. 그 대신, 진화는 주기적인 과정이라고 제시합니다. 그것은 마루와 골을 가진 사인파(sine wave)에 가깝습니다. 하나의 문명은 고도의 정교함으로 진화한 다음, 스스로 사라지는 자멸의 과정으로 들어갑니다. 이 일은 아주 오랜 시간에 걸쳐 일어나기 때문에, 느린 지질학적인 과정들이 이전 문명들에 대한 많은 증거를 지우는 역할을 해왔을 것이라고 말하고 싶습니다. 다시 말해서, 최초의 정교한 문명이 수백만 년 전에 나타났을 수도 있습니다.

확실히 그런 과정에 대해 과학적으로 인정된 증거는 없습니다. 하지만, 과학은 생물학적 진화의 연대표상에서 단지 1초에 불과한 아주 짧은 역사적 기간 동안, 몇몇 문명이 다양한 이유로 사라진다는 것을 보여주었습니다. 따라서 이런 일이 생명의 기원으로부터 역사적인 시간까지, 훨씬 긴 시간대에 여러 번 일어났을 가능성이 있을 것입니다. 더구나, 현대 인류는 불과 100년 만에, 행성의 기후를 바꾸고, 자신들의 유전자 구성을 바꾸고, 핵, 화학적 무기, 생화학 무기를 만드는 능력을 개발했는데, 이 모든 것이 현대 문명의 종말로, 심지어 소멸로까지 이어질 수 있습니다.

여기서 요점은 여러분이 과거 인류문명이 존재했을 가능성이 있는 시대에 대해 다소 불완전한 관점을 가지고 자랐을 것이라는 점을 고려해 보라는 것입니다. 바이블 근본주의자들은 전체 지구가 고작 6,000년이 되었고, 심지어는 지구상의 지적 생명체의 시대에 대한 과학의 주장들이 너무 근시안적이라고 주장합니다. 진실로 과거와 현재 사이에는 여러분이 철학을 통해 꿈꿔왔던 것보다 더 많은 것이 있습니다.

～～～♧～～～

이제 물질우주와 물리적 지구가 어떻게 창조되었는지 간략하게 묘사하겠습니다. 이 묘사는 지구에서 흔히 볼 수 있는 선형적 형태에 적합하게 만들었다는 것을 분명히 하겠습니다. 실제로는 물질 영역 밖의 시간과 공간은 지구에서의 특성과 다르므로 창조 과정이 그렇게 선형적이지 않습니다. 따라서 창조는 시작과 끝, 심지어는 선형적인 연대표로 명확히 정의되지 않는 계속 진행되는 과정입니다. 이 설명이 다소 추상적이라는 것을 알고 있지만, 우리는 나중에 쌓아 올릴 수 있는 토대를 세워야 합니다.

여러분의 행성은 더 커다란 구체 안에 존재하는 우주 안에 있습니다. 여러분 구체의 창조는 상위 영적인 영역 중 한 곳에 있는 마스터 그룹이 허공 안에 경계를 정하고, 허공에서 구체를 분리하면서 시작되었습니다. 그런 다음 그들은 구체에 특정 양의 마터 빛을 투사했습니다. 하지만, 구체는 마터 빛의 진동으로 분리된 네 개의 뚜렷한 수준으로 나뉘며, 고르게 채워지지 않았습니다. 나는 앞서 이 네 가지 수준을 정체성, 멘탈, 감정, 그리고 물질층으로 묘사했습니다. 각 영역에는 진동 범위가 있습니다. 정체성층이 밀도가 가장 낮으므로 가장 넓은 범위, 가장 넓은 스펙트럼, 가장 많은 수의 단계가 있습니다. 멘탈층의 범위가 더 좁긴 하지만, 물질층은 명백히 가장 좁은 범위를 가지고 있습니다. 각각의 영역은 한두 단계의 진동들로 창조되었고, 그 영역 안의 존재들 때문에 더 많은 층으로 나누어졌습니다. 한 가지 수준만을 가지고 있는 물질층을 예외로 하고 말입니다.

이 결과 세 상위 영역들은 (더 나은 단어가 있으면 좋겠는데) 수직적 확장이라고 부를 수 있는 것이 가능하게 되었습니다. 그 영역들은 최저 진동에서부터 최고 진동까지를 포함하는 뚜렷한 층들로 나누어질 수 있습니다. 각 층은 특정한 의식 수준에 상응합니다. 어떤 존재가 주어진 수준에 머물기 위해서는 반드시 그 수준에 해당하는 의식 수준에 있어야 합니다. 만약 그 존재의 의식이 그 수준 아래로 내려가면, 그 존재는 더 낮은 층으로 내려가거나 추락할 것입니다. 다시 말해서, 정체성층에 있는 어떤 존재가 특정 의식 수준 이하로 내려가면, 그 존재는 멘탈층으로 들어갑니다.

정체성층은 영적인 세계와 물질세계 사이의 다리 역할을 합니다.

다른 말로, 차근차근 밟아 올라가고 있는 어떤 존재는 오직 정체성층을 통해서만 영적인 영역으로 들어갈 수 있습니다. 상승하기 위한 기회가 상실되면 안 된다는 것이 영적인 법칙입니다. 따라서 정체성층의 상위 수준들은 결과적으로 특정한 수준의 진동 아래로 내려갈 수 없고, 타락한 의식에 결코 오염될 수 없습니다. 따라서 영적인 영역에서 추락한 존재는 가장 높은 정체성층으로 추락하는 것이 아니라, 가장 낮은 정체성층으로만 추락할 수 있습니다. 더 높은 수준 가운데 한 곳에 있는 존재가 특정한 수준 아래로 내려간다면, 그 존재는 즉시 더 낮은 수준으로 하강할 것이고, 결국에는 멘탈층으로 추락할 것입니다.

멘탈층에서는, 모든 수준이 타락한 의식을 포함할 수 있습니다. 따라서 영적인 세계에서 온 존재는 어떤 수준으로도 추락할 수 있습니다. 어느 수준이든 타락한 의식에 오염될 수 있지만, 상위 수준들이 낮은 수준들에 비해서 덜 오염된 것은 분명합니다. 그 결과, 멘탈층의 상위 수준들에서는 이원성의 환영을 간파하기가 상대적으로 쉽지만, 현재 낮은 수준들에서는 이원성 환영을 간파하기가 어렵습니다. 명백히, 멘탈층은 하한선을 가지고 있습니다. 어떤 존재가 특정한 의식 수준 아래로 추락하면, 그 존재는 감정층으로 들어갑니다.

감정층은 모든 수준이 타락한 의식을 포함할 수 있다는 점에서 멘탈층과 유사합니다. 하지만, 감정층에는 멘탈층에 있는 것과 같은 하한선이 없습니다. 여러분이 감정층의 최저 수준에 도달한다면, 단순히 물질층으로 내려오는 것이 아닙니다. 감정층의 낮은 수준들은 물질층에 육화하는 것이 허용되지 않는 그런 낮은 상태의 의식을 가진 존재들을 수용하기 위해서 만들어졌습니다. 감정층은 밀도가 너무 높아져서, 자기 의식하는 존재들이 구축한 정체성을 포함한 어떤 구조라도 어머니의 수축하는 힘이 무너뜨릴 때까지, 실제로 진동이 낮아질 수 있습니다. 비전(vision)을 통해 아스트랄계라고 부르는 감정층의 특정한 수준들을 보았던 일부 사람들이, 일부 비전(秘傳) 문헌에서 그곳을 불타는 지옥으로 표현한 이유가 그곳의 밀도가 매우 높았기 때문입니다. 지옥은 감정층의 가장 낮은 곳에 존재합니다. 이 수준들은 밀도가 아주 높아서 수축하는 힘이 모든 불완전한 구조를 무너뜨립니다. 모든 것을 불로 태워버리는 것처럼 보이는 과정에서 마터 빛이 모든 것을 자유롭게 해줍니다. 위로는 모든 것을 태워버리는 아버지의 불[20]이 있고, 아래로는 모든 것을 태워버리는 어머니의 불[21]이 있다고 할 수 있습니다. 그것은 전통적인 종교가 묘사하는 어두운 그림이라기보다는, 성자(Son)의 비전과의 정렬에서 벗어난 실재가 아닌(unreal) 것들을 태워버리는 영적인 불입니다. 사실 그 불은 실재(real)인 것은 가속하고 증식합니다.

∽✿∽

다음의 개념은 선형적인 마음으로는 파악하기 어렵겠지만, 우리가 앞으로 나아감에 따라, 나는 여러분의 마음속에 씨앗을 심어야 합니다. 물질계의 세 상위층에는 물질 영역과 같은 시간과 공간이 존재하지 않습니다. 그렇다고 이 말이 자기 초월적인 존재의 진보 정도를 측정할 방법이 없다는 의미는 아닙니다. 이런 영역 가운데 어느 곳에 있는 존재든 영적인 여정에서 더 높이 올라가거나 더 아래로 내려갈 수 있습니다. 다시 말해 자기 인식의 척도에서 위아래

---

[20] all-consuming fire of the Father
[21] all-consuming fire of the Mother

로 움직여 갈 수 있습니다. 더 높은 단계들은 밀도가 더 낮으므로, 의식이 상승한 존재는 예전보다 더 높은 단계로 상승할 것입니다. 어떤 존재가 위로 오르게 될 때, 그 존재는 "나는 어제보다 의식이 높아졌어."라고 말하지 않을 것입니다. 또한 "나는 수평적인 공간에서 다른 위치로 이동했어."라고도 말하지 않을 것입니다. 차이를 알 수 있나요? 지구에서 여러분은 수평적인 공간과 선형적인 시간표에 자신을 비교함으로써 변화를 측정하는 데 익숙합니다. 상위 영역에서는 수직적인 척도에서의 위치로 여러분의 변화가 측정됩니다. 이것은 고층 빌딩에서 더 높은 층으로 올라가는 것과 비교할 수 있습니다. 건물의 내부에서는 수평적으로 움직일 수 있는 한계가 있지만, 대신 위아래로는 얼마든지 움직일 수 있습니다.

그 차이가 미미해 보이지만, 실제로는 이 차이가 매우 중요합니다. 내가 앞에서 말했던 것, 즉 상위 영역의 존재들은 신의 존재를 부정하지 않는다는 점을 생각해 봅시다. 그들은 의식의 척도가 존재하며, 이 척도를 따라 올라가거나 내려갈 수 있다는 것을 분명히 알고 있습니다. 하지만, 물질 영역은 존재들이 신이 존재하지 않는다는 환영을 만들어낼 수 있도록 설계되었습니다. 상위 영역들에서처럼 존재들이 상승과 하강의 척도에 대해 명확한 비전을 가지고 있다면, 이런 환영을 유지할 수 없습니다. 그 대신, 물질계는 수평적인 공간과 선형적인 시간으로 설계되었습니다. 여러분은 상승하지 못한 존재들과 같은 공간에 머물면서 의식을 높일 수 있습니다. 이런 이유로 지구에는 아주 영적인 사람들부터 매우 물질주의적이고 자기 중심적인 사람들에 이르기까지, 대단히 폭넓은 범위의 사람들이 존재하는 것입니다. 이런 범위는 상위 영역 어느 수준에서도 존재할 수 없습니다. 그 이유는 부분적으로는 이런 영역 중 어느 곳에서도, 신이 존재하지 않고 여러분의 세계가 우연에 의한 무의식적 과정의 결과로서, 아무것도 없는 상태에서 나타났다는 것을 믿는 것이 가능하지 않기 때문입니다. 그런 환영은 에너지 밀도 때문에 물질 영역에서만 존재할 수 있습니다.

그 결과로 물리적 영역에서 공간이 아주 크고, 수평적으로 무한히 확장될 수 있다는 개념이 존재하는 것입니다. 상위 영역에서는 수직적인 척도가 존재하기 때문에 공간이 무한하게 보이지 않으므로, 이런 개념은 아무런 의미도 없습니다. 여러분은 수평 방향으로 무한정 움직일 수 없습니다. 곧바로 출발점으로 되돌아오게 될 것이며, 어디에도 도달하지 않았다는 것을 깨닫게 될 것입니다. 물질계에서는 시간이 미래로 무한히 연장될 수 있는 것처럼 보입니다. 비록 시작점이 있다고 해도, 인간에게는 거의 무한하게 보일 정도로 아주 오래전에 시작한 것처럼 보입니다. 따라서 인간은 시간이 영원히 바뀔 것이라는 환영을 가지게 됩니다. 즉 매 순간이 새로우며 이전의 순간과 명확히 다르다고 느낍니다. 반면 상위 영역에서 존재들은 (그들이 보려고 한다면), 인간들이 같은 주기를 계속 반복하고 있다는 것을 쉽게 알 수가 있습니다. 다시 말해서, 오직 물질 영역에서만 시간과 공간에서 진보하고 있다고 생각하면서, (자신을 초월하지 않음으로써) 수직 방향으로 진보하지 않는 것이 가능합니다.

결국, 물질 영역에서 의식이 위로 올라가지 않고 멈춰 있거나 퇴보한다는 것을 알기가 더욱 어려워집니다. 물론 이것은 신이 존재하지 않는다는 것을 믿게 만들기 위해 꼭 필요한 것입니다. 이런 환영을 유지하려면, 존재들은 반드시 신 의식으로 이어지는 더 높은 의식 단계로 수직 상승할 가능성을 무시할 수 있어야 합니다. 신이 존재하고 여러분이 신의 존재의 확장체라는 것을 안다면, 여러분이 근원과의 하나됨을 이루어 신 의식을 성취할 수 있다는 가능성을 더 이상 무시할 수 없게 됩니다. 시공간은 실제로 더욱 높은 단계로 올라가거나, 더 낮은 단계로 내려가지 않고도, 수평 공간에서 무한정 움직이거나 시간 안에서 무한히 이동할 수 있다는 환영을 만들면서, 수직적 척도가 보이지 않도록 위장하는 역할을 합니다. 이것은 이원성 의식의 순환 논리에 눈이 먼 존재들이 물질 영역을 마음속에서 폐쇄계로 만드는 것을 가능하게 합니다.

상위 영역에서는 이런 환상을 유지하기가 무척 어렵습니다. 존재들은 현재 의식 단계에서 상승하지 않는다면, 결국 현재보다 덜 유쾌한 낮은 단계로의 추락을 경험하기 때문입니다. 하위 멘탈층과 감정층에 있는 존재들은 이런 사실을 숨길 수 있는 환영을 여전히 만들어낼 수 있지만, 그런 환영을 무한정 유지할 수는 없습니다. 그들의 환경은 자급자족하지 못하기 때문입니다. 지구와 마찬가지로 그런 곳 역시 더 큰 전체 중 일부임이 분명합니다. 차이는 물질 영역에서는 이런 사실을 시간과 공간의 베일 뒤에 숨길 수 있다는 것입니다.

～⁓❀⁓～

나는 앞의 개념이 추상적으로 보일 수 있음을 알고 있습니다. 따라서 지구의 상황에 맞춰서 이런 개념을 설명하겠습니다. 영적인 생활방식에 헌신한 한 그룹의 여성들이 있다고 상상해 보세요. 그들은 수도원을 설립하고 자신들이 먹을 음식을 재배하고, 오로지 타인들을 돕기 위해서만 주변 세계와 교류합니다. 일부는 이를 "진짜 세상(real world)"라고 부릅니다. 수도원의 내부에는 특정한 의식 수준을 가진 사람들만 있습니다. 따라서 실제 세계에서 흔히 볼 수 있는 거짓말이나 속임수, 조종과 폭력을 찾아볼 수 없습니다. 수녀들이 누군가를 해친다는 것은 꿈조차 꿀 수 없습니다. 그래서 사람들은 이런 여성들은 누군가에게 해를 입히지 않으리라고 생각할 것입니다. 그럼에도 불구하고, 어느 날 영적인 모든 것과 신을 부정하는 이데올로기에 근거하는 어느 제국의 군대들이 이 나라를 침략합니다. 군인들이 수도원에 난입하여, 모든 여성을 폭행하고 모든 것을 불태웁니다.

분명히, 이런 사건들은 인류의 역사에서 여러 차례 있었고, 낮은 의식을 지닌 사람들이 높은 의식을 지닌 사람들을 물리적으로 폭행했습니다. 이런 사건들이 일어날 때마다, 영적인 사람들은 언제나 물었습니다. "왜 이런 일어나는 것일까?" 정의롭고, 자애로운 신께서 이런 일이 일어나도록 왜 내버려 두는지 많은 사람이 묻기도 합니다. 이제 나는 신은 그런 일이 일어나는 것을 원하지 않으며, 그런 일이 일어나도록 허용하지도 않았다는 것을 여러분이 알기를 바랍니다. 그런 의문을 가지는 것을 꽤 이해할 수 있지만, 그것은 물질우주와 여러분이 고향이라고 부르는 행성을 창조한 진정한 목적에 대해서 아주 불완전하고, 심지어 왜곡된 시각을 지니도록 여러분이 길러졌기 때문입니다.

위에서 내가 설명한 것은, 물질우주의 상위 영역들에서는 지금 설명한 것과 같은 시나리오는 불가능하다는 것입니다. 심지어 감정층에서도, 더 높은 의식 단계로 올라간 존재들은 감정층의 낮은 단계에 있는 존재들이 닿을 수 없는 더 높은 수준으로 올라가게 됩니다. 다시 말해서, 물질우주가 똑같은 방식으로 작용했다면, 수녀들은 신을 믿지 않는 정복자들이 전혀 도달할 수 없는 더 높은 단계로 올라갔을 것입니다.

위에서 설명한 것과 같은 이유로, 물질우주에서는 의식의 높은 단계와 낮은 단계에 있는 존재들이 모두 물리적으로 같은 공간과 같은 시간 속에 공존할 수 있습니다. 영적인 존재로서 여러분이 알아야 할 것은, 이것이 우주적 부당함이나 신의 실수가 아니라는 것입니다. 그것은 앞에서 얘기했던 대로 의도적이고 꼭 필요한 설계입니다. 사실, 물질우주의 디자인은 존재들이 의식을 성장시킬 수 있는 독특한 기회입니다. 여러분은 이 세계가 왜 현재와 같은 방식으로 고안되었는지 이해를 높일 필요가 있습니다. 그렇게 함으로써 여러분은 모든 사람이 어떤 선택을 했기 때문에 여기에 존재한다는 것을 알게 될 것이고, 그중 많은 사람이 이곳에 존재하는 이유에 대해 적어도 어느 정도는 인식하고 있다는 사실도 알게 될 것입니다.

엄연한 사실은 물질 영역은 이 구체에서 밀도가 가장 높은 단계이며, 상위 영역에서 추락한 온갖 형태의 존재들을 위한 용광로라는 것입니다. 이런 단순한 사실도 여러분이 어린 시절에 가졌던 기대감, 즉 신이 지구를 파라다이스로 창조했으며, 선한 사람들에게는 나쁜 일이 일어나서는 안된다는 기대감을 버릴 수 있도록 힘을 주어야 합니다. 지구의 실제 역사를 검토해 감에 따라, 이런 기대감이 얼마나 비현실적인지 알게 될 것입니다. 여러분은 특정한 존재들이 이런 신화를 믿게 하려고 의도한 이유를 알게 될 것입니다. 그렇게 되면 그들은 여러분이 낙담하여, 현재 상황을 변화시킬 힘이 없다고 느끼게 만들 수 있기 때문입니다.

～❦～

이제 지구가 어떻게 창조되었는지 더 자세하게 설명하겠습니다. 지구는 물질우주가 형성된 후에 창조되었습니다. 이 행성은 영적인 일곱 존재, 흔히 일곱 엘로힘이라 불리는 존재들이 창조했습니다.

엘로힘이라는 용어는 주로 구약에서 사용되고 있습니다. 일반적으로 엘로힘은 "신"이라 번역되며, 가장 높은 최고신을 가리키는 것으로 추정됩니다. 이것은 정확하지 않은 것입니다. 원래의 히브리어가 복수(複數)라는 사실로 미루어 알 수 있습니다. 다시 말해서, 하나 이상의 엘로힘이 존재해야 합니다. 창조주는 유일한 한 분만 있으므로, 엘로힘은 창조주보다 낮은 단계의 영적인 존재로 추정되어야 합니다. 사실, 엘로힘은 매우 커다란 구조물, 즉 행성과 태양계, 은하들까지 창조하는 데 통달한 영적인 영역에 있던 존재들입니다.

창조 과정의 첫 번째 단계로, 일곱 엘로힘은 영적인 영역에 모여 태양계와 지구를 위한 설계와 청사진을 함께 개발했습니다. 그 시점에, 훨씬 더 높은 수준의 영적인 존재들이 물질 영역을 만들기 위한 기본 구성 요소들을 제공했습니다. 물질계에는 공간과 시간, 화학 요소, 자연의 법칙들이 포함됩니다. 따라서 엘로힘은 이 구성 요소들(building blocks)을 가져다가 자신의 설계에 결합했습니다.

설계는 이 구체의 네 단계 각각의 조건에 따라 설계된 네 가지 요소를 포함합니다. 설계가 완성되자, 엘로힘은 마음의 힘을 사용하여 정체성층을 구성하는 마터 빛 위에 청사진을 겹치게 하여 태양계의 에테르 버전(etheric version)을 창조했습니다. 내 요점은 지구에도 정체성 혹은 에테르 버전이 있다는 것입니다.

다음 단계로, 정신적인 청사진이 멘탈 스펙트럼 안에 있는 마터 빛 위에 겹쳐졌습니다. 감정층에도 똑같은 일이 일어났습니다. 물질층의 독특한 속성 때문에, 물질 영역은 약간 다른 접근법이 필요했습니다. 상위 영역에서는 태양계의 구현이 사실상 순식간에 이루어졌는데, 이것은 그 설계가 하나의 완성된 창조물로서 주어진 영역에 나타났다는 의미입니다. 물리적 디자인은, 수평적 공간과 선형적 시간을 포함한 물질 영역의 밀도 때문에, 뚜렷하게 차이가 나는 몇 가지 단계로 나타났습니다. 이것은 지구가 아무것도 없는 무에서 진화할 수 있었다는 환영을 심어 주기 위해 이루어졌습니다. 물론 이것은 물질계 창조 이면의 중심 목표 가운데 하나였습니다.

따라서 지구의 탄생이 뚜렷한 일곱 단계에 걸쳐 창조되었다고 하는 창세기는 옳습니다. 하지만 그것이 24시간을 의미하는 것은 아닙니다. 일곱 단계는 명백히 다른 두 가지 다른 방식으로 해석될 수 있지만, 둘 다 타당합니다. 하나는 각각의 단계가 엘로힘 가운데 한 존재의 특별한 재능이나 신의 속성을 나타낸다는 것입니다. 비전(秘傳)에서 이것은 일곱 개의 독특한 광선들 또는 진동 단계로 묘사되어 있습니다. 따라서 엘로힘은 첫 번째 광선의 자질을 마터 빛 위에 겹쳐 놓으면서 구현의 과정을 시작했습니다. 그런 다음 이전 단계에서 구축한 토대를 발판으로 쌓아 올렸습니다. 하지만, 일곱 단계는 지구가 물질(matter) 그 자체를 처음 창조한 물리적 단계들을 거친 후, 이것을 냉각시켜 대기, 대륙, 바다를 지닌 행성을 형성한 다음 생명을 창조했으며, 연속해서 더 복잡한 생명 형체를 창조해 나가면서 인간으로 이어졌다는 사실을 나타낼 수 있습니다. 이것이 창세기에 7일로 간략하고 불완전하게 묘사된 것입니다.

내가 다루려는 주된 주제는 인간과 종교의 역사이므로, 이들 각각의 단계에 대해서는 자세하게 묘사하지 않겠습니다. 내가 말하려는 것은 현대의 영적인 사람들은 창세기에 나오는 아이디어들과 과학에서 나온 개념들을 합성한 세계관을 개발할 필요가 있다는 것입니다. 다시 말해서, 지구와 생명은 분명히 상위 영역에서 지적인 존재들에 의해 창조되었지만, 이것이 점진적으로 이루어졌다는 것입니다. 나중에 알게 되겠지만, 지적인 설계에 따라 미세한 것까지는 관리되지 않지만, 신의 (직접적인) 통제에서 벗어난 힘들에 의해 영향을 받을 수 있는 진화의 과정이 실제로 존재합니다. 사실, 진화의 과정은 실제로 위로부터의 어떤 개입도 없이 일어날 수 있습니다.

내 말의 요점은 물질우주의 진정한 목적을 이해할 때, (내가 방금 설명한 것처럼) 신은 완벽하므로 우주를 완벽한 형태로 한 번에 창조했을 것이라는 신화를 놓아버릴 수 있다는 것입니다. 내가 설명한 것을 이해했을 때, 여러분은 신, 혹은 엘로힘은, 완벽한 행성을 창조하지 않았으며, 이렇게 하는 대신, 행성에 육화한 존재들이 기본적인 설계에 바탕을 두고 자신의 의식 상태에 따라 쌓아 올리도록 창조했다는 사실을 알 수 있어야 합니다. 지구에 육화하도록 허용된 존재 중 상당수가 타락한 의식 상태에 있었으므로, 완벽이란 매우 비현실적인 기대였습니다. 하지만, 이런 것조차 지구의 참된 목적에 포함됩니다.

⚜

이 시점에서, 사람들의 외모, 행위, 신념을 포함하여 지구의 인간들을 마음으로 보고, 여러분이 본 것을 특징짓는 하나의 단어를 선택하기 바랍니다. 몇 개의 단어가 적용될 수 있겠지만, 그 가운데 하나는 "다양성"입니다. 인간은 믿을 수 없을 정도로 다양합니다. 심지어 그들의 외모조차 어떤 동물의 종에서 찾아볼 수 있는 것보다 더 많은 다양성을 보여줍니다. 인간의 행위는 동물보다 적응력이 훨씬 뛰어난데, 이것은 인간이 더 넓은 범위의 자연환경에서도 살아갈 수 있는 이유를 설명합니다. 분명히 인간의 믿음과 사고는 더 많은 다양성을 보여줍니다. 사실 여러분은 어떤 사람을 만나, 주어진 주제에 대한 그 사람의 생각을 듣고, "우리가 정말 똑같은 행성에서 왔을까" 하고 생각했던 경험을 했을 수도 있습니다. 자, 현실에서는, 다음 장에서 보듯이, 그렇지 않을 수도 있습니다.

지금까지 나는 현재 인간으로 육화해 온 존재들이 어디에서 왔는지에 대해 비교적 복잡하지 않게 설명했습니다. 이제 더 자세한 설명을 살펴보겠습니다.

지구가 창조되고 인간의 육체가 임계 수준으로 진화한 후, 즉 인간이 육체적인 민첩성, 신경 체계 그리고 지적인 삶을 유지할 수 있는 두뇌를 지니게 되었을 때 가장 낮은 영적인 영역에 있던 많은 존재가 자신들의 개체화된 확장체들을 물리적 지구에 있는 육체에 투사했습니다. 이런 확장체들은 새로운 공동창조자들이었습니다. 그들은 제한된 자기 인식의 감각을 지닌 채 출발했으므로, 그 단계부터 성장할 수 있는 기회를 가졌습니다. 이것은 내가 앞에서 설명한 에덴 정원에 있던 새로운 공동창조자들과 매우 흡사합니다. 환경만 다를 뿐입니다. 하지만, 이들에게는 여전히 영적인 스승의 보호 아래 성장할 수 있는 기회가 주어졌습니다. 영적인 존재들이 지구로 자신들의 확장체들을 보내기에 앞서, 그들은 내가 아래에서 설명할 존재들의 현존을 포함하여, 지구가 어떤 타입의 환경인지를 정확히 알고 있었다는 사실을 깨닫는 것이 중요합니다. 그러니까 이 영적인 존재들은 자신의 개체화된 확장체를 지구에 보내기로 선택한 것입니다. 엄밀하게 말하자면, 개별적인 존재들이 이런 선택을 한 것은 아닙니다. 그들의 상위 존재들, 영적인 자아들이 그런 선택을 했던 것입니다. 이런 존재들은 지구가 성장을 위한 독특한 기회를 제공한다는 사실을 알았기 때문에 그런 선택을 했습니다.

새로운 공동창조자들의 스승은 상위 영역에서 온 영적인 존재들이었으며, 이미 그리스도 신성을 성취한 존재들이었습니다. 이들은 상위 영역에서 성장을 지속하는 것보다, 새로운 공동창조자들을 돕기 위해, 밀도가 훨씬 높은 물질 지구에 육화하기로 자원했습니다. 따라서 이런 존재들은 분명히 새로운 공동창조자들보다 더 숙련되어 있었고 박식했습니다. 하지만, 물질 영역이 지닌 밀도로 인해, 육화하는 존재는 누구든 영적인 영역에서의 기억을 대부분 또는 전부 잃어버리게 됩니다. 이런 기억을 되찾으려면 반드시 노력을 해야 합니다. 하지만, 새로운 공동창조자는 성취한 것이 없으므로 되찾을 것이 없습니다.

또한, 영적인 영역에서 추락한 존재의 그룹도 있었습니다. 그들은 다른 존재들과 함께 지구에 육화할 수 있었습니다. 이 존재들은 추락한 다른 존재들에 비해, 의식이 아주 낮았습니다. 이런 이유로 물질우주 중에서도 밀도가 가장 높은 단계로 추락한 것입니다. 이 말은 그들이 너무 자기 중심적이었고, 신의 존재를 부정하는 경향이 강했다는 의미입니다. 분명히, 그들 역시 이전에 존재했던 것에 대한 기억을 잃게 되었지만, 그것을 되찾을 수 있는 기회가 있었습니다. 이런 존재 가운데 일부는 추락하기 전에 아주 높은 수준에 있었기 때문에, 새로운 공동창조자들뿐만 아니라 심지어 일부 스승보다도 훨씬 더 진보해 있었습니다. 이들 존재 가운데 일부가, 새로운 공동창조자들을 포함하여, 자신들을 따르는 존재들을 공격적으로 끌어모으고 빠르게 지도자로 군림하는 이유가 이것입니다. 여기에 대해서는 나중에 더 자세히 탐구할 것입니다.

마지막으로, 위에서 언급했던 영적인 스승들보다 더 큰 통달을 성취했던 존재의 그룹이 있었습니다. 그들 역시 지구에 육화하기로 자원했지만, 그들의 관심사는 새로운 공동창조자가 아니라, 추락한 존재들이었습니다. 그들은 부분적으로 구조 임무를 띠고 왔습니다. 그 이유는 추락한 존재들이 특정한 면에서 공동창조자들보다 수준이 더 높았기 때문에, 쉽게 우월감을 구축할 수 있었기 때문입니다. 지구상의 누구도 그런 우월성에 도전할 수 있는 성취를 이루지 못한다면, 추락한 존재들이 자신의 우월감을 극복할 수 있는 기회는 거의 없었습니다. 물론 이것은 그들에게 또 다른 기회를 주기 위한 목적입니다. 게다가, 추락한 존재들에게 반대하는 자가 없다면, 그들은 의식적인 면에서 지구를 빠르게 아래로 끌어당길 수가 있었으며, 따라서 평형추를 제공하기 위해 누군가는 지구에 육화해야만 했습니다. 이런 존재들은 추락한 존재들이 추락하기 이전에 성취했던 것과 같은 수준의 영적인 성취를 달성한 존재여야 했습니다. 말하자면, 그들은 지구의 영적인 균형을 유지할 수 있었습니다. 그것에 의해, 추락한 존재들이 지구를 아래로 끌어당길 수는 없었지만, 행성의 운명이 새로운 공동창조자들이 추락한 존재들을 따르느냐, 진정한 스승을 따르느냐에 따라 결정되게 되었습니다.

이제 우리는 지구가 지적인 생명체를 부양할 수 있게 되었을 때, 네 가지 뚜렷이 다른 영적인 존재들의 생명흐름이 이 행성으로 내려와서, 인간의 몸으로 육화하게 되었다는 것을 알 수 있습니다. 이런 일이 아주 오래전에 일어났었다는 사실을 깨닫는 것이 중요합니다. 사실, 과학에서 말하는 선형적인 연대기를 이용한다면, 첫 번째 존재들의 물결은 26억 년 전에 육화했습니다. 이것은 분명히 진화생물학과는 모순이 되는 것입니다. 이제 진화가 실제로 어떻게 일어났을지 간략하게 설명하겠습니다.

열쇠 16
영적인 진화가 일어나는 방식

　빅뱅 이론과 진화론을 포함하여 현재의 과학 이론들을 면밀히 살펴본다면, 이론으로는 답할 수 없는 많은 의문이 존재한다는 것을 알 수 있습니다. 가장 큰 의문은 그 과정이 왜 시작되었느냐 하는 것입니다. 어떤 사람들은 과학이 "왜"보다는 "어떻게"를 더 잘 설명한다고 주장하면서, 이것이 과학의 범위를 벗어난 문제라고 주장합니다. 하지만, 과학이 설명할 수 없는 "어떻게"에 대한 의문들도 많이 있습니다. 빅뱅이 일어난 후, 처음 몇 초 동안에 화학적인 요소들(chemical elements)이 어떻게 진화했을까요? 에너지가 영원한 혼돈(chaos) 가운데에서 단순히 외부로 확장되는 대신, 어떻게 완전히 혼란스러운 폭발(chaotic explosion)로부터 질서정연한 구조물들이 형성되기 시작했을까요? 진동하는 에너지에서 어떻게 단단한 물체가 나타났을까요? 어떻게 무기물(inorganic matter)에서 생명체가 나올 수 있었을까요? 원시 생명체가 어떻게 바다에서 육지로 이동했을까요? 원시 생명체가 어떻게 척추동물로 도약하게 되었을까요? 원숭이는 어떻게 사람으로 진화했을까요? 무작위적인 과정이 단세포의 유기체를 반복해서 다시 창조하는 대신, 지속 가능한 점점 더 복잡한 생명체를 어떻게 형성했을까요? 그리고 무의식적인 과정은 어떻게 자신의 존재를 인식하고, 자신의 환경과 행동, 심지어는 유전자 구조를 의식적으로 바꿀 수 있는 능력을 지닌 종을 만들어냈을까요? 이처럼 답을 할 수 없는 많은 문제가 있는데도, 이런 이론들이 왜 과학적 사실로 받아들여졌는지, 무슨 이유로 이런 이론들이 종교 교리처럼 오류가 없는 상태로 격상되어 있는지, 사람들은 의아하게 생각해 봐야 합니다.

우리는 이제 이런 의문에 답을 할 수 있습니다. 앞에서 나는 형태의 세계에 존재하는 모든 것은 마터 빛으로 만들어졌다고 설명했습니다. 마터 빛에는 의식이, 심지어는 지성까지도 내재되어 있습니다. 마터 빛은 자체가 완전하지 않다는 것을 알고 있으므로 전체에 대한 동경, 근원과의 하나됨을 열망합니다. 어머니 빛에는 신성한 아버지와 하나 되고 싶은 열망이 내재되어 있습니다. 하지만, 마터 빛이 의식을 가지고는 있지만, 그 의식은 자기 의식적이지 않고, 자각도 하지 못합니다. 어머니 빛은 어떤 형태든 취할 수 있는 잠재력이 있지만, 자기 스스로 형태를 취할 수는 없습니다.

망원경을 통해 멀리 떨어져 있는 행성을 지켜보고 있다고 상상해 보세요. 여러분은 행성에 중력장이 존재할 것 같다고 짐작할 수는 있지만, 행성을 쳐다보는 것만으로 그렇다고 단정할 수 없습니다. 중력장이 물체를 끌어당기는 것을 관찰할 수 있어야만, 그 사실을 알 수 있습니다. 중력은 끌어당기는 영향을 미치는 물체를 갖기 전에는 영향을 미치지 않는 힘이라고 말할 수 있습니다. 마찬가지로, 어머니 빛에 내재된 생명력이 영향력을 갖기 위해서는 뭔가 끌어당길 것이 필요합니다. 이것을 언덕 비탈을 뒤덮은 눈에 비유해 보세요. 눈은 단지 거기에 존재할 뿐, 어떤 것도 하지 않습니다. 이제 눈덩이를 만들어 굴린다고 상상해 보세요. 중력이 언덕 아래로 끌어당길 만큼 눈덩이가 커지면, 결정적인 지점이 찾아올 것입니다. 그 지점부터는 여러분의 개입이 더 이상 필요 없게 됩니다. 흔히 말하듯, 자연의 법칙은 "공이 계속 굴러가게" 할 수 있습니다.

이것은 물질우주가 존재하게 되는 과정과 유사합니다. 마터 빛은 혼자만의 힘으로는 이런 과정을 시작할 수 없었습니다. 하지만, 일단 과정이 시작되어 임계점에 도달하게 되면, 마터 빛에 내재된 생명력은 더 높은 단계로 나아갈 수 있었습니다. 이런 복잡성의 정확한 형태는, 과학자들이 "자연의 법칙"이라고 부르는, 물질우주를 정의한 설계의 원리에 의해 결정되었습니다. 이런 원리를 정의한 것은 영적인 마스터들, 즉 지구를 창조하기 시작한 일곱 엘로힘이었습니다. 이렇게 해서 지구를 진화의 과정에 올려놓은 것입니다.

영적인 마스터들은 또한 과학자들이 빅뱅이라고 부르는 최초의 확장을 시작했습니다. 사실, 확장은 하나의 점에서 시작된 것이 아니라, 구체 안에 나타난 수많은 점에서 시작되었습니다. 과학자들이 창조가 특이점에서 시작되었다는 개념을 버리고 구형적 출발(spherical beginning)에 관해 탐구한다면, 유효한 수학 방정식을 얻을 수 있습니다. 하지만, 그것은 또한 원래의 지점(original points)이 물질주의적 과정의 결과로 나타나지 않았다는 것을 인정할 것을 요구합니다. 그것들은 상위 영역에서 온 마터 빛 위에 어떤 이미지가 겹쳐졌기 때문에 나타난 것입니다. 또한, 이 이미지에는 팽창을 시작한 높은 주파수의 영적인 에너지가 급격하게 유입되었습니다. 이런 에너지의 유입은 지금도 계속되고 있습니다. 그것이 물질우주가 계속 팽창할 수 있게 하는 것입니다. (우주의 지속적인 팽창은 과학이 적절하게 설명할 수 없는 또 다른 사실입니다.) 다시 말해서, 우주는 최초의 에너지 폭발로 구동되는 것이 아니라, 영적인 영역에서 에너지가 지속해서 부어지면서 구동되고 있습니다.

물질을 행성들과 태양계들로 수축시키는 과정을 시작한 후, 엘로힘들은 "자연이 섭리에 따라 자연스럽게 되어 가도록" 뒤로 물러났습니다. 실제로 이것은 지침이 전혀 없는 과정은 아니었습니다. 여기에는 (아직 자의식을 가지지는 않았지만) 의식적인 "형태의 엘리멘탈 구축자들"이라고 불리는 존재들이 포함됐기 때문입니다. 하지만, 단순성을 위해서, 영적인 영역에 있는 마스터들의 직접적인 개입 없이 이런 과정이 지속했다고 간단하게 말할 수 있습니다. 이것은 하인들에게 재능을 주고 떠난 주인에 대한 예수의 우화에 비유될 수 있습니다. 예수의 우화는 보편적인 원리를 설명합니다. 즉 더 진보된 존재들이 어떤 과정을 시작하고, 덜 진보된 존재들은 그것에 기초하여 쌓아갑니다.

혁명적인 도약과 점진적인 진화의 과정이 지구를 생겨나게 한 후, 생명체를 부양할 수 있는 시점에 이르렀을 때, 영적인 영역의 마스터들이 다시 개입합니다. 그들은 에너지 급증(surge)을 일으켜 무기물이 유기체 물질로 도약할 수 있게 해줍니다. 이런 과정이 임계질량에 도달하면, 생명체가 다음 단계로 도약하는 데 자신들의 개입이 필요할 때까지 마스터들은 다시 뒤로 물러납니다. 따라서 생물학자들이 원숭이와 인간 사이의 잃어버린 고리라고 부르는 것은 물리적인 고리가 아니므로 빠져 있는 것입니다. 진화론에서 말하는 잃어버린 고리는 영적인 영역에 존재하는 마스터들의 개입, 즉 점진적인 진화의 과정을 혁명적인 도약으로 가속할 수 있는 비전과 힘을 가진 존재들입니다.

진화가 더 복잡한 생명체를 향한 완만하거나 지속적인 상승이 아니라는 사실은 화석의 기록을 통해 오래전부터 알려졌습니다. 진화는 혁명적인 도약으로 시작되며, 오랜 기간에 걸쳐 점진적인 확장과 적응, 복잡화가 뒤따르게 됩니다. 그다음, 또 다른 혁명적인 도약이 일어나며, 또 다른 점진적인 단계가 뒤따르게 됩니다. 이런 과정은 화석의 기록을 통해 증명됩니다. 하지만 진화적인 도약에 대한 물질적 원인을 찾을 수 없다는 이유로 물질주의 과학자들에 의해 대개는 무시되었습니다. 물질적 원인은 없고, 영적인 원인만이 존재한다는 사실을 들을 귀가 있는 사람들에게 알려야 합니다.

이것이 시사하는 것은 무엇일까요? 자, 우선 첫 번째로 우리는 물질주의 과학이 진화의 과정을 묘사하는 데에는 옳지만, 물질적 원인을 가져야 한다고 주장하는 것은 옳지 않음을 알아야 합니다. 사실, 진화 과정은 물질우주에 대한 영적인 목적, 즉 타당성 있어 보이는 부인의 결과(plausible deniability)입니다. 우주는 영적인 영역에서 추락한 존재들에게 신의 존재를 부정하기 위한 그럴듯한 구실을 찾을 수 있는 환경을 제공하기 위해 고안되었습니다. 이런 이유는 그럴듯해 보일 뿐 절대적이지 않습니다. 그것들은 이런 존재들이 신을 부정하고 생명의 강으로 다시 돌아갈 필요에서 벗어날 수 있는 기회를 주기 위한 것입니다. 우주는 그 존재들에게 신의 실재를 다시 발견할 수 있는 아주 많은 기회를 줄 수 있는 방식으로 세심하게 설계되었습니다. 이런 이유로 과학 이론들이, 특히 빅뱅과 진화론이, 물질적 원인만을 찾으려고 함으로써, 만족스러운 대답을 할 수 없는 의문들이 생겨나게 한다는 사실을 깨닫는 과학자들이 점점 늘어나고 있습니다. 내부적으로, 혁신적 도약을 위한 자극을 주는 지적인 존재들(영적 영역에 있는)을 통합해야만 일관성 있는 해답을 찾을 수 있습니다. 이제 내가 진화의 과정을 거론한 진짜 이유를 살펴보겠습니다.

과학이 만든 연대기로 돌아가 봅시다. 단순화하기 위해, 시간이 선형적이지 않다는 사실은 무시하고, 공식적인 연대기를 참고하겠습니다. 지구는 45억 년 전에 창조되었으며, 38억 년 전에 생명체가 출현했습니다. 따라서 이 행성을 창조한 혁명적인 도약이 있고 난 뒤, 지구가 생명체가 살아갈 수 있는 지점에 이르는 데까지, 7억 년이라는 점진적인 과정이 걸렸습니다. 앞에서 얘기한 것처럼, 지적인 생명체는 26억 년 전에 나타났습니다. 다시 말해서, 생명체가 최초의 단계에서 인간과 같은 지성을 가진 종들이 나타나는 단계에 이르는 데에 12억 년이 걸린 것입니다. 지구가 창조된 후부터 지적인 생명체가 행성에 살아갈 수 있을 때까지 19억 년이 걸린 셈입니다.

과학은 진화의 과정을 통해서는 불과 19억 년 만에 지적인 생명체가 나타날 수 없다고 주장할 것이므로, 이런 연대표에 동의하지 않을 것입니다. 진화의 기계적인 과정을 통해서는 절대로 생명체가 태어날 수가 없다는 점을 고려하면, 사실, 이 말은 맞습니다. 앞에서 말했던 것처럼, 일단 혁명적인 과정이 일어나고 나면, 마터 빛에 내재된 과정이 진화의 과정을 이끌어갈 수 있습니다. 지적인 생명체를 만들어내기 위해서 그런 도약이 여러 차례 필요했으며, 이런 이유로 그런 생명체가 만들어지는 데 "고작" 19억 년이 걸린 것입니다.

지구를 창조한 전반적인 목적은 지적인 생명체를 위한 플랫폼을 만드는 것이었습니다. 그러면 진화 과정을 내버려 두었을 때보다 더 빨리 지적 생명체가 태어나게 하는 데 많은 도움을 받게 됩니다. 다시 말해서, 위로부터의 도움을 훨씬 적게 받고도 지적인 생명체가 태어날 수 있는 것입니다. 인간을 탄생시키는 데에 최소 일곱 번의 진화적인 도약이 필요했지만, 실제로는 연대(timeline)를 단축하기 위해 더 많은 것이 주어졌습니다. 요점은 지구가 두 개의 평행한 진화 트랙을 위한 플랫폼이었다는 것입니다.

빠른 트랙은 위로부터 최대의 지원을 받습니다. 이 트랙에서 26억 년 전 지적인 생명체가 나왔기 때문에, 그처럼 오랜 기간에 걸쳐 위로부터 영적인 존재들이, 앞에서 설명한 것처럼, 인간을 닮은 육체 속으로 내려오고 있는 것입니다. 분명한 것은 이것이 지구가 존재하는 목적의 중요한 일부이며, 이를 통해 수많은 존재가 성장의 기회를 얻게 됩니다.

"자연적인(natural)" 트랙은 위로부터 오직 최소한의 지원만을 받게 되어 있습니다. 즉, 이 트랙에서는 일곱 번의 혁명적인 도약을 통해 지적인 생명체가 생겨났습니다. 그리고 나머지는 마터 빛에 내재된 진화의 힘과 자연의 법칙에 따라 이루어졌습니다. 이 모든 것들이 현재 알려지지 않았거나, 과학으로 올바로 이해하지 못하고 있습니다. 과학이 정확하게 지적하는 것처럼, 이 트랙에서 인간이라는 생명체가 생기는 데에는 더 많은 시간이 걸릴 것이 분명합니다. 사실, 현대 인류가 출현한 시기와 관련해 과학이 제시하는 연대표는 자연적인 궤도의 실제 연대표와 큰 차이가 나지 않습니다.

이것이 왜 중요할까요? 이것이 현재 지구에 육화해 있는 또 다른 그룹 존재들의 기원을 설명하기 때문입니다. 여러분은 지금까지 내가 상위 영역에서 유래한 존재들과 자신들의 에너지장을 인체의 에너지장과 통합하여 지구로 내려온 하강한 존재들에 관해서만 얘기했다는 것을 알아챘을 것입니다. 이런 존재들은 원래 창조주가 창조했던 영적인 존재들이 개체화한 확장체들입니다. 다시 말해서, 그들은 영적인 계보의 일원으로, 상위 영역에서 낮은 영역으로 하강했습니다. 분명히, 이런 존재 중 많은 생명체가 지구에서 여정을 시작했으며, 거기서부터 상승할 수 있습니다. 그럼에도 불구하고,

그들은 더 높은 영역에 있는 존재들에게서 나왔고, 따라서 자신들의 영적인 "가계도(family tree)"와 연결될 수 있습니다. (어느 정도 그리스도 의식을 성취했을 때) 그들은 안내를 받기 위해, 심지어 영적인 에너지를 받기 위해, 이런 계보에 의지할 수 있습니다.

하지만, 마터 빛에 내장된 지성 때문에, 아래서부터 진화해 온 존재들의 평행 궤도(parallel track)가 존재합니다. 앞에서 얘기한 것처럼, 마터 빛이 스스로 창조할 수는 없지만, 일단 임계 질량, 즉 의미 있는 복잡성에 도달하게 되면, 진화의 과정은 이를 더 복잡하게 만들 수 있습니다. 따라서 이런 과정은 최초의 혁명적인 도약 후에 일어났습니다. 말하자면, "아무것도 없는 곳"에서 지적인 존재가 생겨난 것입니다.

그런 존재들이 인간의 지능만이 아니라 물질 영역을 초월할 수 있는 능력을 주는 복잡성에 도달한 것은, 과학이 현대 인류의 출현에 대해 제공한 연대표 범위 안에서입니다. 다시 말해서, 이런 존재들은 이제 물질우주를 초월하여, 감정, 멘탈 그리고 정체성층을 거쳐 위로 올라가 실제로 영적인 세계로 상승하며, 불멸의 영적인 존재가 될 수 있는 기회를 얻게 된 것입니다.

이것은 복잡한 과정으로, 지금은 상세하게 설명하지 않겠습니다. 내가 말하려는 것은 모든 것이 창조주의 존재로부터 창조된다는 것입니다. 그래서 아래에서부터 진화하는 개별적인 존재들이 충분할 정도의 복잡성에 도달하면, 그 존재는 의식하는 자아(conscious self)를 얻게 되며, 자신이 창조주에게서 나왔다는 진실에 눈을 뜨게 됩니다. 다시 말해서, 그런 존재는 반드시 의식하는 자아를 얻어야 합니다. 반면에 공동창조자는 의식하는 자아를 가지고 시작합니다. 현재 지구에는 이런 과정까지 자신의 기원을 추적할 수 있는 많은 사람이 있습니다. 그들 중 많은 사람이 지구가 어떻게 작용하는지에 대한 깊은 이해를 하고, 육체에 대해 능숙하게 통달하게 됩니다. 그들 가운데 많은 사람이 이 행성에 대해 커다란 사랑을 가지고 있습니다. 그들은 상위 영역들에서 온 일부 존재들보다 이 행성에 대해 더 민감합니다. 그들 중의 일부는 여전히 세계 각지의 토착민(native peoples)으로 육화해 있지만, 현대 사회의 모든 분야에서 많이 찾아볼 수 있습니다.

영적인 의미에서, 이런 존재들은 일반적으로 위에서 하강한 존재들보다 진화가 덜 되어 있습니다. 따라서 그들은 상위층에서 내려온 지도자들을 따르는 종교에 몸담는 경향이 있습니다. 이들은 자신의 내부에서 그들 자신을 초월할 수 있게 해주는 영적인 불꽃을 받을 때까지, 대체로는 여러 생에 걸쳐, 영적인 성취를 한 존재들을 본받을 필요가 있습니다. 요점은 위에서 하강한 존재들은 의식적으로 자기 초월을 할 수 있는 능력이 내재되어 있다는 것입니다. 아래에서부터 진화하는 존재들은 이런 능력을 얻어야 합니다. 위에서 내려온 존재들은 그런 능력을 상실할 수가 있는데, 이런 경우 반드시 그것을 되찾아야 합니다. 실제로 위에서 내려온 존재들이라고 해도, 아래로부터 진화해 온 존재들보다 훨씬 뒤처진 존재들도 있습니다.

~~~⚜~~~

상황이 복잡해 보이기 시작했다는 것은 알지만, 나는 여기에 또 다른 단계의 복잡성을 추가해야 합니다. 나는 앞에서 새로운 공동창조자들이 어떻게 물질계로 보내졌는지 묘사했습니다. 사실, 새로운 공동창조자들은 물질우주의 네 층 각각으로 보내졌습니다. 다시 말해서, 공동창조자들의 최초 생명의 물결은 넷이었습니다. 하나는 정체성층으로, 또 하나는 멘탈층으로, 또 하나는 감정층으로, 마지막으로 물질층으로 보내진 생명의 물결이 있었습니다.

본래 의도는 이들 각각의 생명의 물결 구성원들이 하나됨의 길로 들어가 영적인 영역을 향한 단계로 점차 상승하는 것이었습니다. 이렇게 함으로써 그들은 자신의 의식을 끌어올릴 뿐만 아니라, 자신이 태어난 영역의 진동도 끌어올리게 될 것입니다. 다시 말해서, 공동창조자는 최초로 하강할 당시의 단계 아래로 절대 내려가지 않게 되어 있었습니다. 하지만, 설명했던 것처럼, 각각의 네 수준은 위에서부터 추락한 존재들에게 특정한 기회를 제공하게 되어 있었습니다. 따라서 일부 추락한 존재들이 성장을 거부하고, 또한 일부 새로운 공동창조자들이 진정한 스승 대신 거짓 교사들을 따를 수 있는 위험이 각각의 층에 있었습니다.

정체성층에 있던 일부 존재들은 실제로 거짓 교사를 따랐으며, 물질층을 포함하여 낮은 영역들로 추락하게 되었습니다. 사실, 정체성층에서는 극히 일부만이 추락했습니다. 나머지의 존재들은 하나됨의 길에 충실했기 때문에 그곳에 머물렀으며, 이런 이유로 정체성층이 상대적으로 순수한 것입니다. 멘탈층에서는 약간 더 높은 비율의 존재들이 추락했지만, 그래도 대부분의 존재는 상승했습니다. 감정층에서는 대부분은 상승했지만, 상당 부분이 상승하지 못했습니다. 물질 영역에서는, 대부분의 존재가 이원론적 환영에 눈이 멀게 되었으며, 지금까지 하나됨의 길을 완성하고 상위 영역으로 상승한 존재는 극히 소수입니다.

중요한 점은 앞장에서 설명한 존재들 외에도, 지구에는 세 개의 더 높은 생명의 물결 구성원들이 살고 있다는 것입니다. 그들은 아직도 하나됨의 길을 선택하지 않았습니다. 정체성층에서 추락한 존재들이 모두 지구로 내려온 것은 아닙니다. 일부는 멘탈층 또는 감정층에 존재합니다. 그렇다면 생명흐름이 얼마나 더 아래까지 내려갈 수 있는지를 결정하는 것은 무엇일까요? 그것은 다음의 두 가지 가운데 하나입니다.

어떤 존재는 다른 생명흐름을 맹목적인 추종자로 만들 수 있습니다. 그런 존재는 상위 영역에서 추락했으며 더 큰 성취를 한 존재입니다. 만약 그런 추락한 존재가 더 아래로 추락한다면, 맹목적인 추종자 역시 함께 추락할 것입니다.

어떤 존재는 이기심의 한계를 넘을 수 있습니다. 그럼으로써 그 존재는 필연적으로 더 낮은 세계로 추락할 것입니다. 그 경계선은 여러분이 구현한 이원성 의식으로 다른 존재들이 추락하게 만들 수 있는 지점입니다. 자유의지의 법칙에 따라, 여러분은 기본적으로 자신이 선택한 어떤 의식 상태로도 들어갈 권리를 가집니다. 낮은 정체성층에 있는 존재라 하더라도, 다른 존재들을 추락하게 한 직접적인 원인이 되지 않는 한, 낮은 의식 상태로 들어가는 것이 허용됩니다. 하지만, 추락한 존재가 다른 존재를 추락하게 만든다면, "유혹자(tempter)" 역시도 필연적으로 추락하게 됩니다. 이것은 이브를 유혹했던 뱀에게 무슨 일이 일어났는지에 대한 설명을 통해 알 수 있습니다.

14 주님이신 신께서 뱀에게 이르시되, 네가 이렇게 했으니 네가 모든 가축과 들의 모든 야수보다 더욱 저주를 받아, 배로 다니고 살아 있는 동안 흙을 먹을지니라.

(창세기 3:14) 15 내가 너로 여자와 원수가 되게 하고, 네 후손도 여자의 후손과 원수가 되게 하리니, 여자의 후손은 네 머리를 상하게 할 것이요. 너는 그의 발꿈치를 상하게 할 것이니라 하고. (창세기 3장)

여기에서 요점은 물질 지구가 세 상위 영역이나 이들 영역에서 추락한 존재들이 모여 있는 장소가 되었다는 것입니다. 이런 존재 가운데 일부는 맹목적으로 리더들을 따랐기 때문에 추락했습니다. 따라서 이들은 상대적으로 온화합니다. 하지만, 이들은 대체로 리더를 계속 따르려고 합니다. 그래서 그들은 이 행성에서 자신을 초월하거나, 삶을 개선하기 위해 주도권을 가지는 것을 원하지 않습니다.

하지만, 그들이 타인의 자유의지를 침해하는 데 매우 적극적이었기 때문에, 지구는 추락한 많은 존재를 수용하는 집이 되었습니다. 여러분은 물론 이런 얘기를 유치원이나 주일 학교에서 들어보지 못했을 것입니다. 그래서 나는 여러분이 영적인 길을 성공적으로 걷고 싶다면, 자신이 어떤 종류의 환경에서 살고 있는지 정확하게 아는 것이 많은 도움이 될 것이라고 확신합니다. 그래야만 여러분을 자신들의 의식 수준으로 공격적으로 끌어내리려고 하는 추락한 존재들이 있다는 사실에 경각심을 가질 수 있습니다. 이런 존재 가운데 일부는 영적인 영역에서 줄곧 추락했고, 반면 나머지 존재들은 여러분이 사는 구체의 세 상위층에서 추락했습니다. 그 문제에 관해 얘기하자면, 물질 영역으로 추락했지만, 아직 아스트랄계로 가지 않은 존재들도 일부 있습니다. 그들은 아주 공격적입니다. 그 점에 대해서는 "고통은 동행을 원한다[22]."라는 속담이 사실입니다.

지금까지 내가 설명한 것조차 전체를 이해하는 데 충분하지 않습니다. 아직도 더 복잡한 것들이 남아 있습니다.

⁓ঞ⳥⳥ঞ⁓

---

[22] Misery wants company

앞서 얘기한 것처럼, 이 구체의 세 상위 영역은 물질 영역보다 밀도가 낮은 에너지로 만들어집니다. 상위 영역은 에너지가 더 유동적이기 때문에 뚜렷한 층들로 쉽게 나누어집니다. 각각의 층은 의식의 단계를 나타내며, 영적인 성취를 이루거나 이루지 못한 범위가 특정한 범위 안에 있는 존재들만 이곳에 거주합니다. 일반적으로, 상위 영역들은 오직 하나의 층으로 (정체성층은 두 층으로 창조됨) 창조되어 있습니다. 그 영역의 존재들이 자신들의 의식을 떨어뜨리거나 끌어올리게 됨에 따라 더 많은 분리가 일어났습니다. 다시 말해서, 주어진 영역에 거주하는 존재들이 그 영역에 여러 층을 만들었습니다. 예를 들면, 감정층에 있는 존재들은 그 영역의 더 낮은 단계들, 내가 아스트랄층이라고 부른 것과 많은 사람이 지옥이라고 알고 있는 곳을 만들어냈습니다. 많은 사람이 꿈을 꾸는 동안, 또는 약물이나 술에 취해 있는 동안 아스트랄계의 일부를 보았습니다.

앞에서 언급했듯이, 이런 분리를 허용하는 목적은 더욱 진화된 존재들이 이기적이고 폭력적인 존재들과 직접 접촉하지 않도록 보호하는 것입니다. 분명한 것은 물질 영역의 존재들도 똑같은 보호를 받게 되어 있었지만, 물질계는 여러 층으로 나누어질 수가 없으므로, 은하계들과 태양계들이 서로 멀리 떨어져 있게 하여, 그들 사이의 여행이 불가능하게 함으로써 존재들이 보호되도록 한 것입니다.

여기서 내가 말하는 것은 물질우주에는 생명이 있는 수백만 개의 행성이 있다는 것입니다. 어떤 경우는 실제 설계가 매우 다르지만, 원리는 지구에서 보는 것과 비슷합니다. 하지만, 생명체가 유지될 수 있는 이런 태양계들은 수평적인 공간에서는 간격이 아주 멀리 떨어져 있어서, 물리적으로 직접 접촉하기는 실제로 어렵습니다. 실제로는 태양계 사이의 여행이 가능하지만, 매우 정교한 기술이 수반되어야만 가능합니다. 그런 기술은 영적인 성취도가 높은 존재들만 발전시킬 수 있는데, 그들은 다른 행성으로 여행하기 위한 공격적인 목적이 없습니다. 또한, 그들은 우주가 창조된 목적을 잘 이해하고 있습니다. 그들은 창조의 목적이 특정한 행성에 거주하는 존재들이 스스로 진화하는 기회를 주기 위한 것이므로, 이런 과정을 방해하면 안 된다는 지혜를 가지고 있습니다.

여기서 요점은 여러분이 공상 과학 소설과 영화가 만들어 낸 인기 있는 얘기들 너머를 볼 수 있도록 돕는 것입니다. 지구에 존재하는 생명체는 비행접시를 타고 이 행성에 왔던 외계인들이 창조했거나 그들에 의해 이식된 것이 아닙니다. 이 행성은 자신들의 행성에서 고갈된 자원을 구하려는 끝없는 욕망을 지닌 우주 청소부들에게 약탈당하지도 않을 것입니다. 또한, 지구는 인류의 모든 문제를 해결할 수 있는 정교한 기술과 지혜를 가진 외계인들에 의해 구원받지도 않을 것입니다. 행성 사이의 여행은 거리가 짧은, 이를테면 여러분이 거주하는 태양계 안의 낮은 문명 간에는 가능합니다. 하지만, 여러분의 태양계 안에 있는 어떤 행성도, 더 이상, 물리적인 영역에서 생명을 부양하지 않습니다. 많은 이론과 심지어 UFO 목격담들은 그런 형태가 아스트랄계에 존재하기 때문입니다. 어떤 사람들은 아스트랄계에 마음을 조율할 수 있습니다. 그들은 아스트랄계가 정말 진짜 같아서 물질적으로 나타나는 것을 경험했습니다. 지구에는 물질 영역의 진동이 낮아져, 때때로, 물질계와 아스트랄계 사이에 교차점이 생기는 곳이 있습니다. 이런 현상은 UFO에 집착하는 사람들 때문에 강화될 수 있지만, 실제로는 이런 사람이 목격한 현상 가운데 일부는 꾸며낸 것들입니다.

내가 말하는 것들의 행간에 있는, 미묘하지만 지극히 중요한 영향에 주목하기 바랍니다. 물리 영역에 있는 모든 것은 에테르층에서 시작된 과정을 통해 창조되며, 에테르 영역에서 여러분은 영적 영역에 있는 마스터들이 창조한 순수한 사념체들을 찾아볼 수 있습니다. 이런 에테르 사념체들(thoughtforms)이 마터 빛 위에 중첩되면서, 이런 사념체들의 진동수가 멘탈층으로 낮추어집니다. 에테르 사념체들에 기초하여, 더욱 구체적인 정신적 이미지들이 만들어지며, 빛은 감정층의 범위로 낮추어집니다. 여기서 이미지들은 마터 빛을 물리적 스펙트럼으로까지 낮춘 감정에 물들며, 물리적 형태로 구현됩니다. 이런 과정에는 모든 층에 있는 자기 인식하는 존재들이 개입됩니다. 이들 가운데 일부가 이원성 의식에 눈이 멀게 되었기 때문에, 에테르층의 낮은 층과 멘탈층, 그리고 감정층에는 빛이 통과할 때 이를 왜곡하는 순수하지 못한 사념체들이 많이 포함되었습니다. 요점은 빛이 (가능한) 가장 순수한 길을 따라간다면, 크게 왜곡되지 않고 물질층에 도달할 수 있다는 것입니다. 하지만, 빛이 멘탈층과 감정층의 가장 낮은 단계들을 통과해야 한다면, 빛이 에테르 사념체를 왜곡하여 그것이 모호해지거나, 심지어는 순수하지 못한 사념체들로 대체될 수 있습니다.

물질 지구의 조건들은 육화해 있는 사람들이 순수한 에테르 사념체들을 구현하느냐, 아니면 더 낮은 단계의 왜곡된 사념체들을 구현하느냐에 달려 있다는 것을 알 수 있습니다. 상대적으로 순수한 의식을 지닌 사람들은 에테르 사념체들을 왜곡시키지 않고 물질의 형태로 구현할 수 있습니다. 그럼으로써 그들은 지구를 하늘나라와 같이 창조할 것입니다. 하지만, 낮은 의식을 지닌 사람들은 낮은 멘탈층과 감정층에 존재하는 사념체들을 물질의 형태로 가져올 것입니다. 이런 현상은 행성 차원에서 특정 그룹의 사람들이 자신들의 집단의식을 상위 영역들의 특정한 층에 조율하면서 일어나게 됩니다. 게다가 이런 집단적인 조율은 물리적인 특정한 지역들에 집중될 수 있습니다. 이런 이유로 몇몇 지역에는 아주 높고 영적인 진동이 나타나지만, 다른 지역들은 지구에 있는 지옥처럼 보이는 것입니다. 이것은 이상적 사회인 샹그릴라[23]의 얘기에 잘 묘사되어 있으며, 과거 많은 황금시대에 그런 사회들이 물리적으로 구현됐습니다.

이제 우리는 누군가가 감정층의 낮은 단계들에 의식을 조율하면, 인간과 거짓된 신들이 만들어 낸 절대적으로 가장 낮은 사념체들을 목격한다는 것을 알 수 있습니다. 여기에 덧붙여, 더 낮은 감정층에 있는 존재들은 생존을 위해 사람들의 에너지를 훔쳐야 합니다. 이런 존재들은 사람들의 의식 속으로 침투하는 길을 찾기 위해 항상 기회를 노리고 있다는 것을 알아야 합니다. 그들의 기본적인 침투 경로는 두려움입니다. 그들은 사람들이 방어수단이 없다고 생각하는 것에 대한 두려움을 유발하려고 항상 노력합니다. 예를 들면, 중세에 많은 사람이 물리적으로 자신을 공격할 수 있는 데몬들과 악령이 존재한다고 믿었습니다. 심지어 그들은 용과 트롤 그리고 신화적인 생명체들이 실제로 존재한다고 믿었습니다. 그런 존재들이 있었을까요? 예, 그런 생명체들은 존재했고, 아직도 낮은 감정층에 있습니다. 사람들이 그런 존재를 볼 수 있으며, 그런 존재들이 물리적으로 사람들에게 영향을 줄 수 있을까요? 대답은 영향을 줄 수 있습니다. 하지만 사람들이 의식을 낮은 감정층에 집단적으로 조율해야 한다는 의미에서 그렇습니다. 집단적인 조율이 물질층과 감정층 사이의 구분을 흐릿하게 만드는 의식의 "다리(bridge)"를 만듭니

---

[23] Shangri-la: 지상 파라다이스

다. 모든 것이 의식이므로, 사람들의 집단의식이 물질층의 진동수를 감정층에 맞추게 되어 교차효과(crossover effect)가 일어났다고 말할 수 있습니다. 어떤 시기 어떤 지역에서는, 사람들이 실제로 용뿐만 아니라 다른 신화적인 생명체들과 만났습니다. 이런 생명체들이 실제로 존재했을까요? 자, 그것은 어떤 용어를 사용하느냐에 달려 있습니다. 예를 들면, 신화적인 생명체들과 만났던 사람들이 그런 생명체들을 완전히 물리적으로 만났고 경험했을 수도 있지만, 그런 생명체는 물질계에서 자유롭게 돌아다니거나 번식할 수 없습니다. 그것들은 한정된 지역에서만, 그리고 사람들의 의식과 교차할 수 있을 때만 존재할 수 있습니다.

이것이 중세에는 신화 속에 나오는 다양한 생명체를 보았다고 주장하는 사람들이 많이 있었지만, 현대의 이성적인 사회에서는 그런 생명체와 만났다는 사람들을 거의 찾아보기 어려운 이유를 설명해 줍니다. 과학의 출현으로, 사람들은 그런 생명체가 존재하지 않는다고 믿거나, 그것들이 물리적인 것이 아니라고 믿고 있습니다. 결과적으로, 그런 생명체가 존재하는 감정층과 물질층 사이의 다리가 더 이상 의미 있는 교차효과가 없는 지점으로 축소된 것입니다.

분명히 감정층에 있는 거짓된 신들과 추락한 존재들은 과학의 출현으로 사람들이 자신의 빛을 오용하도록 겁을 줄 수 있는 힘이 줄어들게 된 것을 달가워하지 않았습니다. 따라서 그들은 방어수단이 없는 것처럼 보이는 현상을 사람들이 믿게 해서 원초적인 두려움을 줄 수 있는 또 다른 방법을 찾고 있었습니다. 하지만 이것은 과학이 진보하여, 대부분의 사람이 우주가 엄청나게 광대하다는 것을 깨닫고, 진화의 과정을 통해 생명체가 탄생하게 되었다는 것을 믿게 될 때까지는 가능하지 않았습니다. 이제 이 광대한 우주에는 높은 수준의 문명이 진화해 있는 다른 행성들이 존재한다는 개념을 도입할 수 있게 되었습니다. 이 행성에 있는 자원들을 인류가 고갈시키기 시작했을 때, 다른 문명들은 이미 그들의 행성을 황폐화시켰으며, 지금은 우주선을 타고 우주를 배회하면서 아직 자원이 남아 있는 행성을 찾고 있다고 합니다. 그런 우주 외계인은 인류보다 훨씬 높은 기술이 있으므로 인류가 이를 방어할 수 없습니다. 과학을 믿는 사람들은 신을 믿지 않는 경향이 있으므로, 그들은 (하늘에서든 지구에서든) 외계의 침략에서 자신들을 보호해 줄 힘이 전혀 없다고 생각합니다.

내 말의 요점은 공상과학의 많은 부분이 거짓 신들의 도구였다는 것입니다. 거짓 신들은 종교적인 것에 기반을 둔 중세의 원초적 공포를 대체하기 위해, 과학적인 것을 기반으로 하는 새로운 원초적 두려움을 만들었습니다. 따라서 그들은 방어할 방법이 없어 보이는 새로운 두려움을 창조한 것입니다. 여러분은 인류가 중세 시대의 두려움을 극복할 수 있도록 도움을 주었던 과학이 새로운 판(version)의 똑같은 두려움을 만들어내는 도구가 되었다는 아이러니를 발견할 수 있습니다.

UFO가 존재할까요? 그렇습니다. UFO는 아스트랄계의 일부 낮은 수준에 존재합니다. 그러면 UFO가 물리적인 형태일까요? 그것들이 물리적 스펙트럼 안에 있는 다른 행성에서 만들어져서 물질적으로 지구로 여행한다는 의미에서는 아닙니다. 그렇다면 UFO에 대한 목격담이 점점 증가하는 이유는 무엇일까요? 거짓 신들이 UFO를 만들고 있는 아스트랄 수준들에 사람들이 집단으로 의식을 조율해서, 교차효과가 만들어졌기 때문입니다. 이런 효과는 잠정적으로 증가할 수 있습니다. 영적인 사람들이 할 수 있는 최선은 UFO 현상에 관심을 집중하지 않고, 대신에 영적인 영역에 관심을 집중하는 것입니다. 중요한 점은 영적인 추구자들이라면, UFO 현상에 관심을 집중하지 않고, 영적인 성장을 추구할 수 있고, 또한 추구해야 한다는 것입니다. 사실, UFO 현상에 관심을 집중하면 할수록, 여러분은 점점 더 아스트랄계에 묶이게 되며, 아스트랄계의 에너지와 사념체들에 자신을 열어놓게 됩니다. 영적인 보호를 기원하고, 영적인 영역에 초점을 둠으로써, 아스트랄계와 UFO 현상과의 모든 연결에서 벗어날 수 있습니다. 아스트랄계의 군주가 비행접시를 타고 오겠지만, 당신들과 아무런 관련이 없습니다. (요한 14:30)

───── ✦ ─────

물질우주는 뚜렷한 층으로 나뉠 수 없습니다. 그러면 지구에 육화한 많은 사람이 이원성 의식으로 추락하여 점점 자기 중심적으로 되어간다면 무슨 일이 생길까요? 물질층이 예를 들면 감정층처럼 유동적이었다면, 지구에 대한 물질적 버전이 많이 있었을 것이고, 각각의 버전은 특정한 의식의 단계에 있는 존재들만 수용했을 것입니다. 분명한 것은 지구는 의식이 매우 높은 상태에서 아주 낮은 상태에 이르기까지 믿기 힘들 정도로 다양한 사람의 집이기 때문에, 이런 사례가 적용되지 않는다는 것입니다.

사실, 법칙은 존재들이 매우 낮은 의식 상태로 타락한다고 해도 지구에 계속 육화할 수 있도록 허용할 것입니다. 실제로는 하한선이 (그런 하한선을 벗어나는 존재들은 아스트랄계로 가게 됩니다) 존재하지만, 거의 매일 신문 머리기사에서 볼 수 있는 것처럼, 현재 하한선은 다소 낮습니다. 하지만, 인류의 의식이 오르내림에 따라 행성이 영향을 받게 됩니다. 앞에서 설명한 것처럼, 모든 것은 마터 빛으로 만들어졌으며, 이 빛은 창조주의 의식과 존재로부터 만들어졌습니다. 따라서 마터 빛은 의식이 있습니다. 지구 행성을 구성하는 마터 빛은 행성에 육화해 있는 사람들의 의식 상태에 따라 영향을 받게 됩니다. 대부분의 사람이 이런 진실을 부정하겠지만, 분명한 것은 이렇게 되는 이유가 사람들의 의식이 너무 낮아져, 육체적 감각으로 감지할 수 있는 것 이상을 직접 인지할 수 없기 때문이라는 것입니다. 그들은 전체 행성이나 자기 몸의 물리적인 상황들이 자기 의식 상태와 직접 연결되어 있다는 것을 알 수 없습니다. 그것은 그들이 자신의 삶과 구원에 대해 전적인 책임을 지려고 하지 않기 때문인데, 이것이 이원성 의식의 주된 속성입니다. 사람들이 점점 더 자기 중심적이 되면 될수록, 자신들의 행동, 느낌, 생각과 정체감에 대한 책임을 지려고 하지 않게 됩니다.

여기에서 요점은 물질 지구에 육화해 있는 대부분의 존재가 (10억 년 전에 시작된 과정인) 이원성 의식에 눈이 멀어, 이 행성의 물리적인 상황들이 원래의 설계와 아주 많이 달라졌다는 것입니다. 지구가 처음 창조되고 진화했을 때, 지구는 현재 여러분이 목격하는 것보다 훨씬 더 균형 잡힌 물리적인 환경이었습니다. 사실, 행성을 구성하는 물질이 현재보다 더 높은 수준에서 진동했었습니다. 말 그대로, 허리케인, 지진 또는 화산 같은 자연적인 재해는 존재하지도 않았습니다. 독이 있거나 육식하는 동물, 기생충도 없었으며, 육체적인 질병도 존재하지 않았습니다. 따라서 육체의 수명은 지금보다 훨씬 더 길었습니다. 사실, 육체를 무한히 유지하는 것이 가능했습니다.

참고로 말하자면, 수명이 짧아지면서 생겨난 가장 큰 영향은 환생이 필요해졌다는 것입니다. 이원성 의식으로 추락한 존재들은 마터 빛을 남용했고 따라서 삶에서 갚아야 할 빚을 만들었습니다. 인과의 법칙에 따르면, 여러분이 그 영역을 벗어나 영원히 상승하기 위해서는 물질 영역에서 만들어 낸 모든 오용된 에너지를 정화하고 진동수를 끌어올려야 합니다. 짧은 수명 때문에, 많은 존재가 오용된 에너지를 정화할 수가 없게 되었습니다. 따라서 카르마의 균형을 유지할 수가 없었고, 그들은 다른 육체로 돌아와 추가적인 기회를 얻어야 했습니다. 예수가 시범 보인 과정은 여러분이 모든 카르마를 균형 잡았을 때, 비로소 상위 영역으로 영원히 상승할 수 있으며, 더 이상 지구에 육화할 필요가 없게 된다는 것입니다. 어떤 존재들은 영적인 영역으로 직접 상승하므로 물질 영역의 모든 속박에서 벗어납니다. 하지만, 다른 사람들은 물리적인 재육화는 벗어나게 되지만, 이 구체의 세 상위 영역 가운데 하나로 상승하여, 거기에서부터 위로 올라가게 됩니다.

이전 시대에 오염되지 않은 자연 그대로의 모습을 볼 수 있던 이유는 물질 자체의 밀도가 높지 않았기 때문입니다. 즉 끌어당기는 어머니의 수축하는 힘의 질량이 적었다는 의미입니다. 이런 힘의 영향 중 하나가 중력이기는 하지만, 이 수축하는 힘은 중력과 똑같지는 않습니다. 실제로 일어났던 것을 설명하기 위해, 지구가 지금보다 더 크고 밀도도 더 적었다고 상상해 보세요. 이제 중력이 증가해서 행성이 수축하기 시작했으며, 이에 따라 같은 양의 물질이 더 적은 공간 속으로 압축된다고 상상해 보세요. 이로 인해 분명히 지구의 내부에 다양한 형태의 압력과 힘이 생기게 될 것입니다. 이것이 지구의 핵에 열을 가했고, 지질학자들이 지구의 맨틀(mantle)과 지각에서 발견한 모든 힘이 생겨나게 했습니다. 화산과 지진, 대륙의 이동, 극이동 등의 변화가 일어날 준비가 갖춰진 것입니다.

분명히 말해, 이것은 대략적인 그림입니다. 진실은 물질우주가 현재의 낮은 감정층보다 진동수가 훨씬 높은 특정한 진동 수준에서 창조되었다는 것입니다. 지구의 진동수가 원래의 수준 아래로 떨어지면서, 실제로 물질 자체의 밀도가 더 높아지게 되었습니다. 이로 인해 지구의 진동수가 낮은 감정층의 진동수에 근접하게 되었으며, 이것 때문에 앞에서 설명한 교차효과가 일어난 것입니다. 이런 물질의 고밀도화가 물질 행성에 격변을 일으키는 힘을 만들어냈습니다. 이것은 인류의 의식 상태가 물리적인 환경 전반에 영향을 미친다는 신호를 인류에게 보내는 것이라고 할 수 있습니다. 분명 대부분의 사람은 메시지를 듣지 못했지만, 깨달음은 언제든지 가능합니다. 참고로 말하자면, 이전에 물질이 더 높은 단계에서 진동했다는 사실은 과학이 진보된 문명이나 고대 인류에 대한 화석 증거를 발견하지 못했던 이유를 부분적으로 설명해 줍니다. 또 다른 설명은 과학자들이 열린 마음으로 보려고 하지 않았다는 것입니다.

인류의 의식이 낮아짐에 따라, 이 행성을 구성하는 물질의 밀도가 조밀해지면서 환경이 급격하게 변화했습니다. 내가 설명했던 것처럼, 자기 의식하는 존재들은 마음속으로 이미지를 만들어내고 이를 마터 빛 위에 겹치게 함으로써 공동창조합니다. 틀림없는 사실은 의식이 낮아짐에 따라, 인류가 더 낮고 덜 순수한 이미지들에 초점을 맞추게 되었다는 것입니다. 이런 이미지 가운데 많은 것이 무의식적이었습니다. 그런데도 이런 이미지들이 마터 빛 위에 투사되었습니다. 분명한 것은 이런 일이 하룻밤 사이에 일어난 것이 아니라는 것입니다. 오랜 기간에 걸쳐 인류의 집단의식은 육체를 괴롭히는 많은 질병을 포함하여, 현재 볼 수 있는 불완전하고 균형이 이루어지지 않은 온갖 상황이 실제로 생겨나게 했습니다.

내 말의 주안점은 공동창조자들은 "증식하고 다스리라"라는 명령을 받고 지구로 보내졌다는 것입니다. 따라서 신의 법칙에 따라 인류는 극단적인 기후에서부터 육체적인 질병에 이르기까지, 현재 나타난 모든 현상에서 보이듯이, 자신의 의식을 집단으로 낮춤으로써, 전체 행성이 파괴되기 시작할 때까지 밀도를 높일 수 있습니다. 사실, 물질 행성의 거주민들은 자신들의 의식을 자신의 행성을 붕괴시킬 징도까지 낮출 수 있는데, 이는 어머니의 수축하는 힘이 물질을 분해하기 때문입니다. 이런 현상이 우주 전체를 거쳐 많은 행성에서 일어나고 있습니다.

분명 신(God)도 지구의 영적 감독관들(the spiritual overseers)도 이 행성이 사라지는 것을 보고 싶어 하지 않습니다. 따라서 비록 인류가 자유의지를 가지고 있지만, 자유의지 법칙은 행성의 거주민들이 자신의 물리적인 고향과 자신을 파괴하는 것을 막아줄 수 있도록 안전장치를 제공합니다. 그런 안전장치 하나를 살펴보겠습니다.

～～～❀～～～

여러분이 성숙한 영적 추구자로서, 현재 물질우주에는 어떤 것도 이상적이지 않다는 것을 이해하는 것이 대단히 중요합니다. 여러분에게는 영적인 영역에 대한 내면의 열망이 있습니다. 어쩌면 영적인 세계에 대한 잠재의식적 기억도 있습니다. 따라서 현재 지구에서 볼 수 있는 것보다 상황이 더 좋아져야 한다고 느낍니다. 하지만, 물질우주에는 여전히 많은 어둠이 남아 있는데, 이 말은 이원성 의식과 그런 의식에 갇혀 있는 존재들이 이곳에 계속 존재할 수 있다는 의미입니다. 여러분이 이해해야 하는 것은 이원성 의식이 모든 것을 왜곡하고 곡해할 수 있다는 것입니다. 이것이 물질우주에 이상적인 것이 전혀 없는 이유입니다.

여기서 요점은 지구가 원래 몇몇 그룹의 생명흐름에게만 고향이 되도록 설계되었다는 것입니다. 이런 생명흐름들은 공통점이 있는데, 특히 사고방식에서 같은 속성을 지녔습니다. 이것은 타협할 수 없는 갈등으로 인한 위험을 최소화하기 위한 보호 메커니즘입니다. 행성의 거주민들이 동질화될수록, 사람들이 여러 개의 파벌로 쪼개져 의사소통할 수 없게 될 가능성은 적어집니다. 사고방식이 너무 다르면 갈등을 해결할 수 없습니다. 하지만, 이런 시나리오조차도 이원성 의식에 의해 왜곡될 수 있습니다.

단순한 사실은 사고의 동질성이 어떤 갈등을 예방할 수 있지만, 동질성이 일단 임계점을 통과하고 나면, 행성 거주자들이 하향나선에서 빠져나올 수 없게 된다는 것입니다. 대부분의 거주민이 똑같은 생각을 하게 되면, 같은 방향으로 움직일 가능성이 큽니다. 지구상의 임계수치에 이르는 사람들이 이원성 의식에 눈이 멀게 된 후, 그들은 사람들의 대다수를 끌어당겼으며, 대부분의 사람이 의식의 계단 아래로 함께 움직였습니다. 오직 소수만이 이런 하향의 움직임에 저항했지만, 그들은 나머지 사람들을 끌어올릴 수 없었습니다. 정확하게 말하면, 대부분의 사람이 똑같이 생각했으므로, 그들은 자신이 하는 것이 무엇인지를 알 수 없었습니다. 이들은 자신들이 자기 파멸의 나선으로 들어갔다는 사실을 알 수 없었고, 서로 비슷하게 생각함으로써 서로의 생각을 강화했습니다. 다른 사고방식을 가지고, "임금님은 아무것도 입지 않았다."라고 소리칠 수 있는 사람들이 충분치 않았던 것입니다.

이제 여러분은 물질 영역에 이상적인 것이 존재하지 않는 이유를 알게 되었습니다. 이원성 의식은 두 극단과 함께 작용하면서, 모든 상황을 항상 이런 극단들로 끌어당길 것입니다. 따라서 거주민 대다수가 비슷하게 생각하는 행성에 산다면, 이원성 의식이 대중의식을 따르도록 모두를 끌어당길 것입니다. 사람들은 무슨 일이 일어나고 있는지 깨닫지도 못한 채, 함께 아래로 내려갑니다. 비슷한 사고방식이 모든 사람을 눈멀게 해서, 자신들과 다르게 생각하는 사람이라면 명확하게 보았을 경고의 신호를 모두가 보지 못하게 만든 것입니다. 하지만, 더 다양한 사고방식을 가진 행성에서는, 이원성 의식이 사람들을 양극화시키고, 사람들 사이에 갈등이 일어날 것입니다. 정확하게 말하자면, 사람들이 아주 다르게 생각하기 때문에, 그들은 그런 갈등을 조정할 방법이 없다고 생각할 것입니다. 속담 하나를 인용하겠습니다. "해도 욕먹고, 안 해도 욕먹는다." 이 말은 이원성 환영에 갇혀 있는 존재들에게 완벽하게 들어맞는 말입니다.

인류의 영적 감독관들은 분명히 어떤 비난도 하지 않습니다. 하지만 우리는 행성이 이원적인 상태로 추락하게 되면, 행성을 이원성에서 끌어올릴 수 있다고 장담할만한 방법이 없다는 매우 현실적인 평가를 하고 있습니다. 모든 것은 거주민들의 자유의지에 달려 있습니다. 임계수치의 사람들이 자신들의 행성을 망가뜨리는 데 여념이 없다면, 우리에게는 그들이 그렇게 하는 것을 막을 방법이 없습니다. 하지만, 우리가 할 수 있는 것은 행성을 자멸의 나선으로 들어가게 만든 상황에 대응하는 것입니다. 그렇다면 우리가 지구를 위해 어떻게 해야 하는지 살펴보겠습니다.

※

언급했듯이, 나는 상승 호스트라 불리는 영적인 존재들 그룹의 일원입니다. 나는 특히 지구 행성에 배치된 그룹의 일원입니다. 상승 호스트는 이 구체와 영적인 영역에 있는 수십억 구성원을 가진 거대한 조직입니다. 영적인 영역, 정체성층만 해도, 시공간을 초월해 있으므로, 우리는 서로 의사소통을 할 수 있고, 의견 교환도 할 수 있습니다. 실제로 우리는 위원회를 개최합니다. 이 모임에 다른 그룹의 구성원들을 초대할 수도 있고, 서로를 통해 각자 배울 수도 있습니다. 우리는 이원성 의식을 분명히 초월해 있어서, 경쟁의식이나 경쟁심이 없다는 것을 언급해 두겠습니다. 우리는 상승하지 못한 존재들이 상승할 수 있는 상태에 도달하도록 돕는 일에 온전히 관심을 집중하고 있으며, 언제든지 서로를 통해 배울 수 있습니다.

행성들이 자멸하게 되는 데에는 두 가지 일반적인 시나리오가 있습니다.

싸우려고 하는 그룹들이 출현하는 갈등의 시나리오. 그들이 파괴적인 기술을 개발할 때, 그들은 진짜로 자신들이 사는 행성을 산산조각 낼 수 있습니다. 지구에 있는 모든 핵무기가 동시에 폭발한다면, 행성은 수백만 개의 조각으로 산산조각 나면서 어떤 생명체도 살아갈 수 없게 될 것입니다.

행성의 거주민들이 성장과 자기 초월을 거부하는 침체의 시나리오. 이 시나리오는 점진적인 추락을 가져옵니다. 모든 생명체가 수축하는 힘으로 마침내 사라질 것입니다.

우리는 오랜 시간에 걸쳐, 이 두 가지 이유로 많은 행성이 자기 파멸을 맞이하는 것을 목격했습니다. 두 가지 기본적인 힘에 대해 앞에서 설명한 것을 참고하면, 두 개의 시나리오가 모두 이런 힘들을 왜곡시킨 결과임을 알 수 있습니다.

갈등의 시나리오는 확장하는 아버지의 힘을 왜곡시킨 결과입니다. 사람들이 확장하는 측면에서 균형을 이루지 못하게 되면 흑백논리 사고방식에 빠지는 경향이 있으며, 이로 인해 자신들의 사고방식이 올바른 유일한 방식이라고 생각하게 됩니다. 또한, 다른 사람들이 모두 자신의 방식을 따르도록 강요하는 것이 자신의 임무라고 느끼면서, 가능한 모든 수단을 동원해서 그렇게 하려고 합니다. 이원적 마음의 속성 때문에, 항상 이렇게 생각하는 그룹들이 적어도 두 그룹이 있게 되고, 이들 사이에 자신들의 힘만으로는 해결할 수 없는 갈등이 생겨납니다. 그 결과는 전쟁이 점점 빈번하게 일어나게 되며, 마침내 행성을 산산조각 낼 수 있을 정도로까지 치닫게 됩니다.

정체되는 시나리오는 수축하는 어머니의 힘을 왜곡시킨 결과입니다. 이로 인해 행성의 거주민들은 자기 초월을 멈추게 됩니다. 이렇게 되면 삶 자체의 기본적인 원리, 즉 행성이 더욱 높은 단계로 상승할 수 있을 때까지, 행성의 진동수를 끌어올려야 하는 기본적인 원리에 역행하게 됩니다. 그들은 지금의 상황에 만족하게 되어, 지금 하는 방식 그대로 계속 (무한정) 살아가려고 합니다. 사람들이 수축하는 측면에서 균형이 이루어지지 않으면, 그들은 초월할 필요가 없다고 생각합니다. 모든 것이 성장하도록 하는 대신 모든 것을 있는 그대로 보존하려고 합니다. 그들은 물질우주의 불완전한 상황들을 그런 식으로 보존하거나 변화시켜서는 안 된다고 생각합니다. 이것은 정신적이고 영적인 근친 교배로 이어지게 되는데, 흡사 유전자 풀(pool)이 너무 협소해진 집단에서 목격할 수 있는 것과 유사한 메커니즘입니다. 선천적인 장애가 나타나기 시작할 것이고, 인류가 붕괴할 것입니다. 새로운 유전자, 즉 새로운 정보가 공급되지 않는다면 결국 이 집단은 사라지고 말 것입니다.

여러분은 이 두 가지 시나리오 가운데 하나로 인해, 많은 행성이 산산조각 나든지, 아니면 불모지로 변해 갔던 것을 목격해 왔습니다. 문제는 행성을 붕괴시키거나 생명체가 살아갈 수 없게 만드는 존재들에게 무슨 일이 일어났느냐 하는 것입니다. 자, 자유의지의 법칙에 따라, 다른 사람들의 자유의지를 침해하는 존재들은 결국에는 다른 사람들에게 영향을 미칠 기회를 상실할 것입니다. 따라서 죽은 행성에서 온 대부분의 공격적인 존재들 가운데 일부는 용해되어 소멸될 수 있습니다. 이런 현상은 상위 영역에서 추락하여 타락한 의식을 버릴 수 있는 수많은 기회를 져버리고, 그런 기회를 모두 거절했던 존재들에게만 일어날 것입니다. 덜 공격적인 존재들은 물질층을 떠나 감정층의 낮은 단계들에 머물 수 있습니다. 이런 층들은 (자신들의 방식을 바꾸거나, 구체가 상승하거나, 다음번의 구체로 내려갈 때까지) 갈 곳이 없는 존재들의 대기 장소 역할을 합니다.

어느 시점에 이르러, 많은 행성이 이런 자기 파멸의 패턴을 따랐다는 것이 명백해졌습니다. 참고로, 물질우주에서 대부분의 행성은 상승나선 안에 있습니다. 여러분의 태양계 안에 있는 다른 행성들조차 물질 스펙트럼에 생명체가 하나도 없는 지점까지 상승해 있는데, 한두 개 이상의 높은 수준에서만 생명체가 존재합니다. 고위급 위원회에서 우주적인 실험을 하기로 결정이 내려졌습니다. 모든 사례에서 볼 수 있듯이, 행성이 자멸하게 되는 주요 원인은 거주민들이 이원성 의식에 눈이 멀게 된 것임이 분명해졌습니다. 따라서 고의적인 무지로 인해, 거주민들은 자신들의 행동이 자멸을 일으킬 수 있으며, 심지어 행성도 파괴할 수 있다는 것을 인식할 수 없었습니다. 그들은 단지 자신들의 마음이 그런 파괴적인 힘을 가지고 있다는 사실을 믿지 않았던 것입니다. 하지만, 두 개의 시나리오 가운데 어느 하나에 의해 실제로 행성이 파괴되는 것을 목격하게 되었을 때, 그들 대부분은 불시에 불쾌한 자각(rude awakening)을 했으며, 뼛속 깊이 뉘우쳤습니다. 따라서 행성을 파괴하는 데 참여했던 존재들 가운데 일부는 비록 ("돌아올 수 없는 지점"을 통과한) 하향나선으로 들어갔지만, 아직은 파괴되지 않은 행성에 육화하도록 허용하는 결정이 내려졌습니다.

지구가 정체되는 시나리오로 들어가 생명체가 사라지기 시작하는 지점으로 내려가게 된 후, 다른 물질 행성에서 온 수많은 존재가 지구에 육화할 수 있도록 허용하는 결정이 내려졌습니다. 그들은 두 가지 이유로 행성들이 파괴되는 것을 목격했던 존재들이었습니다. 그들은 지구 행성에 무슨 일이 일어날 수 있는지에 대한 잠재된 기억과 지구의 거주민들이 가지고 있지 못한 관점을 제공해 줄 수 있었습니다. 여기서 주목해야 할 점은 지구에 온 존재들이 매우 광범위한 배경과 사고방식을 대표하여 선발되었다는 것입니다. 목적은 정체된 지구의 거주민들에게 다른 관점, 대개는 도전적인 관점을 제공해 줄 수 있는 존재들을 오게 해서, "냄비를 휘젓게(stir the pot)" 하기 위한 것이었습니다. 다양성 때문에 어떤 그룹도 우위를 점할 수 없고, 서로 균형을 유지할 수 있게 되기를 기대했습니다.

상승 호스트들은 이것이 쉬운 계획이 아니라는 것을 명확하게 알았습니다. 사실, 가장 큰 위험은 처음부터 분명했습니다. 많은 다른 생명흐름이 물리적으로 뚜렷하게 구분되는 별도의 그룹을 형성할 것이며, 지구를 산산조각 낼 수 있는 기술을 개발할 때까지 갈등을 일으킬 것입니다. 하지만, 지구는 이미 파괴될 것이 분명한 하향나선 안에 있었으므로, 실험이 계속되도록 허용되었습니다.

우리가 단지 냄비를 휘저어 놓고 뒤로 물러나서 무슨 일이 일어나는지 지켜보기만 한 것은 아닙니다. 그와는 반대로, 수백만의 영적인 생명흐름들이 영적인 영역에서, 즉 지구보다 더 많이 진화한 행성과 상위 영역에서 자원하여 지구에 육화했습니다. 오랜 시간 동안 그들은 가장 파괴적인 생명체의 균형을 잡아주고 (counterbalance), 인류의 의식을 끌어올리는 데 도움을 주기 위해 노력했습니다.

나는 지구의 거주민들이 행성을 폭파할 수 있는 무기를 개발했다는 사실에도 불구하고, (비록 많은 오르내림이 있었지만) 지구가 이미 상당 기간 상향나선에 들어서 있다고 말할 수 있습니다. 사실,

현재 지구는 양자 도약(quantum leap)을 할 수 있는 단계에 도달해 있습니다. 하지만, 이렇게 되기 위해서는 이런 과정 일부가 되려고 하는 존재들이 자신의 우주적인 목적을 깨달아야 하며, 자기 자신과 집단의식을 끌어올리기 위해 특별한 노력을 기울여야 합니다. 정확하게 말해서, 내가 지구의 복잡성에 대해 이렇게 길게 설명하는 목적은 이런 깨우침을 주기 위함입니다. 하지만 이 장의 가르침을 바탕으로, 우리가 여러분에게 준 지식을 활용하여 여러분이 지구에 존재하는 목적을 달성할 수 있는 방법을 살펴볼 예정이니 안심하기 바랍니다. 그런 목적은, 잘 되기만 하면, 우주적으로 대단히 중요한 실험에 이바지할 것입니다. 지구가 상승할 수 있다면, 이 행성에서의 경험들은 다른 많은 행성에서 모델로 사용될 것이며, 전체 우주에 커다란 충격을 줄 수 있을 것입니다.

더 나아가기 전에 나는, 이전의 설명을 통해 서로 다른 많은 생명흐름이나 진화에 대해 말했습니다. 그렇지만 이것이 지구에 현재 육화해 있는 모든 존재에 대한 전체적인 그림을 제공하지는 않는다는 것을 알아야 합니다. 하지만, 나는 여러분에게 이 행성의 기본적인 역학을 이해하는 데 도움을 주기에 충분한 지식을 주었습니다. 더 나아가면서 더 상세한 내용을 채워가겠습니다.

▶ 아이앰 출판사 연락처

· 이 책의 오류 및 아래 내용과 관련된 문의 사항은 메일로 해 주세요.
· biosoft@naver.com (리얼셀프)

▶전체 용어집

cafe.naver.com/christhood/2411 (그리스도 의식을 추구하며 카페)

이 책에 나오지 않는 용어는 카페의 용어집을 참조하거나 카페에서 검색 및 질문을 할 수 있습니다.

▶온라인, 오프라인 모임 및 행사 안내

· **공부 모임**: 서울, 분당, 대전, 대구, 부산 지역별 매달 1~2회 주말 모임
  (공부를 하기 위한 진지한 목적으로는 누구나 참여 가능함)
· **온라인 기원문 낭송**: 카페에서 매주 1~2회 저녁에 공동 기원문 낭송
· **성모 마리아 500 세계 기원**: 매월 마지막 일요일 개최
  (오후 3시~7시 또는 8시~12시. 전 세계적으로 같은 시간에 진행)
· **상승 마스터 국제 컨퍼런스**: 한국에서 매년 또는 정기적으로 개최
  (한국, 유럽, 러시아, 미국 등에서 개최함)
· 더 상세한 내용은 네이버 카페 공지사항을 참조하시기 바랍니다.
  (cafe.naver.com/christhood)

▶ 셀프 마스터 과정

상승 마스터들은 2012년부터 매년 한 광선에 해당하는 셀프 마스터 시리즈의 책을 킴 마이클즈를 통해서 전해주고 있습니다. 이 과정은 책만 구매하면 별도의 비용이 들지 않고 개인적으로 누구나 수행할 수 있습니다. 처음 수행하는 분은 비영리 단체인 '그리스도 의식을 추구하며' 카페에서 진행과 관련하여 도움을 받을 수 있습니다.

· 단계별로 아래의 책을 구매 후 개인적으로 수행을 해도 됩니다.
  (카페에서 번역서 구매 가능. 일부 책은 www.yes24.com에서 구매 가능)
· 초기에는 오프라인 모임, '셀프 마스터' 메뉴에서 도움을 받을 수 있습니다.
· 책을 읽고 기원문을 낭송하는 방식으로 진행됩니다.
· 수행 시간은 매일 약 20분~40분 내외입니다.

셀프 마스터 시리즈 책 (킴 마이클즈 저)
(카페에서 한글판 서적 구입 가능)

한글 서적 명	시리즈
'영원한 나'를 찾아가는 여정	1
내면의 창조적인 힘 (1광선)	3
'신성한 지혜'를 찾아가는 여정 (2광선)	4
'조건 없는 사랑'을 찾아가는 여정 (3광선)	5
'영적인 순수함'을 찾아가는 여정 (4광선)	6
'초월적인 비전'을 찾아가는 여정 (5광선)	7
'내면의 평화'를 찾아가는 여정 (6광선)	8
'영원한 자유'를 찾아가는 여정 (7광선)	9
생명의 강과 함께 흐르기 (8광선) 생명의 강과 함께 흐르기-실습교재	2

주의 사항: 상승 마스터 가르침을 처음 접하면, 몇 권의 책을 읽고, 기원문을 일정 기간 낭송하면서 자신에게 적합한지 살펴본 후에 이 과정을 시작하세요. 이 과정 전체를 마치는데 약 2년 소요됩니다.

▶그리스도 신성 과정

이 과정은 그리스도 신성의 마스터키(Master Keys to Personal Christhood)책으로 진행하며, 2008년도에 킴 마이클즈가 예수님께서 준 메시지를 책으로 출판했습니다. (카페에서 구입 가능)

이 과정은 예수님과 스승-제자 관계가 되어 그리스도 의식으로 올라가는 과정입니다. 2,000년 전에 예수님께서 제자들에게 모든 것을 말해주셨다는 얘기들 읽었으리라 봅니다. 이 시대에 다시 예수님께서 직접 그리스도가 되는 길을 갈 제자를 모집하고 있습니다.

예수님께서도 육화 중에 이 과정을 동일하게 밟았다고 합니다. 특히 다른 메시지에 언급되듯이, 예수님께서 이 과정을 시작할 당시에 이미 높은 의식 수준을 달성해 있었지만, 처음부터 단계를 밟아서 올라갔다고 합니다. 마찬가지로, 여기 온 모든 분들도 자신의 의식 수준을 내세우지 말고 바닥부터 차근차근 올라가시기 바랍니다.

모두 17개의 열쇠가 있으며 열쇠마다 기원문을 낭송하고 메시지의 일부를 읽는 과정을 33일간 실천하라고 제안하고 있습니다. 각 열쇠에 메시지가 있습니다. 메시지를 전체 읽고 나서 기원문을 하시면 됩니다. 그리고 33일간 기원문을 하기 전에 메시지 중 일부를 읽고 생활하면서 숙고하는 과정으로 진행됩니다. 예수님께서 마음속으로 어떤 아이디어와 가르침을 주십니다.

• 책을 보면서 카페의 '그리스도 과정' 메뉴 또는 오프라인 모임에서 도움을 받을 수 있습니다.
• 단계별로 책의 내용을 일부 읽고, 로자리 또는 기원문을 매일 약 40분 내외 낭송합니다. 단계별 33일간 매일 계속합니다.
• 총 17단계이며, 책에 나오는 예수님의 가르침에 따라서 진행합니다.

주의 사항: 상승 마스터 가르침을 처음 접하면, 몇 권의 책을 읽고, 기원문을 일정 기간 낭송하면서 자신에게 적합한지 살펴본 후에 이 과정을 시작하세요. 이 과정 전체를 마치는데 약 2년 소요됩니다.

▶ 힐링 과정

'예수와 함께했던 나의 생애들' 책은 지구에 육화한 어느 존재의 수많은 전생 이야기를 통해 지구 문명과 예수 그리스도의 사명과 악의 기원에 대해 깊은 통찰을 제시하는 자서전적 소설입니다.

'힐링 트라우마' 책은 소설 '예수와 함께했던 나의 생애들'과 짝을 이루는 수행서(workbook)입니다. 그 소설은 많은 영적인 사람이 자원자나 "아바타"로 지구에 오게 되었다는 개념을 소개합니다. 우리는 그때 지구에서 겪은 경험의 결과로 깊은 영적인 트라우마를 받았습니다.

아래의 책들은 이러한 개념에 대한 더 많은 가르침을 포함하고 있습니다. 또한, 여러분이 그 트라우마들을 치유하고, 이 행성에서의 삶의 태도에서 모든 부정성을 극복할 수 있도록 도울 수 있는, 실제적인 도구들을 포함하고 있습니다. 이 책을 활용하기 전에 우선 '예수와 함께했던 나의 생애들' 소설을 읽어볼 것을 권합니다. 그 소설이 여러분이 치유 과정을 시작하도록 도울 수 있는 중요한 가르침을 많이 포함하고 있기 때문입니다.

· 단계별로 아래의 책을 구매 후 개인적으로 수행을 해도 됩니다.
  (카페에서 번역서 구매 가능. 일부 책은 www.yes24.com에서 구매 가능)
· 초기에는 오프라인 모임, '힐링 과정' 메뉴에서 도움을 받을 수 있습니다.
· 책을 읽고 기원문을 낭송하는 방식으로 진행됩니다.

아바타 시리즈 책 (킴 마이클즈 저)
(카페에서 한글판 서적 구입 가능)

한글 서적 명	시리즈
예수와 함께했던 나의 생애들	1
힐링 트라우마	2
신성한 계획 완성하기	3
최상의 영적인 잠재력 구현하기	4
지구에서 평화롭게 존재하기	5